戰國策

【西漢】劉向／原著
王學典／編譯

U0546432

前言

戰國是中國歷史上一個異彩紛呈的時期，群雄並起，逐鹿中原，各諸侯國在勢均力敵的拉鋸戰中如何才能脫穎而出，成為霸主乃至統一中原，是各個諸侯國制定政策時考慮的中心問題。其國力的強大雖然有主導性的作用，然而正確的決策更是成敗的關鍵。在這一特殊時期，一種特殊的群體誕生了，這就是戰國時期特有的人群——策士，又被稱為縱橫家。縱橫家們憑藉著自己的三寸不爛之舌，左右著諸侯們的決策，進而也左右了整個戰國時期的歷史進程，在中國的歷史舞臺上大放異彩。《戰國策》便記載了縱橫家這一特殊群體的一言一行，表現出相當的語言魅力。

作為中國古代的一部史學名著，《戰國策》為國別體史書。原有《國策》、《國事》、《短長》、《事語》、《長書》、《修書》等名稱。全書按東周、西周、秦國、齊國、楚國、趙國、魏國、韓國、燕國、宋國、衛國、中山國分國編寫。《戰國策》主要記述戰國時期縱橫家的政治主張和策略，展現出戰國時代的歷史特點和社會風貌，是研究戰國歷史的重要典籍。

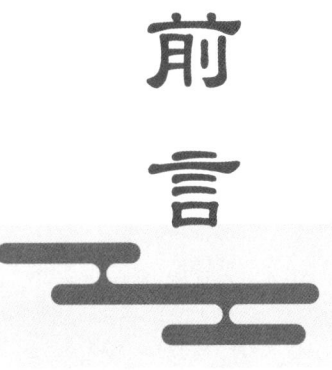

《戰國策》是彙編而成的歷史著作，作者不明。西漢末年，劉向校錄群書時在皇家藏書中發現了六種記錄縱橫家的寫本，但是內容混亂，文字殘缺。於是劉向按照國別進行編訂。因此書所記錄的多是戰國時縱橫家為其所輔之國設計的政治主張和外交策略，因此劉向把這本書名定為《戰國策》。北宋時，《戰國策》散佚頗多，經曾鞏校補，成為今本《戰國策》。

《戰國策》語言表述鋪張渲染、誇大其辭，雖然習慣上將其歸為歷史著作，但它的情況與《左傳》和《國語》等有很大的不同，許多記載比較誇張，不合史實，文學性大於史學性，因此作為史實來看是不可信的。《戰國策》的思想觀念，與《左傳》等史書也有截然不同之處。劉向在作序時說：「戰國之時，君德淺薄，為之謀策者，不得不因勢而為資，據時而為畫。故其謀扶急持傾，為一切之權，雖不可以臨教化，兵革救急之勢也。」活躍在政治舞臺上的縱橫家們，也只是以自己的才智來換取功名利祿，朝秦暮楚自然也不足為奇。

《戰國策》全書四百多章，共三十三卷，約兩萬字。由於內容龐雜，本書只選取其中的精采篇章加以注釋、翻譯，並搭配精采的讀解，以期使讀者對這部偉大作品有更深入的理解，同時領略傳統國學的博大精深。

《戰國策》的主角是來自各個國家的謀臣策士，他們共同的身分是說客，各自代表不同利益團體的利益。他們奔走於各個諸侯國之間，反映了戰國時期各個諸侯國間，尖銳激烈的鬥爭情況，為我們展現了一幅鮮活生動、波瀾壯闊的戰國時期的美麗畫卷。他們活躍在戰國時期的歷史舞臺上，在一定程度上改變了各國的力量對比和外交政策，並在一定程度上左右著歷史的發展趨勢，推動了當時歷史的發展進程。

而本應該是當時歷史主角的各國國君，卻退居了二線，他們不但大多自稱愚笨或以前所採取的政策是錯誤的，而要聽從說客的計策，而且他們最終都被說服了。這也從一個側面反襯出謀臣策士們高超的邏輯思維能力、語言駕馭能力、心理揣測能力、人性洞察能力和不凡的遊說策略和技巧。

《戰國策》記載的這些謀臣策士為我們提供了鮮活的遊說案例，我們可以透過這些案例來學習借鑑遊說、勸說別人的策略和技巧，並在我們的工作生活中加以靈活運用。為了進行更方便、更清楚的解讀，可以從每個案例中歸納總結出一般要素，它們分別是：

遊說主體，即遊說者，是本書的主角，一般是來自各國的謀臣和策士，他們充分展示自己的機智、才華。

遊說客體，即被遊說的物件，一般是各個國家的國君或具有決策權的相國或其他重臣，他們最後全部被說服，改變了原來的決策或者採納了遊說主體的意見，而制定了新的政策。

遊說本體，是遊說客體綜合當時國家力量、國家利益、國家對外政策、文化環境、歷史條件等各方面的客觀情況，並在對人的心理、人的本性有一定了解的基礎上，透過事先預設或隨機應變所採取的遊說策略和技巧，這是我們在學習《戰國策》的論辯知識和技能的時候主要關注的方面。

遊說場，是遊說本體的外在客觀條件，包括當時國家力量、國家利益、國家的對外政策、文化氛圍、歷史條件，以及當時的時間、地點、人的心理本性等各種條件。我們讀《戰國策》的每個案例都可以從中找出以上四個要素，透過這四個要素，就可以將這個案例看得清清楚楚。

目錄

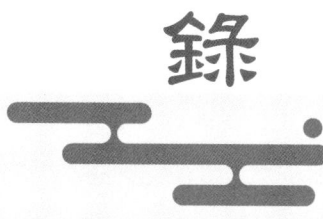

目錄

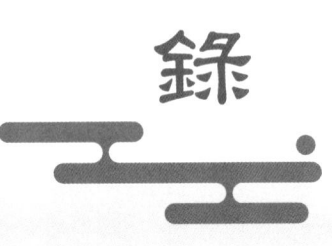

趙策

魏策

目錄

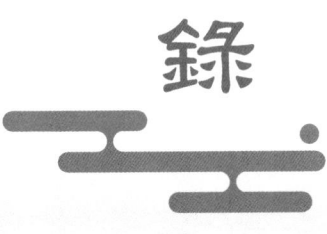

東周策

秦興師臨周而求九鼎，周君患之，以告顏率。顏率曰：「大王勿憂，臣請東借救於齊。」顏率至齊，謂齊王曰：「夫秦之為無道也，欲興兵臨周而求九鼎，周之君臣，內自盡計，與秦，不若歸之大國。夫存危國，美名也；得九鼎，厚寶也。願大王圖之。」齊王大悅，發師五萬人，使陳臣思將以救周，而秦兵罷。

秦興師臨周而求九鼎

※原文

秦興師臨周而求九鼎[①]，周君患之，以告顏率。顏率曰：「大王勿憂，臣請東借救於齊。」顏率至齊，謂[②]齊王曰：「夫秦之為無道也，欲興兵臨周而求九鼎，周之君臣，內自盡計，與秦，不若歸之大國。夫存危國，美名也；得九鼎，厚寶也。願大王圖[③]之。」齊王大悅，發師五萬人，使陳臣思將以救周，而秦兵罷。

※注釋

①九鼎：古代的一種烹飪器具。又是禮器。多以青銅鑄成，三足（或四足）兩耳。九鼎，相傳夏禹收九州之金鑄成，遂為傳國之重器。②謂：對某人說。③圖：考慮，計議。

※譯文

秦國發動軍隊逼近洛陽城下，向東周朝廷索要九鼎，周君為了這件事情感到憂慮，就告訴大臣顏率，和他一起商量對策。顏率說：「大王不必感到憂慮，請讓臣去東邊的齊國借兵救援。」顏率來到齊國，對齊王說：「秦國的行為殘暴無道，想興兵來周索要九鼎，周的君臣在朝廷商量對策，認為與其將九鼎給秦國，不如送給貴國。能夠挽救面臨危亡的國家，您將會留下美名；能夠得到九鼎，將獲得厚重的寶物。請求大王考慮一下這件事。」齊王聽了非常高興，就發動了五萬人的軍隊，派遣陳臣思擔任大將，去救援東周，於是秦國的軍隊就撤退了。

※原文

齊將求九鼎，周君又患之。顏率曰：「大王勿憂，臣請東解之。」顏率至齊，謂齊王曰：「周賴大國之義，得君臣父子相保也，願獻九鼎，不識大國何途之從而致之齊？」齊王曰：「寡人將寄徑於梁。」顏率曰：「不可。夫梁之君臣欲得九鼎，謀之暉臺之下，少海之上，其日久矣。鼎入梁，必不出。」齊王曰：「寡人將寄徑於楚。」對曰：「不可。楚之君臣欲得九鼎，謀之於葉庭之中，其日久矣。若入楚，鼎必不出。」王曰：「寡人終何塗之從而致之齊？」顏率曰：「弊邑固竊為大王患之。夫鼎者，非效醯壺醬垂耳，可懷挾提挈以至齊者；非效烏集、烏飛、兔興、馬逝，灕然①止於齊者。昔周之伐殷，得九鼎，凡一鼎而九萬人挽之，九九八十一萬人，士卒師徒，器械被具，所以備者稱此。

今大王縱有其人，何塗之從而出？臣竊為大王私憂之。」齊王曰：「子之數來者，猶無與耳。」顏率曰：「不敢欺大國，疾定所從出，弊邑遷鼎以待命。」齊王乃止。

※譯文

①灕然：水順暢無阻的樣子。

※譯文

齊國向東周索要九鼎，東周國君又為九鼎的事感到憂慮。顏率說：「大王不必憂慮，請讓臣再東去齊國解除您的憂慮。」於是顏率又來到齊國，對齊王說：「東周依靠齊國出兵相救的義舉，才使得君臣父子能夠保全，所以願意獻出九鼎，但不知道貴國把九鼎運送到齊國時，要走哪一條道路呢？」齊王說：「寡人打算向梁國借道。」顏率說：「大王您不能向梁國借道。梁國的君臣也想要得到九鼎，他們在暉臺和少海謀劃這件事情已經很久了。九鼎運入梁國的境內，必定無法運出了。」齊王說：「寡人打算向楚國借道。」顏率回答說：「大王您也不能這樣做，楚國的君臣同樣想得到九鼎，他們在葉庭謀劃此事一段時間了，如果九鼎運入楚國境內，也一定運不出來。」齊王說：「寡人到底要走哪條路，把九鼎運送到齊國呢？」顏率說：「我們東周的君臣也私底下為大王憂慮這件事情。九鼎並不像醋瓶子或醬罐子之類的東西，能夠揣在懷裡、用胳膊夾著或者用手提著就能帶到齊國；也不像烏群聚集或烏鴉飛散，兔子狂奔或駿馬飛馳般，頃刻間就能來到齊國。以前西周討伐殷商的時候，得到九鼎，光一個鼎就要九萬人才能夠抬動，九鼎總共用了九九八十一萬人，用到的兵士和工匠，以及所需要準備的搬運工具和被服用具更是難以計數。現在大王已經有那麼多的人，但是要從哪一條道路運送呢？因此臣私下為大王憂慮這件事情。」齊王說：「你多次來到齊國，還是不想把九鼎給寡人罷了。」顏率說：「不敢欺騙貴國，您快點決定從哪一條道路來運送九鼎，我東周遷移九鼎只等待您的命令。」於是齊王打消了求取九鼎的想法。

※讀解

九鼎相傳是夏禹收九州之金而鑄成的，後來成為「傳國之重器」。它代表著周王室在各諸侯國中的宗主地位。

但是歷史發展到戰國時期，禮崩樂壞，社會發生巨大的變化，實質上已經沒有哪個諸侯國還把周王室當成自己的宗主國了。不過九鼎在周君以及其他諸侯國君的心目中，依然是國家政權象徵。戰國時期諸侯割據稱雄，征戰攻伐，戰國七雄都想得到九鼎，從而來統一其他諸侯國，成為天下新的霸主。秦國發動軍隊來索要九鼎，就是想要取代周王室的宗主地位，統一各國，稱霸天下。

九鼎的重量的確很重。在二〇〇七年河南省鄭州市舉辦的中原祭祖活動中所安放的九鼎複製品，是用現代化的大型起重機來運送的，可見九鼎確實沒有那麼容易搬運。

當時東周王室的力量已經非常弱小，而秦國是一個強大的諸侯國，能夠和它相抗衡的，只有東邊的齊國。所以顏率要到齊國去請求援兵。

本篇講述了兩件事，一是顏率（遊說主體）遊說齊王（遊說客體），請求齊王派出軍隊嚇跑秦國軍隊。在國君面臨給與不給的兩難選擇時，顏率挺身而出，顯然他對當時各方面的利害關係是了然於胸的。所以他胸有成竹地毛遂自薦，要到齊國去搬救兵。他見到齊王，主要採取了兩方面的遊說策略（遊說本體），首先稱讚齊王派出軍隊挽救周王室的危難是義舉，稱讚齊國是大國。其次許諾將九鼎送給齊國。也就是說，他一方面用好聽的話來讚美齊王，使齊王得到心理上的虛榮和滿足，聽了這番話後，齊王已經有點飄飄然了。另一方面，顏率許諾齊王以現實的利益，使齊王有派出軍隊的直接動力。而客觀上，齊國又能夠和秦國軍隊相抗衡，所以在現實中是可行的，它能夠實現讓秦國軍隊退卻的目的。有了這兩方面的好處，於是「齊王大悅，發師五萬人，使陳臣思將以救周，而秦兵罷」。

接著又講述了第二件事，依然是顏率遊說齊王，讓齊王打消索要九鼎的念頭。周王室依靠齊國軍隊的力量嚇跑了秦國軍隊之後，事情到這裡並沒有結束：齊王要求顏率兌現送他九鼎的諾言。事情似乎又回到了原點。顏率又來見齊王，這次他主要採取的遊說策略是，在答應送給齊王九鼎的前提下，擺出了運送九鼎面臨的兩個實際困難。一是運送路線無法解決。由於齊國和周之間隔了魏國和楚國，齊王先後提出了借道魏國和借道楚國的兩條運送路線。顏率擺出了魏國君臣和楚國君臣都對九鼎覬覦已久的事實，否定了齊王借道運送九鼎的想法。二是搬運九鼎的人和設備難以解決。由於九鼎的體積大重量重，搬運九鼎需要數萬人，需要大量的搬運工具和後備物資，齊王同樣都無法解決。透過這兩個方面的探討和反問，顏率巧妙的將皮球踢給了齊王，又再一次化解了周君的危難。

秦攻宜陽

※原文

秦攻宜陽，周君謂趙累曰：「子以為何如？」對曰：「宜陽必拔也。」君曰：「宜陽城方八裡，材士①十萬，粟支數年，公仲之軍二十萬，景翠以楚之眾，臨山②而救之，秦必無功。」對曰：「甘茂，羈旅也，攻宜陽而有功，則周公旦也；無功，則削跡③於秦。秦王不聽群臣父兄之義而攻宜陽，宜陽不拔，秦王恥之。臣故曰拔。」君曰：「子為寡人謀，且奈何？」對曰：「君謂景翠曰：『公爵為執圭④，官為柱國⑤，戰而勝，則無加焉矣；不勝，則死，不如背秦援宜陽，公進兵。秦恐公之乘其弊也，必以寶事公；公中慕公之為己乘秦也，亦必盡其寶。』」秦拔宜陽，景翠果進兵。秦懼，遽效煮棗；韓氏果亦效重寶。景翠得城於秦，受寶於韓，而德東周。

※注釋

①材士：有本領、戰鬥力強的士兵。②山：指的是伏牛山。③削跡：被除去名字。④執圭：圭，玉圭。拿

著玉圭上朝。借指官職，在本篇指的是楚國最高的爵位。⑤柱國：肩負國家重任的大臣。

※譯文

秦國攻打韓國的宜陽，周君對輔臣趙累說：「你認為這件事會怎麼發展？」趙累回答說：「宜陽必將被秦國所攻破。」周君說：「宜陽城方圓八里，城裡有十萬勇敢善戰的兵士，而且儲備的糧食也足以支持好多年，宜陽附近還駐紮著韓國國相公仲的二十萬軍隊，以及楚國大將景翠統率的軍隊，依靠山勢駐紮，可以前去救援它，秦國必定不會攻破宜陽。」趙累回答說：「秦軍統帥甘茂是客居在秦國的將領，如果他攻破宜陽立下功勞，就相當於周朝的周公旦；如果攻城不破，就會在秦國被革去官職。秦武王不聽群臣和父兄們的意見，執意要進攻宜陽，如果宜陽攻不下來，秦武王就會以此為恥辱。大勢所趨，因此臣斷定宜陽一定能攻破。」周君說：「你來為寡人謀劃此事，我們國家應該怎麼做？」趙累回答說：「請大王對楚國大將景翠說：『你的爵位已經擔任到執圭，官職也已經升到柱國，即使這次戰爭又獲勝了，你的官爵也無法再升了；但如果不獲勝的話，你就會被判死罪。不如對抗秦國，待到秦國攻取宜陽，你就出兵，秦國就會怕你，趁著秦軍疲憊的時候去襲擊它，就一定會拿寶物獻給你，韓國的相國公仲也會認為你乘虛攻打秦國是為了救援韓國，一定也會把寶物獻給你。』」

秦軍攻下宜陽之後，景翠果然發兵攻打秦國。秦國大為害怕，立刻把煮棗城獻給景翠，韓國果然也獻出珍貴的寶物。景翠不但從秦國那裡得到煮棗城，又從韓國那裡得到寶物，因此他很感激東周。

※讀解

秦武王不顧群臣的反對，堅持任用甘茂當軍隊統帥，帶兵攻打韓國的軍事重鎮宜陽。秦武王頂著壓力做出這個決定，所以此次出征只能成功不許失敗，否則就無法面對群臣，所以他對宜陽志在必得，沒有後退的餘地。

甘茂是客居在秦國的將領，他在仕途上的升遷只能依靠自己指揮軍隊衝鋒陷陣，攻城掠地，建立實實在在的功勞，而不能打敗仗，否則就會撞到自己政治生涯中的冰山。並且這次出征，背後有秦武王的支持和期望，所以他對宜陽志在必得，沒有後退的餘地。

雖然韓國的「宜陽城方八里，材士十萬，粟支數年，公仲之軍二十萬，景翠以楚之眾，臨山而救之」，但是事實上敵不過秦軍必勝的決心，結果宜陽失守。

楚國的大將景翠，率軍駐紮伏牛山一帶，可能參與秦國和韓國的戰爭，對戰爭的勝負產生決定性的影響。

在這種情況下，周君和大臣趙累，分析了與自己的國家本來就沒有什麼重要關係的秦韓之戰，最後決定參與這場戰爭，透過遊說能改變秦國和韓國之間力量對比的景翠，鼓動他參與。本篇講述的是周國的國君遊說楚國大將景翠，希望他能率領他的軍隊在秦軍攻取宜陽之後，進攻得勝的秦軍，得到秦國和韓國雙方的財物和感激。

遊說策略是，先為景翠分析在楚國既有的地位，讓景翠明確知道，即使再取勝也沒有實質意義。其次，用現實的利益來誘惑他，鼓動他在秦軍攻取宜陽之後，進攻得勝的秦軍，這樣不僅能夠得到秦國獻出煮棗城和寶物，還能得到韓國貢獻的寶物和感激，可說是一舉兩得。趙累在這次遊說中巧妙地利用了各個方面的矛盾，在景翠無法再升官加爵的情況下，從秦、韓兩國的戰爭中獲得割地和財物。從景翠這方面看，他使用了三十六計中的「趁火打劫」，因此坐收漁翁之利。

東周欲為稻

※原文

東周欲為稻，西周不下水，東周患之。蘇子[1]謂東周君曰：「臣請使西周下水，可乎？」乃往見西周之君曰：「君之謀過矣！今不下水，所以富東周也。今其民皆種麥，無他種矣。君若欲害之，不若一為下水，以病[2]其所種。下水，東周必復種稻；種稻而復奪之。若是，則東周之民可令一仰西周，而受命於君矣。」西周君曰：「善。」遂下水。蘇子亦得兩國之金也。

※注釋

①蘇子：即蘇秦，字季子，戰國時期東周洛陽人，他是戰國時期縱橫家的著名代表人物之一。剛開始主張連橫，遊說秦王但不被採納，後主張合縱，被採納。②病：害，損害。

※譯文

東周想要種水稻，但是西周不放水，東周對這件事情感到很憂慮。蘇子就對東周國君說：「請讓臣去說服西周放水，好嗎？」於是蘇子去拜見西周國君，說：「您的謀劃錯了！現在您不放水，東周會因此而富裕。現在東周的百姓都種小麥，沒有其他的作物可種植。您如果想要加害於東周，還不如為東周放水一次，沖壞他們種植的小麥。放水，東周必定再次種植水稻；種植水稻後再次停止放水，讓他們無法收成。如此一來，就可以讓東周的百姓仰仗西周，就會因此聽命於您了。」西周君說：「很好。」於是就放水了。蘇子也得到兩個國家的賞金。

※讀解

水稻是靠水才能生長的農作物，沒有水就無法栽種。東周打算栽種水稻，由於所處的地理位置在黃河下游，所以西周不放水，就無法栽種水稻。

文中的蘇子就是蘇秦。他是戰國時代著名的說客和謀士，起初主張連橫策略，以此遊說秦王，但卻不被秦王採納，落魄失意。回家後，苦心鑽研合縱策略，然後遊說崤山以東的六國被採納。他的致富過程是透過自我努力，從最初一窮二白，到後來享受榮華富貴的過程。因此，他被許多渴望得到權力、金錢和地位的人們所崇拜。本篇是他在《戰國策》中首次亮相，以三言兩語就說服西周國君放水，不僅如此，他還得到兩國的賞賜，不愧是謀略家。

本篇篇幅短小，記載的是蘇子代表東周去遊說西周國君，讓西周放水給東周栽種水稻。遊說策略是，直接指出西周的政策是錯誤的，利用西周想控制東周的心理，勸說西周國君利用地處黃河上游的優勢，放水淹沒東周的小麥，從而達到使西周放水以便東周種稻的目的。他採用以現實的好處來說服遊說的物件，從而達到自己的目的。可見，在說服別人時，首先要了解對方現實的需要，並在接下來的勸說過程中想方設法滿足他的需要，來使對方聽從自己的意見，達到自己的目的。而對方的需要，也就是他希望得到的現實國家利益。畢竟，只有國家利益才是說服對方的最佳武器，因為國家利益高於一切，所有政策措施的制定和改變，都是在國家利益的指揮棒下引導出來的。

分析蘇秦遊說的言辭，最關鍵的就是他處處為西周的國家利益做考量。在放水與不放水的問題上，他比西周國君看得更遠更全面。所以他能夠充分利用兩個國家的矛盾，站在對方的立場上思考問題，給對方指明放水的好處，從而打動西周國君，也達到自己的目的。站在對方的立場上思考問題，並透過自己提出的意見為對方帶來利益，不僅達到對方的目的，還為自己帶來了好處，「亦得兩國之金也」。可見三寸不爛之舌，的確有很大的威力。

周文君免士工師籍

※原文

周文君免士工師籍，相①呂倉，國人不說②也。君有閔閔③之心。謂周文君曰：「國必有誹譽，忠臣令誹在己，譽在上。宋君奪民時以為臺，而民非之，無忠臣以掩蓋之也。子罕釋相為司空，民非子罕而善其君。齊桓公宮中七市，女閭七百，國人非之。管仲故為三歸④之家，以掩桓公，非自傷於民也？《春秋》⑤記臣弒君者以百數，皆大臣見譽者也。故大臣得譽，非國家之美也。故眾庶成彊，增積成山。」周君遂不免。

※注釋

①相：任用某人為相國。②說：通「悅」，高興，喜悅。③閔閔：憂愁的樣子。④三歸：管仲故意在自己家築臺，命名為「三歸臺」，以掩蓋桓公罪過，表明非有意傷害民心。⑤《春秋》：東周時代魯國的一部編年史，

相傳是孔子根據魯國的歷史修訂而成。

※譯文

周文君免去了工師籍的職務，改用呂倉做相國，周的百姓對這件事情感到不高興。周文君很擔心。這時有人為呂倉來勸說周文君，說：「國家做出一個決策，人們必定會有誹謗和贊成兩種態度，忠臣讓誹謗全都加在自己的身上，把讚美的話都加在君主的身上。宋國的君主貽誤農時來建造娛樂用的高臺，因此百姓都非議這件事，這是因為沒有忠臣來為君主掩蓋過錯罷了。子罕辭掉相位而改做司空，百姓非議子罕但褒揚他們的國君。齊桓公在宮中設立了七個市場和七百個國家妓院，國人非議這件事情。管仲因此故意在家裡築「三歸臺」，來掩蓋齊桓公的過錯，而不是自己有意傷害民心。《春秋》所記載的臣子殺國君的事例數以百計，這些臣子都是很受讚譽的大臣。所以說大臣受到讚譽，對國家來說並非好事。由此看來，人越多力量就越大，積累微小的土石就能成為大山。」周君於是就沒有免掉呂倉的職位。

※讀解

本篇是呂倉的說客為了呂倉對周文君的勸說，勸說的策略是說明事實、講道理，用正反兩方面的事例來說服周文君不要憂慮，不要太在意百姓的意願，不要免去呂倉的職務。首先他用一句話作為立論的基礎，提出忠臣會將人們對國君的誹謗加在自己身上，而將人們讚美的話加在國君的身上；然後分別列舉了一個反面和正面的例子，強而有力地證明自己所提出的觀點，達到自己勸說的目的。

這樣的勸說，既有觀點又有事實例證，是最有說服力的。最後將結論歸結到《春秋》所記載的臣子殺國君的事例上，強調免去呂倉職務的嚴重性，因為國君這樣做可能造成嚴重的後果，就像《春秋》中所記載的臣子殺國君的事例一樣。在整個勸說的過程中，那位說客隻字未提呂倉的事情，只是在談論君臣之間的關係，以及君臣關係狀況對國家造成的影響。這樣就說服了周文君，繼續讓百姓不滿的呂倉做相國。

在《戰國策》中，有很多的遊說和勸說都採用例證法，也就是列舉古代帝王或大臣的事例來證明自己的觀點。古代的君王大多思慕遠古時期帝王所建立的功業，那些前來勸說的謀臣策士往往抓住國君的這種心理進行說服，而這樣的言論往往能夠打動被勸說的國君。

事實勝於雄辯。在我們寫文章或者說話的時候，應該學習這種方法，列舉典型的、恰當的事例來為自己的論點提供論據，增強說服力。

溫人之周

※原文

溫人之周，周不納，「客即？」對曰：「主人也。」問其巷而不知也，使因囚之。君使人問之曰：「子非周人，而自謂非客何也？」對曰：「臣少而誦《詩》[1]，《詩》曰『普天之下，莫非王土；率土之濱，莫非王臣。』今周君[2]天下，則我天子之臣，而又為客哉？故曰主人。」君乃使吏出之。

※注釋

①《詩》：即《詩經》，中國最早的詩歌總集。本稱《詩》，到漢代，儒家尊為經典，故稱。大概是周初到春秋中葉的作品，編成於春秋時代，共三百零五篇，分為風、雅、頌三部分。②君：統治，治理。

※譯文

溫城有一個人去東周，但東周人不收留他，還盤問他說：「你是客人嗎？」這個溫城人回答說：「我是主人。」東周人問他住在哪裡，他卻回答不出來，官吏因此把他囚禁起來。國君派人去問他說：「你不是我們東周人，卻又自稱不是客人，這是為什麼呢？」溫城人回答說：「我年少的時候曾誦讀《詩經》，《詩經》上說『普天之下，莫非王土；率土之濱，莫非王臣』如今周君統治天下，那麼我就是天子的臣民，哪裡是客人呢？所以說我是主人。」國君於是讓官吏把他放了出來。

※讀解

東周王室在戰國時期如同黃昏時分的太陽，已經無法照耀天下，已經沒有過去號令天下、接受各國諸侯朝拜和進貢的威風。此時的天子已經形同虛設。各國諸侯征戰攻伐，再也沒有人把天子放在眼裡，甚至都想將天子取而代之。

《詩經》在那個時代的政治生活中，具有崇高的地位。人們論說義理常引用《詩經》裡的詩句來證明自己的觀點，增加論說的說服力。

這個溫城人不知道要到東周辨什麼事情，只是他在東周人拒絕他留在東周的情況下並不感到為難。其實，早在他被東周的官吏攔住盤問的時候，他就已經表明自己是主人，可見他對當時複雜的國際形勢看得非常透澈，最重要的是他了解天子的心理。從這裡推測，他來到東周之前就已經打定主意，想好應對東周官吏盤查的說辭。

本篇講述的是溫城人說服東周國君，使東周國君將自己釋放出來，並允許自己待在東周。說服策略是透過引用《詩經》上的詩句來重申，強調東周國君貴為天子的政治地位，滿足了東周國君需要人們承認他的天子身分的心理。這個溫城人給予他的正是這種心理需求。不僅如此，他所引用的詩句和自己當時所處的困境密切相關。在他看來，只要對方承認自己提出的觀點，就可以獲得自由以及在東周居住、活動的權利。他的引用和推理，不僅滿足東周國君的心理需求，並且巧妙地達到了自己的目的。可說是一箭雙雕、一石二鳥。

杜赫欲重景翠於周

※原文

杜赫欲重[1]景翠於周，謂周君曰：「君之國小，盡君之重寶珠玉以事諸侯，不可不察也。譬之如張羅者，張於無鳥之所，則終日無所得矣；張於多鳥處，則又駭[2]鳥矣；必張於有鳥無鳥之際，然後能多得鳥矣。今君將施於大人，大人輕君；施於小人，小人無可以求，又費財焉。君必施於今之窮士，不必且為大人者，故能得欲矣。」

※注釋

①重：在這裡的意思是使被重視，受到敬重或重用。②駭：使受到驚嚇。

※譯文

杜赫想要讓東周重用景翠，就對東周國君說：「您的國家很小，您用盡您的金銀珠寶來侍奉、籠絡諸侯的做法，應該要慎重考慮一下。這就如張網捕鳥，如果把網鋪在沒有鳥的地方，那麼到天黑也抓不到一隻鳥；如果把網鋪設在鳥多的地方，那就會嚇跑鳥；所以必須把網鋪設在有鳥但鳥不多的地方，這樣做就能捕獲很多的鳥了。現在您將要把錢財花費在居高位的人身上，但居高位的人輕視您；把錢財花費在普通人的身上，您又無法從普通人身上獲得什麼東西，而且還浪費錢財。所以您必須把錢財花費在雖然現在沒有地位，但是將來會成就大事的人身上，這樣才能達到您的目的。」

※讀解

杜赫的勸說，預先將景翠定位在一個雙方都明白的位置上，他既不是「大人」也不是「小人」，而是「今之窮士不必且為大人者」，並且將這種身分和東周國家的政策巧妙地結合起來，用張羅捕鳥來比喻，將道理說得既具象又容易理解。

本篇是杜赫勸說東周國君，勸說策略是用他自己的話語為東周國君重新定位東周的形勢，為東周國君分析當前所採用的政策是應該慎重考慮的。然後形象地比喻為東周國君說明現在的用人政策是需要再商量的，重實珠玉應該使用在什麼樣的人身上，巧妙地將目標設定在他所希望讓東周國君重用的人身上。整個勸說的過程都是在為東周國君的利益考慮，所以就不容東周國君不重視他的意見，而同時整個勸說又都是在為最後的落腳點做鋪墊和埋伏，都是為「欲重景翠於周」。

昌他亡西周

※原文

昌他亡①西周，之東周，盡輸西周之情於東周。東周大喜，西周大怒。馮且②曰：「臣能殺之。」君予金三十斤。馮且使人操金與書，間③遺昌他書曰：「告昌他，事可成，勉成之；不可成，亟亡來亡來。事久且泄，自令身死。」因使人告東周之候④曰：「今夕有姦人當入者矣。」候得而獻東周，東周立殺昌他。

※注釋

①昌他：西周的大臣。亡：逃跑，逃亡。②馮且：西周大臣。③間：偷偷地。④候：古代在國境和道路上負責守望、偵察及迎送賓客的官吏。

※譯文

西周大臣昌他逃離西周，去了東周，他把所知道的西周機密全都洩露給東周國君。東周國君大為歡喜。西周國君得知這個情況後非常惱怒。西周的大臣馮且說：「臣能把昌他殺掉。」西周國君就給了馮且三十斤黃金。馮且派人將黃金和一封信送給昌他。信上寫著：「告昌他悉知：如果事情能成功，就盡力將它辦成；如果不能成功就速速趕回。事情耽擱的時間過長且有洩露的話，就自行了斷性命。」然後又派人告訴東周的偵察兵說：「今天晚上有間諜要進入國境。」東周的偵察兵果然捉住了送信的人，將他身上的書信獻給東周國君，東周國君立刻就把昌他殺掉了。

※讀解

無論是殘酷的政治鬥爭、激烈的商業競爭，還是鬥爭的最高形式——軍事戰爭，人們總是處在兩個對立的利益集團中，代表自己所在集團的利益，參與到鬥爭中。每個利益集團的成員都有維護本集團利益，積極為本集團出謀劃策或出力奔命的義務，這不僅是利益集團法定的義務，而且還被社會道德習慣約束了。如果有人破壞了這樣的法定義務和社會道德，將自己原來所屬的利益集團之機密洩露，為敵方服務的話，那麼他就是一個叛徒。

叛徒對集團的殺傷力是最大的，所以最讓人痛恨。他們是人們都想「得而誅之以後快」的人。昌他從西周逃亡到東周，向東周洩露了大量的西周情報。他是一個不折不扣的奸細，西周完全無法容忍。

本篇使用的是一個反間計，也可以說是對東周所進行的一個特殊遊說。馮且讓人帶著要給昌他的黃金和書信，故意被東周的偵察兵抓到，而書信中的內容將昌他放在西周集團的立場上，使昌他之前的所有努力都變質了，進一步讓他的人性在東周國君眼裡也變質了：昌他不再是站在自己的立場上，而依然是在敵對的立場上。這就把昌他置於兩國鬥爭的風口浪尖上，因此在你死我活的政治鬥爭中，昌他便必死無疑了。

西周策

薛公以齊為韓、魏攻楚，又與韓、魏攻秦，而藉兵乞食於西周。韓慶為西周謂薛公曰：「君以齊為韓、魏攻楚，九年而取宛、葉以北，以強韓、魏，今又攻秦以益之。韓、魏南無楚憂，西無秦患，則地廣而益重，齊必輕矣。夫本末更盛，虛實有時，竊為君危之。君不如令敝邑陰合於秦而君無攻，又無藉兵乞食。」

薛公以齊為韓魏攻楚

※原文

薛公[1]以齊為韓、魏攻楚，又與韓、魏攻秦，而藉兵乞食於西周。韓慶[2]為西周謂薛公曰：「君以齊為韓、魏攻楚，九年而取宛、葉以北，以強韓、魏，今又攻秦以益之。韓、魏南無楚憂，西無秦患，則地廣而益重，齊必輕矣。夫本末更盛，虛實有時，竊為君危之。君不如令敝邑陰合於秦而君無攻，又無藉兵乞食。君臨函谷而無攻，令敝邑以君之情謂秦王曰：『薛公必破秦以張韓、魏。所以進兵者，欲王令楚割東國以與齊也。』秦王出楚王以為和，君令敝邑以此忠秦，秦得無破，而以楚之東國自免也，必欲之。楚王出，必德齊，齊得東國而益強，而薛世世無患。秦不大弱，而處之三晉[3]之西，三晉必重齊。」薛公曰：「善。」因令韓慶入秦，而使三國無攻秦，而使不藉兵乞食於西周。

※注釋

①薛公：薛，是齊國的封邑。即齊國的孟嘗君，名田文。襲封地薛，所以稱之為薛公。②韓慶：西周大臣。

③三晉：指戰國時期韓、趙、魏三國。春秋末，晉國被韓、趙、魏三家卿大夫瓜分，各立為國，史稱三晉。

※譯文

薛公利用齊國為韓國和魏國攻打楚國，又聯合韓國、魏國攻打秦國，而向西周借兵借糧。韓慶代表西周對薛公說：「您利用齊國為韓國和魏國攻打楚國，打了九年才攻取了宛和葉以北的地區，從而增強了韓國和魏國的力量，如今又攻打秦國來使它更加強大。韓國和魏國南面沒有楚國侵擾的憂慮，西面沒有秦國入侵的憂患，這樣一來地域遼闊的兩個國家就顯得更加重要，因此齊國必然受到輕視。事物的根本和末梢是盛衰交替的，虛實也是交替出現，我私底下為您感到擔心。您不如讓敝國暗中與秦國聯合，不用發兵攻打秦國，也不用向敝國借兵借糧。只要率領軍隊到函谷關但不需要進攻，讓敝國將您的意圖告訴秦王說：『薛公必能攻破秦國來使韓國和魏國擴張勢力。他之所以進兵，是想要讓楚國割讓東部地區來送給齊國。』秦王用釋放楚王的條件來和楚國講和，您使敝國因此獲得秦國的感激，秦國得以不被攻破，楚國必然會利用東部地區使自己免除災難。楚王被釋放，必定感激齊國，齊國得到楚國的東部地區就會變得更強大，而薛公的地盤就會世世代代沒有憂患了。秦國沒有被削弱，而是處在三晉的西鄰，三晉必定也會重視齊國。」薛公說：「很好。」於是派遣韓慶來到秦國，下令三國停止攻打秦國，從而使齊國不向西周借兵借糧。

※讀解

戰國時期的西周，可說是在夾縫中求生存。各國的軍事行動都可能使它成為受傷害的一方。但西周也有智慧超群的謀士，代表著西周的利益去遊說各國，使西周能夠在夾縫中繼續生存下去。

齊國是戰國時期的大國，曾經一度和秦國並稱為王，就是韓國和魏國也比西周的力量更為強大。薛公聯合韓國和魏國攻打秦國，使西周再一次處在於夾縫中，而它的弱小也讓人覺得可憐，連向它借兵借糧的事情，它都承受不起。但即便是如此弱小的國家，它也有在惡劣環境中生存下去的能力。

本篇寫的是韓慶遊說薛公，韓慶的目的是讓薛公取消向西周借兵借糧的打算，但由於他的國家弱小，所以只能選擇迂回曲折的方式遊說。雖然如此，他還是靠著自己的智慧達到了目的。他沒有從西周方面來討論問題，甚至根本沒有提到西周的問題。他自始至終是站在齊國的立場上來考慮和論述問題的。我們在勸說實踐中，也應該學習這種迂回曲折的勸說方法，來達到我們的目的。勸說的過程也就是智慧的體現過程。在惡劣的生存環境中，我們選擇這樣的方法，也許看起來很無奈，但也正是這樣的環境歷練了我們的智慧，體驗到好不容易取得成功的那份喜悅。

雍氏之役

※原文

雍氏[①]之役，韓徵[②]甲與粟於周。周君患之，告蘇代[③]。蘇代曰：「何患焉？代能為君令韓不徵甲與粟於周，又能為君得高都。」周君大悅曰：「子苟能，寡人請以國聽。」

蘇代遂往見韓相國公中曰：「公不聞楚計乎？昭應謂楚王曰：『韓氏罷於兵，倉廩空，無以守城，吾收之以飢，不過一月必拔之。』今圍雍氏五月不能拔，是楚病也。楚王始不信昭應之計矣，今公乃徵甲及粟於周，此告楚病也。昭應聞此，必勸楚王益兵守雍氏，雍氏必拔。」公中曰：「善。然吾使者已行矣。」代曰：「公何不以高都與周？」

公中怒曰：「吾無徵甲與粟於周，亦已多矣。何為與高都？」代曰：「與之高都，則周必折而入於韓，秦聞之必大怒，而焚周之節，不通其使，是公以弊高都得完周也，何不與也？」公中曰：「善。」不徵甲與粟於周而與高都，楚卒不拔雍氏而去。

※注釋

①雍氏：韓國城邑，在今河南禹縣東北。②徵：索取，求取。③蘇代：蘇秦的兄弟。

※譯文

在雍氏之戰中，韓國向西周徵調士兵和糧食。西周國君對這件事情感到憂慮，將此事告訴蘇代。蘇代說：「這有什麼好憂慮的？我能讓韓國不向西周徵調士兵和糧食，又能讓您得到高都。」西周國君大為高興，說：「你如果能夠做到這些，寡人就讓你來管理國家政事。」

蘇代於是前去拜見韓國的相國公中，說：「您沒有聽說楚國的計策嗎？楚將昭應對楚王說：『韓國疲於征戰，國庫已經空了，沒有什麼可以用來防守都城，我趁它飢餓的時候來攻打它，不用一個月就必定能攻克。』如今他圍困雍氏長達五個月都無法攻克，這是楚國感到棘手的事情。楚王開始不相信昭應的計策，如今您來徵調西周的士兵和糧食，這是在告訴楚國，韓國已經處於危險境地了。昭應聽說這些，必定會勸說楚王增兵防守雍氏，雍氏必定能夠攻克。」公中說：「很好，但是我國的使者已經趕往西周了。」蘇代說：「您為什麼不將高都割讓給西周呢？」

公中聽了大為憤怒，說：「我不向西周徵調士兵和糧食已經不錯了，為何還要將高都割讓給西周？」蘇代說：「將高都給西周，那麼西周必定轉而投向韓國，秦國聽說了必定大為惱怒，因而就會殺了西周的使節，不再派遣使者，因此您就可以用高都的代價來換取整個西周，為什麼不給它呢？」公中說：「很好。」於是就不再向西周徵調士兵和糧食，並且將高都割讓給了西周，楚國軍隊因沒能攻克雍氏而離去了。

※讀解

當事情的發展還無法看出趨勢的時候，有的人卻已經知道結果了。當人們在事情面前不知所措的時候，有的人卻善於在自己預測的基礎上，積極地參與，透過自己的活動來引導事情的發展，使之朝向自己所預測的方向發展，此前他所許下的諾言，必定會隨著他的積極參與而得以實現。這就是謀士們的邏輯和才能。

本篇所述蘇代在勸說韓國相國公中的過程就反映了這一點。在戰國時期，他們的活動在某種程度上，推動了歷史的發展進程和方向。之所以這樣，是因為他們非常善於思考和揣摩，因此他們對各個國家之間的關係有本質意義上的認識。所以說戰國時期的謀臣和策士，是一群思想家，他們在思想上、對人性的認識上、對自己本身潛力的挖掘上，都比一般人更充實更深刻。正因為有他們的存在，才使得戰國時期的歷史充滿智慧的閃光點，也使之有更多的吸引力，並留下更多的文化和歷史的珍貴遺產，供我們繼承。

蘇厲謂周君

※原文

蘇厲[1]謂周君曰：「敗韓、魏，殺犀武[2]，攻趙，取藺、離石、祁者，皆白起。是攻用兵，又有天命也。今攻梁，梁必破，破則周危，君不若止之。」

謂白起[3]曰：「楚有養由基者，善射。去柳葉者百步而射之，百發百中。左右皆曰：『善。』有一人過曰：『善射，可教射也矣。』養由基曰：『人皆善，子乃曰可教射，子何不代我射之也？』客曰：『我不能教子支左屈右。夫射柳葉者，百發百中，而不已善息，少焉氣力倦，弓撥矢鉤，一發不中，前功盡矣。』今公破韓、魏，殺犀武，而北攻趙，取藺、離石、祁者，公也。公之功甚多。今公又以秦兵出塞，過兩週，踐韓而以攻梁，一攻而不得，前功盡滅，公不若稱病不出也。」

※注釋

①蘇厲：蘇秦的弟弟。②犀武：魏國的大將。③白起：秦國的將領，立了很大的軍功，被封為武安君。

※譯文

蘇厲對周君說：「擊敗韓、魏兩國的聯軍，殺掉魏將犀武，攻占趙國的藺地、離石、祁地的，都是秦將白起。這是他善於用兵，又得到上天幫助的緣故。現在，他要進攻魏都大梁，大梁必然會被攻克，大梁被攻破，西周就危險了，大王不如制止他進攻大梁。」

蘇厲又對白起說：「楚國有個叫養由基的人，擅長射箭，能在距離柳葉百步遠的地方，拉弓射箭，百發百中。旁邊的人都說他的射箭技術很好。有一人從旁邊經過，說：『的確射得很好，但是可以再教導他射箭的方法。』養由基說：『大家都說我射得很好，您卻說可以教導我，那您為何不代替我射箭呢？』那人說：『不能教導您伸左臂、屈右臂的射箭本領。但是，您射柳葉能百發百中，卻不趁著射得好的時候休息，過一會兒，當氣力衰竭，感到疲倦，弓身不正，箭杆彎曲時，您若一箭射出而不中，豈不前功盡棄了嗎？』如今您擊敗了韓、魏兩國的軍隊，又殺了犀武，向北攻打趙國，奪取藺地、離石和祁地。您的功勞已經很大了，現在又率領秦國的軍隊出塞，經過東、西兩周，侵犯韓國，攻打魏國的都城大梁，如果不能取得勝利，就前功盡棄了，您不如假裝生病，不去攻打大梁。」

※讀解

戰國時期的西周所處的環境確實非常尷尬，但西周是個非常有憂患意識的國家。它密切關注著鄰國的軍事行動，而在關鍵的時刻，也總是有那些富有遠見卓識的大臣在夾縫中努力尋求，以保證西周國家的安全。

西元前二八〇年，秦昭襄王派大將白起率領軍隊攻打大梁，蘇厲看到這件事對西周不利。就將事情的嚴重性告訴了西周國君，於是西周國君就派蘇厲去遊說白起，從而取消這場戰爭，來換取西周的安全。

本篇寫的是蘇厲勸說白起，目的是讓他放棄攻打大梁來自保，使白起不去攻打大梁，確保西周的安全。蘇厲所採用的還是迂回曲折的遊說策略，間接的達到自己的目的。不管蘇厲的主觀目的是什麼，他的遊說使一場即將爆發的戰爭得以平息。這些謀臣策士的活動，在客觀上是有積極意義的。它使多少生靈免遭塗炭，而這只是憑藉著兩張嘴皮和一根三寸不爛之舌而已，所以不由得讓人驚嘆人類的智慧和語言的神奇。

司寇布為周最謂周君

※原文

司寇布①為周最②謂周君曰：「君使人告齊王以周最不肯為太子也，臣為君不取也。函冶氏為齊太公買良劍，公不知善，歸其劍而責③之金。越人請買之千金，折而不賣。將死，而屬其子曰：『必無獨知。』今君之使最為太子，獨知之契也，天下未有信之者也。臣恐齊王之為君實立果而讓之於最，以嫁之齊也。君為多巧，最為多詐，君何不買信貨哉？奉養無有愛於最也，使天下見之。」

※注釋

①司寇布：西周官做司寇、名叫布的大臣。司寇，主管刑獄的官職。布，人名。②周最，西周公子。③責：索要，求取。契：契約。古代把合約、總帳、案卷、具結都稱作「契」。一分兩半，雙方各執其一為憑證。

※譯文

司寇布代表周最對西周國君說：「您派使者告訴齊王周最不願意做太子，我認為您不應該這樣做。函冶氏為齊太公買了一把好劍，但太公不知道這就是好劍，就將劍還給函冶氏，並且要求退還他的金錢。越國有人請求要用千金買這把劍，函冶氏認為他出的價錢不夠而不願賣。函冶氏快去世時，囑咐他的子孫說：『一定不能只有自己知道劍好。』如今您讓周最當太子，只是您自己知道，天下沒有人相信這件事情。我擔心齊王認為您實際上是要策立周果為太子，卻說周最自己不願意當太子，以欺騙齊國。您的態度不堅定，而周最富於心計，您為什麼不買大家都認可的好貨呢？供養周最的財物不要吝嗇，這要讓天下的人都知道。」

※讀解

文中的周最是周國的公子，太子死了之後，公子們都想當太子。周最和齊國的關係很好，所以就讓齊國替他爭取太子之位。但周君對於讓周最當太子的態度不明朗。司寇布就勸說周君，他列舉了齊太公買良劍的故事。此故事說明了一個道理：既然一件事物是價值很高的，就要讓人們了解它的價值，而不要隱藏起來，如果隱藏的話，人們就無從知道這件事物的價值。以此來勸說周君不要再猶豫，如果想讓周最當太子的話，就不要吝嗇錢財，而要多多給予他，讓天下人都知道周最是太子。

秦策

蘇秦始將連橫，說秦惠王曰：「大王之國，西有巴、蜀、漢中之利，北有胡貉、代馬之用，南有巫山、黔中之限，東有肴、函之固。田肥美，民殷富，戰車萬乘，奮擊百萬，沃野千里，蓄積饒多，地勢形便，此所謂天府，天下之雄國也。以大王之賢，士民之眾，車騎之用，兵法之教，可以並諸侯，吞天下，稱帝而治。願大王少留意，臣請奏其效。」

蘇秦始將連橫

※原文

蘇秦始將連橫①，說秦惠王曰：「大王之國，西有巴、蜀、漢中之利，北有胡貉、代馬②之用，南有巫山、黔中之限，東有肴、函③之固。田肥美，民殷富，戰車萬乘，奮擊④百萬，沃野千里，蓄積饒多，地勢形便，此所謂天府，天下之雄國也。以大王之賢，士民之眾，車騎之用，兵法之教，可以並諸侯，吞天下，稱帝而治，願大王少留意，臣請奏其效。」

秦王曰：「寡人聞之，毛羽不豐滿者不可以高飛，文章不成者不可以誅罰，道德不厚者不可以使民，政教不順者不可以煩大臣。今先生儼然不遠千里面庭教之，願以異日。」

※注釋

①連橫：最著名的是戰國時期張儀宣導的政治主張，也就是說崤山以東的六國侍奉秦國。蘇秦最初主張「連橫」，但不被秦惠文王採納，後來改為主張「合縱」。這兩者是相對的。「連橫」又稱「連衡」。②胡貉、代馬：胡貉是北方遊牧民族，分布在今內蒙古南部。代馬指的是代郡和馬邑，在今山西東北部。③肴、函：肴即崤山，在今河南洛寧以北。函即是函谷關，秦時所置，在今河南靈寶南。④奮擊：奮勇攻擊敵人的士兵。

※譯文

蘇秦最初主張連橫，他遊說秦惠文王說：「大王的國家，西面有巴、蜀和漢中等地豐富物產的便利，北面有胡貉、代馬兩地提供的物資費用，南面有巫山、黔中作為天然的屏障，東面有崤山、函谷關這兩個牢固的關塞。國家田地肥沃，百姓殷實富裕，戰車萬輛，兵甲百萬，沃野千里，各種資源富饒，積蓄充足，地勢險要，易守難攻，這真是天府之國，因此秦國可以稱得上是能夠稱霸天下的強國。憑藉著大王的賢能，國家眾多的士卒和百姓，戰車、騎兵的強大力量，兵法和謀略的運用，貴國完全可以吞併其他諸侯，統一天下，號稱皇帝來統治全國。希望大王能考慮這樣做的好處，請大王採納臣所設計的方略。」

秦惠文王說：「寡人聽說，羽毛不夠豐滿的鳥無法高飛，法令不完備不可以獎懲刑罰，道德不崇高的君主不可統治萬民，政策教化不順天意的君主不可以號令大臣。如今先生不遠千里，當面登庭指教，軍國大計還是希望等將來再說吧！」

※原文

蘇秦曰：「臣固疑大王不能用也。昔者神農①伐補遂②，黃帝伐涿鹿而禽蚩尤，堯伐兜，舜伐三苗，禹伐共工，湯伐有夏，文王伐崇，武王伐紂，齊桓任戰而伯天下。由此觀之，惡有不戰者乎？古者使車轂擊馳，言語相結，天下為一；約從連橫，兵革不藏；文士並飭，諸侯亂惑；萬端俱起，不可勝理；科條既備，民多偽態；書策稠濁，百姓不足；上下相愁，民無所聊；明言章理，兵甲愈起；辯言偉服，戰攻不息；繁稱文辭，天下不治；舌弊耳聾，不見成功；行義約信，天下不親。於是，乃廢文任武，厚養死士，綴甲厲兵，效勝於戰場。夫徒處而致利，安坐而廣地，雖古五帝、三王、五伯，明主賢君，常欲坐而致之，其勢不能，故以戰續之。寬則兩軍相攻，迫則杖戟相橦，然後可建大功。是故兵勝於外，義強於內；威立於上，民服於下。今欲並天下，凌萬乘，詘敵國，制海內，子元元，臣諸侯，非兵不可！今之嗣主，忽於至道，皆惛於教，亂於治，迷於言，惑於語，沈於辯，溺於辭。以此論之，王固不能行也。」

※注釋

①神農：炎帝的號，為少典的兒子。②補遂：國名。

※譯文

蘇秦說：「臣本來就懷疑大王不會聽取臣的意見，過去神農氏討伐補遂，黃帝討伐涿鹿而擒獲蚩尤，堯帝征討兜，舜帝征伐三苗，禹帝征伐共工，商湯征伐有夏，文王征伐崇侯，武王征伐殷紂，齊桓公憑戰爭而稱霸天下。由此看來，哪有不運用戰爭的道理呢？古時候，出使的車輛絡繹不絕，外交使節互結同盟，這個道理都是天下一致的。即使這樣，或言合縱，或言連橫，但也從未停止使用武力；當外交、軍事同時並用，則諸侯混亂；各種問題同時發生，則來不及處理；法令條款齊備，百姓反而奸詐；政令繁多雜亂，百姓就無所適從；上下互相埋怨，百姓就無所依賴；空洞的道理雖然不厭其煩地講，但使用武力之事卻發生得越來越頻繁了；巧言善辯，奇裝異服，戰爭卻沒有一日停息；書策繁亂，言辭駁雜，天下卻不能治理。說的人說得舌爛，聽的人聽得耳聾，卻不見什麼成效；推行仁義，訂立盟約，然而天下並沒有因此而親善。於是，才廢棄文治，使用武力，多養敢死之士，修繕鎧甲，磨礪兵器，以取勝於戰場。如果無所事事，無所作為，不進行戰爭，就想獲利，擴充土地，即使五帝、三王、春秋五霸、明主賢君，都想坐待成功，卻勢難奏效，因此還得用戰爭繼續解決問題。如果兩軍相距遙遠，就互相進攻；相距迫近，就白刃交鋒，然後才可以建立大功。所以，軍隊得勝於外，正義治強於內；威權建立於上，百姓服從於下。如今，想要吞併天下，控制大國，擊敗敵人，統治海內，愛護百姓，臣服諸侯，非戰爭不可。但是現在的國君，偏偏忽視了這個極其重要的道理，他們都被那些眾說紛紜的治國說教弄昏頭了，迷惑於他們那些巧舌善辯的言辭，沉醉於他們那些誇誇其談的空論之中。由此來看，大王必然不會採用臣的主張。」

※原文

說秦王書十上而說不行。黑貂之裘弊，黃金百斤盡，資用乏絕，去秦而歸。羸縢履蹻①，負書擔橐②，形容枯槁，面目犁黑，狀有歸色。歸至家，妻不下紝，嫂不為炊，父母不與言。蘇秦喟嘆曰：「妻不以我為夫，嫂不以我為叔，父母不以我為子，是皆秦之罪也！」乃夜發書，陳篋書事，得《太公陰符》③之謀，伏而誦之，簡練以為揣摩④。讀書欲睡，引錐自刺其股，血流至足。曰：「安有說人主不能出其金市錦繡、取卿相之尊者乎？」期年揣摩成，曰：「此真可以說當世之君矣！」

於是乃摩燕烏集闕⑤，見說趙王於華屋之下，抵掌而談。趙王大悅，封為武安君，受相印，革車百乘，錦繡千純，白璧百雙，黃金萬鎰⑥，以隨其後，約從散橫，以抑強秦⑦。故蘇秦相於趙而關不通。

※注釋

①羸，纏繞。縢，綁腿布。蹻，草鞋。②橐：一種口袋。③《太公陰符》：太公即姜太公，名望，又稱呂望，字尚，一說字子牙，又稱姜子牙。他是西周的開國功臣，輔佐周文王和周武王推翻商紂王的殘暴統治，後被封於齊，是後來齊國的始祖。《太公陰符》相傳是他所寫的一部講兵法權謀的書。④揣摩：《太公陰符》中有奇異的權謀，對此進行揣摩。揣摩聯絡諸侯使他們仇視秦國的方法，來實現六國的合縱，共同對付秦國。⑤燕烏集闕：古代的關塞名。⑥鎰：重量單位，古代二十兩為一鎰。⑦約從散橫，以抑強秦：約合崤山以東的六國，使他們聯合，分散關中的連橫，使秦國賓服。

※譯文

蘇秦遊說秦王，一連十多次上表奏章，但他的建議始終不被採納。他穿的黑色貂皮衣服破了，帶的一百斤黃金也花光了，花的用的都沒有了，不得不離開秦國回到洛陽老家。他腿上纏著綁腿布，腳上穿著草鞋，背著書籍，擔著行囊，神情枯槁，面容憔悴，臉色黃黑，顯得非常失意。回到家裡，他的妻子正在織布不理會他，嫂子不給他做飯，父母不和他說話。蘇秦慨嘆說：「妻子不認我是丈夫，嫂子不認我是小叔，父母不認我是兒子，這都是我蘇秦的罪過啊！」於是，他晚上翻出他的藏書，打開了數十個書箱，找到了一本《太公陰符》講謀略的書，埋頭攻讀，找那些簡練精要的地方反復揣摩。讀到困倦的時候想要睡覺，他就拿錐子刺自己的大腿，鮮血順著腿流到腳底。他自言自語地說：「怎麼可能遊說各國的國君，卻不能使他們拿出金玉錦繡、得到卿相這樣的尊位的呢？」過了一年終於揣摩成功，又自言自語地說：「這樣一來就可以遊說當世在位的各國國君了！」

於是蘇秦取道燕烏集闕，被趙王召見，在華麗的宮殿裡遊說趙王，兩人甚至握著手，談得非常投機。趙王大為高興，於是封蘇秦為武安君，並授予他相印，一百輛革車，一千匹錦繡，一百雙白璧，一萬鎰黃金，長長的車隊尾隨在他的身後，到各國去約定合縱，拆散連橫，以此來壓制強秦。因此，當蘇秦在趙國做宰相時，秦國不敢出兵函谷關。

※原文

當此之時，天下之大、萬民之眾、王侯之威、謀臣之權，皆欲決蘇秦之策。不費斗糧，未煩一兵，未戰一士，未絕一弦，未折一矢，諸侯相親，賢於兄弟。夫賢人在而天下服，一人用而天下從。故曰，式①於政，不式於勇；式於廊廟之內，不式於四境之外。

當秦之隆，黃金萬鎰為用，轉轂連騎，炫熿②於道，山東之國，從風而服，使趙大重。且夫蘇秦，特窮巷掘門、桑戶棬樞之士耳，伏軾撙銜③，橫歷天下，廷說諸侯之王，杜左右之口，天下莫之能伉。

將說楚王路過洛陽。父母聞之，清宮除道，張樂設飲，郊迎三十里。妻側目而視，傾耳而聽。嫂蛇行匍伏，四拜自跪而謝。蘇秦曰：「嫂何前倨而後卑也？」嫂曰：「以季子之位尊而多金。」蘇秦曰：「嗟乎！貧窮則父母不子，富貴則親戚畏懼。人生世上，勢位富貴，蓋可忽乎哉！」

※注釋

①式：用。②炫熿：照耀，輝映。③撙銜：控制馬勒，使馬就範。

※譯文

就在這個時候，廣大的天下、所有的老百姓、威武的王侯、掌握大權的謀臣，都想讓蘇秦出謀劃策。因此，不用花費一斗糧食，沒有徵用一個兵卒，沒有派遣一個大將，沒有壞掉一把弓，沒有折斷一支箭，就使得各國諸侯和睦相處，甚至比親兄弟之間還要親近。所以說，只要有賢能的人掌握政權，天下就能服從安定，只要有一個這樣的人得到任用，老百姓就會順從。因此，只要能夠運用政治手段解決的問題，就不必用武力來征服；只要在朝廷上能夠透過外交手段來解決的問題，就不必到對方的國家境內作戰。

當蘇秦權勢逐漸上升的時候，金帛萬鎰供他使用，而他所指揮的戰車和騎兵接連不斷，在道路上走路都顯得權勢顯赫，崤山以東的各個諸侯國，都聽從他的號令，這使趙國的地位獲得提升。但是，蘇秦當初只是一個極端貧窮、挖牆當門、用桑做窗、用彎曲的木頭做門框的人罷了，而此時他卻常常坐上華麗的車子，縱橫遊歷天下，在各諸侯國的朝廷上遊說君王，使各諸侯君王的親信不敢開口，天下沒有誰敢與他相抗衡了。

蘇秦要去遊說楚國國君，路過洛陽。父母知道了這個消息，就急忙清理居所、掃除道路，找來樂隊吹打音樂，準備豐盛的酒席，到郊外三十里的地方迎接他。妻子敬畏他，斜著眼睛來觀看他的威儀，而不敢正眼看他，並且側著耳朵聽他說話。嫂子跪在地上，像蛇一樣在地上爬行，對蘇秦一再地叩頭請罪。蘇秦問：「嫂子，為什麼妳以前待我非常傲慢，現在卻這樣的卑賤呢？」他的嫂子回答說：「因為現在你有尊貴的地位和很多的錢財。」蘇秦說：「唉！一個人如果貧窮失意，連父母都不把他當兒子，然而一旦富貴顯赫之後，親戚朋友就都敬畏有加。所以，一個人在世上活著，權勢和富貴怎麼能忽視不顧呢！」

※讀解

本篇是《戰國策》中的名篇，講述的是蘇秦的發跡過程。起初，蘇秦主張連橫，但當他去遊說秦惠文王的時候，他的主張並沒有被採納。

戰國末期，秦國經過商鞅變法使國家強大起來，國家實力超過了崤山以東的六國。國家的經濟、軍事實力增強，必然使秦國產生政治上的要求，那就是統一六國，稱霸天下。正是在這樣的背景之下，蘇秦前去遊說秦王，為秦王分析秦國所具有的有利條件：「大王之國，西有巴、蜀、漢中之利，北有胡貉、代馬之用，南有巫山、黔中之限，東有肴、函之固。田肥美，民殷富，戰車萬乘，奮擊百萬，沃野千里，蓄積饒多，地勢形便」，「大王之賢，士民之眾，車騎之用，兵法之教」。但是他充滿希望的言辭，並沒有得到秦王的認可，而是被秦王以毛羽未豐，統一天下的時機還沒有成熟為藉口，而委婉的拒絕了。

遊說秦王連橫沒有成功的蘇秦落魄潦倒，「黑貂之裘弊，黃金百斤盡，資用乏絕，去秦而歸。羸縢履，負書擔橐，形容枯槁，面目黧黑，狀有歸色」。更戲劇性的是，當他回到家的時候，連家人也不接納他，「妻不下紝，嫂不為炊，父母不與言」讓人心寒。

但蘇秦並沒有放棄，他從家裡藏有的數十箱書籍中，找到一本《太公陰符》，頭懸梁，錐刺股，發憤苦讀。終於，苦心人，天不負。蘇秦改變對天下形勢的認識，調整自己的主張，從連橫轉向合縱。

他先去遊說趙王，獲得趙王認可。從此開始發跡，向各國遊說都成功，一人佩帶六國的相印，穿行於六國間，協調六國合縱，共同對付強大的秦國。

家人也改變原來對蘇秦的看法，「父母聞之，清宮除道，張樂設飲，郊迎三十里。妻側目而視，傾耳而聽。

嫂蛇行伏地，四拜自跪而謝」。對比鮮明的態度，體現世態炎涼，人情冷暖，以及人性的複雜和善變。

張儀說秦王

※原文

張儀說秦王曰：「臣聞之，弗知而言為不智，知而不言為不忠。為人臣不忠當死，言不審亦當死。雖然，臣願悉言所聞，大王裁其罪。臣聞，天下陰燕陽魏，連荊固齊，收於韓成從，將西南以與秦為難。臣竊笑之，世有三亡，而天下得之，其此之謂乎！臣聞之曰：『以亂攻治者亡，以邪攻正者亡，以逆攻順者亡』。今天下之府庫不盈，囷倉空虛，悉其士民，張軍數百萬，白刃在前，斧質在後，而皆去走，不能死，非其百姓不能死也，其上不能殺也。言賞則不與，言罰則不行，賞罰不行，故民不死也。」

「今秦出號令而行賞罰，不攻無攻相事也。出其父母懷衽之中，生未嘗見寇也，聞戰頓足徒裼[1]，犯白刃，蹈煨[2]炭，斷[3]死於前者比是也。夫斷死與斷生也不同。而民為之者是貴奮也。一可以勝十，十可以勝百，百可以勝千，千可以勝萬，萬可以勝天下矣。今秦地形，斷長續短，方數千里，名師數百萬，秦之號令賞罰，地形利害，天下莫如也。以此與天下，天下不足兼而有也。是知秦戰未嘗不勝，攻未嘗不取，所當未嘗不破也。開地數千里，此甚大功也。然而甲兵頓，士民病，蓄積索，田疇荒，囷倉虛，四鄰諸侯不服，伯王之名不成，此無異故，謀臣皆不盡其忠也。」

※注釋

①裼：脫掉上衣，露出身體。②煨：灰燼，熱灰。③斷：決斷，決心。

※譯文

張儀遊說秦王說：「臣聽說：『不知道事情的緣由就開口發言是不明智的；明白事理、可以出謀劃策解決事情卻不開口，是不忠貞的。』身為一個臣子，對君王不忠誠就犯了死罪；說話不審慎也是犯了死罪。儘管是這樣的結果，但臣仍然願意把所見所聞都講給大王聽，請大王裁決定罪。臣聽說四海之內，北方的燕國和南方的魏國又在連合荊楚，鞏固和齊國的聯盟，收拾殘餘的韓國勢力，形成合縱的聯合陣線，面向西方，與秦國對抗。對此臣私下不禁失笑。天下有三種亡國的情況，但天下終會有人來收拾殘局，可能說的就是今天的世道！臣聽人說：『以治理混亂之國去攻打治理有序之國必遭敗亡，以邪惡之國去攻打正義之國必遭敗亡，以背逆天道之國去攻打順應天道之國必遭敗亡。』如今，天下諸侯國儲藏財貨的倉庫不足，囤積米糧的倉庫也很空虛，他們徵召所有人民，發動千百萬計的軍隊，雖然是白刃在前，利斧在後，軍士仍然都退卻逃跑，不能和敵人拼死一戰。其實並不是他們的人民不肯死戰，而是統治者對於賞罰制度沒有實際執行。說獎賞而不給予，說處罰卻不執行，賞罰都不兌現，所以人民才不肯為國死戰。」

「如今，秦國的賞罰制度分明，有功無功都按照實際情況進行獎懲。人們離開父母的懷抱之前，從來沒有見過敵人，所以一聽說要交戰就跺腳、袒露胸膛，決心死戰，朝著敵人的刀槍，勇往直前，赴湯蹈火，在所不惜，幾乎全都決心要為國家死在戰場上。大王知道：一個人決心要戰死和決心要逃生是不同的，但秦國人仍然願意戰死，就是由於重視奮戰至死的精神之緣故。一人可以戰勝十人，十人可以戰勝百人，百人可以戰勝千人，千人可以戰勝萬人，萬人可以戰勝全天下。如今，秦國的地勢截長補短方圓有數千里，強大的軍隊有幾百萬。而秦國的號令和賞罰，險峻有利的地形，天下諸侯都望塵莫及。用這種優越條件和天下諸侯爭雄，全天下也不夠秦國吞併。由此可以知道，只要秦國作戰，絕對會戰無不勝，攻無不克，所向無敵，完全可以開拓土地幾千里，那是很偉大的功業。但如今，秦國軍隊疲憊，人民窮困，積蓄用絕，田園荒廢，倉庫空虛，四鄰的諸侯都不來臣服，霸業不能建立，出現這種情況的主要原因是由於秦國謀臣不能盡忠的緣故。

※原文

「臣敢言往昔。昔者齊南破荊，東破宋，西服秦，北破燕，中使韓、魏之君，地廣而兵強；戰勝攻取，詔令天下；濟清河濁，足以為限；長城、鉅坊，足以為塞。齊，五戰之國也，一戰不勝而無齊。故由此觀之，夫戰者，萬乘之存亡也。」

「且臣聞之曰：『削株掘根，無與禍鄰，禍乃不存。』秦與荊人戰，大破荊，襲郢，取洞庭、五都、江南①。荊王亡奔走，東伏於陳。當是之時，隨荊以兵，則荊可舉。舉荊，則其民足貪也，地足利也。東以強齊、燕，中陵三晉。然則是一舉而伯王之名可成也，四鄰諸侯可朝也。而謀臣不為，引軍而退，與荊人和。今荊人收亡國，聚散民，立社主，置宗廟，令帥天下西面以與秦為難，此固已無伯王之道一矣。天下有比志而軍華下，大王以詐破之，兵至梁郭，圍梁數旬，則梁可拔。拔梁，則魏可舉。舉魏，則荊、趙之志絕。荊、趙之志絕，則趙危。趙危而荊孤。東以強齊、燕，中陵三晉。然則是一舉而伯王之名可成也，四鄰諸侯可朝也。而謀臣不為，引軍而退，與魏氏和，令魏氏收亡國，聚散民，立社主，置宗廟，此固已無伯王之道二矣。前者穰侯之治秦也，用一國之兵，而欲以成兩國之功。是故兵終身暴靈於外，士民潞②病於內，伯王之名不成，此固已無伯王之道三矣。」

※注釋

①洞庭、五都、江南：都是楚國的城邑。②潞：通「露」，疲憊，衰弱。

※譯文

「臣願用歷史事件來加以說明。從前齊國往南擊破荊楚，往東戰敗了宋國，往西征服了秦國，向北打敗了燕國，在中原地帶又指揮韓、魏兩國的君主。土地廣大，兵強馬壯，攻城掠地，戰無不勝，號令天下諸侯，清澈的濟水和混濁的黃河都是它的天然屏障，巨大的長城足以作它的防守掩體。齊國是一連五次戰勝的強國，但卻只戰敗一次，國家就滅亡了，由此可見，用兵作戰可以決定萬乘大國的生死存亡。」

「臣還聽說：『斬草要除根，不能留下能讓禍害有作為的地方，禍才不會存在。』從前秦國和楚國作戰，秦兵大敗楚軍，占領楚國首都郢城，同時又占領洞庭湖、五都、江南等地，楚王向東逃亡，藏在陳地。那個時候，只要把握時機攻打楚國，就可以占領楚國的全部土地。而占領了楚國，那裡的人民有足夠的生存空間，那裡的物產就可以滿足物質需要，東面對抗齊、燕兩國，中原可以凌駕在韓、趙、魏三國之上，如果這樣就可以一舉完成霸業，使天下諸侯都來向秦廷稱臣。然而，當時的謀臣不但不肯這樣做，反而撤兵和楚人講和，現在楚已收復所有的失地，重新集合逃散的人民，再度建立宗廟和社稷之主，他們得以率領天下諸侯，往西與秦國對抗。

如此一來，秦國自然而然的就失去了第一次建立霸業的機會。後來其他諸侯國同心一致、聯合兵臨華陽城下。幸虧大王用詐術擊潰他們，一直進兵到魏都大梁外。當時只要繼續圍困幾十天，就可以占領大梁城；占領大梁，就可以攻下魏國；攻下魏國，趙、楚的聯盟就拆散了，趙國就會處於危難之地；趙國陷入危難之地，楚國就孤立無援。這樣秦國東可以威脅齊、燕，中間可以駕馭三晉，也可以一舉建立霸王功業，使天下諸侯都來朝賀。然而謀臣不但不肯這樣做，反而引兵自退與魏講和，使魏國有喘息的機會。這樣就失去第二次建立霸業的機會。前不久穰侯為相，治理秦國，他用一國的軍隊，卻想建立兩國才能完成的功業。即使軍隊在邊境外風吹日晒雨淋，人民在國內勞苦疲憊，霸王的功業卻始終不能建立，這就是第三次失去建立霸業的機會。」

※原文

「趙氏，中央之國也，雜民之所居也。其民輕而難用，號令不治，賞罰不信，地形不便，上非能盡其民力。彼固亡國之形也，而不憂民氓。悉其士民，軍於長平之下，以爭韓之上黨，大王以詐破之，拔武安。當是時，趙氏上下不相親也，貴賤不相信，然則是邯鄲不守。拔邯鄲，完河間，引軍而去，西攻修武，踰羊腸，降代、上黨。代三十六縣，上黨十七縣，不用一領甲，不苦一民，皆秦之有也。代、上黨不戰而已為秦矣，東陽河外不戰而已反為齊矣，中呼池以北不戰而已為燕矣。然則是舉趙則韓必亡，韓亡則荊魏不能獨立。荊、魏不能獨立，則是一舉而壞韓，蠹[1]魏，挾荊，以東弱齊、燕，決白馬之口，以流魏氏。一舉而三晉亡，從者敗。大王拱手以須，天下遍隨而伏，伯王之名可成也。而謀臣不為，引軍而退，與趙氏為和。」

「以大王之明，秦兵之強，伯王之業，地尊不可得，乃取欺於亡國，是謀臣之拙也。且夫趙當亡不亡，秦當伯不伯，天下固量秦之謀臣一矣。乃復悉卒以攻邯鄲，不能拔也，棄甲兵怒，戰慄而卻，天下固量秦力二矣。軍乃引退，並於李下，大王又並軍而致與戰，非能厚勝之也，又交罷卻，天下固量秦力三矣。內者量吾謀臣，外者極吾兵力。由是觀之，臣以天下之從，豈其難矣？內者吾甲兵頓，士民病，蓄積索，田疇荒，困倉虛；外者天下比志甚固。願大王有以慮之也。」

※注釋

①蠹：蛀蝕，損害。

※譯文

「趙國在各國諸侯中地處中央，百姓五方雜居。趙國百姓輕浮不好治理，以致國家號令無法貫徹，賞罰毫無信用。趙國的地理位置不利於防守，統治者又不能讓人民的潛力全部發揮出來，這一切已是一種亡國的形勢了。再加上不體恤民間疾苦，幾乎把全國的老百姓都徵發到長平戰場，去跟韓國爭上黨。大王以計謀戰勝趙國，攻克武安。當時趙國君臣彼此不合，官民也互不信賴，這樣邯鄲就無法固守，如果秦軍攻下邯鄲，在河間休整軍隊，再率領軍隊往西攻打修武，經過羊腸險塞，降服代和上黨。代有三十六縣，上黨有十七縣，不用一副盔甲，不費一兵卒，全為秦國所有。代和上黨不經過戰爭就成為秦國土地，趙國的東陽和河外等地不經過戰爭將反歸齊國，中呼池以北之地不經過戰爭將屬於燕國。既然如此，攻下趙國之後，韓國就必然滅亡；韓國滅亡以後，楚、魏就不能獨立；楚、魏既然不能獨立，就可一舉攻破韓國；這就傷害到魏國，然後再挾持楚國往東去削弱齊、燕，挖開白馬津的河口來淹魏國。就能一舉滅三晉，而六國的合縱聯盟也勢將瓦解，大王只要拱手在那裡等著，天下諸侯就會一個接著一個來投降，霸王之名號即刻就可以建立。只可惜這一切都是假設，因為謀臣不但不這樣做，反而自動退兵與趙國講和了。」

「憑藉大王的賢明和秦國軍隊的強盛，竟然無法建立起天下霸主的基業，而且被即將滅亡的各諸侯國欺凌，這一切都是因為謀臣的愚昧與笨拙所導致。趙國該滅亡而不滅亡，秦國該稱霸而不能稱霸，天下人已經看透了秦國謀臣的本領高低，這是第一點。秦國曾用全國之兵，去攻打趙國的邯鄲，不但沒有攻下，反而被敵人打得丟盔卸甲，將士們又氣又怕地敗下陣來，天下人已經看透了秦國將士的鬥志，這是第二點。軍隊退下來以後，都聚集在李下（地名），大王又重新編整，努力督促將士們作戰，可是還沒有取得大勝，就紛紛罷兵撤退，天下人又都看透了秦國軍隊的戰鬥力，這是第三點。在內看透了秦國的謀臣，在外看透了秦國的將士。由此可見，我認為天下的合縱力量，不就更難對付了？秦國的軍隊疲勞不堪，人民極端困頓，且積蓄用盡、田園荒蕪、倉庫空虛；而國外諸侯合縱，團結一致，甚為堅固，但願大王能慎重考慮所面臨的危機。」

※原文

「且臣聞之，『戰戰慄慄，日慎一日』。苟慎其道，天下可有也。何以知其然也？昔者紂為天子，帥天下將甲百萬，左飲於淇谷，右飲於洹水，淇水竭而洹水不流，以與周武為難。武王將素甲三千領，戰一日，破紂之國，禽其身，據其地，而有其民，天下莫不傷。智伯率三國之眾，以攻趙襄主於晉陽，決水灌之。三年，城且拔矣。襄主錯龜，數策占兆，以視利害，何國可降，而使張孟談。於是潛行而出，反智伯之約，得兩國之眾，以攻智伯之國，禽其身，以成襄子之功。今秦地斷長續短，方數千里，名師數百萬，秦國號令賞罰，地形利害，天下莫如也。以此與天下，天下可兼而有也。」

「臣昧[1]死望見大王，言所以舉破天下之從，舉趙亡韓，臣荊、魏，親齊、燕，以成伯王之名，朝四鄰諸侯之道。大王試聽其說，一舉而天下之從不破，趙不舉，韓不亡，荊、魏不臣，齊、燕不親，伯王之名不成，四鄰諸侯不朝，大王斬臣以徇於國，以主為謀不忠者。」

※注釋

①昧：冒死，冒犯死罪。

※譯文

「而且臣聽說：『戰戰兢兢，日慎一日。』如果謹慎合乎道理，可以占有全天下。怎麼知道的呢？過去商紂王當天子，率領天下的百萬大軍，左邊的軍隊還在淇谷飲馬，右邊的軍隊已到洹水喝水了，軍隊竟然把淇水和洹水都喝完了。商紂王是用如此雄壯龐大的大軍跟周武王作戰，可是武王只率領了三千名穿著簡單盔甲的戰士，僅僅經過一天的戰鬥，就打敗了紂王之軍，俘虜了殷的全部臣民，擁有了殷的全部土地，天下竟然沒有一個人同情商紂王。以前智伯率領韓、趙、魏三國的兵眾，前往晉陽去攻打趙襄子，智伯掘開晉水河採取水攻，經過三年的攻打，當晉陽城快被攻下時，趙襄子用烏龜進行占卜，看看自己國家命運的吉凶，預測雙方到底誰敗降。趙襄子又使用反間計，派趙國大臣張孟談悄悄出城，破壞韓、魏與智伯的盟約，結果爭取到韓、魏兩國的合作，然後合力攻打智伯，終於大敗智伯的軍隊，俘虜了智伯本人。於是張孟談成為趙襄子的一大功臣。如今秦國的國土方圓幾千里，善戰的軍隊有幾百萬，號令嚴明賞罰分明，再加上地形的優勢，天下諸侯沒有能比得上的。如果憑這種優勢，與天下諸侯爭勝，整個天下就可以被秦征服。」

「臣甘願冒著死罪，希望見到大王，談論秦國的戰略以及怎樣分散合縱聯盟，滅趙亡韓，迫使楚、魏稱臣，聯合齊、燕加盟，建立霸王之業，讓天下諸侯都來朝貢。請大王姑且採用臣的策略，假如不能一舉瓦解天下合縱，攻不下趙，滅不了韓，魏、楚不稱臣，齊、燕不加盟，霸王之業不能建立，天下諸侯不來朝貢，那就請大王砍下臣的頭，在全國各地輪流示眾，來懲戒那些為君主謀劃不忠誠的臣子。」

※讀解

張儀主張連橫政策，他和蘇秦是同學，一起向鬼谷子學習。他和蘇秦一樣都是平民出身。蘇秦先成功地遊說趙國，透過激將法使張儀入秦，因此戰國的分合治亂都在他們三寸不爛之舌的翻動中被控制。

張儀的論說富有氣勢，酣暢淋漓，給人不得不接受他的觀點的強大說服力。他善於引用古代的事例，用無可辯駁的事實來佐證連橫政策的正確性和可行性。透過他遊說各國的情況來看，他還善於巧妙地利用秦國的強大經濟和軍事力量來說服對方，從而為秦國贏得割地和朝貢等現實的好處。

司馬錯與張儀爭論於秦惠王前

※原文

司馬錯與張儀爭論於秦惠王前。司馬錯欲伐蜀，張儀曰：「不如伐韓。」王曰：「請聞其說。」

對曰：「親魏善楚，下兵三川[①]，塞轘轅、緱氏之口，當屯留之道，魏絕南陽，楚臨南鄭，秦攻新城、宜陽，以臨二周之郊，誅周主之罪，侵楚、魏之地。周自知不救，九鼎寶器必出。據九鼎，按圖籍，挾天子以令天下，天下莫敢不聽，此王業也。今夫蜀，西辟之國，而戎狄之長也，弊兵勞眾不足以成名，得其地不足以為利。臣聞：『爭名者於朝，爭利者於市。』今三川、周室，天下之市朝也。而王不爭焉，顧爭於戎狄，去王業遠矣。」

※注釋

①三川：三條河流的合稱。東周以伊、洛、河為三川。

※譯文

司馬錯與張儀在秦惠文王面前爭論攻打蜀國和韓國的事。司馬錯認為秦國應該先進攻蜀國，但張儀說：「不如先進攻韓國。」秦惠文王說：「我想聽聽你的意見。」

張儀回答說：「我們先跟楚、魏兩國結盟，然後再出兵三川、堵住轅和緱氏山的入口，擋住屯留的要道，這樣魏國就斷絕了和南陽的交通，楚軍逼進南鄭，秦兵進攻新城、宜陽，這樣一來我們就可以發兵到東西二周的城外，懲罰二周君主的罪過，然後侵入楚、魏兩國境內。周王知道自己的危險境地，一定會獻出九鼎和珍寶。我們有了九鼎和珍寶，再按照地圖戶籍，假借周天子的名義號令諸侯，天下各國誰敢不聽從我們的命令？這才是霸王之業。至於蜀國，那是一個偏遠西方的國家，而且是戎、狄部落的首領，我們即使勞民傷財發兵進攻它，也無法憑藉此舉建立霸業，得到了它的土地，也無法憑藉這片土地就得到多少利益。臣聽說『爭名要到朝廷，爭利要到市場。』如今的三川、周室，正是天下的朝廷和市場，大王不去爭，反而爭奪戎、狄等蠻夷的國家，這和霸王之業相距實在太遠了。」

※原文

司馬錯曰：「不然，臣聞之，『欲富國者，務廣其地；欲強兵者，務富其民；欲王者，務博其德。三資者備，而王隨之矣。』今王之地小民貧，故臣願從事於易。夫蜀①，西辟之國也，而戎狄之長，而有桀、紂之亂。以秦攻之，譬如使豺狼逐群羊也。取其地，足以廣國也；得其財，足以富民；繕兵不傷眾，而彼已服矣。故拔一國，而天下不以為暴；利盡西海，諸侯不以為貪。是我一舉而名實兩附，而又有禁暴正亂之名。

「今攻韓劫天子，劫天子，惡名也，而未必利也，又有不義之名，而攻天下之所不欲，危！臣請謁其故：周，天下之宗室也；齊，韓、周之與國也。周自知失九鼎，韓自知亡三川，則必將二所並力合謀，以因於齊、趙，而求解乎楚、魏。以鼎與楚，以地與魏，王不能禁。此臣所謂『危』，不如伐蜀之完也。」

惠王曰：「善！寡人聽子。」卒起兵伐蜀，十月取之，遂定蜀。蜀主更號為侯，而使陳莊相蜀。蜀既屬秦，秦益強富厚，輕諸侯。

※注釋

①蜀：今四川省一帶。

※譯文

司馬錯說：「事情並不如張儀所說的那樣，臣聽過一個道理，想要讓國家富強，必須先擴張國家的領土；想要讓兵力強大，必須先讓人民的生活富足；想要得到天下，一定要先廣施仁政。這三方面都做到以後，那麼稱王天下就是自然的事情了。如今大王疆域狹小而且百姓生活貧困，因此臣但願大王先從容易的方面著手。蜀國是一個西方的偏僻小國，而且是戎、狄國家的首領，像夏桀、商紂在位時那樣混亂。如果用秦國的兵力去進攻蜀國，就好像讓狼群去驅逐羊群一樣簡單。秦國得到蜀國的土地可以擴大版圖，得到蜀國的財富可以富足百姓；即使用兵也不會傷害老百姓，並且又讓蜀國自動屈服。所以秦雖然滅掉蜀國，諸侯也不會認為是暴虐；即使秦搶走蜀國的所有財富，諸侯也不會認為秦貪婪。我們只要做伐蜀這件事，就可以名利雙收，甚至還可以得到除暴安良的美名。」

「今天如果我們去攻打韓國，又劫持天子，得到的是惡名，而且也未必能獲得利益，反而落個不義的名聲。做天下人不願意做的事情，實在是一件危險的事！臣請求講述其中的緣故：周天子是天下各國的共主，同時也是齊與韓的友邦，周自知將要失去九鼎，韓自己也清楚要失去三川，這兩國必定聯合起來，共同聯絡齊、趙去解救楚、魏的圍困，兩國會自動的把九鼎獻給楚，把土地割讓給魏，這些都是大王無法制止的，這也就是臣所說的危險所在，所以說，攻打韓國不如先進攻蜀來得好。」

秦惠文王說：「很好！寡人就採納你的意見。」於是秦國最終出兵進攻蜀地，經過十個月的征討，終於攻取蜀地。秦惠文王將蜀主的名號更改為侯，並派大臣陳莊去任蜀地的相國。蜀地既然已經歸屬秦國，秦國就更強大富足，而且更加輕視天下諸侯。

※讀解

秦國在商鞅變法後，國富兵強，強大的經濟和軍事，讓秦國有政治上爭霸的訴求。它準備開始侵略其他國家。司馬錯和張儀的爭論，是在這個前提下進行。他們爭論的核心問題是，應該先去攻打哪個國家更有利。

張儀認為應該攻打韓國，「親魏善楚，下兵三川，塞轘、緱氏之口，當屯留之道，魏絕南陽，楚臨南鄭，秦攻新城、宜陽，以臨二周之郊，誅周主之罪，侵楚、魏之地。周自知不救，九鼎寶器必出。據九鼎，按圖籍，挾天子以令天下，天下莫敢不聽」而否定先去攻打不值得興兵的蜀國。

而司馬錯認為，此時的秦國還比較弱小，而且地理位置偏僻，認為「欲富國者，務廣其地；欲強兵者，務富其民；欲王者，務博其德」，從這三個方面來逐步實施秦國的稱霸策略。他認為應該從容易攻打的國家入手，一步步來增強國家的實力。攻打蜀國，「取其地，足以廣國也；得其財，足以富民繕兵」因此他主張攻打蜀國。這樣不僅可以「利盡西海」還可以得到「禁暴正亂」的好名聲。如果像張儀建議的，先去攻打中原腹地，來「挾天子以令天下」這樣就會得到壞名聲，還可能遭到中原各國的聯合抵抗。

秦惠文王最後同意了司馬錯的主張。事實也證明，司馬錯的主張是正確的。攻取蜀國會讓秦國更強大，為後來逐一滅掉六國奠定了基礎。

楚攻魏張儀謂秦王

※原文

楚攻魏。張儀謂秦王曰：「不如與魏以勁[①]之，魏戰勝，復聽於秦，必入西河之外；不勝，魏不能守，王必取之。」

王用儀言，取皮氏卒萬人，車百乘，以與魏。犀首戰勝威王，魏兵罷弊，恐畏秦，果獻西河之外。

※注釋

①勁：強健，強而有力。這裡是使動用法，指派出軍隊來加強魏國軍隊的力量。

※譯文

楚國進攻魏國。張儀對秦王說：「大王不如幫助魏國，來增強魏國的勢力。如果魏國能戰勝，就會更聽命於秦國，必定會獻出西河之外的地方；如果魏國戰敗，那魏國就無法守住邊塞，大王就可以攻取魏國。」

於是秦王採納了張儀的計策，派遣皮氏的軍隊一萬人和戰車一百輛幫助魏國。結果魏國戰勝了楚威王的軍隊，但這時魏國軍隊已經疲憊不堪，魏國對秦國感到害怕，果然把西河之外的地方獻給了秦國。

※讀解

從張儀的分析中，我們就可以看到一個冷靜觀察、善於思考、準確判斷、眼光獨到的謀略家。張儀善於利用各國之間的矛盾關係和力量對比，使秦國適時地參與正在發生的矛盾，從中得到現實的國家利益。

楚國攻打魏國，為秦國帶來一個很好的機會，讓秦國用很小的代價就可以「坐收漁翁之利」。從六國的角度來看，秦國的確如同一個虎視眈眈的虎狼之國，而它對六國戰事的參與也是勝券在握。它派軍隊支持魏國，「魏戰勝，復聽於秦，必入西河之外；不勝，魏不能守，王必取之」無論如何，它所想要的地方早已是志在必得。魏國雖然取得勝利，但是「魏兵罷弊，恐畏秦」果然獻出西河之外的土地，可見張儀的預料果然很準確。

陳軫去楚之秦

※原文

陳軫去[1]楚之秦。張儀謂秦王曰：「陳軫為王臣，常以國情輸楚。儀不能與從事，願王逐之。即復之楚，願王殺之。」王曰：「軫安敢之楚也。」王召陳軫告之曰：「吾能聽子言，子欲何之？請為子車約。」對曰：「臣願之楚。」王曰：「儀以子為之楚，吾又自知子之楚。子非楚，且安之也！」

軫曰：「臣出，必故之楚，以順王與儀之策，而明臣之楚與不也。楚人有兩妻者，人挑其長者，長者詈[2]之；挑其少者，少者許之。居無幾何，有兩妻者死。客謂挑者曰：『汝取長者乎？少者乎？』『取長者。』客曰：『長者詈汝，少者和汝，汝何為取長者？』曰：『居彼人之所，則欲其許我也。今為我妻，則欲其為我詈人也。』今楚王明主也，而昭陽賢相也。軫為人臣，而常以國輸楚王，王必不留臣，昭陽將不與臣從事矣。以此明臣之楚與不。」

※注釋

①去：離開。②詈：罵。

※譯文

陳軫離開楚國來到秦國。張儀就對秦惠文王說：「陳軫是大王的臣子，卻經常把秦國的國情洩露給楚國。我不願跟這樣的人同朝共事，希望大王能把他趕出朝廷。他要是想重回楚國，希望大王殺掉他。」秦惠文王說：「陳軫哪裡敢去楚國？」秦惠文王召見陳軫，對他說：「寡人願意尊重你的意見，你要去哪裡，我為你準備車馬」。陳軫回答說：「我願意去楚國。」秦惠文王說：「張儀認為你會去楚國，我自己也知道你將去楚國。如果你不去楚國，又將在哪裡安身呢！」

陳軫說：「臣離開秦國後，必定故意去楚國，以此來順應大王和張儀所做出的判斷，而且還可以表明臣和楚國的真正關係。楚國有一個人娶了兩個妻子，有人去挑逗勾引他年長的妻子，年長的就大罵他並拒絕；勾引他年輕的妻子，她就順從了。沒過多久，這個有兩個妻子的男人死了，有個客人問勾引者說：『在這兩個寡婦當中，你會娶年老的還是年輕的？』勾引者回答說：『我娶年長的。』客人問：『年長的罵過你，而年輕的服從你，但你為什麼要娶年長的呢？』勾引者說：『當他們做別人妻子時，我希望她們迎合我的挑逗。如今做我的妻子，我就要娶不迎合我挑逗的那個。』現在楚王是一位賢明的君主，而宰相昭陽也是一位賢明的大臣。我陳軫身為大王的臣子，如果經常把國事洩露給楚王，那麼楚王必定不會收留我，而昭陽也不願意跟臣同朝共事。所以以此來表明，我到楚國去不是要幫助他們。」

※讀解

戰國時期不僅充斥著國家之間的鬥爭，也充斥著人臣之間的詆毀、進讒和去留，這也就是所說的鉤心鬥角的官場吧！從下一篇《齊助楚攻秦》篇我們可以看出，陳軫的才能和張儀相當。所以當陳軫回到秦國，張儀很難容下他並且和他共事。張儀為了自己的利益，向秦王進了讒言，說陳軫的不是，建議秦惠文王殺掉陳軫。

張儀是秦惠文王面前的紅人，秦惠文王很容易聽信張儀的話，這樣一來陳軫就處在了危險的境地。從《齊助楚攻秦》篇我們可以知道，陳軫是站在楚國這一邊的。但當秦惠文王問他離開了秦國會去哪個國家的時候，他卻明確的回答說要去楚國。陳軫並不傻，他之所以這樣說，肯定是因為他心裡有底，能夠透過自己那三寸不爛之舌為自己辯護，從而得到秦惠文王的信任。

在陳軫為自己辯護的言論裡，他講了一個小故事，以此來說明自己忠於秦惠文王。如果他在秦國做官，卻經常向楚國洩露秦國的祕密，那他就是一個不忠於自己國君的人。假如自己是一個不忠於自己國君的人，那麼楚國又怎麼會接受自己呢？

從邏輯角度來分析，陳軫的推論是：所有國家都不會接納不忠於國君的臣子，如果我是一個不忠於國君的臣子，楚國就不會接納我。反過來說，我離開秦國去楚國，楚國接納我，所以我不是一個不忠於國君的臣子。一個忠於國君的臣子，不會將自己國家的祕密洩露給別的國家。所以，我沒有將國家祕密洩露給別的國家。這樣就證明自己是忠於秦惠文王的。

齊助楚攻秦

※原文

齊助楚攻秦，取曲沃。其後，秦欲伐齊，齊、楚之交善，惠王患之，謂張儀曰：「吾欲伐齊，齊、楚方歡①，子為寡人慮之，奈何？」張儀曰：「王其為臣約車並幣，臣請試之。」

張儀南見楚王，曰：「弊邑之王所說甚者，無大大王②。唯儀之所甚願為臣者，亦無大大王。弊邑之王所甚憎者，亦無先齊王。唯儀之甚憎者，亦無大齊王。今齊王之罪，其於弊邑之王甚厚，弊邑欲伐之，而大國與之歡，是以弊邑之王不得事令，而儀不得為臣也。大王苟能閉關絕齊，臣請使秦王獻商於之地，方六百里。若此，齊必弱，齊弱則必為王役矣。則是北弱齊，西德於秦，而私商於之地以為利也，則此一計而三利俱至。」

※注釋

①齊楚方歡：齊國和楚國的關係正處於友好時期。②無大大王：意思是沒有能夠超過大王的了。

※譯文

齊國幫助楚國進攻秦國，攻取了秦國的曲沃這個地方。後來秦國想要報此仇恨就攻打齊國。但由於齊、楚兩國交好，秦惠文王為此感到很憂慮，就對張儀說：「寡人打算攻打齊國，但現在齊楚兩國的關係非常好，你為寡人謀劃一下，應該怎麼辦？」張儀說：「請大王為臣準備車馬和金錢，臣願去南方嘗試遊說楚王！」

張儀去南方楚國見楚懷王說：「敝國國君最敬重的人莫過於大王您。臣身為臣子最想侍奉的也莫過於大王您了。敝國國君最痛恨的人莫過於齊國的國君了，臣最不願侍奉的君主也莫過於齊國國君。如今齊國國君的罪惡深重，這對秦王來說是最嚴重的，因此秦國才準備進攻齊國，無奈貴國和齊國關係很好，以致敝國國君不能侍奉大王，而且也不能使臣做大王的忠臣。如果大王跟齊國斷絕關係，臣請求前去勸說秦王獻出商於方圓六百里的土地。這樣齊國就會變衰弱。齊走向衰弱以後，就必定會聽憑大王的役使了。如果這樣做，大王就能削弱北面齊國的勢力，而又在西面討好秦國，同時更獲得了商於方圓六百里的土地，這真是一舉三得的好計策。」

※原文

楚王大說，宣言之於朝廷，曰：「不穀[①]得商於之田，方六百里。」群臣聞見者畢賀，陳軫後見，獨不賀。楚王曰：「不穀不煩一兵，不傷一人，而得商於之地六百里，寡人自以為智矣！諸士大夫皆賀，子獨不賀，何也？」陳軫對曰：「臣見商於之地不可得，而患必至也，故不敢妄賀。」王曰：「何也？」對曰：「夫秦所以重王者，以王有齊也。今地未可得而齊先絕，是楚孤也，秦又何重孤國？且先出地絕齊，秦計必弗為也。先絕齊後責地，且必受欺於張儀。受欺於張儀，王必悔之。是西生秦患，北絕齊交，則兩國兵必至矣。」楚王不聽，曰：

「吾事善矣！子其弭口無言，以待吾事。」楚王使人絕齊，使者未來，又重絕之。

※注釋

①不穀：古代帝王的自稱。

※譯文

楚懷王聽了大為高興，就在朝廷上宣布：「我得到了秦國的商於六百里的土地。」群臣聽完後，都來道賀，唯獨陳軫最後才來晉見，唯獨他不道賀。

楚懷王問：「沒有徵用一個兵卒，沒有傷亡一個將士，就得到了商於六百里的土地，寡人認為是很聰明的！朝中的文武百官都來道賀，唯獨你不來道賀，這是為什麼？」陳軫回答說：「臣認為，大王您不但得不到商於六百里的土地，而且會招來災禍，所以臣不敢隨意地向大王道賀。」楚懷王問：「為什麼？」陳軫回答說：「秦王之所以重視大王，是因為有齊國作為盟國。現在秦國還沒有把土地割給大王，您就先跟齊國斷絕關係，這樣就使楚國陷於孤立無援的處境，秦國又怎麼會重視孤立的國家呢？況且如果讓秦國先割讓土地，再和齊國斷絕關係，秦國一定不同意這樣做。如果楚國先跟齊國斷交，之後再向秦國要求割讓土地，那麼必然會被張儀欺騙而得不到土地。被張儀欺騙，將來大王必定會後悔。這樣西面生出秦國的禍患，北面又和齊國斷絕關係，如此一來，秦、齊兩國的軍隊都必定進攻楚國。」

楚懷王不採納他的意見，說：「事情已經辦妥了！你就不用多說，等寡人將此事完成。」於是楚懷王就派使者到齊國去和齊國斷絕關係，派出的使者還沒有回來，楚懷王又派人去與齊國重申斷絕關係。

※原文

張儀反，秦使人使齊，齊、秦之交陰合。楚因使一將軍受地於秦。張儀至，稱病不朝。楚王曰：「張子以寡人不絕齊乎？」乃使勇士往詈齊王。張儀知楚絕齊也，乃出見使者曰：「從某至某，廣從①六里。」使者曰：「臣聞六百里，不聞六里。」儀曰：「儀固以小人，安得六百里？」

使者反報楚王，楚王大怒，欲興師伐秦。陳軫曰：「臣可以言乎？」王曰：「可矣。」軫曰：「伐秦非計也，王不如因而賂之一名都，與之伐齊，是我亡於秦而取償於齊也。楚國不尚全乎。王今已絕齊，而責欺於秦，是吾合齊、秦之交也，國必大傷。」楚王不聽，遂舉兵伐秦。秦與齊合，韓氏從之。楚兵大敗於杜陵。故楚之土壤士民非削弱，僅以救亡者，計失於陳軫，過聽於張儀。

※注釋

①廣從：方圓。

※譯文

張儀回到秦國，秦王派使者出使齊國，秦、齊兩國暗中聯合。楚國派一個將軍到秦國接收土地，張儀假裝生病不上朝。楚王說：「張儀認為寡人不是誠心和齊國斷絕關係嗎？」於是楚王派一名勇士到齊國去責罵齊王。

張儀得知楚國和齊國確實斷絕關係之後，才出來接見楚國前來索要土地的使臣，說：「敝國贈送貴國的土地，是從某地到某地，方圓總共是六里。」使臣說：「我是來接收六百里，沒聽說是六里。」張儀說：「我本是個小人物，哪有答應給六百里的權力？」

楚國使者回到楚國，將這件事報告給楚王，楚王大怒，打算發兵攻打秦國。陳軫說：「現在臣可以說話了嗎？」楚王說：「可以。」陳軫說：「楚國發兵去攻打秦國，不是一個好辦法。大王不如趁這個機會，賄賂秦國一個有名的城池，和秦國聯合起來攻打齊國，這樣一來，就可以把在秦國的損失從齊國取回來，楚國不就等於沒有損失嗎？大王現在已經跟齊國斷絕關係，但又去責備秦國，這是在促使秦、齊兩國聯合，若真是這樣，楚國必會遭受重大的損失。」

楚王不採納陳軫的意見，依然決定發兵攻打秦國。秦、齊兩國聯合，韓國也加入了聯盟。楚軍在杜陵被三國聯軍打得落花流水。其實，楚國的土地沒有比其他各國面積小，老百姓也並非比其他各國軟弱，之所以會落到幾乎快要亡國的地步，是因為楚王沒有採納陳軫的正確建議，而過分聽信張儀的謊言。

※讀解

國家之間「沒有永遠的朋友，只有永遠的利益」，和人與人之間的交往不同。國家和國家之間的交好或者反目，會發生在頃刻之間，各自在乎的只是國家利益，所依靠的是國家之間的力量對比。

從本篇中，先是張儀遊說楚王，以許諾割讓方圓六百里的「商於之地」給楚國為條件，讓楚王瓦解齊楚之間的交好關係。楚王輕易就答應他的要求。不僅如此，楚王還在朝廷上宣布自己還沒有得到的「戰果」，而大臣們都來向他祝賀，所有的人似乎都是迷糊蟲。這時只有陳軫一人提出反對意見，潑了這群昏頭的君臣一盆冷水。

接下來陳軫勸說楚王。陳軫清楚地指出楚王所說的勝利根本無法實現。但可悲的是，楚王聽不進他的話。這時我們也可以得到一個結論——楚王並沒有能力成為政治家，他看不到國家之間交往的詭詐和凶險，看不到自己國家和別的國家交好的真正目的，看不到自己的國家暫時得到秦國的重視，暫時得到安全的國際環境其真正原因是什麼，所以他輕易的相信張儀的美好謊言。楚王在張儀的面前就像一個站在大人面前的小孩一樣，對大人欺騙的話不假思索地聽信了。再回頭看張儀遊說楚王的言辭，表述得十分露骨，稍微有一點政治頭腦的人都能從中聽出說話人的心思與險惡。但是，楚王卻只聽到對方話語中方圓六百里的土地，而沒有考慮國家分分合合所帶來的重要意義。所以由此來看，楚王是一個貪婪的國君。陳軫勸說楚王，也是將道理說得十分直白，但他還是聽不進去，一心想著要得到那方圓六百里的土地，一廂情願的打著自己的如意算盤，殊不知自己早已被人算計了。由此看來，楚王又是一個無法接受不同意見的性情固執之人。

所有原因造成楚王幾乎淪落到要亡國的地步。而張儀正是一個洞察人性的謀略家，他對楚王十分了解，知道他不是一個合格的政治家，所以敢用十分露骨的話和他談論國際關係；知道他的貪婪本性，所以用方圓六百里的土地做誘餌，引誘他上鉤；正因為他的貪婪，所以他無法聽從陳軫的勸說，最終導致後來的結局。

楚絕齊齊舉兵伐楚

※原文

楚絕齊，齊舉兵伐楚。陳軫謂楚王曰：「王不如以地東解於齊，西講於秦。」

楚王使陳軫之秦，秦王謂軫曰：「子，秦人也，寡人與子故也，寡人不佞①，不能親國事也，故子棄寡人事楚王。今齊、楚相伐，或謂救之便，或謂救之不便，子獨不可以忠為子主計，以其餘為寡人乎？」陳軫曰：「王獨不聞吳人之遊楚者乎？楚王甚愛之，病，故使人問之，曰：『誠病乎？意亦思乎？』左右曰：『臣不知其思與不思，誠思則將吳吟。』今軫將為王吳吟。王不聞管與之說乎？有兩虎諍②人而鬥者，卞莊子將刺之，管與止之曰：『虎者，戾蟲；人者，甘餌也。今兩虎諍人而鬥，小者必死，大者必傷。子待傷虎而刺之，則是一舉而兼兩虎也。無刺一虎之勞，而有刺兩虎之名。』齊、楚今戰，戰必敗。敗，王起兵救之，有救齊之利，而無伐楚之害。計聽知覆逆者，唯王可也。計者，事之本也；聽者，存亡之機。計失而聽過，能有國者寡也。故曰：『計有一二者難悖也，聽無失本末者難惑。』」

※注釋

①不佞：佞，有口才，能言善辯。這裡的意思是才能。不佞就是沒有才能，此處是自謙的說法。②諍：通「爭」。

※譯文

楚國與齊國斷絕關係後，齊國發兵攻打楚國。陳軫對楚懷王說：「大王不如割讓土地，往東向齊國求得諒解，往西面和秦國講和。」

於是楚王派陳軫出使秦國。秦惠文王對陳軫說：「你本是秦國人，寡人和你是故交，但因為寡人不才，沒有能力處理好國家大事，因此你離開寡人去侍奉楚王。如今齊、楚兩國互相攻伐，有的人認為援助有利，有的人認為不援助有利。你難道不可以在為楚國效忠的同時，也為寡人出些主意嗎？」陳軫說：「大王難道沒聽說過吳國人到楚國去做官的故事嗎？楚王很喜歡他，有一次他病了，因此楚王派人去問候他，說：『你真的生病了嗎？還是心裡思念吳國了呢？』左右的侍臣回答說：『我不知道他是不是思念家鄉了，如果真的是思念家鄉的話，那他就要唱吳歌了。』現在臣就準備為大王『唱吳歌』。不知大王有沒有聽過管與的故事？故事說有兩隻老虎，因為爭吃人肉而打起來，卞莊子準備去刺殺這兩隻老虎，可是管與制止他說：『老虎是貪婪凶狠的大蟲，人肉是老虎最香甜的食物，現在兩隻老虎為了爭吃人肉而打鬥，小虎必然鬥不過大虎而死，大虎也一定會因打鬥而受傷。你就等著去刺殺那隻受傷的大虎吧！這樣就能一舉殺兩虎。不用浪費殺死一隻老虎的辛苦，實際上卻能兼得刺殺兩隻虎的英名。』現在齊、楚兩國正在作戰，既然作戰，楚國就必然會戰敗。等楚國失敗了，那時候大王再去援救，既能獲得救齊的好處，又沒有攻打楚國的危害。臣的計謀您是否聽從，能否預知事情的反覆和逆順，這就全憑大王自己決定了。計謀是成就大事的根本，是否善於聽信好的計謀，是國家存亡的關鍵。計謀有失誤，或者聽信了這樣的計謀，卻能保住國家的情形是很少的。因此說：『計謀要反覆再三地權衡得失才不會失策，聽信不失去根本的計策才不會被迷惑。』」

※讀解

陳軫說服秦惠文王，策略是用講故事來比喻，達到表達自己想法的目的。從本篇和《陳軫去楚之秦》等來看，陳軫是很善於講故事的人。用生動、形象貼切的故事，說明那些單純用直白的推論而無法表達清楚的道理。尤其是有些話不方便明說時，舉一個例子或者講一個富有啟發性的故事，都能收到意想不到的良好效果。

在本篇中，陳軫講述兩個故事。第一個故事表達自己身為秦國人，而在楚國當臣子，但是不被重用的處境，向秦惠文王委婉的解釋自己雖然仍然是楚國的臣子，卻要為秦國出謀劃策的原委；自己身為秦國人在楚國做官的思鄉之情；自己對秦惠文王知遇之恩的感激等。故事的意蘊微妙而豐富，這種透過講故事獲得的效果是單純講道理無法達到的效果。

第二個故事就是著名的「坐山觀虎鬥」和「鷸蚌相爭，漁翁得利」的意思相同。他以兩隻老虎來類比齊、楚這兩個國家，而秦國就是坐山觀虎鬥的人。靜觀坐待兩隻老虎相鬥，等到牠們的元氣都大傷了或是有一隻死亡的時候再出擊，就可以輕而易舉的得到兩隻老虎。

值得一提的是，陳軫最後說的「計者，事之本也；聽者，存亡之機。計失而聽過，能有國者寡也。故曰計有一二者難悖也，聽無失本末者難惑」。他在這裡揭示出計策的基本特徵，以及計策與使用計策的主體及事情本身三者之間的關係，為我們認識古代的計策提供了一般的觀點，有很重要的意義。

醫扁鵲見秦武王

※原文

醫扁鵲[1]見秦武王，武王示之病。扁鵲請除。左右曰：「君之病，在耳之前、目之下，除之未必已也，將使耳不聰，目不明。」君以告扁鵲。扁鵲怒而投其石[2]：「君與知之者謀之，而與不知者敗之。使此知秦國之政也，則君一舉而亡國矣。」

※注釋

①扁鵲：姓秦名越人，春秋戰國時期的神醫，精通醫術，救活了很多病人。②石：砭石，治病用的工具。

※譯文

醫生扁鵲去見秦武王，秦武王把自己的病情告訴扁鵲。扁鵲建議及早醫治，可是左右的侍臣說：「國君的病在耳朵的前面、眼睛的下面，就算醫治的話也未必能治好，還可能使大王的耳朵聽不見，眼睛看不清。」秦武王把侍臣的意見告訴了扁鵲。

扁鵲聽了生氣得把治病的砭石丟到地上，說：「國君和懂醫術的人商量治病，又和不懂醫術的人討論不要治療。從這些狀況就可以推知，秦國的內政如果也是這樣的話，那麼國家一下子就會亡國了。」

※讀解

一個人的做事風格一旦形成，那麼他分析問題做決策的方式就會體現在各個方面。我們透過這些小言行就可推測其他方面的情況。正所謂「見一斑而窺全豹」、「見微知著」、「一葉知秋」等等，都是以小見大的認識方法。

人們在做決策時，一般來說要有主見，同時要善於參考別人的意見，不至於閉目塞聽、一意孤行，導致做錯事情。但是，參考別人的意見並不是沒有自己的主見，用別人的意見來代替自己的決策權。

扁鵲是戰國時期著名的神醫，他透過為秦武王看病時，秦武王對治療的態度，推測出秦武王治理國家的政治狀況，並為此表達自己對這件事情的不滿。

扁鵲以小見大，從治療疾病這樣一件小事情，推測到治理國家的政治情況，得出了國家將要「一舉而亡」的結論。在人生道路上，我們會接觸到無數的人，想要和他們相處融洽、建立各種自己所希望的人際關係，就要學習扁鵲，審視別人的深刻和洞察人性的敏銳，正所謂「知人者智」。

當我們做決策的時候，需要有自己的主見，對要決策的事情有自己的看法和觀點，必要的時候，吸取別人的意見和建議，但最終做出決定的時候，必須自己獨立做判斷，只有這樣才能使我們逐漸變得有智慧，豐富我們的人生閱歷。

秦武王謂甘茂

※原文

秦武王謂甘茂曰：「寡人欲車通三川，以窺周室①，而寡人死不朽乎？」甘茂對曰：「請之魏，約伐韓。」王令向壽輔行。

甘茂至魏，謂向壽：「子歸告王曰：『魏聽臣矣，然願王勿攻也。』事成，盡以為子功。」向壽歸以告王，王迎甘茂於息壤。

甘茂至，王問其故。對曰：「宜陽，大縣也，上黨、南陽積之久矣，名為縣，其實郡也。今王倍數限②，行千里而攻之，難矣。臣聞張儀西併巴蜀之地，北取西河之外，南取上庸，天下不以為多張儀，而賢先王。魏文侯令樂羊將，攻中山，三年而拔之，樂羊反而語功，文侯示之謗書一篋，樂羊再拜稽首曰：『此非臣之功，主君之力也。』今臣羈旅之臣也，樗里疾、公孫衍二人者，挾韓而議，王必聽之。是王欺魏，而臣受公仲侈之怨也。

※注釋

①周室：東周，都城在洛陽，在戰國時期，雖然實際上已經不再是各個諸侯國的宗主，但在名分上還是，所以想統一各國稱霸的諸侯，都希望代替東周國君來號令諸侯，成為新的天子。②限：險阻。

※譯文

秦武王對甘茂說：「寡人想出兵向東進攻三川，取代周王，如果這樣的話，寡人就算死了也會流芳百世。」甘茂說：「請讓臣去魏國和他們聯合，共同攻打韓國。」於是，秦武王派親信向壽做甘茂的副使出使魏國。甘茂來到魏國，對向壽說：「您回去告訴武王，說：『魏王已經同意我的要求。但希望大王不要進攻韓國。』當大事成功之後，一切功勞全歸於您。」向壽回到秦國，把這些話告訴秦武王，秦武王便在秦邑息壤迎接甘茂。

甘茂到了息壤，秦武王問他為什麼不進攻韓國？甘茂回答說：「宜陽是韓國的大城邑，是上黨和南陽兩郡間的交通要道。長期以來，在宜陽積聚了兩郡的人力和財物，名義上是縣，實際上相當於一個郡。現在大王面臨重重險阻，要跋涉千里去進攻韓國，實在太難了啊！臣聽說，張儀西併巴、蜀，北取河西，南占上庸，諸侯並沒有因此就讚揚張儀的能耐，卻是稱頌先王的賢明。魏文侯派樂羊為將，進攻中山，三年就滅掉了中山。樂羊返回魏國，稱道自己的戰功。魏文侯拿出一箱群臣指責攻擊他的書信給他看，樂羊接受了魏文侯的批評，心悅誠服地拜謝說：『這不是我的功勞，完全是主君的功勞啊！』臣現在只不過是客居在秦國的人，樗里疾、公孫衍他們都是韓國的近親，倚仗和韓國的關係來非議，從中作梗，大王必會聽從。如果這樣，大王豈不落個『欺魏』之名，而臣還要受韓相國公仲侈的怨恨嗎？」

※原文

「昔者，曾子[①]處費，費人有與曾子同名族者而殺人，人告曾子母曰：『曾參殺人。』曾子之母曰：『吾子不殺人。』織自若。有頃焉，人又曰：『曾參殺人。』其母尚織自若也。頃之，一人又告之曰：『曾參殺人。』

其母懼，投杼[2]踰牆而走。夫以曾參之賢，與母之信也，而三人疑之，則慈母不能信也。今臣之賢不及曾子，而王之信臣又未若曾子之母也，疑臣者不適三人，臣恐王為臣之投杼也。」王曰：「寡人不聽也，請與子盟。」於是與之盟於息壤。

果攻宜陽，五月而不能拔也。樗里疾、公孫衍二人在，爭之王，王將聽之，召甘茂而告之。甘茂對曰：「息壤在彼。」王曰：「有之。」因悉起兵，復使甘茂攻之，遂拔宜陽。

※注釋

①曾子：即曾參，孔子的弟子，以孝著稱。②杼：織布用的梭子。

※譯文

過去，曾子住在費地，費地有個與曾子同名同姓的人殺了人。有人告訴曾子的母親說：『曾子殺了人。』曾子的母親說：『我的兒子不會殺人。』她照樣織布。過了一會兒，又有人來說：『曾子殺了人。』曾子的母親仍然照樣織布。又過了一會兒，一個人跑來說：『曾子殺了人。』曾子的母親便驚恐萬狀，扔掉梭子，翻牆逃跑了。曾參這樣賢德的人，母親又對他那麼信任，可是三個人猜疑他，就讓曾參的母親產生疑惑了，再也不信任他。現在的我，沒有曾參那麼賢能，大王相信我的程度，又不及曾子的母親相信曾參那樣，猜疑我的人更不止三人，我害怕大王會像曾參的母親那樣，扔掉梭子逃跑。』秦武王說：「寡人不聽信別人的議論，讓我們訂立誓約吧。」於是秦武王和甘茂在息壤訂立盟約。

後來甘茂攻打宜陽，過了五個月還無法攻下，於是樗里疾和公孫衍二人就在秦武王面前大進甘茂的讒言，秦武王幾乎就要聽信了，因而特別召回甘茂並警告他，甘茂對秦武王說：「當初息壤的誓約。」秦武王說：「確有其事。」這時秦武王才又堅定信心，動用了全部的兵力，繼續讓甘茂指揮作戰，最後終於攻下宜陽。

※讀解

甘茂向秦武王講述了曾子殺人的事例，來勸說秦武王堅定自己的信念，不要盲目聽信別人的話。曾子殺人的事例，說明了這樣的道理：人在語言和事實面前，是需要選擇的，但語言對事實會發揮顛覆的作用，尤其當大家都在說某種觀點的時候，那就會成為事實本身。正所謂「三人成虎」。

領導者在交辦事情的時候，要相信下屬，並且不能盲目聽信其他人的評判。許多事情需要透過一定的調查研究，才能弄清楚到底是怎麼回事，所以一定的調查與研究也是必要的。信任對於完成我們想要完成的事情是很重要的，從曾子殺人的故事，我們應該得到很多的啟示和借鑑。

甘茂亡秦且之齊

※原文

甘茂亡秦且之齊，出關[①]遇蘇子[②]，曰：「君聞夫江上之處女乎？」蘇子曰：「不聞。」曰：「夫江上之處女，有家貧而無燭者。處女相與語，欲去之。家貧無燭者將去矣，謂處女曰：『妾以無燭，故常先至，掃室布席，何愛[3]餘明之照四壁者？幸以賜妾，何妨於處女？妾自以有益於處女，何為去我？』處女相語以為然而留之。今臣不肖，棄逐於秦而出關，願為足下掃室布席，幸無我逐也。」蘇子曰：「善。請重公於齊。」

乃西說秦王曰：「甘茂，賢人，非恒士也。其居秦，累世重矣，自崤塞、谿谷，地形險易盡知之。彼若以齊約韓、魏，反以謀秦，是非秦之利也。」秦王曰：「然則奈何？」蘇代曰：「不如重其贄[4]，厚其祿以迎之。彼來則置之槐谷，終身勿出，天下何從圖秦。」秦王曰：「善。」與之上卿，以相迎之齊，甘茂辭不往。

蘇代偽謂齊王曰：「甘茂，賢人也。今秦與之上卿，以相印迎之，茂德王之賜，故不往，願為王臣。今王何以禮之？王若不留，必不德王。彼以甘茂之賢，得擅用強秦之眾，則難圖也！」齊王曰：「善。」賜之上卿，命而處之。

※注釋

①關：指函谷關。②蘇子：即蘇代。③愛：吝惜。④贄：古代人們見面的時候饋贈給對方的禮物。

※譯文

甘茂從秦國逃出來，打算去齊國，出了函谷關，遇到了蘇代，就對他說：「您聽說過江上女子的故事嗎？」蘇代說：「沒聽過。」甘茂說：「在眾多的江上女子中，有一個家裡貧窮買不起蠟燭的女子。女子們正在商量，要把家貧無燭的女子趕走。家貧無燭的女子準備離去時，她對其他女子們說：『我因為沒有蠟燭，所以常常早到，打掃屋子，鋪好席子。妳們何必愛惜照在牆壁上的那一點餘光呢？如果賜一點餘光給我，對妳們又有什麼影響呢？我自認為對妳們還是有用的，為什麼要趕我走呢？』女子們在一起商量，認為她說得對，就把她留下來了。如今我因為無才無德，被秦國驅逐，不得不出了函谷關，我願意為您打掃屋子，鋪設席子，希望不要把我趕走。」蘇代說：「好，我將設法讓齊國重用您。」

於是，蘇代先西入關中遊說秦王說：「甘茂是一個賢能的人，不是一般人。他在秦國幾代都受到重用。從崤山到谿谷，秦國地形不論險要或是平坦，他都瞭若指掌。萬一他透過齊國，聯合韓、魏，反過來圖謀秦國，這對秦國是不利的。」秦王說：「這該怎麼辦？」蘇代說：「您不如多備些厚禮，以高位重金聘他回國。他要是回來了，就讓他守衛在槐谷，終身都不能讓他離開那裡，天下各國又憑藉什麼來圖謀秦國呢？」秦王說：「好。」於是，秦王賜給甘茂上卿的高位，拿著相印到齊國去迎接他。甘茂推辭不去。

蘇代為甘茂對齊王說：「甘茂是一個賢能的人。現在秦王給他上卿的高位，拿著相印去迎接他，甘茂感激大王的恩德，因此不去秦國，而願意做大王的臣子。現在大王要怎麼禮遇他呢？如果大王不挽留他，他一定不會感激大王。就憑藉甘茂的賢能，如果讓他統率強秦的軍隊，秦國對齊國來說可就難以對付了。」齊王說：「很好。」齊王賜甘茂為上卿，下令讓他留在齊國。

※讀解

世事無常，即使是身為一代名將的甘茂，也突然遭遇不得不逃亡的無奈和落魄。每個人都會遇到人生的低谷，不同的是，人們在人生低谷中所表現出的人生態度，有的人自怨自艾、一蹶不振，從此沉淪下去；有的人順其自然、逆來順受，接受命運的安排；但也有的人扼住命運的喉嚨，充分發揮主觀意識，利用各種條件，毅然決然地從人生低谷走出來，走向另一個輝煌的人生。

本篇所說的甘茂，就是從低谷走向輝煌的人。他在秦昭襄王元年（西元前三〇六年）受到大臣向壽等的讒毀，不得不離開秦國，準備逃亡到齊國。恰巧在逃亡的路上，遇到了蘇代，他抓住機會，透過一則故事向蘇代表達自己願意依附的想法。他以家貧無燭的女子自比，表明了自己當時所處的困境，並希望蘇代能夠像江上女子對待家貧無燭的女子一樣來幫自己一把。

於是蘇代開始奔走在秦國和齊國之間，他先後遊說秦王和齊王，巧妙地利用各種利害關係，使兩個國家都開始重視甘茂，最後讓他重新獲得官位。

他遊說秦王，首先指出甘茂對於秦國的重要意義，說明他了解從崤山到谿谷的秦國地形，不如讓他終身守衛槐谷，然後說明他可能透過齊國來聯合韓國和魏國，攻打秦國。這樣就從兩方面表明，秦國不但有必要給予甘茂官職，而且絕對不能無視他的存在，成功地說服秦王。

他遊說齊王，也採用了相同的遊說策略，一是甘茂賢能，極力推薦；二是心理恐嚇，極力威脅，並成功說服齊王。

秦客卿造謂穰侯

※原文

秦客卿造[①]謂穰侯曰：「秦封君以陶[②]，藉君天下數年矣。攻齊之事成，陶為萬乘，長小國，率以朝天子，天下必聽，五伯之事也；攻齊不成，陶為鄰恤，而莫之據也。故攻齊之於陶也，存亡之機也。」

「君欲成之，何不使人謂燕相國[3]曰：『聖人不能為時，時至而弗失。舜雖賢，不遇堯也，不得為天子；湯、武雖賢，不當桀、紂不王；故以舜、湯、武之賢，不遭時不得帝王。今攻齊，此君之大時也已。因天下之力，伐仇國之齊，報惠王之恥，成昭王之功，除萬世之害，此燕之長利，而君之大名也。《書》云，樹德莫如滋，除害莫如盡。吳不亡越，越故亡吳；齊不亡燕，燕故亡齊。齊亡於燕，吳亡於越，此除疾不盡也。以非此時也，成君之功，除君之害，秦卒有他事而從齊，齊、趙合，其仇君必深矣。挾君之仇以誅於燕，後雖悔之，不可得也矣。君悉燕兵而疾僭之，天下之從君也，若報父子之仇。誠能亡齊，封君於河南[4]，為萬乘，達途於中國，南與陶為鄰，世世無患。願君之專志於攻齊而無他慮也。』」

※注釋

①客卿：給予外來人士的高級爵位。造：人名。②陶：穰侯魏冉的封邑。在今山東定陶西北。③燕相國：燕國成安君公孫操。④河南：黃河以南地區。

※譯文

秦國的客卿造對秦國相國穰侯說：「自從秦王把陶邑封給您，到現在您在秦國已經掌權好多年了。如果您能攻下齊國的話，您的封地陶邑就能成為萬乘大國，這樣您也可以成為一個小國家的領袖，率領他們朝見天子，天下都會聽從，這樣的事功可以和春秋時代的五霸相比啊！如果攻打齊國不能實現，就會被鄰國虎視眈眈，無所依靠了。所以進攻齊國對陶邑來說，是存亡的關鍵。」

「如果您想把這件事做成功，何不派人出使燕國，對燕國相國說：『即使是聖人也不能創造時機，但只要時機來了就絕不放過。虞舜雖然賢德，如果他沒有遇到唐堯，他也不會成為天子；商湯、周武王雖然賢德，如果不是遇到昏君夏桀和商紂，他們也不會稱王於天下。所以即使是賢德的虞舜、商湯和周武王，如果他們沒有遇到那種時機，也都不可能成為帝王。現在進攻齊國，這是您的大好時機啊！憑藉著天下諸侯的力量，攻打敵對的齊國，既可以報復燕惠王的恥辱，又可以完成燕昭王的功業，還可以為燕國除掉萬世之害，這是燕國長遠的利益所在，也是您建立功名的大好時機。《尚書》上說：『積累陰德越多越好，除去禍害越徹底越好。』當初吳國不乘勢滅掉越國，越國卻因此滅掉了吳國；齊國不乘勢滅掉燕國，燕國卻因此滅掉了齊國。齊國被燕國滅掉，吳國被越國滅掉，這都是因為除去禍害不徹底的緣故。您如果不抓住時機完成您的功業，除掉您的禍害，一旦秦國發生其他變故，而與齊國聯合，或者齊國和趙國聯合，您的敵人就更加強大了。聯合您的仇敵討伐燕國，到那時，後悔也來不及了。如果您動員燕國的兵力，馬上消滅齊國，諸侯也一定會像兒子為父親報仇那樣作戰。如果真的能夠滅掉齊國，就將黃河以南一帶作為您的封地，成為萬乘之國，身居中原，四通八達，南與陶邑為鄰，世代都沒有禍患，希望您一心一意地進攻齊國吧，不要再有其他的想法了。』」

※讀解

西元前二七〇年，客卿造向秦國相國穰侯進言，主張攻打齊國以擴大穰侯在陶邑的封地，他向秦國相國分析燕國和齊國間有世代相延的仇恨，他主張秦國應該聯合燕國攻打齊國，使陶邑的主人成為小國家的首領。

在勸說的過程中，客卿造提出關於時機的重要和把握時機的觀點，指出「聖人不能為時，時至而弗失」，然後列舉舜、湯、武的史實，證明自己所提出的觀點很有說服力。並在此基礎上鼓動秦國相國穰侯效法他所列舉的帝王，把握有利的時機擴大自己的封地。

之後，他又列舉吳國在對待越國的態度不堅決不徹底，後來遭遇亡國的事例，從反面證明自己的主張。「除害莫如盡」，這是從無數慘痛的歷史教訓中總結出來的真知灼見，在歷史發展的過程中，也有無數的事例證明這句話的正確性。

燕惠王就在這一年被臣子成安君公孫操殺死，隨後公孫操就掌握了燕國的政權。客卿造也就只有勸說公孫操，以期望能夠和燕國聯合。

范子因王稽入秦

※原文

范子[1]因王稽入秦，獻書昭王曰：「臣聞明主蒞正，有功者不得不賞，有能者不得不官；勞大者其祿厚，功多者其爵尊，能治眾者其官大。故不能者不敢當其職焉，能者亦不得蔽隱。使以臣之言為可，則行而益利其道；若將弗行，則久留臣無為也。」

「語曰：『人主賞所愛而罰所惡；明主則不然，賞必加於有功，刑必斷於有罪。』今臣之胸不足以當椹質，要不足以待斧鉞，豈敢以疑事嘗試於王乎？雖以臣為賤而輕辱臣，獨不重任臣者後無反覆於王前耶？」

「臣聞周有砥厄，宋有結綠，梁有懸黎，楚有和璞，此四寶者，工之所失也，而為天下名器。然則聖王之所棄者，獨不足以厚國家乎？臣聞善厚家者，取之於國；善厚國者，取之於諸侯。天下有明主，則諸侯不得擅厚矣。是何故也？為其凋榮也。良醫知病人之死生，聖主明於成敗之事，利則行之，害則舍之，疑則少嘗之，雖堯、舜、禹、湯復生，弗能改已。」

「語之至者，臣不敢載之於書；其淺者，又不足聽也。意者，臣愚而不闔[2]於王心耶？已其言臣者將賤而不足聽耶？非若是也，則臣之志，願少賜遊觀之間，望見足下而入之。」

書上，秦王說之，因謝王稽說，使人持車召之。

※注釋

①范子：即范雎。戰國時期魏國人，字叔，著名的辯士，得罪了魏國相國魏齊，遭受笞刑，幾乎喪命，後來被鄭安平所救，改名為張祿，由秦國使者王稽帶到秦國，被封為應侯。他明確地為秦國提出了「遠交近攻」的外交策略，為秦國統一六國做出了重大貢獻。②闔：通「合」。

※譯文

魏人范雎透過秦國使者王稽來到秦國，寫了一封信給秦昭王，信上說：「臣聽說，英明的國君執政，對有功勞的人不得不給予獎賞，對有能力的人不得不安排官位；功勞大的人給的俸祿多，封的爵位高；能力強的人擔任的官職就大，因此，沒有能力的人就不敢隨便任職，真正有能力的人，也不會埋沒他的才能。如果您認為臣說的話正確，那麼，照著執行就會對國家的政治更有利；如果認為臣的話不能實行，那麼把臣久留在秦國也是沒有什麼作用的。」

「俗話說：『昏庸的國君獎賞他所喜愛的人，懲罰他所憎惡的人。英明的國君就不是這樣，獎賞一定要加給有功的人，刑罰一定要判給有罪的人。』現在，臣的胸膛擋不住殺人用的墊板，臣的腰板抵不住斧鉞。怎麼敢拿模棱兩可的政治主張，來輕易冒犯大王嚴峻的刑罰呢？還是您認為，推薦臣的人出身卑賤，所以大王就認為他們的話不能相信？」

「臣聽說，周有砥厄，宋有結綠，梁有懸黎，楚有和氏，這是四種寶玉，雖然工匠起初不能辨識，可是它們最終成為天下有名的寶器。如此說來，明主所不要的，難道對國家就沒有重大的用途嗎？臣聽說，善於使家中富裕的，就要取之於國；善於使國中富有的，就要取之於諸侯。天下有了英明的國君，諸侯就不可能獨據富厚之利。這是什麼緣故呢？因為昏庸的君主捨棄了傑出的人才，而不能任用他們。高明的醫生，可以知道病人的生死，賢明的君王可以預見事情的成敗，認為有利就該實行，認為有害就該捨棄，若有懷疑不妨稍加嘗試，來探明根源。這些道理，即使是堯、舜、禹、湯活到現在，也是不會改變的。」

「話說得深了，臣不敢寫在信上；話說得淺了，又不值得聽，因為臣愚蠢無能，所說的話不能讓大王中意，或者就是因為臣地位低下，不足以聽信。如果不是這樣，那麼希望大王能稍微抽出一點遊覽觀賞的時間，我將當面進言。」

書信呈上秦昭王，秦昭王看了大為高興，就採納了王稽的建議，派人驅車將范雎接來。

※讀解

范睢在魏國遭到陷害，心有餘悸地透過王稽的引薦來到秦國。但他對秦王還不了解，尤其是秦王對自己的態度是什麼樣的，心裡並沒有底。所以他沒有冒昧地立刻就去面見秦王，而是巧妙地先寫了一封信給秦王。這封信表面上是在談論國家的用人政策，但實質上是在試探秦王，並在字裡行間向秦王推銷自己，希望自己能夠在秦國得到重用。

范睢至秦

※原文

范睢至秦，王庭迎[1]，謂范睢曰：「寡人宜以身受令久矣。今者義渠之事急，寡人日自請太后。今義渠之事已，寡人乃得以身受命。躬竊閔然不敏，敬執賓主之禮。」范睢辭讓。是日見范睢，見者無不變色易容者。

秦王屏[2]左右，宮中虛無人。秦王跪而請曰：「先生何以幸教寡人？」范睢曰：「唯唯[3]。」有間，秦王復請，范睢曰：「唯唯。」若是者三。秦王跽曰：「先生不幸教寡人乎？」范睢謝曰：「非敢然也。臣聞始時呂尚之遇文王也，身為漁父而釣於渭陽之濱耳，若是者交疏也。已一說而立為太師，載與俱歸者，其言深也。故文王果收功於呂尚，卒擅天下，而身立為帝王。即使文王疏呂尚而弗與深言，是周無天子之德，而文、武無與成其王也。今臣，羈旅之臣也，交疏於王，而所願陳者皆匡君之事，處人骨肉之間，願以陳臣之陋忠，而未知王心也，所以王三問而不對者是也。臣非有所畏而不敢言也，知今日言之於前，而明日伏誅於後。然臣弗敢畏也。大王信行臣之言，死不足以為臣患，亡不足以為臣憂，漆身而為厲，被發而為狂，不足以為臣恥。五帝之聖而死，三王之仁而死，五伯之賢而死，烏獲之力而死，奔、育之勇焉而死。死者，人之所必不免也，處必然之勢。可以少有補於秦，此臣之所大願也。

※注釋

①王：即秦昭襄王，西元前三〇六年至前二五〇年在位。②屏：摒退。③唯唯：即啊啊，敷衍的應答之語。

※譯文

范睢來到秦國，秦王親自到宮殿前面的庭院迎接他，秦王對范睢說：「寡人早就該聆聽先生的言論和教誨了。如今卻碰上急於處理義渠國的事務，寡人每天又要親自向太后問安。現在義渠的事已經處理完畢，寡人這才能夠親自聆聽先生的教誨。寡人深深感到自己愚鈍，現在讓寡人來行賓主禮儀吧。」范睢表示謙讓。這一天，凡是見到范睢的人，沒有不對他肅然起敬、另眼相看的。

秦王讓左右的人退出去，宮中只剩下了他們兩個人。秦王跪著請求說：「先生怎麼來教導我呢？」范睢說：「啊！啊！」過了一會兒，秦王再次請求，范睢又說：「啊！啊！」就這樣一連三次。秦王又拜請說：「先生真的不教導寡人嗎？」范睢於是恭敬地說：「臣不敢這樣。臣聽說，當初呂尚與文王相遇的時候，他只是一個在渭河釣魚的漁夫，那時，他們交情疏遠。此後，當呂尚一進言，就被尊為太師，和文王同車回去，這是因為他談得很深刻的緣故。所以文王終於因呂尚而建立功業，最後掌握天下的大權，自己立為帝王。如果文王當時疏遠呂尚，不與他深談，周朝就不可能有天子的聖德，而文王、武王也不可能成就帝王的事業。現在，臣只是個旅居在秦國的賓客，與大王交情疏遠，但是希望陳述的又都是糾正君王政務的大事，而且還會干涉骨肉之親。臣想陳述一片愚忠，可是又不知道大王的心意如何，所以大王三次詢問，臣都沒有回答。臣並不是有什麼畏懼而不敢進言。而是臣知道，今天在大王面前說了，明天隨後就會遭到殺身之禍。但是，臣並不畏懼，大王若真能按照臣的計謀去做，臣即使身死，也不會以為是禍患；即使流亡，也不會以此為憂慮；即使不得已漆身為癩，披髮為狂，也不會以此為恥辱。五帝是天下的聖人，但終究要死；三王是天下的仁人，但終究要死；五霸是天下的賢人，但終究要死；烏獲是天下的大力士，但終究要死；孟賁、夏育是天下的勇士，但終究要死。死，是人人都不可避免的，這是自然界的必然規律。如果能夠稍有補益於秦國，這就是臣最大的願望。

※原文

「臣何患乎？伍子胥[1]橐載而出昭關，夜行而晝伏，至於蔆水，無以餌其口，坐行蒲服，乞食於吳市，卒興吳國，闔閭為霸。使臣得進謀如伍子胥，加之以幽囚，終身不復見，是臣說之行也，臣何憂乎？箕子[2]、接輿，漆身而為厲，被髮而為狂，無益於殷、楚。使臣得同行於箕子、接輿，漆身可以補所賢之主，是臣之大榮也，臣又何恥乎？臣之所恐者，獨恐臣死之後，天下見臣盡忠而身蹶也，是以杜口裹足莫肯即秦耳。足下上畏太后之嚴，下惑奸臣之態；居深宮之中，不離保傅之手，終身暗惑，無與照奸，大者宗廟滅覆，小者身以孤危。此臣之所恐耳！若夫窮辱之事、死亡之患，臣弗敢畏也。臣死而秦治，賢於生也。」秦王跽曰：「先生是何言也！夫秦國僻遠，寡人愚不肖，先生乃幸至此，此天以寡人慁[3]先生，而存先王之廟也。寡人得受命於先生，此天所以幸先王而不棄其孤也。先生奈何而言若此！事無大小，上及太后，下至大臣，願先生悉以教寡人。無疑寡人也。」范睢再拜，秦王亦再拜。

※注釋

①伍子胥：名員，字子胥。春秋末期吳國大夫，軍事謀略家。②箕子：名胥餘，因封國於箕（今山西太谷縣東北），爵為子，故稱箕子。箕子是殷商貴族，性耿直，有才能，在紂朝內任太師輔朝政。③恩：煩擾，打擾。

※譯文

「臣還有什麼可憂慮的呢？伍子胥當年是躲藏在袋子裡逃出昭關，他晚上出行，白天躲藏，到了菱水，沒吃飯餓著肚子，雙膝跪地，雙手爬行，在吳市討飯度日，但終於幫助闔閭復興了吳國，使吳王闔閭建立了霸業。如果讓臣像伍子胥一樣能呈獻計謀，即使遭到囚禁，終生不再出獄，只要能實現臣的計謀，臣還有什麼可憂慮的呢？當初殷商的箕子、楚國的接輿，漆身為癩，披髮為狂，卻終究無益於殷、楚。如果使臣與箕子、接輿有同樣的遭遇，也漆身為癩，只要有益於聖明的君王，這就是臣最大的光榮，臣又有什麼可感到恥辱的呢？臣所擔心的是，臣死了以後，人們見到臣這樣盡忠於大王，終究還是身死，因此人們都閉口不言，裹足不前，不願意到秦國來。大王對上畏懼太后的威嚴，對下又迷惑於大臣的狡詐，住在深宮之中，不離保傅之手，終身迷惑糊塗，不能了解壞人壞事。這樣，大而言之，則使得國家遭受滅亡之禍，小而言之，則使得自己處於孤立的危境。這是臣所擔心害怕的。至於窮困、受辱這樣的事，身死、流浪這樣的不幸，並不是臣所害怕的。如果臣死了，秦國卻治理得很好，這比臣活著要好得多。」

秦王跪著說：「先生怎麼說出這樣的話呢？秦國是個偏僻邊遠的國家，寡人又是個沒有才能的愚人，先生能到敝國來，這是上天讓寡人來請教先生，使得先王留下的功業不至於中斷。寡人能接受先生的教導，這是上天要先生扶助先王，不拋棄寡人。先生怎麼說出這樣的話呢？今後事無大小，上至太后，下及大臣，所有一切，都希望先生給予教導，千萬不要對寡人的決心有懷疑。」范雎於是再次拜謝，秦王也再次回拜。

※原文

范雎曰：「大王之國，北有甘泉、谷口，南帶涇、渭，右隴、蜀，左關、阪，戰車千乘，奮擊百萬。以秦卒之勇，車騎之多，以當諸侯，譬若馳韓盧而逐蹇兔也，霸王之業可致。今反閉而不敢窺兵於山東者，是穰侯為國謀不忠，而大王之計有所失也。」

王曰：「願聞所失計。」雎曰：「大王越韓、魏而攻強齊，非計也。少出師，則不足以傷齊；多之則害於秦。臣意王之計，欲少出師而悉韓、魏之兵，則不義矣。今見與國之不可親，越人之國而攻，可乎？疏於計矣！昔者，齊人伐楚，戰勝，破軍殺將，再辟千里，膚寸之地無得者，豈齊不欲地哉？形弗能有也。諸侯見齊之罷露[1]，君臣之不親，舉兵而伐之，主辱軍破，為天下笑。所以然者，以其伐楚而肥韓、魏也。此所謂藉賊兵而齎[2]盜食者也。」

「王不如遠交而近攻，得寸則王之寸，得尺亦王之尺也。今舍此而遠攻，不亦繆乎？且昔者，中山之地方五百里，趙獨擅之，功成、名立、利附，則天下莫能害。今韓、魏，中國之處，而天下之樞也。王若欲霸，必親中國而以為天下樞，以威楚、趙。趙強則楚附，楚強則趙附。楚、趙附則齊必懼，懼必卑辭重幣以事秦。齊附，而韓、魏可虛也。」

※注釋

①罷露：人力物力遭到很大的消耗。②齎：把東西送給別人。

※譯文

范睢說：「大王的國家，北方有甘泉、谷口，南繞涇水、渭水，西面有隴中、蜀地，東面有函谷關、崤山，擁有戰車千輛、精兵百萬。憑著秦國有這麼勇敢的士兵，這麼多的車輛馬匹，來抵擋諸侯國，就像讓良犬追逐跛兔，輕而易舉就能夠造就霸王的功業。現在您卻閉門鎖國，沒有指揮兵卒窺視崤山以東的勇氣，這是穰侯為秦國謀劃不忠誠，從而導致了大王的失策啊！」

秦王說：「希望先生能說說失策在哪裡。」范睢說：「大王越過韓、魏的國土去進攻強大的齊國，這不是好計策。派出的軍隊少了，就不足以挫傷齊國；派出的軍隊多了，就會對秦國有害。臣來為大王考慮這個計謀，如果秦國少派兵力，而讓韓、魏派出全部的兵力，這樣做就顯得不夠道義。現在顯而易見的是，盟國之間不可以親近，卻越過他們的國土去進攻別的國家，這樣做合適嗎？很顯然是謀劃得過於粗糙了！過去，齊國進攻楚國，並戰勝了楚國，攻破了楚國的軍隊，擒殺了它的將帥，兩次把疆域拓展到千里之遠，但最後哪怕連一寸土地也沒得到，這難道是齊國不想得到土地嗎？是因為當時的形勢使它無法擁有。諸侯見齊國軍隊疲憊不堪，君臣之間不和睦相處，就發兵來攻打它，於是國君遭到侮辱，軍隊也被攻破，遭到天下人的恥笑。之所以得到這樣的下場，就是因為齊國攻打楚國卻使韓、魏兩國獲得土地從而變得強大起來。這不就是把兵器借給強盜，把糧食資助給敵人啊！」

「大王不如聯合距離遠的國家來進攻較近的國家，得到一寸土地就是大王的一寸土地，得到一尺土地就是大王的一尺土地。現在放棄距離近的國家來攻打遠方的國家，這難道是對的嗎？在過去，中山國的土地，方圓有五百里，趙國單獨把它吞併了，功業也成就了，聲名也樹立了，利益也得到了，而且也沒有任何國家能損害到趙國。如今，韓、魏的形勢地處各諸侯國的中央，是各國的交通樞紐。大王如果想要成就霸業，一定先要親近地處中部的國家，而用它做通往各國的交通樞紐，從而來威脅楚國和趙國。趙國強大了，那麼楚就要依附秦國；楚國強大了，那麼趙國就要依附秦國。楚、趙兩國有一國來依附秦國，齊國都必然會感到恐慌；齊國恐慌肯定會言辭謙卑，用厚重的財物來侍奉秦國。如果齊國歸附，那麼韓、魏兩國就有機可乘了。」

※原文

王曰：「寡人欲親魏。魏，多變之國也，寡人不能親。請問親魏奈何？」范睢曰：「卑辭重幣[①]以事之。不可，削地而賂之。不可，舉兵而伐之。」

於是舉兵而攻邢丘，邢丘拔[②]而魏請附[③]。曰：「秦、韓之地形，相錯如繡。秦之有韓，若木之有蠹，人之病心腹。天下有變，為秦害者莫大於韓。王不如收韓。」王曰：「寡人欲收韓，不聽，為之奈何？」范睢曰：「舉兵而攻滎陽，則成皋之路不通；北斬太行之道，則上黨之兵不下；一舉而攻滎陽，則其國斷而為三。魏、韓見必亡，焉得不聽？韓聽而霸事可成也。」

王曰：「善。」

※注釋

①卑辭重幣：謙卑的言辭和豐厚的財物。②拔：攻取。③附：歸附。

※譯文

秦王說：「寡人想親近魏國，但魏國的態度經常變化不定，寡人無法親近它。請問怎麼辦才能親近魏國呢？」范雎說：「用謙卑的言辭、厚重的財物侍奉它。如果這樣不行的話，就割讓土地來賄賂它。如果這樣還不行，就發兵進攻它。」

於是秦國就發兵攻打魏國的邢丘，攻陷邢丘之後，魏國果然請求歸附。范雎說：「秦、韓兩國的地形，相交縱如錦繡般。秦國的旁邊有韓國，就像樹木生了蠹蟲，人的心腹裡有疾病一樣。天下如果有變化，能夠危害秦國的，沒有比韓國更大的了。大王不如使韓國歸附於秦國。」秦王說：「寡人想要讓韓國來歸附，如果韓國不聽從，這該怎麼辦呢？」范雎說：「起兵攻打滎陽，那麼成皋的道路就不通了；北部截斷太行的道路，那麼上黨的兵也就不能南下了；一舉攻取滎陽，那麼韓國就會被分成孤立的三塊。韓國看到國家都要滅亡了，怎麼還會不聽從呢？韓國一順從，那麼霸業就可以成功了。」

秦王說：「很好！」

※讀解

范睢是繼張儀之後主張連橫的謀士，他以曠世奇才曾經侍奉過魏國大夫須賈，被魏國相國魏齊所羞辱，被拋棄到茅廁中，受到人們的便溺。後來被鄭安平救回，在秦國使者王稽的引薦下來到秦國，為秦昭襄王提出了著名的「遠交近攻」的外交策略，使秦國在對外策略上有了明確的目標和手段。後來秦國在三代帝王的努力不懈下，逐步滅掉崤山以東的六國，統一天下。

雖然范睢在和秦昭襄王的談話中，明確提出遠交近攻的對外策略，但遠交近攻並不是范睢獨創。早在春秋時期，諸侯之間就為了稱霸而互相攻打討伐。在這個過程中，各種鬥爭策略逐漸積累豐富和發展成熟，這在史書中有大量的記載。到了戰國時期，蘇秦最初宣導連橫，向秦王進獻連橫策略，但由於所處的時期稍微早了一些，沒有得到秦王的採納，後來蘇秦就轉而主張合縱。蘇秦的同學張儀與之一起就學於鬼谷子，張儀主張的就是連橫。但這個時期，連橫依然不是最有利的時機，所以秦國的對外策略還是不明確。到了范睢所處的時期，他就獨得天時，在前人的基礎上明確提出了遠交近攻的對外策略，並得到秦王的採納和有效的實行，使他為秦國統一天下，也為中國歷史的發展立下了彪炳史冊的功績。

在本篇中，范睢初見秦王，向秦王分析了秦國的優勢，明確提出了遠交近攻的外交策略，「王不如遠交而近攻，得寸則王之寸，得尺亦王之尺也」，這在戰略上和實踐的結果來看都是正確的。在錯綜複雜的戰國關係中，范睢為秦王指明了方向，為秦國統一天下奠定了基本的方略。

范睢的成功，正是天時、地利、人和的結果，世界上的大事莫不是如此。天時地利自不必說，這兩點是可遇不可求的，而人和這一點卻是人們可以透過主觀的努力達到的。首先要磨煉自己本身的才能，讓自己能夠被國家、被世界所用。范雎的成長是奠定在前人的基礎上，所以他的遊說本領高於前人，無論是在和秦王建立君臣關係上，還是自己的遊說策略、所站的立場以及個人的口才上，都比蘇秦和張儀等人高明。蘇秦和張儀兩人與帝王建立的是純屬君臣之間的關係，而范雎卻當起秦王的老師，利用自己的三寸不爛之舌和過人的智慧，讓秦王對自己的策略言聽計從，這是蘇秦和張儀達不到的境界。

天下之士

※原文

天下之士，合從相聚於趙而欲攻秦。秦相應侯曰：「王勿憂也，請令廢之。秦於天下之士非有怨也，相聚而攻秦者，以己欲富貴耳。王見大王之狗，臥者臥，起者起，行者行，止者止，毋相與鬥者；投之一骨，輕起相牙[1]者，何則？有爭意也。」

於是唐雎載音樂[2]，予之五千金，居武安，高會相與飲，謂：「邯鄲人誰來取者？」於是其謀者固未可得予也，其可得與者，與之昆弟矣。

「公與秦計功者，不問金之所之，金盡者功多矣。今令人覆載五千金隨公。」唐雎行，行至武安，散不能三千金，天下之士，大相與鬥矣。

※注釋

①牙：名詞作動詞用，撕咬。②音樂：樂工樂器。

※譯文

天下的策士都聚集在趙國商討合縱的事情，想要聯合六國攻打秦國。秦國的相國——應侯范雎對秦王說：「大王您不必為此事憂慮，請讓臣來廢除他們的合縱盟約。秦國對於天下的策士並不是有怨恨，他們之所以聚在一起謀劃攻打秦國的事情，是因為他們自己想藉此得到富貴罷了。請大王看看您養的狗，現在睡著的都好好地睡著，站著的都好好地站著，走著的都好好地走著，停著的都好好地停著，互相沒有任何爭鬥。可是只要丟給牠們一塊骨頭，所有的狗都會馬上衝上去，互相撕咬爭奪。這是為什麼呢？因為所有的狗都起了爭奪的意念。」

於是范雎就派秦臣唐雎用車載著樂工樂器，又讓他帶了五千兩黃金，在趙國的武安大擺宴席，並且對外宣布：「邯鄲人誰願意來拿黃金呢？」就這樣，那些人當中領頭的固然沒有來拿黃金，但那些已得到黃金的人，已經和秦國人就像親兄弟一樣親密了。

應侯又告訴唐雎說：「你為秦國立下功勞，不用管黃金究竟給了哪些人，只要你把黃金都送人就完成任務了，現在再派人載五千金給你。」於是唐雎又用車拉著大量的黃金出發，再度來到武安，結果還沒分完三千金，那些商討合縱的天下謀士就互相爭奪打鬥起來了。

※讀解

遠交近攻的策略本質上就是成就連橫分散合縱。連橫和散縱相輔相成，互相補充。范睢的主張被秦王採納之後，他就被封為應侯，開始執行遠交近攻的策略。他實行連橫的同時，也在密切地觀察著各國的動向。當天下的士人聚集在趙國商議攻打秦國的時候，他略施小計，就粉碎了這些仇視秦國士人的陰謀。

天下的士人聚集在趙國商議合縱聯盟的事情，從這可以看出，這些所謂的士人也在積極地參與國家的大事，也想透過自己的才華和努力來改變國家間的格局。貌似如此，但范睢了解這些士人的真正目的。所以他投其所好，用了幾千兩黃金就瓦解這些士人的合縱聯盟。讓我們看到金錢的巨大作用，也看到人性的醜陋。再看范睢的計策，可以說是一個出奇制勝的策略，但卻是他在洞悉人性本質的基礎上實行的，所以能夠收到奇效。

沒有金錢干預的時候，人們互相許諾，滿口的豪言壯語，個個如同踐諾如命的季布，一旦把金錢加進來，人們就露出真面目，什麼諾言、聯盟，都不如金錢來得實惠、有實際的意義。這就是人性中自私的一面。

蔡澤見逐於趙

※原文

蔡澤[①]見逐於趙，而入韓、魏，遇奪釜鬲於塗[②]。聞應侯任鄭安平、王稽，皆負重罪，應侯內慚。乃西入秦，將見昭王，使人宣言以感怒應侯，曰：「燕客蔡澤，天下駿雄弘辯之士也。彼一見秦王，秦王必相之而奪君位。」

應侯聞之，使人召蔡澤。蔡澤入，則揖應侯。應侯固不快，及見之，又倨。應侯因讓之曰：「子嘗宣言代我相秦，豈有此乎？」對曰：「然。」應侯曰：「請聞其說。」蔡澤曰：「籲！君何見之晚也。夫四時之序，成功者去。夫人生手足堅強，耳目聰明，而心聖知，豈非士之所願與？」應侯曰：「然。」

※注釋

①蔡澤：燕國人，戰國時期遊說之士。②釜：古代的蒸鍋。鬲：空足的鼎。塗：通「途」，在路上。

※譯文

蔡澤被趙國驅逐，逃亡到韓、魏，在路上又被人搶走炊具。他聽說秦國的相國應侯范睢任用鄭安平、王稽，但後來這兩個人都犯了大罪，因此范睢心裡慚愧。蔡澤就決定向西到秦國，去拜見秦昭襄王，但事先故意派人宣揚大話來激怒范睢，說：「燕國客卿蔡澤，是天下善於雄辯的豪傑之士。只要他一見到秦王，秦王必定任命他為相國，取代范睢的地位。」

范睢聽說之後，就派人召見蔡澤。蔡澤見到范睢，只是向他作了個揖。范睢見了很不高興，他和蔡澤說話的時候，蔡澤更是倨傲無禮，於是就責問他說：「你曾經宣揚，說你將取代我在秦國相國的職位，有沒有這回事呢？」蔡澤回答說：「有的。」范睢說：「請你說說這其中的道理？」蔡澤說：「唉！您為什麼這樣見識遲鈍呢！按照四時的順序，一個季節結束了就會像功成身退一樣讓位給後面的季節。一個人活在這個世界上，四肢都很強壯，聽覺靈敏，眼睛明亮，頭腦聖智，這不是每個人都期望得到的嗎？」范睢說：「是的。」

※原文

蔡澤曰：「昔者，齊桓公九合諸侯，一匡天下，至葵丘之會，有驕矜之色，畔者九國。吳王夫差無敵於天下，輕諸侯，凌齊、晉，遂以殺身亡國。夏育、太史啟叱呼駭三軍，然而身死於庸夫。此皆乘至盛不及道理也。」

「夫商君為孝公平權衡、正度量、調輕重，決裂阡陌，教民耕戰，是以兵動而地廣，兵休而國富，故秦無敵於天下，立威諸侯。功已成，遂以車裂。楚地持戟百萬，白起率數萬之師，以與楚戰，一戰舉鄢郢①，再戰燒夷陵，南並蜀、漢，又越韓、魏攻強趙，北坑馬服，誅屠四十餘萬之眾，流血成川，沸聲若雷，使秦業帝。自是之後，趙、楚懾服，不敢攻秦者，白起之勢也。身所服者，七十餘城。功已成矣，賜死於杜郵。吳起為楚悼罷無能，廢無用，損不急之官，塞私門之請，壹楚國之俗，南攻楊越，北並陳、蔡，破橫散從，使馳說之士無所開其口。功已成矣，卒支解。大夫種為越王墾草②創邑，辟地殖穀，率四方士，上下之力，以禽勁吳，成霸功。勾踐終棓而殺之。此四子者，成功而不去，禍至於此。此所謂信③而不能詘④，往而不能反者也。范蠡知之，超然避世，長為陶朱。」

※注釋

①鄢郢：鄢，今湖北宜城東南十五里。郢，楚國的都城，今湖北江陵北十里。②墾草：開墾荒地。③信：通「伸」。④詘：屈曲。

※譯文

蔡澤說：「過去，齊桓公九次會合諸侯，矯正不良風氣，使得天下煥然一新，到了葵丘之會的時候，桓公就開始有驕縱的情形，先後有九個國家背叛了他。吳王夫差自認為天下無敵，因此就輕視諸侯，欺凌齊、晉兩國，到後來國破身殺。夏育、太史啟，他們曾經一聲叱吒能使三軍震撼，然而他們本人卻死於一般人的手中。這都是仗恃威權而不深思事物道理的緣故。」

「商鞅為秦孝公主持變法，他統一度量衡，廢除井田制度、重新劃分土地，教導百姓努力耕種以備作戰，這樣一來，軍隊一出發就能夠拓展國家的疆域，軍隊凱旋就使國家更加富強，所以秦國的軍隊能夠天下無敵，在諸侯之間樹立了國威。可是等到變法成功之後，商鞅竟慘遭五馬分屍的刑罰。而當時的楚國擁有雄兵百萬，然而秦將白起只是率領為數幾萬的秦國軍隊，一次作戰就攻陷了楚國的鄢和郢，再戰焚燒了夷陵，往南吞併了蜀、漢，然後又越過韓、魏兩國的土地進攻強大的趙國，在北方屠殺馬服，誅殺了四十多萬名士兵，致使血流成河，哀號的聲音如同雷聲震天，為建立秦國的霸業立下了汗馬功勞。從此以後，趙、楚兩國被秦國的強大力量所懾服，再也不敢進攻秦國，這都是依靠白起軍隊的軍勢。白起所攻下的城池共有七十多座。他雖然為秦國立下了很大的戰功，但最終還是被秦王賜死在杜郵。吳起為楚悼王改革朝政，罷免無能的朝臣，撤銷虛設的國家機構，裁撤多餘的官吏，杜絕私人請客吃飯的風氣，改良楚國的社會風俗，往南攻打楊越，往北攻打陳、蔡，摧毀連橫政策，解散合縱盟約，使得前來遊說的人沒有開口說話的機會。他也成功了，但最後他本人卻死於楚國人的亂箭之中，然後又被分屍。越大夫文種，為越王勾踐開疆拓土，發展農業，率領四方軍隊和全國上下的人民，擊敗吳國，生擒吳王夫差，完成了越國霸王功業，可是最後被勾踐殺了。這四位賢臣，都是因為功成而不退，才為自己招來殺身之禍，這就是所謂『伸而不能屈，往而不能返』。只有范蠡深知明哲保身的道理，於是功成身退，遠離人間的是非之地，駕輕舟渡海遁世，隱姓埋名，一心經商，所以成為後來有名的陶朱公。」

※原文

「君獨不觀博者乎？或欲大投，或欲分功[①]。此皆君之所明知也。今君相秦，計不下衽席，謀不出廊廟，坐制諸侯，利施三川，以實宜陽，決羊腸之險，塞太行之口，又斬范、中行之途，棧道千里於蜀、漢，使天下皆畏秦。秦之欲得矣，君之功極矣。此亦秦之分功之時也！如是不退，則商君、白公、吳起、大夫種是也。君何不以此時歸相印，讓賢者授之，必有伯夷之廉；長為應侯，世世稱孤，而有喬、松之壽。孰與以禍終哉！此則君何居焉？」應侯曰：「善。」乃延入坐，為上客。

※注釋

①或欲大投，或欲分功：有的人想孤注一擲，有的人想和賭勝的人分錢。

※譯文

「難道您沒有見過賭博的人嗎？有時想孤注一擲，有時想和贏家分錢。相信閣下是最清楚的。如今閣下當了秦國相國，為了謀劃國家大事而終日忙碌，為了制定策略而不走出朝廷，坐在朝中控制諸侯，威儀施行於三川，藉以充實宜陽，打開羊腸之險，封閉太行要塞，切斷三晉的道路，修棧道千里通往蜀漢之地，使天下諸侯都畏懼秦國，秦王的欲望得到了滿足，您的功勛已無可復加，正是分功的時候，這個時候還不知及時隱退，就會走上商鞅、白起、吳起、文種的老路了。您何不現在交還相印，把相國的位子讓給別人，這樣既可博取伯夷一樣的美名，又可長享富貴，世代稱孤，更能和仙人王子喬、赤松子一樣長壽。這些和以後的遭受慘禍，是有天壤之別的啊！對於這個問題您又是怎麼看的呢？」范睢說：「您說得太好了。」於是請蔡澤入座，把他作為自己的上客。

※讀解

《道德經》說：「功成而弗居，是以不去。」蔡澤正是採用了這句話所蘊含的精義來勸說范睢要在適當的時候退去，不要居功，否則就會引來殺身之禍。

蔡澤被趙國驅逐，在落魄失意時，他得知范睢由於任用鄭安平、王稽而出差錯，感到害怕和憂慮。於是他就藉著這件事情來見范睢，向他提出一個在往後的歷史發展過程中，屢次被功臣從正面和反面反覆證明的命題。

應侯范睢為秦國統一六國立下非常大的功勞，因此范睢的仕途和人生正處在頂峰。但從古代樸素的辯證觀點來看，盛極而衰是事物發展的必然趨勢，樂極就會生悲。蔡澤深明這其中的道理，就決定用這個道理啟發范睢，藉此來為自己尋找謀生發達的機會。

蔡澤求見范睢的方法很獨特。他先揚言可取代范睢，也只有這樣，才能使位居高位的應侯來接見一個失意落魄的人吧！事實證明他的方法是有效的。范睢接見了這個口出狂言的人。而蔡澤的狂言是他立論的基礎，也是勸說應侯想要達到的目的。

見到范睢之後，他先向范睢說到人們共同擁有的理想，「人生手足堅強，耳目聰明聖知」，這是人之常情，所以得到范雎的認可。這也為他後面的論說奠定了基礎。接下來，蔡澤列舉了齊桓公、吳王夫差、夏育、太史啟的事例，說明人們在人生仕途達到鼎盛的時候就容易仗恃威權，而不深思事物的道理。然後，又列舉了商鞅、白起、吳起、文種四個人的事例，進一步說明功成而不退，就會為自己招來殺身之禍的道理，指出這就是所謂的「伸而不能屈，往而不能返」。而且還列舉了一個正面的例子，就是范蠡深知明哲保身的道理，功成身退，遠離人間的是非之地，後來隱姓埋名，一心經商，成為富有的陶朱公，得到了善終。這樣就從反面和正面兩個角度來證明了人想要「人生手足堅強，耳目聰明聖知」，達到善終，就要懂得事物矛盾轉化的道理，在人生的頂峰時期，要想到可能一落千丈；在人生最得意的時候，可能引來殺身之禍。以此勸說應侯該退隱的時候就要退隱。

後來應侯聽從蔡澤的勸說，把他舉薦給秦王，因此蔡澤得以代替范雎做了秦國的相國，蔡澤出任相國沒幾個月，就有人誹謗他，由於恐怕招來殺身之禍，就稱病辭官，被封為剛成君。他在秦國十多年，侍奉秦昭襄王、秦孝文王、秦莊襄王，最後為秦始皇朝臣，還曾經出使燕國，三年之後讓燕太子丹到秦國做質子。

秦昭王謂左右

※原文

秦昭王謂左右曰：「今日韓、魏，孰與始強？」對曰：「弗如也。」王曰：「今之如耳、魏齊，孰與孟嘗、芒卯之賢？」對曰：「弗如也。」王曰：「以孟嘗、芒卯之賢，帥強韓、魏之兵以伐秦，猶無奈寡人何也！今以無能之如耳、魏齊，帥弱韓、魏以攻秦，其無奈寡人何，亦明矣！」左右皆曰：「甚然。」

中期推琴對曰：「王之料天下過矣。昔者六晉[1]之時，智氏最強，滅破范、中行，帥韓、魏以圍趙襄子於晉陽。決晉水以灌晉陽，城不沉者三板耳。智伯出行水，韓康子禦，魏桓子驂乘。智伯曰：『始，吾不知水之可亡人之國也，乃今知之。汾水利以灌安邑，絳水利以灌平陽。』魏桓子肘韓康子，康子履魏桓子，躡其踵。肘足接於車上，而智氏分矣。身死國亡，為天下笑。今秦之強，不能過智伯；韓、魏雖弱，尚賢在晉陽之下也。此乃方其用肘足時也，願王之勿易也。」

※注釋

①六晉：指晉國的六個大臣韓氏、趙氏、魏氏、范氏、中行氏、智氏，後來韓氏、趙氏、魏氏三家分晉。

※譯文

秦昭襄王問左右的侍臣說：「你們看現在的韓、魏兩國和當年相比如何？」左右的侍臣回答說：「不如當年強大。」秦昭襄王又問：「現在的韓國大臣如耳、魏國大臣魏齊，與當年的田文、芒卯相比誰更賢能呢？」左右的侍臣說：「不如田文、芒卯賢能。」秦昭襄王說：「當年，田文與芒卯率領強大的韓魏聯軍前來攻打秦國，依然無法對寡人怎麼樣。如今換了沒有什麼才能的如耳、魏齊做了統帥，率領疲弱的韓、魏兩國軍隊來進攻秦國，他們更不能奈何寡人了！」左右的侍臣都說：「大王說得非常對。」

這時有個叫中期的大臣推開面前的琴，回答說：「大王對各國的情況預料錯了。過去晉國擁有六個卿相的時候，其中智氏最為強大，後來智氏滅掉了范氏、中行氏，並且率領韓、魏聯軍，把趙襄子圍困在了晉陽。決開晉水來淹晉陽，只差三塊木板的高度就要把全城淹沒。當智伯坐戰車出去巡視水勢時，韓康子為他駕著馬車，魏桓子陪他坐在馬車上。這時智伯說：『當初我不知道水可以滅掉他人的國家，現在我知道了。汾水便於淹魏都安邑，而絳水便於淹韓都平陽。』於是，魏桓子就用肘碰了碰韓康子，韓康子用腳踩了踩魏桓子，踢了踢他的腳跟。他們在車上碰肘、踢腳的工夫，就決定了智伯國家的分裂命運。後來智伯身死國亡，被天下人恥笑。現在秦國的強大還沒有超過智伯，韓、魏兩國即使衰弱，卻也仍然勝過趙襄子被圍困在晉陽的時候。所以現在就是韓、魏碰肘踢腳的時候，但願君王不要輕易忽視。」

※讀解

秦昭襄王和左右大臣的對話顯示出他已經開始有了驕傲自負的想法，但左右的大臣都附和他，沒有人為他指出驕傲自負的害處。秦昭襄王是從韓國和魏國與當年對比，獲得自己的國家已經很強大的結論。但有一個名叫中期的大臣察覺出秦昭襄王的思想變化，和大臣們的附和態度，於是就推開面前的琴，向秦昭襄王提出了忠言。

中期列舉了一個事例，說明了秦昭襄王驕傲自負可能帶來的重大危害。他列舉出韓國、趙國和魏國三家分晉的事例，指出晉國之所以被三個國家瓜分，根源就在於智氏的驕傲自負，使自己遭到了身死國亡的下場。智氏是極端愚蠢和自負的，他居然當著敵人的面說出自己攻打敵人的策略，相當驕狂。

人們取得一點成績是很平常的事情，但如果因此就忘乎所以，那他肯定不會再有大的發展，而災禍也就在不遠的地方等著他了。所以說，無論什麼時候人都要有自知之明，有了自知之明才會清楚自己所做的事情是不值得到處宣揚的，有了這樣的認識，他也就會不滿足現狀，繼續努力，做出更大的成績。

秦王欲見頓弱

※原文

秦王[1]欲見頓弱[2]，頓弱曰：「臣之義不參拜，王能使臣無拜，即可矣。不，即不見也。」秦王許之。於是頓子曰：「天下有有其實而無其名者，有無其實而有其名者，有無其名又無其實者。王知之乎？」王曰：「弗知。」頓子曰：「有其實而無其名者，商人是也。無把銚推耨[3]之勢，而有積粟之實，此有其實而無其名者也。無其實而有其名者，農夫是也。解凍而耕，暴背而耨，無積粟之實，此無其實而有其名者也。無其名又無其實者，王乃是也。已立為萬乘，無孝之名；以千里養，無孝之實。」秦王悖然而怒。

※注釋

①秦王：即秦始皇嬴政。②頓弱：秦國遊說之士。③銚：古代的鋤。耨：古代鋤草的工具。

※譯文

秦王想要召見頓弱，頓弱說：「臣認為君臣的大義，是臣子不用對君王行參拜禮。如果大王能允許臣不行參拜禮，臣就去見大王；否則的話，臣就不見大王。」秦王答應了他的要求。就這樣頓弱進入宮中，見了秦王說：「天下有有實無名的人，有有名無實的人，還有無名無實的人，大王知道這些嗎？」秦王說：「不知道。」頓弱說：「有實無名的人，指的是商人，不用耕作的勞苦，卻有積蓄滿倉的糧食，這就是有實無名的人。有名無實的人，指的是農夫。他們冒著春寒耕地，頂著烈日耘田，卻沒有積蓄的糧食，這就是有名無實的人。無名無實的人，指的就是大王您，您身為萬乘之尊，卻沒有行孝之名；坐擁千里，卻無行孝之實。」秦王聽了勃然大怒。

※原文

頓弱曰：「山東[1]戰國有六，威不掩於山東，而掩於母，臣竊為大王不取也。」秦王曰：「山東之戰國可兼與？」頓子曰：「韓，天下之咽喉；魏，天下之胸腹。王資臣萬金而遊，聽之韓、魏，入其社稷之臣於秦，即韓、魏從。韓、魏從，而天下可圖也。」秦王曰：「寡人之國貧，恐不能給也。」頓子曰：「天下未嘗無事也，非從即橫也。橫成，則秦帝；從成，即楚王。秦帝，即以天下恭養；楚王，即王雖有萬金，弗得私也。」秦王曰：「善。」乃資萬金，使東游韓、魏，入其將相。北游於燕、趙，而殺李牧。齊王入朝，四國必從，頓子之說也。

※注釋

①山東：山，即崤山。崤山以東。

※譯文

頓弱說：「崤山以東有六個大國，大王的威權不能施加在它們之上，卻施加於自己母后身上，臣私底下認為，大王這樣做是不可取的。」秦王說：「你看寡人能吞併山東六國嗎？」頓弱說：「韓國扼住天下的咽喉，魏國處在天下的胸腹。大王如果願意給臣萬兩黃金去遊說的話，臣願向東到韓、魏兩個國家，使兩國的大臣聽命於秦國，從而使韓、魏兩個國家臣服，然後就可以圖天下。」秦王說：「寡人的國家貧窮，恐怕拿不出黃金萬兩來給你東遊韓、魏。」頓弱說：「天下現在並非平安無事，各國不是締結合縱的盟約，就是採取連橫的策略。如果連橫的策略能夠成功，那麼秦國就會稱王天下；如果合縱的盟約實現，那麼楚國就會稱王天下。秦王成為帝王，就能富有整個天下；如果楚王成為帝王，那麼大王即使擁有萬兩黃金，也無法獨自享有。」秦王說：「好。」於是就給了頓弱萬兩黃金，讓他到山東遊說韓、魏，籠絡兩國執政的大臣。向北遊說燕、趙兩國，施行反間計，除掉了趙國大將李牧。後來齊王入秦，燕、趙、魏、韓四國也都歸附了秦國，這都是頓弱遊說的結果啊！

※讀解

頓弱對戰國時期的國家力量對比是很清楚的，他指出「橫成，則秦帝；從成，即楚王」，這在當時是國家力量和國際關係發展的兩大趨勢。後來的歷史發展也證明這一論斷是正確的。

看到頓弱勸說秦王的言辭非常尖銳、直接，我們可能會為他的生命安全擔憂，會認為作為臣子膽敢這樣和君王說話，肯定會被君王一怒之下殺掉。但這種擔憂是不必的。因為在戰國時期的君臣關係，並不像中央集權等國家政權建立之後，所形成的君臣關係那樣森嚴。所以說頓弱在秦王要召見自己的時候，要求不對秦王行君臣之間的禮數，並且他還敢直接指出秦王的缺點，指責他不孝。這樣的勸說方法，比較能夠引起君王的注意。

頓弱的勸說，主要涉及兩個方面。一方面，他指出秦王不孝順他的母后，所以他希望秦王能夠孝順他的母后。另一方面，他為秦王分析了各個國家所處的地理位置和國家之間的力量對比，為他指出統一天下的戰略方針，並主動要求秦王能夠給他萬兩黃金，代表秦國出使六國，從而分散六國的合縱聯盟。

頓弱不辱使命，為秦國立下了非常大的功勞。西元前二二九年，秦國派大將王翦率領軍隊進攻趙國，趙國派大將李牧抵抗。由於李牧是趙國的著名將領，指揮趙國軍隊抵抗秦軍，所以秦國無法攻下趙國。戰場上無法取得勝利，於是秦國就使用反間計，除掉了大將李牧，也就除掉了秦國統一六國道路上的一大障礙，這從瓦解和分散六國合縱的角度來看，也起了非常大的作用。

頃襄王二十年

※原文

頃襄王二十年，秦白起拔楚西陵，或拔鄢、郢、夷陵，燒先王之墓。王徙東北，保於陳城。楚遂削弱，為秦所輕。於是白起又將兵來伐。

楚人有黃歇[①]者，遊學博聞，襄王以為辯，故使於秦。說昭王曰：「天下莫強於秦、楚，今聞大王欲伐楚，此猶兩虎相鬥而駑犬受其弊，不如善楚。臣請言其說。臣聞之：『物至而反，冬夏是也。致至而危，累棋是也。』今大國之地半天下，有二垂，此從生民以來，萬乘之地未嘗有也。先帝文王、武王，王之身，三世而不接地於齊，以絕從親[②]之要。今王三使盛橋守事於韓，成橋以北入燕。是王不用甲，不伸威，而出百里之地，王可謂能矣。王又舉甲兵而攻魏，杜大樑之門，舉河內，拔燕、酸棗、虛、桃人，楚、燕之兵雲翔不敢校，王之功亦多矣。王休甲息眾二年，然後復之，又取蒲、衍、首垣，以臨仁、平丘，小黃、濟陽嬰城[③]，而魏氏服矣。王又割濮、磨之北屬之燕，斷齊、秦之要，絕楚、魏之脊。天下五合、六聚而不敢救也，王之威亦憚矣。王若能持功守威，省攻伐之心而肥仁義之誠，使無復後患，三王不足四，五伯不足六也。」

※注釋

①黃歇：即春申君，姓黃名歇，出身於戰國晚期的楚國貴族。曾擔任楚國令尹，對外窮兵黷武，縱橫捭闔，對內輔國持權、廣招賓客。後受制於奸佞小人，慘死於亂刀之下。②從親：崤山以東的六國之間合縱聯盟。③嬰城：環城而守。

※譯文

頃襄王二十年，秦將白起攻下楚國的西陵，另外一支秦軍攻下鄢、郢、夷陵，放火焚燒楚國先王的陵墓，楚頃襄王被逼遷都到東北的陳城，來保存社稷。楚國從此日漸削弱，被秦國輕視。就在這個時候，白起又率領軍隊攻打楚國。

楚國有個名叫黃歇的人，到各地遊學，博學多聞，楚頃襄王認為他是辯才，因此派他出使秦國，去遊說秦王。黃歇到秦國後對秦昭襄王說：「天下諸侯實力，沒有比秦、楚兩國再強大的了，如今聽說大王想要攻打楚國，臣認為這樣無異於兩虎相爭，最終說不定會讓獵犬占了便宜，大王倒不如與楚國修好。請允許臣說明其中的緣由。臣聽說：『物極必反，正如冬夏相替；安極而危，好比堆疊棋子。』如今秦國擁有天下一半的土地，西北兩方都達到極邊遠的地方，有史以來，沒有哪個大國能和秦國比肩而立。從先帝孝文王、武王，到大王共歷三代，從未忘記開疆拓土以求與齊接壤共邊，從而切斷諸侯合縱抗秦的交通之道。大王多次派盛橋到韓國擔任監國要職，盛橋不負所託，併北燕之地入秦國，這樣大王不用勞師動眾，不費吹灰之力就可以拓地百里。大王再發兵攻魏，封鎖大梁城，占領河內，攻取南燕、酸棗、虛、桃人等地，楚、燕兩國軍隊只是在旁邊觀看，不敢和秦軍交鋒，大王之功也算不小了。這時候如果大王能休兵兩年，再出兵攻取蒲、衍、首垣，兵臨仁、平丘，那麼小黃、濟陽這些地方只有守城的份，魏氏俯首臣服。大王再割濮、磨以北的土地給燕國，那麼掌握齊、秦之間的通道，斬斷楚、魏之間的聯繫，這樣一來，崤山以東的各國即使合縱聯盟，也無法挽救它們滅亡的命運了。眼下大王威名正盛，如果能守住成業，停止攻伐而施行仁義，不僅免除後患，而且那三王就不愁變成四王，而五霸也不難變成六霸了。

※原文

「王若負人徒之眾，材兵甲之強，壹毀魏氏之威，而欲以力臣天下之主，臣恐有後患。《詩》云：『靡不有初，鮮克有終①。』《易》曰：『狐濡其尾。』此言始之易，終之難也。何以知其然也？智氏見伐趙之利，而不知榆次之禍也；吳見伐齊之便，而不知干隧之敗也。此二國者，非無大功也，設利於前，而易患於後也。吳之信越也，從而伐齊，既勝齊人於艾陵，還為越王禽於三江之浦。智氏信韓、魏，從而伐趙，攻晉陽之城，勝有日矣，韓、魏反之，殺智伯瑤於鑿臺之上，今王妒楚之不毀也，而忘毀楚之強韓魏也。臣為大王慮而不取。《詩》云：『大武遠宅不涉。』從此觀之，楚國，援也；鄰國，敵也。」

「《詩》云：『他人有心，予忖度之。躍躍毚兔，遇犬獲之。』今王中道而信韓、魏之善王也，此正吳信越也。臣聞，敵不可易，時不可失。臣恐韓、魏之卑辭慮患，而實欺大國也。此何也？王既無重世之德於韓、魏，而有累世之怨矣。韓、魏父子兄弟接踵而死於秦者，累世矣。本國殘，社稷壞，宗廟隳，刳腹折頤，首身分離，暴骨草澤，頭顱僵仆，相望於境；父子老弱系虜，相隨於路；鬼神狐祥無所食，百姓不聊生，族類離散，流亡為臣妾，滿海內矣。韓、魏之不亡，秦社稷之憂也。今王之攻楚，不亦失乎！且王攻楚之日，則惡出兵？王將藉路於仇讎之韓、魏乎？兵出之日而王憂其不反也，是王以兵資於仇讎之韓、魏。王若不藉路於仇讎之韓、魏，必攻隨陽、右壤。隨陽、右壤，此皆廣川大水，山林溪谷不食之地，王雖有之，不為得地。是王有毀楚之名，無得地之實也。」

※注釋

①靡不有初，鮮克有終：語出《詩經・大雅・蕩》，意思是說人們做事情大多都有一個很好的開頭，但很少能夠有個圓滿的結果。鮮：少。克：能夠。

※譯文

「反之，如果大王倚仗兵威，乘著擊敗魏國的餘銳威服天下諸侯，臣擔心秦國從此以後就會後患無窮。《詩經》說：『凡事都有一個很好的開始，卻少有圓滿的結局。』《易經》中也有類似的例子：『狐狸涉水過河，開始時小心翼翼，生怕弄溼了尾巴，可是由於多種原因，到達對岸時還是把尾巴弄溼了。』這些都說明了開始容易而結尾難的道理。憑什麼斷定事理必然如此呢？智伯只看到攻打趙國很有利，卻沒有注意到榆次之禍；吳王發現攻打齊國有利可圖，但沒料到有干隧之敗。這兩個國家都曾經戰功赫赫，只是由於貪圖眼前利益，最終不免滅國亡身。吳王相信越國，放心地全力攻齊，取得了艾陵大捷，勝利歸來卻被越王擒殺於三江之浦；智伯輕信韓、魏，與之合力攻趙，圍攻晉陽，不料大勝在即，韓、魏兩軍陣前倒戈殺智伯於鑿臺之上。如今大王念念不忘滅掉楚國，卻沒有注意到楚國的覆滅會增強魏國的實力。臣因而替大王深感憂慮。《詩經》中說：『有威望的大國，不必征戰，自能懷敵附遠。』由此可見，地處僻遠的楚國應當是秦國的盟友，鄰近之國才是肘腋之患。」

「《詩經》說：『別人有害我之心，我應時刻提防，再狡猾的兔子，也躲不過獵犬的追捕。』如今大王為韓、魏所惑而加以輕信，無異於吳王輕信越國，到頭來將後悔莫及。臣聽說：『敵人不可輕視，時機不容錯過。』臣認為韓、魏兩國是擔心亡國滅族才卑躬屈膝臣服於大王的，並非真心臣服，為什麼？積怨甚深，韓、魏兩國人民的父子兄弟，歷代死於秦人手中的不可勝數，國家殘破，宗廟坍塌，百姓被剖腹毀容，身首異處，暴屍於荒野，觸目可見，而父子老弱被擄掠押送的，相隨於路。鬼神無人供奉，而百姓無法生存，族人離散的、淪落為別人奴僕臣妾的，遍佈諸侯各國。韓、魏不亡，秦國則永難安枕無憂，此時大王卻全力攻楚，難道不是大大的失策嗎？何況大王出兵伐楚，將取道何處呢？大王不會向仇敵韓、魏借道吧？恐怕出兵之日，大王就開始擔憂能否再回秦國了。借道兩國，無異於大王把大批兵馬拱手贈予仇敵韓、魏。如果大王不向兩國借道，那只能攻打楚國的隨陽、右壤。而隨陽、右壤都是高山大河、森林溪谷，人煙稀少，大王即使占有這些地方，又有什麼用？徒有滅楚之名，而無得地之實。」

※原文

「且王攻楚之日，四國必悉起應王。秦、楚之構而不離，魏氏將出兵而攻留、方與、銍、胡陵、碭、蕭、相，故宋必盡。齊人南面，泗北必舉。此皆平原四達，膏腴之地[1]也，而王使之獨攻。王破楚以肥韓、魏於中國而勁齊，韓、魏之強足以校於秦矣。齊南以泗為境，東負海，北倚河，而無後患，天下之國，莫強於齊。齊、魏得地葆利，而詳事下吏，一年之後，為帝若未能，於以禁王之為帝有餘。夫以王壤土之博，人徒之眾，兵革之強，一舉眾而注地於楚，詘令韓、魏，歸帝重於齊，是王失計也。」

「臣為王慮，莫若善楚。秦、楚合而為一，臨以韓，韓必授首。王襟以山東之險，帶以河曲之利，韓必為關中之候。若是，王以十成鄭，梁氏寒心，許、鄢陵嬰城，上蔡、召陵不往來也。如此，而魏亦關內候矣。王一善楚，而關內二萬乘之主注地於齊，齊之右壤可拱手而取也。是王之地一注兩海，要絕天下也。是燕、趙無齊、楚，齊、楚無燕、趙也。然後危動燕、趙，持齊、楚，此四國者，不待痛而服矣。」

※注釋

①膏腴之地：肥沃的土地。

※譯文

「況且大王攻打楚國的時候，齊、趙、韓、魏四國勢必乘虛而入。秦國軍隊陷於對楚國的戰爭，無暇顧及，魏國必定攻取留、方與、銍、胡陵、碭、蕭、相等地，宋國故地盡屬於魏國。齊國南下攻取泗北之地，這裡地處中原交通便利，土地肥沃，而大王卻讓他獨自享用。大王出兵擊潰楚國，不料讓他人坐收漁人之利，使韓、魏擴張了國土，又增強了齊國實力。韓、魏兩國強大起來，就會與秦分庭抗禮。而齊國以泗水為西境，東臨大海，北靠黃河，再無後顧之憂，將成為諸侯中的最強者。齊、魏獲得土地保有利益，再加上官吏的悉心治理，一年之後雖然尚無能力稱帝，但有足夠的力量阻攔大王建號稱帝。以大王疆土之廣，民眾之多，兵革之強，出兵與楚國結怨，反倒讓韓、魏支持齊王稱帝，這是大王失策之處。」

「臣誠心為大王考慮，最好是和楚國言歸於好，和睦相處。秦楚一體，兵臨韓境，韓必俯首稱臣。大王據定崤山之險，據河曲之利，韓國必然成了替秦伺察天下諸侯動靜的吏屬。這時大王以十萬大兵進逼鄭地，魏國必然震恐，許和鄢陵兩城馬上會閉城自守，上蔡、召陵都不和魏國往來。這樣，魏國也就成為秦在東方的偵察官。大王一旦與楚國修好，韓、魏兩萬乘大國自會戮力攻齊，齊國右方的土地大王就唾手可得。這時秦之土地，自西海至東海，橫絕天下。燕、趙與齊、楚相互隔絕，然後加以脅迫，四國不待出兵攻打，便會臣服於秦。」

※讀解

秦國展開對六國的戰爭，秦國著名將領白起，攻占了楚國的部分領土之後，稍事休整，又率領軍隊前來攻打。楚國派出春申君到秦國去勸說秦王停止對楚國的戰爭。

春申君從秦國的實際利益出發，側重分析了秦國的地位和實力，為秦國指出了一條名利雙收的道路，從而想從客觀上來避免秦國對楚國的戰爭，實現秦國和楚國之間的友好交往。他在論說的過程中切實地為秦國的利益考慮，並列舉了史實加以佐證秦國發動對楚作戰的潛在危險，從正反兩方面來竭力阻止秦國的窮兵黷武。

或為六國說秦王

※原文

或[1]為六國說秦王[2]曰：「土廣不足以為安，人眾不足以為強。若土廣者安，人眾者強，則桀、紂之後將存。昔者，趙氏亦嘗強矣。曰趙強何若？舉左案齊，舉右案魏，厭案[3]萬乘之國二，由千乘之宋也。築剛平，衛無東野，芻牧薪采莫敢窺東門。當是時，衛危於累卵。天下之士相從謀曰：『吾將還其委質，而朝於邯鄲之君乎？』於是天下有稱伐邯鄲者，莫不令朝行。魏伐邯鄲，因退為逢澤之遇[4]，乘夏車，稱夏王，朝為天子，天下皆從。」

※注釋

①或：有人。②秦王：即秦昭襄王。③厭案：壓制。厭，通「壓」。④逢澤之遇：魏惠王主持的在魏國都城大梁附近的逢澤召開的會議。

※譯文

有人代表六國遊說秦王說：「國土遼闊不足以永保安定，人民眾多不足以逞強恃能。如果土地遼闊國家就能安定，人民眾多國家就能強盛的話，那麼夏桀、商紂的後代至今應該還存在。過去，趙氏也曾經強盛。要說趙國強大到什麼程度？它向東可以壓制齊國，向西可以控制魏國，控制這兩個萬乘大國，就如同控制千乘之國的宋國一樣。趙國人修建起剛平城，就使得衛國都城的東門幾乎沒有郊野，衛國人連放牧打柴的都不敢出東門。在那個時候，衛國如同累卵，岌岌可危。各國的士人在一起謀劃說：『我們怎甘心做邯鄲的質子，向趙國俯首稱臣？』就這樣，有人提議要攻打趙國的邯鄲，各國便群起響應，晚上才發出命令，第二天早上就開始行動。魏國出兵攻破邯鄲，在逢澤這個地方主持諸侯會盟，他乘坐夏車，自稱夏王，率領諸侯朝見周天子，各國諸侯都跟從。」

※原文

「齊太公聞之，舉兵伐魏，壤地兩分，國家大危。梁王身抱質執璧①，請為陳侯臣，天下乃釋梁。郢威王聞之，寢不寐，食不飽，帥天下百姓，以與申縛遇於泗水之上，而大敗申縛。趙人聞之，至枝桑，燕人聞之，至格道。格道不通，平際絕。齊戰敗不勝，謀則不得，使陳毛釋劍掫，委南聽罪，西說趙，北說燕，內喻其百姓，而天下乃齊釋。於是夫積薄而為厚，聚少而為多，以同言郢威王於側牖之間。臣豈以郢威王為政衰謀亂以至於此哉？郢為強，臨天下諸侯，故天下樂伐之也！」

※注釋

①抱質執璧：質，禮品。璧，中間有小孔的圓形玉器。

※譯文

「齊太公聽說這件事，出兵討伐魏國。魏國國土被分成兩半，國家處在滅亡的邊緣。魏惠王不得已，帶了禮物和玉璧，向齊太公請罪，表示願意俯首稱臣。各國諸侯這才放過魏國。楚威王聽聞這件事情，睡不好、吃不下，便率領天下的百姓，與齊將申縛大戰於泗水之上，結果大敗齊軍。趙人得知消息，乘機占領了枝桑，燕人聽到後，乘機占領了格道。格道不通了，就隔絕了齊國平際的道路。齊國想要作戰不能勝，想要另謀出路也不得，只好派陳毛為使者，命令軍隊放下武器，撤除警戒，南下向楚王請罪，還遊說西面的趙國和北面的燕國，並在國內安撫百姓，這樣天下諸侯才放過齊國。由此看來，積薄為厚，積少成多，天下各國共同商議如何討伐楚威王。我怎麼能認為這是因為楚威王政治衰敗、謀略失誤才造成這樣的結果呢？楚王恃能逞強，來威脅天下各國諸侯，因此天下就樂於討伐他啊！」

※讀解

戰國時期，七雄爭霸。經歷過一段時期的混戰攻伐，諸侯國之間的關係逐漸形成兩種趨勢。一種是秦國要統一六國，稱霸天下。另一種是崤山以東的六國聯合起來對抗秦國。而且後面這種趨勢是在前一種趨勢的基礎上應運而生的。與此相對應，在各國交往中也出現了連横和合縱兩種對立的策略主張。主張連横的人認為，國家要比其他國家突出，採取遠交近攻的策略攻打別的國家，逐步實現天下的統一。而主張合縱的人，他們的觀點就與此相反。他們不僅互相聯合結成同盟，而且居然有人到秦國去遊說秦王，勸說他放棄稱霸天下的想法，以此自保。

西元前二八八年，齊國和秦國並稱為帝。謀士蘇秦勸說齊閔王放棄帝王的稱號，來防止自己成為各個國家攻擊的對象。齊國放棄帝王稱號之後，本文中的說客去秦國勸說秦王也放棄帝王的稱號。

依據這個說客的觀點，一個國家不應該太過突出，如果一個國家稱王稱霸，那麼就會遭到其他國家的反對甚至仇恨，進而遭到國破人亡的命運。從此可以看出，這個說客是代表六國的利益前來勸說秦王的。他首先提出自己的觀點：「土廣不足以為安，人眾不足以為強。」然後進行假設論證，認為如果自己的觀點不成立的話，那麼桀、紂的後代就會將王位保持到現在，而事實上並不是這樣的。接著，他就在這個立論的基礎上進一步列舉了趙國曾經強盛一時，但後來遭到其他國家的反對和討伐。然後又列舉齊國和楚國也曾經意欲稱霸，最終還是遭到其他國家的反對。以此來勸說秦王放棄稱霸的想法。

謂秦王

※原文

謂秦王[①]曰：「臣竊惑王之輕齊易楚，而卑畜韓也。臣聞王兵勝而不驕，伯主約而不忿。勝而不驕，故能服世；約而不忿，故能從鄰。今王廣德魏、趙，而輕失齊，驕也；戰勝宜陽，不恤楚交，忿也。驕忿非伯主之業也。臣竊為大王慮之而不取也。」

「《詩》云：『靡不有初，鮮克有終。』故先王之所重者，唯始與終。何以知其然？昔智伯瑤[②]殘范、中行，圍逼晉陽，卒為三家笑；吳王夫差棲越於會稽，勝齊於艾陵，為黃池之遇，無禮於宋，遂與勾踐禽，死於干隧；梁君伐楚勝齊，制趙、韓之兵，驅十二諸侯以朝天子於孟津，後子死，身布冠而拘於秦。三者非無功也，能始而不能終也。」

※注釋

①秦王：即秦武王，秦惠王的兒子，名蕩。②智伯瑤：即知伯，春秋末期人，晉國六卿之一。西元前四五八年，滅范氏和中行氏，後被韓氏、趙氏、魏氏所滅。

※譯文

有人對秦武王說：「我私底下疑惑大王為什麼輕視齊國小看楚國，而且把韓國看得很卑下。我聽說王者的軍隊戰勝了但並不驕傲，霸主的軍隊戰敗了但並不憤恨。勝而不驕，所以能服眾；敗而不憤，所以能和其他各國和睦共處。現在大王對魏、趙兩國廣施恩德，但卻淡薄與齊國的交往，這可是驕傲的表現；在宜陽之戰中取得勝利，就疏遠了楚國，這是憤恨的表現。驕傲和憤恨讓您難以成就霸業，我私底下認為大王應當加以考慮，不該這樣做啊。」

「《詩經》上說：『人們做事情總是有個好的開頭，但很少有善始善終的。』因此先王特別注重的，就只有事情的開頭和結束。如何知道是這樣的呢？過去智伯滅掉范氏、中行氏，又圍攻晉陽，以求滅趙氏，結果為韓、趙、魏三家所滅；吳王夫差把越王勾踐圍困在會稽山上，又在艾陵之戰中大敗齊國，後來他在黃池主持諸侯會盟，對宋國無禮，最後卻被勾踐擒殺，死在干隧這個地方；魏惠王當年攻打楚國，戰勝齊國，打敗了韓、趙兩國的軍隊，還邀集十二家諸侯在孟津朝見天子，最後太子在馬陵之戰中死去，自己素衣布冠被秦國囚禁。這三人當初都有赫赫戰功，之所以後來會慘敗，是因為他們都能做到善始，但不能做到善終。」

※原文

「今王破宜陽，殘三川，而使天下之士不敢言，雍天下之國，徙兩周之疆，而世主不敢交陽侯之塞；取黃棘，而韓、楚之兵不敢進。王若能為此尾，則三王不足四，五伯不足六。王若不能為此尾，而有後患，則臣恐諸侯之君，河、濟之士，以王為吳、智之事也。」「《詩》云：『行百里者，半於九十。』此言末路之難。今大王皆有驕色，以臣之心觀之，天下之事，依世主之心，非楚受兵，必秦也。何以知其然也？秦人援魏以拒楚，楚人援韓以拒秦，四國之兵敵，而未能復戰也。齊、宋在繩墨之外以為權，故曰先得齊、宋者伐秦。秦先得齊、宋，則韓氏鑠①；韓氏鑠，則楚孤而受兵也。楚先得齊，則魏氏鑠；魏氏鑠，則秦孤而受兵矣。若隨此計而行之，則兩國者必為天下笑矣。」

※注釋

①鑠：削弱。

※譯文

「如今秦國攻破宜陽，占領三川，使得天下的策士都閉口不敢說話，隔絕諸侯間的聯繫，多次更改東、西二周的疆界，使各路諸侯不敢聚集策劃攻打秦國的事情；還攻取了黃棘，使韓、楚兩國的軍隊不敢西進。大王已經取得這麼大的成就，您如果能夠善始善終，稱霸天下的大業就指日而待了。但如果大王能夠善始但不能善終的話，就會後患無窮。臣擔心各國的諸侯，河、濟一帶的有識之士，就會讓大王走夫差和智伯的老路。」

「《詩經》上說：『走一百里路，即使走了九十里還只是完成了一半。』這句話說的是最後一段道路是十分難走的。如今大王常常有驕傲的情緒，以臣的觀點來看，現在的天下之事，根據各國諸侯的想法，不是聯合起來攻打楚國，就是聯合起來進攻秦國。如何知道是這樣的呢？秦國支援魏國抵抗楚國，楚國支援韓國抵抗秦國，四個國家的軍隊勢均力敵，正處在僵持不下的局面。而齊、宋兩國在這四個國家之外，就變得非常重要了，所以說秦、楚兩國誰先爭取到齊、宋兩國，誰就能取得最後的成功。秦國如果爭得齊、宋支援，就能遏制削弱韓國；韓國受到遏制，那麼楚國就孤立無援而遭到攻擊；如果楚國先得到齊國的援助，魏國就會衰敗，魏國衰敗之後，秦國就會陷入孤立境地，被動挨打。如果按照這條計策實行的話，那麼秦、楚兩國必然有一國將遭到滅國之辱而遭天下人恥笑。」

※讀解

戰國時期，孔孟之道還沒有成為主流。國家之間混戰不已，社會也沒有什麼統一的意識形態，人們的言論相當自由。君臣之間也沒有綱紀的約束，所以做臣子的都敢向國君直言不諱，這樣輕鬆自由的氛圍有助於人們討論更好的治國策略，使國家能夠得到更好的治理。

西元前三〇七年，秦國軍隊攻取了韓國的重鎮宜陽，使秦國完成了多年以來的戰略目標，所以秦武王非常高興。但這個時候，楚國派軍隊援助韓國，因此，秦國和楚國之間的關係變得非常緊張，這時候，有人來遊說秦武王，雖然取得戰爭的暫時勝利，但也不能高興得太早，更不能驕傲自負，而應該與楚國有良好的外交關係，防止別的國家找到機會，採取行動。

秦國之所以能夠滅掉六國，統一天下，很重要的一個原因就是，秦國吸納了大量優秀的人才，這些人才當中，不乏像張儀、范雎、蔡澤、頓弱、王翦等大量著名的賢能勇武之士，還有許多像本篇中的無名之輩，也為秦王提出見解獨到、富有說服力的意見，直接指出秦國政策上的得失，甚至也對秦王本人的性格和做法上的缺點，建議秦王加以改正。

濮陽人呂不韋賈於邯鄲

※原文

濮陽人呂不韋賈①於邯鄲，見秦質子②異人③，歸而謂父曰：「耕田之利幾倍？」曰：「十倍。」「珠玉之贏幾倍？」曰：「百倍。」「立國家之主贏幾倍？」曰：「無數。」曰：「今力田疾作，不得暖衣餘食；今建國立君，澤可以遺世。願往事之。」

秦子異人質於趙，處於聊城。故往說之曰：「子傒有承國之業，又有母在中。今子無母於中，外托於不可知之國，一日倍約，身為糞土。今子聽吾計事，求歸，可以有秦國。吾為子使秦，必來請子。」

※注釋

①賈：做買賣。②質子：做抵押的人質，多為諸侯王的兒子。③異人：秦孝文王的兒子，在趙國做質子，後來在呂不韋的幫助下繼承王位為莊襄王。

※譯文

濮陽人呂不韋在邯鄲做生意，見到了在趙國做質子的秦國公子異人。回到家裡，呂不韋對他的父親說：「耕田種莊稼能獲得幾倍的利益？」他父親回答說：「十倍。」呂不韋問：「珠寶生意能獲得幾倍的利益？」他父親回答說：「一百倍。」呂不韋問：「讓一個人做了國君能獲得幾倍的利益？」他父親回答說：「無數倍。」呂不韋說：「現在我即使努力地種田，勤奮地勞作，依然不能達到衣食無憂，而現在有一個機會來擁立國君，恩澤可以流傳到後世。我願意做這筆生意。」

秦國公子異人正在趙國做質子，居住在聊城裡。因此呂不韋前去遊說他，說：「公子傒有資格繼承王位，再加上他的母親也在宮中。但是現在公子沒有母親在宮中照應，自身又處於禍福難料的國家，一旦秦國背棄盟約，和趙國打起來的話，公子就如同糞土一樣了。如果公子按照我的計策行事，我就有辦法讓您回到秦國，還可以繼承秦國的王位。我為公子出使秦國，必定會回來接您回國。」

※原文

乃說秦王后弟陽泉君曰：「君之罪至死，君知之乎？君之門下無不居高尊位，太子門下無貴者。君之府藏珍珠寶玉，君之駿馬盈外廄，美女充後庭。王之春秋[①]高，一日山陵崩，太子用事，君危於累卵，而不壽於朝生。說有可以一切而使君富貴千萬歲，其寧於太山四維，必無危亡之患矣。」陽泉君避席，請聞其說。不韋曰：「王年高矣，王后無子，子傒有承國之業，士倉又輔之。王一日山陵崩，子傒立，士倉用事，王后之門，必生蓬蒿。子異人賢材也，棄在於趙，無母於內，引領西望，而願一得歸。王后誠請而立之，是子異人無國而有國，王后無子而有子也。」陽泉君曰：「然。」入說王后，王后乃請趙而歸之。

※注釋

①春秋：年齡。

※譯文

於是呂不韋到秦國，遊說秦王王后華陽夫人的弟弟陽泉君說：「您有死罪，您知道嗎？您門下的賓客無不位高勢尊，但太子門下沒有一個尊貴的人。而且您的府裡藏有珍珠寶玉，您的駿馬充滿了外面的馬廄，後宮裡有很多美女。現在大王的年事已經很高，有朝一日駕崩了，太子繼承王位執掌政權，您就危如累卵了，生死就在朝夕之間了。我這裡有一個計策，能夠使您保全富貴千萬年，穩定就如同太山的四根柱子，必定沒有危亡的憂患。」陽泉君聽了，離開座席，站起來請求聽聽呂不韋的計策。呂不韋說：「大王年事已高，王后沒有子嗣，子傒有資格繼承王位，他繼位後一定重用士倉。大王有朝一日駕崩了，子傒繼承王位，而士倉掌握實權，到那個時候，王后的門庭裡一定會長滿蓬蒿野草。公子異人是一個賢才，現在正在趙國做質子，沒有母親在宮中保護，翹首向西眺望自己的家鄉，非常想回到自己的國家。如果王后能夠請求大王把異人立為太子，這樣即使異人不該繼承王位的也能擁有國家，而華陽夫人本來沒有兒子也有了兒子可以依靠了。」陽泉君說：「你說得很有道理！」就進王宮說服王后，王后就請求秦王，要求趙國將公子異人遣返秦國。

※原文

趙未之遣①，不韋說趙曰：「子異人，秦之寵子也，無母於中，王后欲取而子之。使秦而欲屠趙，不顧一子以留計，是抱空質也。若使子異人歸而得立，趙厚送遣之。

是不敢倍德畔施，是自為德講。秦王老矣，一日晏駕，雖有子異人，不足以結秦。」趙乃遣之。

異人至，不韋使楚服而見。王后悅其狀，高其知，曰：「吾楚人也。」而自子之，乃變其名曰「楚」。王使子誦，子曰：「少棄捐在外，嘗無師傅所教學，不習於誦。」王罷之。乃留止。間曰：「陛下嘗軔車②於趙矣，趙之豪傑，得知名者不少。今大王反國，皆西面而望。大王無一介之使以存之，臣恐其皆有怨心。使邊境早閉晚開。」王以為然，奇其材。王后勸立之。王乃召相，令之曰：「寡人子莫若楚。」立以為太子。子楚立，以不韋為相，號曰文信侯，食藍田十二縣。王后為華陽太后，諸侯皆致秦邑。

※注釋

①未之遣：倒裝用法，正常語序應是「未遣之」。②軔車：停車。軔，阻止車輪滾動的木頭。

※譯文

但是趙國並不願意遣返異人，呂不韋遊說趙王說：「公子異人是秦王所寵愛的兒子，但沒有母親在宮裡照顧，現在華陽王后想要讓他做自己的兒子。如果秦國想要侵略趙國，是不會因為一個公子而耽誤國家的重大計策，這樣趙國就徒有一個人質了。但是趙國如果讓異人回國繼承王位，並以厚禮把他送回去。這樣一來，公子是不會忘記大王的大恩大德，這是以禮相待的做法。再說現在秦王已經年老，有朝一日駕崩了，趙國即使依然有異人做質子，也不足以和秦國結盟了。」於是趙王遣返異人回秦國。

公子異人回到秦國，呂不韋讓他穿著楚國的衣服去見華陽夫人。原是楚國人的華陽夫人見到他的穿戴十分高興，認為他很聰明，說：「我是楚國人。」於是華陽夫人認公子異人為自己的兒子，還將他的名字改為「楚」。秦王讓異人誦讀詩書。異人說：「兒臣從小生長在趙國，沒有師傅教導學習，不擅長誦讀詩書。」秦王也就作罷，讓他留宿在宮中。有一次，異人對秦王說：「陛下也曾羈留趙國，趙國有許多豪傑之士都知道陛下的大名。現在陛下回到秦國做了國君，他們都很想念您，但是陛下不曾派遣一個使臣去看望他們，兒臣擔心他們會心生怨恨。希望陛下將邊境城門早閉晚開，來確保邊境的安全。」秦王認為他說的話很有道理，驚奇於他的才能。華陽夫人趁機勸秦王將他立為太子。秦王於是招來丞相，下令說：「寡人的兒子當中沒有比楚更有才能的。」於是立異人做了太子。

公子楚繼承了秦國的王位以後，任用呂不韋做丞相，封他為文信侯，將藍田十二個縣分封給他。而王后改稱華陽太后，之後各個諸侯也都向秦奉送了土地。

※讀解

呂不韋的生意居然做到了「立國家之主」上，獲得了政治、經濟兩個方面最為長遠的利益，因此說他是歷史上最成功的商人也不為過。他所做的「立國家之主」的生意，是中國歷史上最大的一宗買賣，不但使他本人得到了終生的榮華富貴，也影響了戰國末期的歷史進程。

呂不韋有敏銳的商業眼光，當他看到秦國的質子異人在趙國的時候，他立刻察覺到這是一個非常好的商機。於是他回家和父親商量，比較了商人的幾個層次，認識到立國家之主是層次最高、獲利最多的生意。

他首先找到了質子異人，向他分析了他的處境：公子傒有資格繼承王位，並且有他的母親在宮中照應；而異人沒有母親在宮中照應，自身又處於禍福難料的國家，一旦秦國背棄盟約和趙國發生戰爭，異人雖然貴為公子，身價也將如同糞土一樣了。以此來徵得異人的同意。然後他來到秦國，找到秦王王后華陽夫人的弟弟陽泉君，半說服半恐嚇地使他乖乖為自己完成第二步的計畫，也就是求得王后的同意和幫助，讓王后勸說秦王透過外交手段讓趙國放異人回國。但趙國並不同意放人，這時候，還是靠著呂不韋的三寸不爛之舌，說服了趙王放人。為了討得王后歡心，呂不韋讓異人穿上了王后家鄉的衣服去拜見。利益加上感情，基本上事情就辦好了。為了贏得秦王的更多信任與好感，異人還結合自己的經歷主動提出了他對於邊境安全問題的看法，最終完成異人由質子到太子的轉變，雖然名稱上只差了一個字，但意義重大。它代表呂不韋終於完成了他這筆生意的成本投資。

這筆生意雖然做得可能比任何一筆都艱難，但它的收益也是任何一筆生意都無法比擬的。後來公子楚不僅當上了秦王，而且成為後來縱橫捭闔統一中國的秦始皇嬴政的父親。而呂不韋為自己留下了流芳百世的身後名。他當上秦國的丞相，被封為文信侯，對中國歷史的貢獻意義已經不同凡響了；他還組織門客，編寫了以他的姓氏命名的書籍《呂氏春秋》，為保存戰國時期的有關史料做出了偉大的貢獻。

文信侯欲攻趙

※原文

文信侯[1]欲攻趙，以廣河間，使剛成君蔡澤事燕三年，而燕太子質於秦。文信侯因請張唐相燕，欲與燕共伐趙，以廣河間之地。張唐辭曰：「燕者，必徑於趙，趙人得唐者，受百里之地。」文信侯去而不快。少庶子甘羅[2]曰：「君侯何不快甚也？」文信侯曰：「吾令剛成君蔡澤事燕，三年，而燕太子已入質矣。今吾請張卿相燕，而不肯行。」甘羅曰：「臣行之。」文信君叱去曰：「我自行之而不肯，汝安能行之也？」甘羅曰：「夫項槖[3]生七歲而為孔子師，今臣生十二歲於茲矣！君其試臣，奚以遽言叱也？」

※注釋

①文信侯：秦相呂不韋。②甘羅：戰國末期秦國下蔡（今屬潁上縣甘羅鄉）人。甘茂之孫，戰國時著名的少年英雄。③項槖：傳說中的神童。

※譯文

文信侯呂不韋想要進攻趙國，以擴大他在河間的封地，他派剛成君蔡澤侍奉燕國，經過三年時間的努力，燕太子丹來到秦國做質子。文信侯又請秦國的張唐到燕國做丞相，想聯合燕國進攻趙國，來擴大他在河間的封地。張唐推辭說：「到燕國去必定要經過趙國，而且趙國人正在懸賞捉拿我，抓住我的人會得到方圓百里的土地。」

文信侯讓他退下，心裡很不高興。少庶子甘羅說：「君侯您為了什麼事情這麼不高興？」文信侯說：「我讓剛成君蔡澤侍奉燕國，三年過去了，現在燕國的太子丹已經來到我朝做了質子。今天我請張唐到燕國去做丞相，他竟然不願意去。」甘羅說：「我能讓他去。」文信侯大聲呵斥說：「我親自開口了他都不願意去，你有什麼辦法能讓他去呢？」甘羅說：「過去項橐七歲的時候就能當孔子的老師，我今年都十二歲了，君侯為何不讓我試試，為何沒任何理由就呵斥我呢？」

※原文

甘羅見張唐曰：「卿之功，孰與武安君？」唐曰：「武安君戰勝攻取，不知其數；攻城墮邑，不知其數。臣之功不如武安君也。」甘羅曰：「卿明知功之不如武安君歟？」曰：「知之。」「應侯之用秦也，孰與文信侯專？」曰：「應侯不如文信侯專。」曰：「卿明知為不如文信侯專歟？」曰：「知之。」甘羅曰：「應侯欲伐趙，武安君難之，去咸陽七里，絞而殺之。今文信侯自請卿相燕，而卿不肯行，臣不知卿所死之處矣？」唐曰：「請因孺子而行！」令庫具車，廄具馬，府具幣，行有日矣。甘羅謂文信侯曰：「借臣車五乘，請為張唐先報趙。」見趙王，趙王郊迎。謂趙王曰：「聞燕太子丹之入秦與？」曰：「聞之。」「聞張唐之相燕與？」曰：「聞之。」「燕太子[1]入秦者，燕不欺秦也；張唐相燕者，秦不欺燕也。秦、燕不相欺，則伐趙，危矣！燕秦所以不相欺者，無異故，欲攻趙而廣河間也。今王齎臣五城以廣河間，請歸燕太子，與強趙攻弱燕。」趙王立割五城以廣河間，歸燕太子。趙攻燕，得上谷三十六縣，與秦什一[2]。

※注釋

①燕太子：戰國末燕王喜太子，名丹。秦滅韓前夕，在秦國做質子，因不受禮遇，怨而逃歸。秦滅韓、趙之後，丹於西元前二二七年派荊軻往秦，借獻督亢（今河北涿州、易縣、固安一帶）圖，交驗樊於期（逃亡在燕的秦將）首級的機會，伺機行刺秦王政。事敗後，秦急發兵攻燕，拔薊（今北京）。他率部走保遼東，被燕王喜斬首，奉獻秦國。②什一：十分之一。

※譯文

甘羅見到了張唐，說：「您認為您的功勞和武安君相比怎麼樣呢？」張唐說：「武安君戰無不勝，攻無不取，取得的勝利，不可勝數，攻下的城池不計其數。我的功勞不如武安君啊。」甘羅說：「您認為您的功勞不如武安君嗎？」張唐說：「確實如此。」「當年應侯范雎執掌秦國的政權，和如今的文信侯相比，哪一個權力更重呢？」張唐說：「應侯不如文信侯的權力重。」甘羅說：「您認為應侯不如文信侯的權力重嗎？」張唐說：「確實如此。」甘羅說：「當年應侯想要進攻趙國，但武安君阻攔他，結果應侯在離咸陽七里的地方，用絞刑殺死了武安君。現在文信侯親自請您去燕國做丞相，而您不願意去，我不知道您會死在哪裡？」張唐說：「請您跟文信侯說我張唐願意去燕國做丞相。」於是他讓人準備好車馬盤纏，擇日起程。甘羅又去對文信侯說：「請您為我準備好五輛車子，讓我先去趙國替張唐疏通關節。」於是甘羅就去見趙王，趙王聽說之後親自到郊外迎接他。甘羅對趙王說：「大王聽說燕國的太子丹到秦國做質子的事情了嗎？」趙王說：「聽說了。」甘羅問：「聽說過張唐要來燕國當丞相嗎？」趙王說：「聽說了。」「燕國的太子丹到秦國做了質子，說明燕國不敢背叛秦國；

張唐在燕國做丞相，秦國就不會欺辱燕國。秦、燕兩國不互相欺騙，目的就是為了攻打趙國，趙國已經危險了！秦燕兩國之所以不互相欺騙，沒有其他的原因，只是想要攻打趙國，從而擴大河間的地盤罷了。如今大王如果能送給我五座城池以擴大河間的地盤，就能讓秦國遣返燕國的太子丹，並聯合趙國一起攻打燕國。」趙王馬上就割讓五座城池來擴大河間的地盤，秦國也遣返太子丹回到燕國。趙國攻打燕國，得到上谷的三十六個縣，分給秦國十分之一的土地。

※讀解

俗話說得好，有志不在年高，自古英雄出少年，小甘羅年僅十二歲，就憑藉著聰明才智參與國家政治。他的故事讓人讀來耳目一新。他的智慧，讓我們不由得心生羨慕。十二歲所做的事情，恐怕我們成年人也做不來。

從他的故事我們可以看出，他對人性的理解，遠遠超過了大人對人性的理解。大凡人性當中，有兩個方面的取向。有時，人們表現出積極的態度，這時候就要用激勵的方式來勸說他做你想讓他做的事情。而成功說服他的手段，就是利誘，用實實在在的利益和名聲來促使他去做事情。有時，人們表現出消極的態度，這時候就要用恐嚇、威脅的方式，促使他去做事情。甘羅對傳統和歷史有很清楚的了解，他拿過去的人和事來類比，透過恐嚇的手段，促使張唐乖乖地答應到燕國去做丞相。

小甘羅對事情有全面的把握，他知道光是說服張唐去燕國做丞相還不能完成整件事情。他又主動請纓要求出使趙國，靠著自己的智慧和口才，不僅使秦國得到想要的城邑，擴大了河間的地盤，而且只是憑藉和風細雨的談話，就解決原本需要動用武力覆軍殺將血流成河才能完成的事情。由此可見，三寸不爛之舌更勝於千軍萬馬。

文信侯出走

※原文

文信侯出走，與司空馬之趙，趙以為守相。秦下甲而攻趙。司空馬說趙王曰：「文信侯相秦，臣事之，為尚書，習秦事，今大王使守小官，習趙事。請為大王設秦、趙之戰而親觀其孰勝。趙孰與秦大？」曰：「不如。」「民孰與之眾？」曰：「不如。」「金錢粟孰與之富？」曰：「弗如。」「國孰與之治？」曰：「不如。」「相孰與之賢？」曰：「不如。」「將孰與之武？」曰：「不如。」「律令孰與之明？」曰：「不如。」司空馬曰：「然則大王之國，百舉而無及秦者，大王之國亡。」趙王曰：「卿不遠趙，而悉教以國事，願於因計。」

司空馬曰：「大王裂趙之半以賂秦，秦不接刃而得趙之半，秦必悅。內惡趙之守，外恐諸侯之救，秦必受之。秦受地而卻兵，趙守半國以自存。秦銜賂以自強，山東必恐；亡趙自危，諸侯必懼。懼而相救，則從事可成。臣請大王約從。從事成，則是大王名亡趙之半，實得山東以敵秦，秦不足亡。」

趙王曰：「前日秦下甲攻趙，趙賂以河間十二縣，地削兵弱，卒不免秦患。今又割趙之半以強秦，力不能自存，因以亡矣。願卿之更計。」司空馬曰：「臣少為秦刀筆①，以官長而守小官，未嘗為兵首，請為大王悉趙兵以遇。」趙王不能將。司空馬曰：「臣效愚計，大王不用，是臣無以事大王，願自請。」

※注釋

①刀筆：主辦文書的官吏，又稱刀筆吏。

※譯文

文信侯呂不韋的相國職位被罷免了，和司空馬一起逃到趙國，趙王讓他做了代理相國。秦國調集軍隊正準備進攻趙國。司空馬遊說趙王說：「文信侯擔任秦國相國的時候，臣是侍奉他的下屬，做過尚書，因此熟悉秦國的情況。如今大王讓臣做代理小官，臣也熟悉趙國的情況，請大王假設一下秦趙兩國之間的戰爭，來看看哪個國家會取得勝利。依大王看來，趙國和秦國相比而言，哪一個國家強大？」趙王說：「趙國不如秦國強大。」司空馬說：「兩國的人口相比而言，哪一個國家的人口多？」趙王說：「趙國不如秦國的人口多。」司空馬說：「兩國的糧食錢幣相比而言，哪一個國家更富有？」趙王說：「趙國不如秦國富有。」「兩國相比，哪一個國家政治清明、社會安定？」「趙國不如秦國。」「兩國的宰相哪一個國家的賢明？」「趙國不如秦國。」「兩國的將軍哪一個國家的更勇武？」「趙國不如秦國。」「兩國相比，哪一個國家的政令更嚴明？」「趙國的政令不如秦國的政令嚴明。」司空馬說：「既然這樣的話，大王的國家在各個方面沒有能夠比得上秦國的，那麼大王的國家要滅亡了。」趙王說：「請先生不要遠離趙國而去，請教國家大事，願意聽從先生的計策。」

司空馬說：「如果大王用一半以上的國土來賄賂秦國，秦國兵不血刃就得到半個趙國，必然會非常高興。對內擔心趙國軍隊的死守，對外恐怕各個諸侯國前來救援趙國，秦王一定迫不及待接受割讓的土地。秦國得到土地，就會退兵，趙國雖然只剩下半壁江山，但還可以藉此自存。秦國得到賄賂的土地就會更加強大，山東各國肯定會非常恐慌；如果趙國滅亡就會使它們陷入危險的境地，它們一定會驚恐不安，從而出兵援救趙國，這樣一來合縱抗秦的事情就可以形成。臣請求為大王聯絡各路諸侯。如果聯絡成功的話，那麼大王雖然名義上失去了半壁江山，但是實質上卻得到山東各國的援助來共同抗擊秦國，秦國也不難被滅亡了。」

趙王說：「前日秦國派出軍隊進攻趙國，為了求得自保，已拿河間十二個縣賄賂秦國，國土減少，兵力削弱，最終也免不了秦國軍隊的患難。現在先生又建議割讓一半的國土，來使秦國變得更加強大，趙國更加無力自保，難免因此就會遭受亡國之災。先生還是再想想別的計策吧。」司空馬說：「臣年少時做過刀筆小吏，多年過去，仍是尚書小官，從來沒有做過將帥，臣請求帶領趙國的全部軍隊去抗擊秦國大軍。」趙王不肯讓司空馬做將帥。司空馬說：「臣只有區區愚計，大王不願意採用，這樣的話臣也沒什麼能夠奉獻大王的了，請允許臣離開趙國。」

※原文

司空馬去趙，渡平原。平原津令郭遺勞而問：「秦兵下趙，上客從趙來，趙事何如？」司空馬言其為趙王計而弗用，趙必亡。平原令曰：「以上客料之，趙何時亡？」司空馬曰：「趙將武安君，期年而亡；若殺武安君不過半年。趙王之臣有韓倉者，以曲合於趙王，其交甚親，其為人疾賢妒功臣。今國危亡，王必用其言，武安君必死。」

韓倉果惡之，王使人代。武安君至，使韓倉數①之，曰：「將軍戰勝，王觴②將軍。將軍為壽於前而捍匕首，當死。」武安君曰：「縪③病鉤，身大臂短，不能及地，起居不敬，恐獲死罪於前，故使工人為木材以接手。上若不信，請以出示。」出之袖中，以示韓倉，狀如振捆，纏之以布。「願公入明之。」韓倉曰：「受命於王，賜將軍死，不赦。臣不敢言。」武安君北面再拜賜死，縮劍將自誅，乃曰：「人臣不得自殺宮中。」過司空馬門，趣甚疾，出門也。右舉劍將自誅，臂短，不能及，銜劍徵之於柱以自刺。武安君死。五月趙亡。

平原令見諸公，必為言之曰：「嗟乎，司空馬！」又以為司空馬逐於秦，非不知也；去趙，非不肖也。趙去司空馬而國亡。國亡者，非無賢人，不能用也。

※注釋

①數：責備，列舉罪狀。②觴：向人敬酒。③縪：病名，臂短屈不能伸。

※譯文

司空馬離開趙國，從平原津渡過。平源津的長官郭遺得到消息，就熱情地接待他，並向他問道：「聽說秦國的軍隊正在進攻趙國，您從趙國來，請問戰況如何？」司空馬對郭遺講述一遍他為趙王出謀劃策，但又不被趙王採納的經過，並預料趙國必定要走向滅亡。郭遺說：「那麼依照您的預估，趙國什麼時候會滅亡？」司空馬說：「趙王如果能夠堅持讓武安君李牧做將帥的話，趙國就能支持一年的時間；如果趙王殺掉了武安君，那麼趙國不到半年就要滅亡。趙王的大臣當中有個叫韓倉的，對趙王阿諛奉承、曲意逢迎，和趙王非常親近。他為人妒賢嫉能，常進讒言毒害功臣。現在趙國正處在生死存亡的關頭，趙王一定會聽信韓倉的話，如果真是這樣的話，那麼武安君就必死無疑了。」

韓倉果然對趙王進了讒言，趙王派人取代李牧將帥的職位。武安君回到國都之後，趙王就派韓倉前去指責李牧，說：「將軍在戰場上取得了勝利，大王向你敬酒慶祝，但是將軍回敬大王的時候，袖套裡藏著匕首，犯下這樣的罪過應該被處死。」武安君說：「臣胳膊患了痙攣的疾病，無法伸直，並且臣的身軀高大，跪拜的時候雙手不能碰到地面，臣深恐對大王不敬而觸犯死罪，因此就讓木工做了一個假臂，大王如果不相信的話，請讓臣拿出來讓大王看看。」於是從袖中取出假肢給韓倉看。那假肢狀如木橛，用布條纏著。李牧懇求韓倉向趙王解釋。韓倉說：「臣也只是受命於大王，大王賜將軍死，絕不寬恕，臣不敢多言。」李牧面朝北方，拜謝趙王之後，抽出寶劍就準備自殺，但又說：「做人臣子的不能在宮中自殺。」於是他快步走出宮殿，路過司空馬住所的門前。當他走出門後，用右手拿劍打算自殺，但由於他胳膊太短，寶劍無法刺透，於是以嘴咬著劍，將劍柄抵在柱子上自刺而死。李牧死後才五個月，趙國就滅亡了。

平原令郭遺見到他的朋友，為司空馬而嘆惜不已，說：「可惜啊！司空馬。」司空馬為秦所放逐，不是因為他沒智慧；離開趙國，也不是因為他不賢能。趙國走了一個司空馬，導致國家滅亡，可見國家滅亡，並不是因為沒有賢能的人才，而是有賢能的人才不被任用。

※讀解

本篇的題目是「文信侯出走」，但主角卻是司空馬，他勸說趙王割讓趙國的半壁江山來求得國家的暫時安全，卻不被接受，於是不得不出走，所以說本篇實際出走的是司空馬。面對敵人力量的強大和趙國力量的相對弱小，司空馬一心為趙國著想，看透了形勢發展的趨勢，所以為趙王提出暫時委曲求全的對外策略，這在當時的形勢，是不得已而為之的。但這樣近乎苛刻的條件，是趙王無法接受的。所以說，司空馬懂政治，而趙王並不懂。所以趙王只能走上亡國的宿命。

在對趙國和當時各國形勢的認識上，司空馬表現出驚人的政治眼光和冷靜的頭腦。也許是「當局者迷，旁觀者清」，趙王聽信奸臣的話，沒有等到敵人來殺，自己就先把能夠抵抗強敵的大將殺死。而司空馬和趙王在同一個問題上，表現出截然不同的政治觀點，這也許和自己所處的地位有關。趙王是國君，國家就是他稱國君的基礎，要說服他將半壁江山送給敵國，那是很難辦到的事情。而司空馬是來自外國的臣子，提出這樣的觀點也著實讓人難以接受。

自古以來，忠臣很少有善終的，他們一生為國家殫精竭慮，征戰沙場，但最終大多死在皇帝的屠刀之下，給歷史留下無盡的哀歌。比如李牧，以及後來的韓信、岳飛等等。

四國為一

※原文

四國[①]為一，將以攻秦。秦王召群臣賓客六十人而問焉，曰：「四國為一，將以圖秦，寡人屈於內，而百姓靡於外，為之奈何？」群臣莫對。姚賈[②]對曰：「賈願出使四國，必絕其謀，而安其兵。」乃資車百乘，金千斤，衣以其衣，冠帶以其劍。姚賈辭行，絕其謀，止其兵，與之為交以報秦。秦王大悅。賈封千戶，以為上卿。

※注釋

①四國：根據下文可知是燕、趙、吳、楚四國。②姚賈：魏國人，秦始皇的時候在秦國做官。

※譯文

燕、趙、吳、楚四個國家聯合起來，準備進攻秦國。秦王召集眾位大臣和賓客總共六十多人，向他們詢問對策。秦王說：「現在四個國家聯合攻秦，而我國正處於財力衰竭的時候，外面的戰爭又接連失利，應該怎麼辦呢？」大臣們都不知道如何回答。這時姚賈回答說：「臣願意替大王出使四個國家，必定能破壞掉他們的陰謀，使他們停止進兵。」於是秦王就給了他戰車百輛，黃金千斤，並讓他穿戴自己的衣冠，佩帶自己的寶劍。姚賈辭別秦王，遊說四國，破壞了四個國家聯合進攻秦國的謀劃，使聯軍停止進兵，並且和四國建立了友好的外交關係來報效秦國。秦王大為高興，就封給姚賈一千戶的城邑，並讓他做了上卿。

※原文

韓非知之，曰：「賈以珍珠重寶，南使荊、吳，北使燕、代之間三年，四國之交未必合也，而珍珠重寶盡於內。是賈以王之權、國之寶，外自交於諸侯，願王察之。且梁監門子，嘗盜於梁，臣於趙而逐。取世監門子、梁之大盜、趙之逐臣，與同知社稷之計，非所以厲群臣也。」

王召姚賈而問曰：「吾聞子以寡人財交於諸侯，有諸？」對曰：「有。」王曰：「有何面目復見寡人？」對曰：「曾參[①]孝其親，天下願以為子；子胥[②]忠於君，天下願以為臣；貞女工巧，天下願以為妃；今賈忠王而王不知也。賈不歸四國，尚焉之？使賈不忠於君，四國之王尚焉用賈之身？桀聽讒而誅其良將，紂聞讒而殺其忠臣，至身死國亡。今王聽讒則無忠臣矣。」

※注釋

①曾參：魯國人，孔子的弟子，以孝聞名。②子胥：楚國人，在吳國做官，為吳王夫差進忠言，不被採納，後為夫差所殺。

※譯文

秦國的大臣韓非知道了這件事情，在秦王的面前進言說：「姚賈帶著珍珠重寶，向南出使荊、吳兩國，向北出使燕、代等地，期間耗費時間長達三年，這四個國家未必真心實意地與秦國結盟，但是我國國庫中的珍寶卻已經被他分散完了。這實際上是姚賈借大王的權勢和我們秦國的珍寶，在外面私自結交各國的諸侯，請求大王對這件事情明察。更何況姚賈不過是魏國國都大梁一個守門人的兒子，曾經在大梁做過盜賊，雖然他在趙國當過大臣，但是後來被趙國驅逐了。讓一個看門人的兒子、大梁的盜賊、趙國的逐臣，來和我們秦國的大臣們一起參與商討國家大事，不是用來勉勵群臣的好方法！」

於是秦王招來姚賈，問他說：「寡人聽說你用秦國的珍寶在外面結交各國諸侯，有這樣的事情嗎？」姚賈回答說：「有這樣的事。」秦王說：「既然有這樣的事情，那你還有什麼顏面再來見寡人呢？」姚賈回答說：「過去曾參孝順他的父母，天下的人都希望有曾參這樣的兒子；伍子胥對國君忠誠不二，天下的諸侯都希望用他這樣的臣子；貞女的女工做得精巧，天下的男人都希望娶她這樣的女子做妻子。如今臣效忠於大王，但大王並不知道，臣不把財寶分送給那四個國家，哪還能讓他們歸服誰呢？如果臣對大王不忠誠的話，四個國家的國君憑什麼信任臣呢？夏桀聽信讒言就殺死了他的良將關龍逢，紂王聽信讒言就殺死了他的忠臣比干，導致身死國亡。

如今大王聽信讒言，就沒有忠臣了。」

※原文

王曰：「子監門子，梁之大盜，趙之逐臣。」姚賈曰：「太公望[①]，齊之逐夫，朝歌之廢屠，子良之逐臣，棘津之讎不庸，文王用之而王。管仲[②]，其鄙人之賈人也，南陽之弊幽，魯之免囚，桓公用之而伯。百里奚，虞之乞人，傳賣以五羊之皮，穆公相之而朝西戎。文公用中山盜，而勝於城濮。此四士者，皆有詬醜，大誹天下，明主用之，知其可與立功。使若卞隨、務光、申屠狄，人主豈得其用哉！故明主不取其汙，不聽其非，察其為己用。故可以存社稷者，雖有外誹者不聽；雖有高世之名，而無咫尺之功者不賞。是以群臣莫敢以虛願望於上。」

秦王曰：「然。」乃可復使姚賈而誅韓非。

※注釋

①太公望：即姜尚，被周文王發現於渭水邊，拜為軍師，輔佐周滅商。後被封於齊。②管仲：管夷吾，輔佐齊桓公成為春秋五霸。

※譯文

秦王又說道：「寡人聽說你是守門人之子、大梁的盜賊、趙國的逐臣。」姚賈說：「姜太公呂望，只是一個被妻子趕出家門的齊國人，曾在朝歌賣肉，肉都臭了也賣不出去的屠夫；他也是被子良驅逐的家臣，在棘津時，出賣勞力但沒有人僱用他。文王任用他當輔佐大臣，最終建立了王業。管仲，不過是齊國邊邑的一個小商販，在南陽的時候非常貧窮，在魯國時曾為囚犯，齊桓公任用他輔佐自己，就建立了霸業。百里奚，原來是虞國的一個乞丐，用五張羊皮就被買走了，秦穆公任用他做秦國的丞相，使西戎向秦國朝貢。過去晉文公任用中山國的盜賊，最終在城濮之戰中取得勝利。這四個人，都是出身卑賤，身背醜陋的名聲，被天下人看不起，但是英明的君主任用他們，是因為他們知道這些人能夠為國家立下功勞。如果人人都像卞隨、務光、申屠狄那樣，做國君的誰任用他們呢？所以英明的君主不會計較臣子的過去做過什麼，不聽信別人對他們的非議，而只考察他們是否對自己有用。所以能夠安邦定國的英明君主，即使有人在面前誹謗進讒，也不聽信他們；有的大臣即使有清高的名聲，如果他們沒有建立絲毫的功勞，也不會賞賜他們。這樣所有臣子都不敢用虛名來對大王提出什麼要求了。」

秦王說：「有道理。」於是仍然讓姚賈出使各個國家，而誅殺了韓非。

※讀解

這是一篇令人扼腕和深思的文章，其中涉及了幾個重要的命題。

首先是從秦王的立場來說，涉及的是用人的問題。作為一個領導者，在決定任用一個人之前要做一定的考察，從而保證所任用的人在道德修養上值得信任，在個人能力上能夠勝任所交辦的工作。一旦任用，就要對他深信不疑，正所謂「用人不疑，疑人不用」。秦王任用姚賈，在心理上應該是相信他的。在能力上，姚賈不負眾望，「絕其謀，止其兵，與之為交以報秦」，圓滿地完成任務，避免秦國遭到四國的聯合攻打。

其次是關於嫉妒者的問題。誹謗者的內心被嫉妒吞噬，萬般痛苦。為了解決內心的痛苦，於是將這種痛苦轉嫁，便想出很多理由誹謗他所嫉妒的人，當那個人遭到厄運時，他們內心會產生快樂。韓非就是這樣的人，但他的痛苦並沒有成功轉嫁，而是被秦王誅殺，死於非命。

再者是怎樣對待誹謗的問題。從姚賈的角度來說，是本人遭到別人誹謗如何應對的問題。姚賈透過自己的智慧和口才，成功地為自己的正當利益辯護，挽救自己的生命。從秦王的角度來說，則是領導者如何應對一個下屬對另外一個下屬進行誹謗的問題。秦王可能相信韓非的話，但在姚賈為自己辯護之後，他從中看出真相，使誹謗者和被誹謗者各得其所，繼續相信姚賈而誅殺韓非。

齊策

靖郭君將城薛，客多以諫。靖郭君謂謁者無為客通。齊人有請者曰：「臣請三言而已矣！益一言，臣請烹。」靖郭君因見之。客趨而進曰：「海大魚。」因反走。君曰：「客有於此。」客曰：「鄙臣不敢以死為戲。」君曰：「亡，更言之。」對曰：「君不聞大魚乎？網不能止，鉤不能牽，蕩而失水，則螻蟻得意焉。今夫齊，亦君之水也。君長有齊陰，奚以薛為？夫齊，雖隆薛之城到於天，猶之無益也。」君曰：「善。」乃輟城薛。

靖郭君將城薛

※原文

靖郭君①將城②薛③，客多以諫。靖郭君謂謁者無為客通。齊人有請者曰：「臣請三言而已矣！益一言，臣請烹。」靖郭君因見之。客趨而進曰：「海大魚。」因反走。君曰：「客有於此。」客曰：「鄙臣不敢以死為戲。」君曰：「亡，更言之。」對曰：「君不聞大魚乎？網不能止，鉤不能牽，蕩而失水，則螻蟻得意焉。今夫齊，亦君之水也。君長有齊陰，奚以薛為？夫齊，雖隆薛之城到於天，猶之無益也。」君曰：「善。」乃輟城薛。

※注釋

①靖郭君：齊國大臣田嬰，封號靖郭君。②城：築城牆。③薛：靖郭君的封邑，今山東省滕縣南四十里。

※譯文

靖郭君田嬰打算在薛地修築城牆，很多門客去進諫阻止他。田嬰下令負責接待引見的人不許為前來進諫的門客通報。有個齊人門客請求拜見田嬰，說：「我只說三個字就走，如果多一個字，我情願領受烹刑。」田嬰於是就接見了他。門客快步走到他面前，說：「海大魚。」然後轉身就走。田嬰趕忙問：「先生有話就在這裡說吧。」門客說：「我不敢拿性命當兒戲。」田嬰說：「不會的，先生有話就說。」門客回答說：「您不知道海裡的大魚嗎？漁網無法讓牠停止游動，釣鉤無法釣到牠，但是如果游到了海水之外沒有海水，那麼就是小小的螻蟻也能將牠吃掉。同樣的，現在的齊國就是您的水。如果您永久地掌管了齊國，就算有了薛地還能做什麼呢？您如果沒有了齊國，即使將薛邑的城牆築到天上去，也起不了什麼作用。」田嬰說：「先生說得對。」於是就停止在薛地築城牆的工程。

※讀解

本篇提出關於如何勸說不願意聽從別人勸諫的人的問題。勸說這樣的人，就不能用一般的方法，而要採用特殊的方法，引起勸說物件的注意和重視。這就需要很高的智慧和巧妙的勸諫方式了。

靖郭君打算大興土木，加強薛城的城防建設。這個舉動引起鄰國的恐懼，同時也引起身邊人的質疑。所以，前來勸阻他的人非常多。但這些人採用的都是一般的勸諫方法，所以無法讓態度堅決的靖郭君採納。

這時候，有個人用一種特殊的方式來勸諫。他求見靖郭君的方式就很特殊，要求只說三個字，多說一個字就情願領受刑罰。這就引起了靖郭君的注意，想要知道他所要說的三個字是什麼。接下來，這個人為靖郭君打了一個比方。他將靖郭君和海裡的大魚類比，用海裡的大魚可能遭到的情況來類比靖郭君可能遭到的情況，這樣就把那些曾經來勸諫的人說過的道理，以巧妙的比喻說到靖郭君的心裡，達到勸諫的目的。這也就呼應了一句話：「以正合，以奇勝。」

靖郭君善齊貌辨

※原文

靖郭君善[1]齊貌辨。齊貌辨之為人也多疵，門人弗說。士尉以証[2]靖郭君，靖郭君不聽，士尉辭而去。孟嘗君又竊以諫，靖郭君大怒，曰：「剗而類，破吾家。苟可慊齊貌辨者，吾無辭為之。」於是舍之上舍，令長子御，旦暮進食。

數年，威王薨[3]，宣王立。靖郭君之交，大不善於宣王，辭而之薛，與齊貌辨俱留。無幾時，齊貌辨辭而行，請見宣王。靖郭君曰：「王之不說嬰甚，公往，必得死焉。」齊貌辨曰：「固不求生也，請必行。」靖郭君不能止。

※注釋

①善：喜歡，善待。②証：進諫。③薨：古代稱諸侯或大官的死。

※譯文

靖郭君寵待門客齊貌辨。但齊貌辨為人不拘小節，所以門客們都討厭他。有個士尉曾勸說靖郭君趕走齊貌辨，靖郭君沒有接受他的建議，士尉辭別離去。後來孟嘗君田文也私下勸說驅逐齊貌辨，沒想到田嬰卻大為生氣，說：「即使將來有人剷除我的家族、破壞我的家業，只要能夠對齊貌辨有好處，我也在所不惜。」從那以後，田嬰給齊貌辨上等的館舍居住，並且派他的長子為他駕車，朝夕侍候他。

幾年以後，齊威王駕崩，田嬰的異母兄宣王繼承王位，但田嬰和宣王關係不好，於是離開都城來到自己的封地薛地，齊貌辨也和他一起來到薛地。過沒多久，齊貌辨決定辭別田嬰，請求回到齊國去見宣王。田嬰說：「大王既然非常討厭我，你這次去見他，必定會被他殺掉。」齊貌辨說：「我本來就不求苟且偷生，請您一定要讓我去。」田嬰無法阻止他，就讓他去見宣王。

※原文

齊貌辨行至齊，宣王聞之，藏怒以待之。齊貌辨見宣王，王曰：「子，靖郭君之所聽愛夫！」齊貌辨曰：「愛則有之，聽則無有。王之方為太子之時，辨謂靖郭君曰：『太子相不仁，過頤豕視，若是者信反。不若廢太子，更立衛姬嬰兒郊師[①]。』靖郭君泣而曰：『不可，吾不忍也。』若聽辨而為之，必無今日之患也。此為一。」

「至於薛，昭陽請以數倍之地易薛，辨又曰：『必聽之。』靖郭君曰：『受薛於先王，雖惡於後王，吾獨謂先王何乎！且先王之廟在薛，吾豈可以先王之廟與楚乎』，又不肯聽辨。此為二。」宣王太息，動於顏色[②]，曰：「靖郭君之於寡人一至此乎！寡人少，殊不知此。客肯為寡人來靖郭君乎？」齊貌辨對曰：「敬諾！」

※注釋

①郊師：衛姬的兒子，宣王的庶弟。②顏色：臉色。

※譯文

齊貌辨來到齊國的都城，宣王聽說齊貌辨要來見自己，就掩飾起自己的憤怒來等待齊貌辨。齊貌辨來到宮裡拜見宣王，宣王說：「你是靖郭君手下的得意門客，靖郭君是不是什麼都聽你的呢？」齊貌辨說：「我的確是靖郭君的得意門客，但要說靖郭君什麼都聽我的，根本沒有這種事。大王還是太子的時候，我對靖郭君說：『太子的長相不仁，下巴過長，看起來就像一隻豬，如果讓他做了國君，掌管國家大事的話必然違背正道。所以不如把太子廢掉，改立衛姬的兒子郊師做太子。』但是靖郭君哭著說：『不能這樣做，我不忍心這樣做啊！』如果靖郭君什麼都聽我的話，那麼靖郭君必定不會有現在這樣的遭遇，這是我說的第一個例子。」

「至於靖郭君的封地薛地，楚國的相國昭陽請求用幾倍的土地來換薛地，我又對靖郭君說：『您一定要接受這個請求。』靖郭君說：『從先王那裡接受薛地，現在即使和後王的關係不好，卻把薛地換給別的國家，將來我死後怎樣向先王交代啊？更何況先王的宗廟就在薛地，我難道能將先王的宗廟送給楚國嗎？』他又不肯聽從我的建議。這是我所說的第二個例子。」齊宣王聽了之後不禁長嘆一聲，臉色也變了，說：「靖郭君對寡人的感情竟然如此之深啊！寡人太年輕了，對這些事情還是不了解。你願意替寡人把靖郭君請回來嗎？」齊貌辨回答說：「敬遵王命！」

※原文

靖郭君衣威王之衣，冠舞其劍①，宣王自迎靖郭君於郊，望之而泣。靖郭君至，因請相之。靖郭君辭，不得已而受。七日，謝病強辭。靖郭君辭不得，三日而聽。當是時，靖郭君可謂能自知人矣！能自知人，故人非之不為沮[2]。此齊貌辨之所以外生樂患趣難[3]者也。

※注釋

①衣威王之衣，冠舞其劍：穿上齊威王賜的衣服，戴著齊威王賜的帽子，佩著齊威王賜的寶劍。②沮：止。③樂患趣難：樂解人之患，趨救人之難。

※譯文

靖郭君穿戴著齊威王賜給他的衣服帽子，佩帶賜給他的寶劍，去見齊宣王，齊宣王親自到郊外迎接他，望見靖郭君就開始哭泣。靖郭君來到宮裡，齊宣王就請他做國相。靖郭君一開始推辭不做，後來推辭不掉就接受了。過了七天，又說自己身體有病堅決要求辭職。一開始還是不被批准，三天之後，齊宣王才批准他辭職。到了這個時候，可以說靖郭君是有知人之明的！自己能夠了解別人，所以即使有人非議那個人，他也不會放棄自己的判斷。這也就是齊貌辨能夠不顧生死、樂於為他排解憂患、迎難而進的原因。

※讀解

本篇提出關於如何知人善任的問題。

靖郭君有一個門客叫齊貌辨，靖郭君善待他，但他在其他門客當中人緣並不好。所以很多人都來勸諫靖郭君，不要信任齊貌辨，但都被靖郭君罵回去。

後來靖郭君遭到現任齊王的冷落，君臣關係破裂。齊貌辨為了報答主子的厚遇之恩，就去拜見齊王，對齊王進行了一番勸說，終於使靖郭君重新得到齊王的信任，緩解君臣關係。從這一點來看，只有靖郭君了解齊貌辨，其他人都不了解他。

齊貌辨勸說齊王，採用的是抑己揚人的方法，用自己的卑鄙和自私來襯托靖郭君對齊王的忠誠，從而打動齊王，成功地為靖郭君找回昔日的恩寵。

成侯鄒忌為齊相

※原文

成侯鄒忌為齊相，田忌為將，不相說。公孫閈謂鄒忌曰：「公何不為王謀伐魏？勝，則是君之謀也，君可以有功；戰不勝，田忌不進，戰而不死，曲橈而誅。」鄒忌以為然，乃說王而使田忌伐魏。

田忌三戰三勝，鄒忌以告公孫閈，公孫閈乃使人操十金①而往卜於市，曰：「我，田忌之人也，吾三戰而三勝，聲威天下，欲為大事，亦吉否？」卜者出，因令人捕為人卜者，亦驗其辭於王前。田忌遂走。

※注釋

①十金：二十兩為一金。

※譯文

成侯鄒忌是齊國的相國，田忌是齊國的將帥，兩人關係不好。公孫閈對鄒忌說：「您為什麼不讓大王下令，讓田忌去率兵攻打魏國？如果打了勝仗，那是您策劃得好，您就藉此立了大功；如果戰敗了，田忌即使不戰死，回國也必定會被軍法處死。」鄒忌認為他說得有道理，於是就勸說齊威王下令派田忌去攻打魏國。

田忌三戰三勝，鄒忌把這件事告訴了公孫閈，公孫閈於是派人帶著十斤黃金到市場上找先生占卜，說：「我是田忌的屬下，現在將軍三戰三勝，名揚天下，想要謀劃大事，不知道吉利不吉利？」前來占卜的人離開後，公孫閈派人逮捕了那個占卜的人，又讓他在齊王的面前驗證了剛才占卜的卦相。田忌聽說之後極為害怕，於是逃走避禍。

※讀解

本篇文字非常簡短，卻講述了齊國將相田忌和鄒忌之間的恩恩怨怨。從鄒忌和門客對田忌的算計，我們看到了身居高位的危險，看到了人性的陰險和醜惡。在既得利益的面前，人性中的猙獰就流露出來，為了利益而不惜置對手於死地而後快。他們為了利益，真是無所不用其極，施展口舌之功，搬弄是非，甚至無中生有。

田忌亡齊而之楚

※原文

田忌亡齊而之楚，鄒忌代之相齊，恐田忌欲以楚權復於齊。杜赫曰：「臣請為君留楚①。」謂楚王曰：「鄒忌所以不善楚者，恐田忌之以楚權復於齊也。王不如封田忌於江南，以示田忌之不返齊也，鄒忌以齊厚事楚。田忌亡人也，而得封，必德王。若復於齊，必以齊事楚。此用二忌之道也。」楚果封之於江南。

※注釋

①為君留楚：為鄒忌留田忌於楚國，不讓他返回齊國。君即鄒忌。

※譯文

田忌遭到鄒忌的誣陷，逃離齊國，來到楚國，鄒忌代替他兼任了將軍的職位。但他害怕有一天，田忌會借助楚國的力量，重回齊國掌握大權。杜赫對他說：「請讓我為您將田忌留在楚國。」杜赫對楚宣王說：「齊國的相國鄒忌之所以不想和楚國交好，是因為他害怕田忌借助楚國的力量，重回到齊國掌握大權。大王不如把田忌封官到江南，藉此向鄒忌表明田忌不會再返回到齊國。鄒忌因此感激大王，必定會讓齊國善待楚國。田忌是個逃亡避禍的人，如果能夠得到封地，必然會非常感激大王。如果他能回到齊國重新掌握大權，也必定會讓齊國善待楚國。這就是充分利用鄒忌和田忌的完美計策啊！」楚王果然將田忌封到江南。

※讀解

田忌遭到鄒忌陷害不得不逃亡到楚國，然而還是不被放過。鄒忌還是想徹底消滅自己的政治對手。可見，政治是非常危險的東西，特別是沒有一定智慧的人，是斷然不可以跌入政治的漩渦中，否則可能遭到殺身之禍。田忌馳騁疆場，三戰三勝，所向披靡，但他在另外一個戰場並不善戰，甚至不曾察覺戰爭無時無刻都在進行。在政治戰場上，他是一個失敗者，但在這兩種戰場上，我們都不可以用簡單的是非和對錯的標準來評判。問題的根源都在人性中。

鄒忌修八尺有餘

※原文

鄒忌修[1]八尺有餘[2]，身體昳麗[3]。朝服衣冠窺鏡，謂其妻曰：「我孰與城北徐公美？」其妻曰：「君美甚，徐公何能及公也！」城北徐公，齊國之美麗者也。忌不自信，而復問其妾曰：「吾孰與徐公美？」妾曰：「徐公何能及君也！」旦日，客從外來，與坐談，問之客曰：「吾與徐公孰美？」客曰：「徐公不若君之美也。」

明日，徐公來。孰視之，自以為不如；窺鏡而自視，又弗如遠甚。暮，寢而思之曰：「吾妻之美我者，私我也；妾之美我者，畏我也；客之美我者，欲有求於我也。」

※注釋

①修：長，身高。②八尺有餘：這裡的尺是周朝的標準，一尺約為二十釐米。③昳麗：光豔美麗。

※譯文

鄒忌身高八尺多，身體勻稱，神采奕奕，長相俊美。一日早晨，他正在穿衣服戴帽子，看著鏡子，問他的妻子說：「你看我和城北的徐公相比，誰長得更好看？」他的妻子說：「您更好看，徐公怎麼能和您相比！」城北的徐公，是齊國有名的美男子。鄒忌沒有自信，又去問他的妾說：「我和徐公相比誰長得更好看？」他的妾回答說：「徐公怎麼能和您相比呢！」第二天，有位客人來家中做客，鄒忌坐著和他談話，他又問客人那個問題說：「我和徐公相比誰長得更好看？」客人說：「徐公沒有您好看。」

第二天，徐公來鄒忌家，鄒忌仔細地觀察他，自己認為沒有徐公長得好看；對著鏡子又看看自己，更覺得自己長得遠不如徐公好看。到了晚上，他躺在床上思考這個問題，說：「我的妻子誇我好看，這是她偏愛我；妾誇我好看，這是她害怕我；客人誇我好看，這是他有求於我啊！」

※原文

於是入朝見威王曰：「臣誠知不如徐公美，臣之妻私臣，臣之妾畏臣，臣之客欲有求於臣，皆以美於徐公。今齊地方千里，百二十城，宮婦左右，莫不私王；朝廷之臣，莫不畏王；四境之內，莫不有求於王。由此觀之，王之蔽甚矣！」王曰：「善。」

乃下令：「群臣吏民，能面刺①寡人之過者，受上賞；上書諫寡人者，受中賞；能謗議於市朝，聞寡人之耳者，受下賞。」令初下，群臣進諫，門庭若市。數月之後，時時而間進。期年之後，雖欲言，無可進者。燕、趙、韓、魏聞之，皆朝於齊。此所謂戰勝於朝廷。

※注釋

①刺：指責，諷刺。

※譯文

於是鄒忌進宮拜見齊威王，說：「臣自知自己長得沒有徐公好看，但是臣的妻子偏愛臣，臣的妾害怕臣，臣的客人有求於臣，所以他們都說臣長得比徐公好看。現在齊國疆域方圓千里，有一百二十個城邑，宮中的妃子和左右的侍臣，沒有不偏愛大王的；朝中的大臣沒有不畏懼大王的；全國上下沒有不有求於大王的。由此可見，大王被蒙蔽得非常厲害啊！」齊威王說：「你說得很有道理。」

於是齊威王發佈詔令說：「無論是官員還是普通百姓，能當面指責寡人過失的，給予上等的賞賜；能上書勸諫寡人的，給予中等的賞賜；能在市場中批評朝政得失，只要讓寡人知道的，給予下等的賞賜。」詔令剛頒佈的時候，大臣們都來進諫，朝堂前門庭若市。過了幾個月之後，時不時地還有來進諫的。但一年之後，即使想來進諫，也沒什麼可說的了。燕、趙、韓、魏四國聽到這件事後，都來齊國朝見。這就是所說的要戰勝別的國家，只需要本國政治修明！

※讀解

鄒忌的確是個富有手腕的政治家，他之所以能夠將田忌玩弄於股掌之中，也許是因為他善於思考和揣摩人的心理，從普通的現象中看到一般人所看不到的東西。也正是這些揣摩讓他成為不平凡的人。

城北徐公和鄒忌都是美男子，但不知道兩個人誰更俊美一些。一天早晨，鄒忌在照鏡子的時候突然想到了這個問題。透過詢問身邊的妻子和小妾，以及前來拜訪的客人，他得到了相同的答案：城北徐公比不上自己。而他從這個司空見慣的奉承中，得到了一般的心理學結論。不僅如此，他還將這個問題聯繫到國君身上，這可能是他作為臣子整天在思考的問題。不過在本篇中，他的揣摩有正面意義，不僅透過自己的勸諫使齊王懂得一個道理，也為我們留下一段美談，臣子善於進諫，國君善於納諫，為後世的君臣和上司下屬樹立了一個良好的榜樣。

秦假道韓魏以攻齊

※原文

秦假道韓、魏以攻齊，齊威王使章子將而應之。與秦交和而舍①，使者數相往來，章子為變其徽章，以雜秦軍。候者言章子以齊入秦，威王不應。頃之間，候者復言章子以齊兵降秦，威王不應。而此者三。有司請曰：「言章子之敗者，異人而同辭。王何不發將而擊之？」王曰：「此不叛寡人明矣，曷為擊之？」

※注釋

①交和而舍：和，軍門。舍，駐紮。指兩軍相對駐紮並不開戰。

※譯文

秦軍要借道韓、魏兩國來攻打齊國，齊威王派章子率領軍隊迎戰秦軍。齊國軍隊和秦國軍隊對陣駐紮，使者頻繁往來，章子把士兵的穿戴變換成秦國士兵的樣子，混進秦國軍隊中。這時齊國的偵察兵說章子率領齊國軍隊投降秦國了，齊威王聽了之後沒有表態。不一會兒，偵察兵又來報告，章子已經率領齊軍投降秦國，齊威王聽了之後還是沒有表態。像這樣連續三次。有個官員請求齊威王說：「來報告章子打了敗仗的人不同，但他們說的都一樣。大王為什麼不再派將軍發兵攻打他？」齊威王說：「章子不會背叛寡人，這是很明顯的，為什麼要去攻打他呢？」

※原文

頃間①，言齊兵大勝，秦軍大敗，於是秦王拜西藩之臣而謝於齊。左右曰：「何以知之？」曰：「章子之母啟得罪其父，其父殺之而埋馬棧之下。吾使章子將也，勉之曰：『夫子之強，全兵而還，必更葬將軍之母。』對曰：『臣非不能更葬先妾也。臣之母啟得罪臣之父。臣之父未教而死。夫不得父之教而更葬母，是欺死父也。故不敢。』夫為人子而不欺死父，豈為人臣欺生君哉？」

※注釋

①頃間：少時，片刻。

※譯文

就在這個時候，偵察兵又來報告，說齊軍大獲全勝，秦軍大敗，於是秦惠文王只好自稱是西藩的臣子，派使者來向齊國謝罪講和。齊威王左右的侍臣說：「大王怎麼知道章子不會投降秦國呢？」齊威王說：「章子的母親啟，因為得罪他的父親，被他的父親殺死埋在馬棚下。寡人任命章子做將軍的時候，曾經勉勵他說：『將軍的本領強大，過幾天大獲全勝帶兵凱旋之後，一定要改葬將軍的母親。』章子回答說：『臣並不是不能改葬先母。只因臣的先母得罪先父。父親沒有說要改葬先母就去世了。如果沒有得到父親的允許就改葬先母，這是欺騙先父的在天之靈。所以臣不敢為先母改葬。』作為人子的不敢欺騙死去的父親，難道他作為人臣還能欺辱活著的國君嗎？」

※讀解

本篇說的是如何知人善任的問題。齊威王的做法值得我們借鑑。

孝和忠是古代的兩大命題，這兩大命題之間在古人看來有必然的內在聯繫。《孝經》認為，孝順父母的人就一定會忠誠於國君。這一點，在齊威王看來是堅信不疑的。也正是出於這樣的認識，他抵擋住許多人對章子的詆毀和誹謗，一直堅信章子對自己、對國家是忠誠的。因此使詆毀和誹謗的話到他這裡就煙消雲散了。也正是他的信任，才保證了戰場上的勝利，君臣相處，理應如此。

作為現代職場中的領導者，應該學習齊威王知人善任的做法，用正確的態度處理詆毀和誹謗。首先要堅定自己的立場，對所任用的人絕對信任。其次要對流言加以明辨，並置之不理，一切詆毀和誹謗將會自然消除，不會為工作帶來不利的影響。

秦伐魏

※原文

秦伐魏，陳軫[①]合三晉而東，謂齊王曰：「古之王者之伐也，欲以正天下而立功名，以為後世也。今齊、楚、燕、趙、韓、梁六國之遞甚也，不足以立功名，適足以強秦而自弱也，非山東之上計也。能危山東者，強秦也。不憂強秦，而遞相罷弱，而兩歸其國於秦，此臣之所以為山東之患。天下為秦相割，秦曾不出力；天下為秦相烹，秦曾不出薪[②]。何秦之智而山東之愚耶？願大王之察也。」

※注釋

①陳軫：齊國人，遊說之士，曾經在秦國、楚國、魏國做官。②薪：柴火。

※譯文

秦國進攻魏國，陳軫聯合韓、趙、魏三國的軍隊之後往東到齊國，對齊王說：「古代的聖王發動軍隊征伐，是想要匡正天下建立功名，是為了造福後世。現在齊、楚、燕、趙、韓、魏六國之間互相攻伐，不但不足以建立功名，而且會讓秦國強大起來，而使本國走向衰弱，這絕對不是崤山以東各個諸侯國所應該採取的好計策。能夠滅亡崤山以東各個諸侯國的，是強大的秦國。如今六國不但不為強大的秦國感到憂慮，反而彼此之間互相削弱，必定兩敗俱傷，最終被秦國吞併，這是臣為崤山以東六國所憂慮的原因所在。各國的諸侯競相割讓土地給秦國，而秦國不用耗費力量；各國的諸侯競相為秦國烹煮自己，而秦國連柴火都不必出。秦國是多麼聰明，而崤山以東的六國又是多麼愚蠢啊！希望大王能清楚地看到這一點。」

※原文

「古之五帝、三王、五伯[①]之伐也，伐不道者。今秦之伐天下不然，必欲反之，主必死辱，民必死虜。今韓、梁之目未嘗乾，而齊民獨不也，非親齊而韓、梁疏也，齊遠秦而韓、梁近。今齊將近矣！今秦欲攻梁絳、安邑[②]，秦得絳、安邑以東下河，必表裏河而東攻齊，舉齊屬之海，南面而孤楚、韓、梁，北向而孤燕、趙，齊無所出其計矣，願王孰慮之。」

「今三晉已合矣，復為兄弟約，而出銳師以戍梁絳、安邑，此萬世之計也。齊非急以銳師合三晉，必有後憂。三晉合，秦必不敢攻梁，必南攻楚。楚、秦構難，三晉怒齊不與己也，必東攻齊。此臣之所謂齊必有大憂，不如急以兵合於三晉。」齊王敬諾，果以兵合於三晉。

※注釋

①五帝、三王、五伯：五帝，相傳上古有五位帝王，說法不一。一種說法認為是伏羲、神農、黃帝、堯、舜；一種說法認為是黃帝、顓頊、帝嚳、堯、舜。三王，傳說中的上古部落酋長，有多種說法：伏羲、神農、燧人氏；伏羲、神農、黃帝；伏羲、神農、女媧等。五伯，即五霸，指春秋時期勢力最大、相繼稱霸的五個諸侯，也有不同的說法，通常指齊桓公、晉文公、秦穆公、宋襄公、楚莊王。②絳、安邑：絳，春秋時期晉國的都城新田，今山西省曲沃縣西南的侯馬鎮。安邑，魏國的故都，今山西省夏縣西北。

※譯文

「古時候的五帝、三皇和五霸所進行的征伐，討伐的都是無道的君王。但是如今秦國征伐天下卻不是這樣的，和古時候恰恰相反，這樣一來，亡國的國君必定死於屈辱，亡國的百姓必定死於俘虜。現在韓、魏兩國百姓的眼淚還沒有流乾，只有齊國的百姓還沒有慘遭秦國的擄掠，但這並不是因為齊國和秦國關係好，而韓、魏與秦國關係不好所造成的，只是因為齊國離秦國遠，而韓、魏兩國離秦國近。如今齊國距離遭遇戰禍的地方也越來越近了！因為現在秦國想要攻打魏國的絳邑和安邑，秦國攻取了絳邑和安邑，再繼續沿黃河往東進兵，必定進攻齊國，占據齊國的土地直到東海邊上，接著向南進兵，使韓、魏、楚三國陷於孤立，向北進兵使燕、趙兩國陷於孤立，這樣一來，齊國就無計可施了，希望大王慎重考慮這件事。」

「如今韓、魏、趙三國已經聯合在一起了，重新結為兄弟盟國，而且相約共同派出精兵去保衛魏國的絳邑、安邑，這都是長遠的計策啊！齊國如果不馬上也派出精兵聯合韓、趙、魏三國的軍隊，那麼齊國必定會有後顧之憂。韓、趙、魏三國軍隊聯合，秦國必然不敢攻打魏國，而是往南攻打楚國，楚、秦一旦爆發戰禍，那麼韓、趙、魏三國怨恨齊國不肯支援自己，必然出兵進攻齊國。這就是臣所說的，齊國必有大憂患，所以說齊國不如馬上派軍隊聯合韓、趙、魏三國。」齊宣王鄭重地採納了陳軫的計策，果然派軍隊聯合韓、趙、魏三國。

※讀解

戰國後期，秦國實行遠交近攻的外交策略，統一六國已經成為既定的戰略目標。從歷史發展的規律來看，全國統一也是不可阻擋的趨勢。秦國發動對六國的戰爭，有步驟地消滅六國，實現其戰略目標。遠交近攻的戰略，具體來說就是聯合東方的齊國，攻打與秦國相鄰的韓、魏等國。

作為六國，在秦國強大的攻勢之下，只有合縱，聯合起來共同抵抗強秦的虎狼之師才能求得國家的生存。

西元前二九八年，秦國攻打魏國，陳軫在魏國任職。他主張合縱，代表魏國的利益聯合了韓、趙、魏三國的軍隊之後，進而向東，打算繼續聯合齊國的軍隊，壯大抗秦隊伍。於是他去遊說齊王，使他派軍隊加入聯軍。但齊王並不同意派兵。

陳軫列舉了三種截然不同的戰爭，讓齊王認識到派兵的重大意義。這三種戰爭分別是：一是古代帝王為了討伐無道而發動的戰爭，可以「正天下而立功名」。二是六國之間的互相征伐攻打，這無異於自相殘殺，然後讓秦國來坐收漁翁之利。三是秦國所發動的侵略戰爭，使六國「主辱而民死」。他在此基礎上指出，如果秦國攻下韓國和魏國，那麼齊國就危險了。然後又為齊王分析不派兵加入聯軍的危害，恐嚇齊王聽信他的計策。

蘇秦為趙合從說齊宣王

※原文

蘇秦為趙合從，說齊宣王曰：「齊南有太山，東有琅琊，西有清河，北有渤海，此所謂四塞之國也。齊地方二千里，帶甲數十萬，粟如丘山。齊車之良，五家之兵，疾如錐矢，戰如雷電，解若風雨，即有軍役，未嘗倍①太山、絕清河、涉渤海也。臨淄之中七萬戶，臣竊度之，下戶三男子，三七二十一萬，不待發於遠縣，而臨淄之卒，固以二十一萬矣。臨淄甚富而實，其民無不吹竽、鼓瑟、擊筑、彈琴、鬥雞、走犬、六博、蹹踘②者；臨淄之途，車轂擊，人肩摩，連衽成帷，舉袂成幕，揮汗成雨；家敦而富，志高而揚。夫以大王之賢與齊之強，天下不能當。今乃西面事秦，竊為大王羞之。」

※注釋

①倍：通「背」。這裡說背對泰山，即越過的意思。②蹹踘：類似現代足球的一種運動，流行於戰國時期。踘用皮做成，裡面填滿毛髮。

※譯文

蘇秦為趙國推行合縱策略，到齊國遊說齊宣王說：「齊國南面有泰山，東面有琅琊山，西面有清河，北面有渤海，這就是四周有要塞的國家。齊國土地方圓兩千里，擁有幾十萬的兵力，糧食多得堆積如山。齊國戰車精良，又有五國軍隊的支援，投入戰鬥就像射出去的箭一樣快，拼殺起來就像雷電一樣迅猛，解散撤退就像風雨停止那樣迅速；即使發生對外戰爭，敵軍也從沒有越過泰山、渡過清河、跨過渤海。臨淄有百姓七萬戶，我私下估算，平均每戶有三名男子，三七就是二十一萬，不需要徵調遠方的兵力，臨淄一城的士卒就可以組成二十一萬人的大軍。臨淄的百姓非常富有，這裡的百姓沒有不會吹竽、鼓瑟、擊筑、彈琴、鬥雞、鬥犬、賭博、蹴踘的；臨淄的道路上穿行的車輛車軸相碰、來往的行人摩肩接踵，把衣襟連起來可成帷帳，把衣袖舉起來可成幔幕，大家都揮一把汗就如同下雨；每一家生活都殷實富裕，人們都士氣高昂。憑藉著大王的賢明和齊國的富強，天下的諸侯都不敢跟齊國相抵抗。但現在卻要去侍奉西面的秦國，我私底下真是為大王感到羞愧。」

※原文

「且夫韓、魏之所以畏秦者，以與秦接界也。兵出而相當，不至十日，而戰勝存亡之機決矣。韓、魏戰而勝秦，則兵半折，四境不守；戰而不勝，以亡隨其後。是故韓、魏之所以重與秦戰而輕為之臣也。」

「今秦攻齊則不然，倍韓、魏之地，至闈陽晉之道，徑亢父[①]之險，車不得方軌，馬不得並行，百人守險，千人不能過也。秦雖欲深入，則狼顧，恐韓、魏之議其後也。是故恫疑虛猲，高躍而不敢進，則秦不能害齊，亦已明矣。夫不深料秦之不奈我何也，而欲西面事秦，是群臣之計過也。今無臣事秦之名，而有強國之實，臣固願大王少留計。」

齊王曰：「寡人不敏，今主君以趙王之教詔之，敬奉社稷以從。」

※注釋

①亢父：衛國的城邑，在今山東省鄆城西。

※譯文

「更何況韓、魏兩國之所以畏懼秦國，是因為他們跟秦國接壤。秦國發動軍隊攻打韓、魏，用不了十天的時間，戰爭勝敗國家存亡的命運就已經決定了。如果韓、魏兩國能夠戰勝秦軍，那麼韓、魏兩國的軍隊必然要損失一半，四面的邊境也就無法防守；如果韓、魏兩國的軍隊戰敗，那麼接下來就是滅亡了。這樣一來，韓、魏兩國就不敢輕易地和秦國開戰，而是輕易地向秦國稱臣了。」

「如果現在秦國進攻齊國，就不是這個樣子了，因為在秦國的背後有韓、魏兩國扯秦的後腿，同時秦軍必然經過衛地陽晉的要道和亢父的險阻，在那裡車馬不能並行，只要有一百個人守住天險，即使一千個人也無法通過。秦國軍隊即使想要深入進去，但是還必須顧及後方，恐怕韓、魏兩國的軍隊從後面商量著偷襲它。所以秦兵只能虛張聲勢說要攻打齊國，但是實際上卻猶疑不決不敢進攻，可見秦國不會對齊國造成傷害，這也已經是很明顯的了。大王不深入地估量秦國其實奈何不了齊國，卻要往西去侍奉秦國，這是群臣在謀劃上的失誤。如今齊國沒有像附屬國一樣侍奉秦國的義務，而是具有強國的實力，臣請求大王稍微加以考慮。」

齊宣王說：「寡人不聰敏，今日先生拿趙王的詔命賜教，寡人願敬奉國家聽從先生的計策。」

※讀解

戰國時期，齊國是六國當中的大國，曾經和秦國分別稱霸。而對於合縱派來說，齊國的加入，對增強合縱聯盟的力量有非常大的作用，所以蘇秦為了實現他合縱聯盟的理想，前來遊說齊王，想讓齊國加入聯盟，共同抵抗秦國。

《戰國策》中有一篇蘇秦遊說秦國實行連橫政策和幾篇遊說六國參加合縱聯盟的文字，所用的遊說策略大致相同，都體現了蘇秦極盡鋪張渲染之能事，充分展現語言和修辭的巨大力量。除了勸說秦王實行連橫政策時，因時機未到沒有成功外，他勸說六國參加合縱都成功了。蘇秦的演說，為我們提供學習勸說別人的技巧，以及提高我們的論辯能力。

張儀為秦連橫齊王

※原文

張儀為秦連橫齊王曰：「天下強國無過齊者，大臣父兄殷眾富樂，無過齊者。然而為大王計者，皆為一時說而不顧萬世之利。從人[①]說大王者，必謂齊西有強趙，南有韓、魏，負海之國也，地廣人眾，兵強士勇，雖有百秦，將無奈我何！大王覽其說，而不察其至實。」

※注釋

①從人：主張合縱政策的人。

※譯文

張儀為了秦國的連橫策略，到齊國遊說齊宣王說：「天下的強國沒有能超過齊國的，大臣和宗親都殷實眾多富足安樂，沒有哪個國家能超過齊國。然而為大王出謀劃策的人，都在談論眼前一時的安定，卻不顧齊國長遠的利益。那些主張合縱而遊說大王的人，必定說齊國是一個西面有強大的趙國，南面有韓國和魏國，東面背靠大海的國家，土地遼闊，百姓眾多，兵士勇猛善戰，即使有一百個秦國，也不能奈何得了齊國。大王只是看到了他們所說的那些，卻沒有看到事情的實質所在。」

※原文

「夫從人朋黨比周①，莫不以從為可。臣聞之，齊與魯三戰而魯三勝，國以危，亡隨其後，雖有勝名而有亡之實，是何故也？齊大而魯小。今趙之與秦也，猶齊之與魯也。秦、趙戰於河漳之上，再戰而再勝秦；戰於番吾之下，再戰而再勝秦。四戰之後，趙亡卒數十萬，邯鄲僅存。雖有勝秦之名，而國破矣！是何故也？秦強而趙弱也。今秦、楚嫁子取婦，為昆弟之國；韓獻宜陽，魏效河外，趙入朝黽池②，割河間以事秦。大王不事秦，秦驅韓、魏攻齊之南地，悉趙涉河關，指搏關，臨淄、即墨非王之有也。國一日被攻，雖欲事秦，不可得也。是故願大王孰計之。」

齊王曰：「齊僻陋隱居，托於東海之上，未嘗聞社稷之長利。今大客幸而教之，請奉社稷以事秦。」獻魚鹽之地三百於秦也。

※注釋

①朋黨比周：朋黨指同類的人為了私利結合成小集團。後世專指政治鬥爭中結合而成的派別、團體。如唐朝中葉有牛僧孺、李德裕的朋黨之爭，宋仁宗時，歐陽修、尹洙、余靖等也被人視為朋黨。比周，結黨營私。②黽池：地名，即現在的河南省澠池縣。

※譯文

「主張合縱的人都互相結黨，不認為合縱的策略不好。臣聽說，齊國和魯國打了三次，魯國三次都戰勝，但魯國緊隨其後地滅亡了。即使有戰勝的名聲，卻陷入滅亡的事實，這是什麼原因呢？因為齊國大而魯國小。如今趙國和秦國相比，就如同魯國和齊國。秦、趙兩國的軍隊在漳水之上交戰，打了兩次，兩次都戰勝秦國；後來又在番吾山之下交戰，還是打了兩次，兩次都戰勝秦國。但四次戰爭之後，趙國損失幾十萬士兵，僅僅剩下都城邯鄲了。即使有了戰勝秦國的名聲，但是趙國卻因此走向衰敗。這是什麼原因呢？是因為秦國強大而趙國弱小。現在秦、楚兩國之間互通婚姻，結成兄弟盟國；韓國獻出宜陽，魏國獻出河外給秦國，趙國到秦邑澠池朝貢秦國，並且割讓河間侍奉秦國。如果大王不侍奉秦國，秦國就會驅使韓、魏兩國攻打齊國的南部地區，然後還將全部徵調趙國之兵渡過河關，長驅直入進攻搏關，這樣一來，臨淄和即墨就不歸大王所有了。國家一旦被攻破，即使想要再侍奉秦國，也是不可能了。因此希望大王慎重考慮這件事。」齊宣王說：「齊國地處邊遠偏僻的地方，而且東臨大海，還沒有考慮過國家的長遠利益。今天有幸得到貴客的賜教，寡人願意以國家來侍奉秦國。」於是齊國割讓出產魚鹽的土地三百里給秦國。

※讀解

繼蘇秦遊說齊王之後，主張連橫的張儀又代表秦國的利益來遊說他，希望齊國放棄合縱政策，親善秦國。

蘇秦自從促成六國合縱聯盟之後，知道雖然取得了榮華富貴，但想要長期占據要位，長期保持榮華富貴的生活，需要能夠有人和他的合縱政策相抗衡，使自己長期得到六國的需要。所以他尋找能夠破壞合縱政策的對手。當他遊說燕國和趙國成功之後，就開始擔心秦國會突然襲擊趙國，破壞自己經過努力終於促成的聯盟。但另一方面，他又擔心合縱政策一旦實現，就沒有什麼事情可做了。於是他找來同學張儀，想讓他到秦國去，推遲秦國向六國發動戰爭的時間，將張儀培養成為自己的對手。

當時的張儀還是一介平民，應蘇秦的邀請，到蘇秦那裡謀求富貴。張儀見到蘇秦，但蘇秦對他百般刁難和侮辱。在蘇秦的激將法之下，張儀羞憤而去，來到秦國，向秦國獻連橫破縱的計策，和蘇秦唱起對臺戲。

本篇寫的是張儀來到齊國，遊說齊王。張儀向齊王強調國家力量的重要意義，強調國家力量要比一兩次戰爭的勝敗更為重要。他極力宣揚秦國力量的強大，要求齊國向秦國稱臣，割地以求得國家的安全。

張儀一邊論證秦國連橫政策，以及其他國家在和秦國的鬥爭過程中，逐漸失去了強國的地位，逐漸衰落的事實，一邊不忘分散合縱，攻擊合縱政策的錯誤和不合時宜。

隨著秦國力量的逐漸增強，張儀的遊說態度也越來越強硬，一邊拉攏，一邊恐嚇威脅。最後，齊王不得不懾服於秦國的淫威，透過割地來取得暫時的安全。

張儀事秦惠王

※原文

張儀事秦惠王。惠王死，武王立，左右惡張儀，曰：「儀事先王不忠。」言未已，齊讓[①]又至。

張儀聞之，謂武王曰：「儀有愚計，願效之王。」王曰：「奈何？」曰：「為社稷計者，東方有大變，然後王可以多割地。今齊王甚憎張儀，儀之所在，必舉兵而伐之。故儀願乞不肖身而之梁，齊必舉兵而伐之。齊、梁之兵連於城下，不能相去，王以其間伐韓，入三川，出兵函谷而無伐，以臨周，祭器[②]必出，挾天子，案圖籍[③]，此王業也。」王曰：「善。」乃具革車三十乘，納之梁。

※注釋

①讓：責問，責備。②祭器：祭祀時用的器具。③圖籍：地圖和戶籍。

※譯文

張儀侍奉秦惠文王。秦惠文王死後，左右侍臣向繼位的秦武王詆毀張儀，說：「張儀侍奉先王不忠誠。」

這件事情還沒有過去，齊國的使者又前來譴責秦武王的罪過，指責他不應該重用張儀。

張儀聽說這件事情，對秦武王說：「臣有一條愚計，願意進獻給大王。」秦武王說：「什麼計策？」張儀說：「為國家社稷考量，若崤山以東的六國發生大的變動，之後大王就能多獲得六國的割地。如今齊王憎恨臣，無論臣在哪裡，他必然會發動軍隊來攻打到哪裡。所以臣願乞求以這不肖之身到魏國去，齊國必定發動軍隊攻打魏國。當齊、魏兩國的軍隊在大梁城下開戰，都無法脫身的時候，大王可趁機攻打韓國，進入三川，使秦兵發動軍隊出函谷關時，能夠無所阻攔，逼近兩周邊境，天子的祭器必然要獻出來，然後挾天子，按圖籍，稱王天下，這是成就帝王霸業的好機會啊！」秦武王說：「好。」於是派出三十輛兵車，將張儀送到魏國的都城大梁。

※原文

齊果舉兵伐之。梁王大恐。張儀曰：「王勿患，請令罷齊兵。」乃使其舍人馮喜之楚，藉使之齊。齊、楚之事已畢，因謂齊王：「王甚憎張儀，雖然，厚矣王之托儀於秦王也。」齊王曰：「寡人甚憎張儀，儀之所在，必舉兵伐之，何以托儀也？」對曰：「是乃王之托①儀也。儀之出秦，固與秦王約曰：『為王計者，東方有大變，然後王可以多割地。齊王甚憎儀，儀之所在，必舉兵伐之。』『故儀願乞不肖身而之梁，齊必舉兵伐梁。梁、齊之兵連於城下不能去，王以其間伐韓，入三川，出兵函谷而無伐，以臨周，祭器必出，挾天子，案圖籍，是王業也。』秦王以為然，與革車三十乘而納儀於梁。而果伐之，是王內自罷而伐與國，廣鄰敵以自臨，而信儀於秦王也。此臣之所謂托儀也。」王曰：「善。」乃止。

※注釋

①托：抬舉。

※譯文

齊王果然發動軍隊攻打魏國。魏王大為驚恐。張儀說：「大王不要憂慮，臣可以讓齊國退兵。」於是張儀派他的門客馮喜到楚國去，馮喜以楚國使者的身分出使齊國。馮喜處理完齊、楚之間的事務，就對齊王說：「大王十分憎恨張儀，既然如此，大王為什麼在秦王面前如此抬舉張儀呢？」齊王說：「寡人非常憎恨張儀，張儀在哪裡，寡人一定打到哪裡，先生怎麼說寡人抬舉張儀呢？」

馮喜說：「這正是大王抬舉張儀。張儀離開秦國的時候，本就和秦武王密謀：『為大王考慮，若崤山以東的六國發生大的變動，之後大王就能多獲得六國的割地。如今齊王憎恨臣，無論臣在哪裡，他必然會發動軍隊攻打到哪裡。』『所以臣願乞求以這不肖之身到魏國去，齊國必定發動軍隊攻打魏國。當齊、魏兩國的軍隊在大梁城下開戰，都無法脫身的時候，大王可趁機攻打韓國，進入三川，使秦兵發動軍隊出函谷關時，能夠無所阻攔，逼近兩周邊境，天子的祭器必然要獻出來，然後挾天子，按圖籍，稱王天下，這是成就帝王霸業的好機會啊！』秦王認為他說得很有道理，就用三十輛兵車將張儀送到大梁。而大王果然發動軍隊來攻打魏國，這樣一來，就使貴國百姓疲弊，並攻打自己的盟國，樹立了很多的敵人，而使自己陷入不利的境地，使張儀更加受到秦王的寵信。這就是臣所說的抬舉張儀。」齊王說：「說得對。」就下令停止攻打魏國。

※讀解

張儀憑藉自己的努力和三寸不爛之舌，在秦國取得榮華富貴，但也遭到同僚的嫉妒。秦惠文王死後，秦武王繼位。張儀的勢力和地位受到威脅。除了來自同僚在新王面前的誹謗和詆毀，同時也遭到其他諸侯國的指責。

張儀是靠自己的能力取得現有的榮華富貴，雖然秦國朝廷政治的變化為自己帶來不利的影響，但他還是靠著自己的努力，保全自己所獲得的一切，並進一步取得新王的信任。

昭陽為楚伐魏

※原文

昭陽[①]為楚伐魏，覆軍殺將得八城。移兵而攻齊。陳軫為齊王使，見昭陽，再拜賀戰勝，起而問：「楚之法，覆軍殺將，其官爵何也？」昭陽曰：「官為上柱國[②]，爵為上執圭[③]。」陳軫曰：「異貴於此者何也？」曰：「唯令尹耳。」陳軫曰：「令尹貴矣！王非置兩令尹也，臣竊為公譬可也。楚有祠者，賜其舍人卮酒。舍人相謂曰：『數人飲之不足，一人飲之有餘。請畫地為蛇，先成者飲酒。』一人蛇先成，引酒且飲之，乃左手持卮，右手畫蛇，曰：『吾能為之足。』未成，一人之蛇成，奪其卮曰：『蛇固無足，子安能為之足。』遂飲其酒。為蛇足者，終亡其酒。今君相楚而攻魏，破軍殺將得八城，又移兵，欲攻齊，齊畏公甚，公以是為名居足矣，官之上非可重也。戰無不勝而不知止者，身且死，爵且後歸，猶為蛇足也。」昭陽以為然，解軍而去。

※注釋

①昭陽：楚國的大將，掌管軍事大權。②上柱國：官名，楚國最先設立，為國家最高武官。唐朝以後，為勳官稱號。③上執圭：先秦時諸侯國最高爵位名。圭，上尖下長方形的貴重玉器。

※譯文

楚國的大將昭陽率領楚國軍隊進攻魏國，打敗魏國的軍隊，殺了魏軍的將領，攻取八座城池。然後，又調動軍隊轉戰攻打齊國。陳軫擔任齊王的使者，會見昭陽，再拜之後，向他祝賀楚軍取得的勝利，起來向昭陽問道：「依照楚國的律法，打敗敵軍殺死敵人能封什麼官爵？」昭陽說：「官可以被封為上柱國，爵可以被封為上執圭。」陳軫說：「比這更尊貴的官爵還有什麼？」昭陽說：「那就只有令尹了。」陳軫說：「令尹是最尊貴的官位啊！但楚王是不會設置兩個令尹的，我可以為將軍打個比方。楚國有個貴族祭祀祖先，把一壺酒賜給他的門客。門客商量說：『只有一壺酒，幾個人不夠喝，一個人喝不完。請大家都在地上畫一條蛇，誰先畫成便一個人喝這壺酒。』其中有一個門客先完成了，把酒壺拿在手裡正準備喝，左手拿著酒，右手還在地上畫蛇，說：『我還能為蛇添上腳呢。』蛇足還沒有添完，另外一個門客的蛇也畫好了，奪過他手中的酒壺，說：『蛇本來就沒有腳，你怎麼能硬給牠畫上腳呢？』說完就將酒喝完了。而為蛇添足的那個門客最終也沒有喝到酒。如今將軍輔佐楚王攻打魏國，打敗魏國的軍隊，殺了魏軍的將領，攻取八座城池，又轉戰想要攻打齊國，齊國人非常害怕您，就憑這些，將軍足以立身揚名了，而在官位上是不會再有什麼加封的。戰無不勝卻不懂得適可而止的人，只會招來殺身之禍，官爵也將被別人占有，就像畫蛇添足一樣！」昭陽認為他說得有道理，就撤兵離去了。

※讀解

本篇提到一個著名的寓言故事：畫蛇添足。做事情要掌握適度的原則，如果在取得一定成績之後，不知道適可而止，那麼在前面等待你的可能就是失敗和災禍。

西元前三二三年，楚國大將昭陽率領楚國軍隊打敗魏國軍隊，取得勝利之後，轉而又攻打齊國。陳軫代表齊國的利益前去勸說昭陽停止軍事行動，適可而止，不要做畫蛇添足的事情。從本篇我們可以得到這樣的啟示，在勸諫別人的時候，如果講一個貼切的寓言故事，往往要比單純地講道理更能深入人心，也能取得更好的效果。

秦攻趙長平

※原文

秦攻趙長平，齊、燕救之。秦計曰：「齊、燕救趙，親，則將退兵；不親，則且遂攻之。」趙無以食，請粟於齊，而齊不聽。周子①謂齊王曰：「不如聽之以卻秦兵，不聽則秦兵不卻，是秦之計中，而齊、燕之計過矣。且趙之於燕、齊，隱蔽也，猶齒之有脣也，脣亡則齒寒。今日亡趙，則明日及齊、楚矣。且夫救趙之務，宜若奉漏甕，沃焦釜。夫救趙，高義也；卻秦兵，顯名也。義救亡趙，威卻強秦兵，不務為此，而務愛粟，則為國計者過矣。」

※注釋

①周子：《戰國策》中以周子指稱蘇秦。

※譯文

秦國攻打趙國的長平，齊、燕兩國發兵援救趙國。秦王分析說：「齊、燕兩國來救趙國，如果他們聯合作戰，寡人就退兵；如果他們不聯合在一起，寡人就趁勢攻打他。」趙軍沒有糧食，派人向齊國借糧，但是齊王不答應借糧。周子對齊王說：「大王不如把糧米暫借趙國，讓他擊退秦兵，如果不借的話，秦國就不會退兵。這樣一來就中了秦國的計謀，而齊、燕兩國的計策就落空了。而且趙對於燕、齊兩國來說，正是阻擋秦國的天然屏障，這正如同牙齒和嘴脣的關係一樣，沒有嘴脣，牙齒就會感到寒冷。今天趙國遇到亡國的災禍，明天亡國的災禍就會降臨到齊、楚兩國頭上。因此救援趙國就如同捧著漏甕來澆滅燒焦的鍋一樣，是當務之急啊！再說，救趙是一種高尚的義舉，能打退秦國，也可以使名聲顯耀。仗義援救面臨危亡的趙國，以我國的威力打退強大的秦國軍隊，若不做這件事，只是吝嗇借出糧食，這是國家戰略決策的失誤啊！」

※讀解

秦國攻打趙國的長平，按照合縱聯盟的約定，齊國和燕國來救援趙國。秦國針對這種情況，決定採取靈活的策略，如果齊國和燕國聯合作戰，就退兵，否則的話就繼續攻打。在戰爭進行過程中，趙國的軍隊斷了糧食，要向齊國借。但是齊國並不想借糧食給趙國。在這種情況下，齊國的謀臣周子勸諫齊王，希望齊王將糧食借給趙國，以此來保全趙國。他指出，趙國和齊國是嘴脣和牙齒的關係，如果齊國不借糧食給趙國，就會使趙國亡國；趙國一旦亡國，那麼秦國下一個侵略的目標就是齊國。

「脣亡齒寒」的比喻生動而貼切，恰如其分地表明趙國和齊國之間的地理位置關係。所以也有說服的作用，使齊王答應借給趙國糧食，透過保全趙國來保全齊國。現在，「脣亡齒寒」已經成為一個成語，形容兩件事物之間相互依附、不可分割的關係。

楚王死

※原文

楚王死[①]，太子在齊質。蘇秦謂薛公[②]曰：「君何不留楚太子以市其下東國[③]？」薛公曰：「不可，我留太子，郢中立王，然則是我抱空質[④]而行不義於天下也。」蘇秦曰：「不然，郢中立王，君因謂其新王曰：『與我下東國，吾為王殺太子，不然，吾將與三國共立之。』然則下東國必可得也。」

蘇秦之事，可以請行；可以令楚王亟入下東國；可以益割於楚；可以忠太子而使楚益入地；可以為楚王走太子；可以忠太子，使之亟去；可以惡蘇秦於薛公；可以為蘇秦請封於楚；可以使人說薛公以善蘇子；可以使蘇子自解於薛公。

※注釋

①這裡的楚王是楚懷王，被張儀所欺騙，到秦國和秦武王相會，被秦國挾持，死在秦國。②薛公，即孟嘗君田文。③下東國，楚國的東部城邑，靠近齊國。④抱空質，意思是說楚自立國君，楚國在齊國的質子就沒有用處了。

※譯文

楚懷王死在秦國時，太子正在齊國當質子。蘇秦就對擔任齊國相國的孟嘗君田文說：「您為什麼不扣留楚國太子，用他和楚國交換下東國的土地呢？」孟嘗君說：「不能這麼做，如果我扣留了楚國太子，而楚國又冊立新的國君，這樣的話挾持質子就失去意義，還會落得不義的名聲。」蘇秦說：「事情不是這樣的，楚國一旦冊立新的國君，您就可以挾持著太子對新冊立的楚王說：『如果楚國能割讓下東國的土地，我就為大王殺掉太子；若不願割讓土地的話，我將聯合秦國、韓國和魏國，共同擁立太子做楚國的國君。』這樣下東國的土地必定能夠得到。」

蘇秦的計謀有多種好處，可以請求出使楚國；可以迫使楚王儘快割讓下東國的土地給齊國；可以繼續讓楚國割讓更多的土地給齊國；可以假裝忠於太子，迫使楚國增加割讓土地的數量；可以替楚王趕走太子；可以假裝替太子著想而讓他離開齊國；可以藉此事在孟嘗君那裡詆毀自己趁機取得楚國的封地；也可以讓人說服孟嘗君善待蘇秦，也可以用蘇秦自己的計謀來解除孟嘗君對自己的戒心。

※原文

蘇秦謂薛公曰：「臣聞『謀泄者事無功，計不決者名不成』。今君留太子[1]者，以市下東國也。非亟得下東國者，則楚之計變，變則是君抱空質而負名與天下也。」薛公曰：「善。為之奈何？」對曰：「臣請為君之楚，使亟入下東國之地。楚得成，則君無敗矣。」薛公曰：「善。」因遣之。

謂楚王曰：「齊欲奉天子而立之。臣觀薛公之留太子者，以市下東國也。今王不亟入下東國，則太子且倍王之割而使齊奉己。」楚王曰：「謹受命。」因獻下東國。故曰可以使楚亟入地也。

謂薛公曰：「楚之勢，可多割也。」薛公曰：「奈何？」「請告太子其故，使太子謁之君，以忠太子，使楚王聞之，可以益入地。」故曰可以益割於楚。

謂太子曰：「齊奉太子而立之，楚王請割地以留太子，齊少其地。太子何不倍楚之割地而資齊，齊必奉太子。」太子曰：「善。」倍楚之割而延齊。楚王聞之恐，益割地而獻之，尚恐事不成。故曰可以使楚益入地也。

※注釋

①太子，楚懷王的兒子。

※譯文

蘇秦對孟嘗君說：「我聽說，『計謀洩露所做的事情就不會成功，遇事猶豫不決就難以成名』。現在您扣留太子，是為了得到下東國的土地，如果不儘快行動，恐怕楚人會另有算計，您便會處於白白扣留質子而身負不義名聲的尷尬境地。」孟嘗君說：「先生說得很對，但是我該怎麼辦呢？」蘇秦回答說：「我願意為您出使楚國，遊說它盡快割讓下東國的土地。一旦得到土地，您就成功了。」孟嘗君說：「有勞先生了。」於是派蘇秦出使楚國。

蘇秦來到楚國，對新冊立的楚王說：「齊國想要奉太子為楚國的國君。孟嘗君想要用太子來交換貴國下東國的土地。現在大王如果不儘快割讓下東國的土地給齊國，那麼太子就會用比大王多出一倍的土地，換取齊國對自己的支持。」楚王說：「寡人謹遵命令！」於是獻出下東國的土地。可見蘇秦的計策能使楚王馬上割讓土地。

蘇秦回到齊國，對孟嘗君說：「看楚國的態勢，還可以割取更多的土地。」孟嘗君說：「先生有何辦法？」蘇秦回答說：「請讓我把內情告訴太子，讓他前來見您，您假意表示支持他回國執政，然後故意讓楚王知道，這樣可以讓楚國割讓更多的土地。」可見蘇秦的計策可以從楚國割取更多的土地。

蘇秦去見楚國太子，對他說：「齊國擁立太子為楚王，可是新立的楚王卻以土地賄賂齊國來扣留太子。齊國嫌得到的土地太少，太子為什麼不用更多的土地許諾齊國呢？如果這樣的話，齊國一定會支持您。」太子說：「好。」太子就許諾割讓比楚王多出一倍的土地給齊國。楚王聽到這個消息，非常恐慌，就割讓更多的土地，即使這樣還是害怕事情不能成功。可見蘇秦的計策可以讓楚王割讓更多的土地。

※原文

謂楚王曰：「齊之所以敢多割地者，挾太子也。今已得地而求不止者，以太子權王也。故臣能去太子。太子去，齊無辭，必不倍於王也。王因馳強齊而為交，齊辭，必聽王。然則是王去仇而得齊交也。」楚王大悅，曰：

「請以國因。」故曰可以為楚王使太子亟去也。

謂太子曰：「夫剬[1]楚者王也，以空名市者，太子也，齊未必信太子之言也，而楚功見矣。楚交成，太子必危矣。太子其圖之。」太子曰：「謹受命。」乃約車而暮。故曰可以使太子急去也。

蘇秦使人請薛公曰：「夫勸留太子者，蘇秦也。蘇秦非誠以為君也，且以便楚也。蘇秦恐君之知之，故多割楚以滅跡也。今勸太子者，又蘇秦也，而君弗知，臣竊為君疑之。」薛公大怒於蘇秦。故曰，可使人惡蘇秦於薛公也。

又使人謂楚王曰：「夫使薛公留太子者，蘇秦也；奉王而代立楚太子者，又蘇秦也，割地固約者，又蘇秦也；忠王而走太子者，又蘇秦也；今人惡蘇秦於薛公，以其為齊薄而為楚厚也。願王之知之。」楚王曰：「謹受命。」因封蘇秦為武貞君。故曰可以為蘇秦請封於楚也。

又使景鯉[2]請薛公曰：「君之所以重於天下者，以能得天下之士，而有齊權也。今蘇秦天下之辯士也，世與少有。君因不善蘇秦，則是圍塞天下士，而不利說途也。夫不善君者且奉蘇秦，而於君之事殆矣。今蘇秦善於楚王，而君不蚤[3]親，則是身與楚為仇也。故君不如因而親之，貴而重之，是君有楚也。」薛公因善蘇秦。故曰可以為蘇秦說薛公以善蘇秦。

※注釋

①剬：制約。②景鯉，姓景名鯉，楚懷王的相國。③蚤：通「早」。

※譯文

蘇秦又來到楚國，對楚王說：「齊人之所以膽敢割取楚國那麼多的土地，是因為他們挾持了太子。如今雖然得到了土地，但還是要求割讓土地，不知休止，這是有太子做要脅的緣故。臣願意設法趕走太子，太子一走，齊國沒有人質，必然不敢再向大王索要土地了。大王趁著這個機會和齊國達成一致協定，與之結交，齊國人一定會接受大王的要求。這樣一來，既消除讓大王寢食難安的政敵，還結交到強大的齊國。」楚王聽了十分高興，說：「寡人將楚國託付給先生了。」可見蘇秦的計策可以替楚王早日趕走太子。

蘇秦又來見太子，對他說：「如今掌握國家政權的是楚王，太子您不過是空有虛名，齊國未必相信太子的許諾，而新楚王已經割讓土地給齊國。一旦齊、楚兩國交好，太子就有可能成為其中的犧牲品，請太子早做打算。」太子說：「謹聽先生之命。」於是太子準備好車輛，乘車連夜逃走了。可見蘇秦的計策能儘早打發太子離開齊國。

蘇秦又派人對孟嘗君說：「勸您扣留太子的，是蘇秦。但他不是忠誠於您的人，他其實在為楚國的利益而奔忙。他唯恐您察覺這件事，就透過多割讓楚國土地的做法以掩飾自己真實目的。這次勸說太子連夜逃走的也是蘇秦，可是您又不知道，我私底下為您懷疑他的用心。」孟嘗君非常生氣，惱恨蘇秦。可見蘇秦的計策可以使人到孟嘗君那裡詆毀自己。

蘇秦又派人對楚王說：「讓孟嘗君扣留太子的是蘇秦，奉王而代立楚太子的也是蘇秦，割地來達成協議的是蘇秦，忠於大王而驅逐太子的依然是蘇秦。現在有人在孟嘗君那裡詆毀蘇秦，說他厚楚而薄齊，一心為大王效勞，希望大王能知道這些情況。」楚王說：「寡人知道了。」於是封蘇秦為武貞君。可見蘇秦的計策能為自己得到楚國的封賞。

蘇秦又透過景鯉對孟嘗君說：「您之所以名重天下，是因為您能延攬天下有才之士，從而控制齊國的政局。如今蘇秦乃是天下出類拔萃的辯說之士，當世少有。閣下如果不加以接納，一定會閉塞吸納賢才的道路，也不利於開展遊說策略。萬一您的政敵重用蘇秦，您就會產生危機了。現在蘇秦很得楚王的寵信，如果不及早結交蘇秦，就很容易和楚國結下仇恨。所以說，您不如順水推舟，和他親近，給他榮華富貴，您就能得到楚國的支持。」於是孟嘗君和蘇秦言歸於好。可見蘇秦的計策可以說服孟嘗君善待自己。

※讀解

本篇充分展現蘇秦作為謀臣的風範，憑藉著他三寸不爛之舌，使齊國和楚國之間的關係千變萬化，而這一切似乎都掌握在他一個人的手中。

一件事情有許多的發展趨勢和可能，但它具體朝向哪個方向發展，人們只能在一定程度上進行控制。這種程度，可大可小。而正是這種程度大小的區別，區別出人的因素在參與事件的過程中的作用大小。

在本篇所敘述的事件中，蘇秦發揮了巨大的影響，自始至終控制著事態的發展。本篇可以讓人們領略到縱橫家的智慧是多麼高深，他們能夠遊刃有餘的操縱和掌握某些歷史事件的進程。

孟嘗君將入秦

※原文

孟嘗君[1]將入秦，止者千數而弗聽。蘇秦欲止之，孟嘗曰：「人事者，吾已盡知之矣；吾所未聞者，獨鬼事耳。」蘇秦曰：「臣之來也，固不敢言人事也，固且以鬼事見君。」

孟嘗君見之。謂孟嘗君曰：「今者臣來，過於淄上，有土偶[2]人與桃梗[3]相與語。桃梗謂土偶人曰：『子，西岸之土也，挺子以為人，至歲八月，降雨下，淄水至，則汝殘矣。』土偶曰：『不然。吾西岸之土也，吾殘，則復西岸耳。今子，東國之桃梗也，刻削子以為人，降雨下，淄水至，流子而去，則子漂漂者將何如耳。』今秦四塞之國，譬若虎口，而君入之，則臣不知君所出矣。」孟嘗君乃止。

※注釋

①孟嘗君：薛公靖郭君田嬰的兒子，名文，號孟嘗君。②土偶：泥塑的偶像。③桃梗：用桃木製作的木偶。舊俗認為桃木可以避邪，往往置桃梗於門前。

※譯文

孟嘗君準備到秦國去，前來勸阻他的人非常多，但他一概不聽。蘇秦也想勸阻他，孟嘗君說：「關於人的事情，我已經都知道了；我所沒有聽說過的，只有鬼的事情了。」蘇秦說：「我這次來，本來就沒有打算談人的事情，而是打算和您談論鬼的事情才來見您的。」

孟嘗君接見了他。蘇秦對孟嘗君說：「我這次來齊國，路經淄水，聽見一個土偶和一個桃人在說話。桃人對土偶說：『你原是西岸的土，被捏成人的模樣，到八月的時候，天降大雨，淄水沖過來，你就會被沖得殘缺不全了。』土偶說：『你說得不對。我是西岸的土，即使我殘缺不全了，那也是仍舊在西岸。但是你呢，你是東國的桃木，被雕刻成人的模樣，天降大雨，淄水沖過來，就會把你沖走，那麼你還不知漂流到哪裡去呢？』現在秦國四面都是險山要塞，就像虎口一樣，您進去了，我不知道您是不是能夠安然歸來。」孟嘗君於是就不去秦國了。

※讀解

孟嘗君將要前往秦國，但他的勢力全在齊國。所以得知他要到秦國去，前來進諫的人數以千計。蘇秦也來進諫。無疑只有蘇秦的勸說起了作用，使孟嘗君打消到秦國的念頭。而蘇秦信口胡編寓言的能力也讓人不得不佩服。但他的寓言非常貼切，也深入人心，從結果看，孟嘗君從這個寓言中悟到了蘇秦所要講述的道理。

從這段文字中我們也可以得到這樣的啟示，那就是一個人在社會中求得生存和發展，需要有一定的人際關係和施展能力的環境。突然放棄已經經營得很好的領域，轉到另一個完全陌生的地方求得生存和發展，這就需要慎重考慮了。

孟嘗君舍人

※原文

孟嘗君舍人，有與君之夫人相愛者。或以問孟嘗君曰：「為君舍人而內與夫人相愛，亦甚不義矣，君其殺之。」君曰：「睹貌而相悅者，人之情也，其錯之勿言也。」居期年①，君召愛夫人者而謂之曰：「子與文遊久矣，大官未可得，小官公又弗欲。衛君與文布衣交，請具車馬皮幣，願君以此從衛君遊。」於衛甚重。

※注釋

①居期年：期，一周年。即過了一年，第二年。

※譯文

在孟嘗君門客當中，有個門客喜歡孟嘗君的夫人。有人把這事告訴孟嘗君，說：「做您的門客卻喜歡您的夫人，這個人太不仗義了，您要殺了他。」孟嘗君說：「看到別人長得好看而心生愛慕之心，這是人之常情，你就不要再提這件事了。」過了一年，孟嘗君找來那個喜歡他夫人的門客，對他說：「先生在我這裡已經很久了，一直沒能為先生安排大的官職，小的官職先生又不願赴任。衛君和我是布衣之交，我為先生準備了車馬和盤纏，先生乘車帶上盤纏去報效衛君吧。」這個門客到了衛國以後，衛君很器重他。

※原文

齊、衛之交惡，衛君甚欲約天下之兵以攻齊。是人謂衛君曰：「孟嘗君不知臣不肖，以臣欺君。且臣聞齊、衛先君，刑馬壓羊①，盟曰：『齊、衛後世無相攻伐，有相攻伐者，令其命如此。』今君約天下之兵以攻齊，是足下倍先君盟約而欺孟嘗君也。願君勿以齊為心。君聽臣則可；不聽臣，若臣不肖也，臣輒以頸血湔②足下衿。」衛君乃止。齊人聞之曰：「孟嘗君可謂善為事矣，轉禍為功。」

※注釋

①刑馬壓羊：殺馬宰羊。壓，也是殺的意思。②湔：通「濺」。濺灑。

※譯文

後來齊、衛兩國關係惡化，衛君想集結各國諸侯去進攻齊國。那個門客對衛君說：「孟嘗君不知道臣無德無能，把臣引薦給大王。而且臣聽聞，過去齊、衛兩國的國君殺馬宰羊，共同立下盟約：『齊、衛兩國的後代不互相攻打，如果違背誓言互相攻打的，下場如同此馬和羊！』如今大王約集天下諸侯，準備進攻齊國，正是大王您違背了先王的盟約，而且還欺騙了孟嘗君。希望大王不要再把征伐齊國的事放在心上。大王聽從臣的勸告也就罷了，如果不聽的話，就是臣這樣不肖的，也會把自己脖頸裡的血濺到您的衣襟上！」衛君於是打消攻打齊國的計畫。齊國人聽到這件事，說：「孟嘗君真可說是善於待人處事啊，因此能夠轉危為安。」

※讀解

孟嘗君是戰國四君子之一，他的門下養了許多門客。他之所以能領導和管理好眾多的門客為他服務，很重要的一點就是他有很寬廣的胸懷和度量。正所謂「宰相肚裡能撐船」，孟嘗君的這個優點使他成就了一世英名和蓋世的事業。

有個門客居然喜歡自己的夫人，這在許多男人心裡都是無法容忍的事情。但孟嘗君就不把他放在心上。之所以這樣，是因為他對人性有更多的了解，他認為「睹貌而相悅者，人之情也」。這和我們現在所說的「愛美之心，人皆有之」有異曲同工之妙。在這個基礎上，他又有寬宏大量的胸懷，所以一件旁人都無法容忍的事情，在孟嘗君看來，根本不算什麼，和門客相安無事。後來由於諸侯國間關係變化，孟嘗君將那個門客派到了衛國。孟嘗君的胸懷寬廣在這個時候發揮作用，齊衛息戰這件事情也得到了齊國人的高度評價。

從這段文字我們可以看出，領導者一定要具有寬廣的胸懷，要有容人的肚量。只有這樣才能吸引和管理好更多的人才為自己服務。金無足赤，人無完人。領導者需要人才所做的只是專業方面的貢獻，如果要對人才進行全面嚴格的要求，那麼也就沒有幾個人可以為自己所用了。

孟嘗君出行五國

※原文

孟嘗君出行五國，至楚，楚獻象床。郢之登徒直使送之，不欲行。見孟嘗君門人公孫戍曰：「臣，郢之登徒也，直送象床。象床之值千金，傷此若發秒[1]，賣妻子[2]不足償之。足下能使僕無行，先人有寶劍，願得獻之。」

公孫曰：「諾。」

※注釋

①發秒：發梢。比喻細微。②妻子：古代指妻子和孩子。現代只指妻子。

※譯文

孟嘗君出巡五國，來到楚國，楚王要送他一張象牙床。郢都一個姓登徒的人，正好值班負責送象牙床給孟嘗君，但是他不想去。於是找到孟嘗君的門客公孫戌說：「我是郢人登徒，如今我負責護送象牙床。象牙床價值千金，如果稍有損壞，即使賣掉妻室兒女也賠不起。您不如設法替我取消這個差使，我願意獻上先人寶劍來回報您。」公孫戌說：「好的。」

※原文

入見孟嘗君曰：「君豈受楚象床哉？」孟嘗君曰：「然。」公孫戌曰：「臣願君勿受。」孟嘗君曰：「何哉？」

公孫戌曰：「五國所以皆致相印於君者，聞君於齊能振達貧窮，有存亡繼絕之義。五國英傑之主，皆以國事累君，誠說君之義慕君之廉也。君今到楚而受象床，所未至之國，將何以待君？臣戌願君勿受。」孟嘗君曰：「諾。」

公孫戌趨[1]而去。未出，至中閨，君召而返之，曰：「子教文無受象床，甚善。今何舉足之高，志之揚也？」

公孫戍曰：「臣有大喜三，重之寶劍一。」孟嘗君曰：「何謂也？」公孫戍曰：「門下百數，莫敢入諫，臣獨入諫，臣一喜；諫而得聽，臣二喜；諫而止君之過，臣三喜。輸象床，郢之登徒不欲行，許戍以先人之寶劍。」孟嘗君曰：「善。受之乎？」公孫戍曰：「未敢。」曰：「急受之。」因書門版曰：「有能揚文之名，止文之過，私得寶於外者，疾入諫。」

※注釋

①趨，小步快走。

※譯文

於是公孫戍到孟嘗君的住處去見他，說：「賢公準備接受楚王送給您的象牙床嗎？」孟嘗君說：「是的。」公孫戍說：「臣希望您不要接受。」孟嘗君說：「為什麼呢？」公孫戍說：「五國之所以都拿相印授予您，只是因為聽說您在齊國能賑濟貧窮的善行，有存亡繼絕的義舉。五國英明傑出的國君，都將國家大事交給您，這實在是仰慕您的廉潔。今天您來到楚國接受了貴重的象牙床，那還未到的其他國家，又該拿什麼禮物送給您呢？所以臣希望您不要接受楚國的禮物。」孟嘗君說：「好的。」

公孫戍快步退了出去，還沒有離開，剛走到中門，孟嘗君又把他叫了回來，說：「先生叫田文不要接受象牙床之禮，這固然是一條很好的建議。但為何先生這麼樂不可支呢？」公孫戍說：「臣有三件大喜事，還有一把寶劍。」孟嘗君說：「先生所說的是什麼意思？」公孫戍說：「您有門客幾百人，但沒有人敢前來進諫，臣獨自來了，這是臣的一大喜事；進諫又被採納，這是臣的第二大喜事；進諫又能阻止您的過失，這是臣的第三大喜事。負責送象牙床的郢人登徒，不願意來送床，他答應臣如果取消了他的差使，就送臣一把先人留下的寶劍。」孟嘗君說：「很好。先生接受了嗎？」公孫戍說：「沒有得到您的允許，臣沒敢接受。」孟嘗君說：「趕快收下！」因為這件事，孟嘗君在門板上寫道：「誰能宣揚田文的名聲，阻止田文犯錯，即使私自在外獲得珍寶，也可迅速來進諫。」

※讀解

孟嘗君來到楚國，楚國要送給他一張象牙床作為禮物。但負責運送象牙床的差人擔心萬一將象牙床弄壞，就是賣掉自己的妻子孩子也賠償不起，所以乾脆不冒這個風險。但作為差人，又不能不執行命令。無奈只好向公孫戍求救，並以自家的祖傳寶劍作為報酬。

公孫戍貪圖這位差人的祖傳寶劍，就欣然答應他的請求，決定為他跑一趟。公孫戍成功地勸諫孟嘗君放棄接受象牙床禮物，但離開孟嘗君寓所的時候露出了馬腳，又被孟嘗君叫了回來，說明他失態的原因。公孫戍隨機應變，向孟嘗君報告說有三件喜事，另外還有一把祖傳的寶劍作為他勸諫成功的報酬。孟嘗君鼓勵他趕緊收下。公孫戍之所以能夠勸諫成功，也是因為孟嘗君是一個善於納諫的人，這在他後來在門板上寫下「有能揚文之名，止文之過，私得寶於外者，疾入諫」就可以證明。

齊欲伐魏

※原文

齊欲伐魏，淳于髡謂齊王曰：「韓子盧①者，天下之疾犬也。東郭逡②者，海內之狡兔也。韓子盧逐東郭逡，環山者三，騰山者五，兔極於前，犬廢於後，犬兔俱罷，各死其處。田父見而獲之，無勞倦之苦，而擅其功。今齊、魏久相持，以頓其兵，弊其眾，臣恐強秦、大楚承其後，有田父之功。」齊王懼，謝將休士也。

※注釋

①韓子盧：善跑的狗的名字。②東郭逡：善跑的兔子的名字。

※譯文

齊王打算攻打魏國。淳于髡對他說：「韓子盧是天下跑得最快的狗，東郭逡是天下跑得最快的狡兔。韓子盧追逐東郭逡，繞著大山跑了三圈，翻山跑了五趟，前面的兔子筋疲力盡，後面的狗也筋疲力盡，兔子和狗都累得跑不動了，倒在地上累死了。有個老農夫看見牠們，毫不費力就得到了一隻兔子和一條狗。如今齊、魏兩國相持不下，雙方士兵百姓都疲憊不堪，臣擔心秦、楚兩個強大國家會在後面偷襲我們，就像那個農夫一樣坐收現成利益。」齊王聽後覺得害怕，就下令將士們都停下來，不再說攻打魏國的事情了。

※讀解

我們對「鷸蚌相爭，漁翁得利」的寓言都很熟悉，本篇淳于髡勸諫齊王所引用的寓言和「鷸蚌相爭，漁翁得利」有異曲同工之妙。它們所蘊含的是同樣的道理。

最實惠的收穫莫過於不勞而獲，在現實的各種競爭當中我們要學會這種最實惠的收穫。要善於發現和利用對手之間的矛盾，甚至設法擴大對手的矛盾，從而坐收漁翁之利。但我們更應該注意的是，要警惕不要成為別人手中的鷸和蚌。當我們陷入了慘烈的競爭之後，不但沒有成功，而且還被人輕而易舉地掠去性命。這是最悲慘的失敗。

齊人有馮諼者

※原文

齊人有馮諼者，貧乏不能自存，使人屬孟嘗君，願寄食門下。孟嘗君曰：「客何好？」曰：「客無好也。」曰：「客何能？」曰：「客無能也。」孟嘗君笑而受之曰：「諾。」左右以君賤之也，食以草具。

居有頃，倚柱彈其劍，歌曰：「長鋏[1]歸來乎！食無魚。」左右以告。孟嘗君曰：「食之，比門下之魚客。」居有頃，復彈其鋏，歌曰：「長鋏歸來乎！出無車。」左右皆笑之，以告。孟嘗君曰：「為之駕，比門下之車客。」於是乘其車，揭其劍，過其友，曰：「孟嘗君客我。」後有頃，復彈其劍鋏，歌曰：「長鋏歸來乎！無以為家。」左右皆惡之，以為貪而不知足。孟嘗君問：「馮公有親乎？」對曰：「有老母。」孟嘗君使人給其食用，無使乏。

於是馮諼不復歌。

※注釋

①鋏：劍柄。

※譯文

齊國有個名叫馮諼的人，家境貧寒無法養活自己，託人請求孟嘗君，希望依附在他的門下當食客。孟嘗君說：「這人有什麼愛好嗎？」回答說：「沒有什麼愛好。」孟嘗君說：「這人有什麼才能嗎？」回答說：「也沒有什麼才能。」孟嘗君笑了笑，收留了他，說：「好吧。」孟嘗君身邊的人以為主人輕視馮諼，就讓他吃粗茶淡飯。

過不久，馮諼倚著柱子，彈劍打著節拍，唱道：「長劍呀，我們回去吧！吃飯沒有魚。」左右的人就把這件事告訴孟嘗君。孟嘗君吩咐說：「給他魚吃，待遇和其他的門客一樣。」不久，馮諼又彈著他的劍，唱道：「長劍呀，我們還是回去吧！出門沒有車坐。」孟嘗君說：「給他車坐，待遇和其他門客一樣。」於是馮諼坐著車子，帶著他的劍，去拜訪他的朋友，向他們誇耀說：「孟嘗君把我當作上客。」過了一段時間，馮諼又彈著他的劍，唱道：「長劍呀，我們回去吧！沒有什麼可以用來養家。」左右的人都討厭他，認為他貪得無厭。孟嘗君問：「馮先生的父母還健在嗎？」答道：「老母親健在。」孟嘗君於是派人把吃的和用的送去他家，不讓他母親窮困。馮諼從此就不再唱歌了。

※原文

後孟嘗君出記，問門下諸客：「誰習計會[①]，能為文收責[②]於薛者乎？」馮諼署曰：「能。」孟嘗君怪之，曰：「此誰也？」左右曰：「乃歌夫『長鋏歸來』者也。」孟嘗君笑曰：「客果有能也，吾負之，未嘗見也。」請而見之謝曰：「文倦於事，憒於憂，而性懧愚，沉於國家之事，開罪於先生。先生不羞，乃有意欲為收責於薛乎？」馮諼曰：「願之。」於是約車治裝，載券契而行，辭曰：「責畢收，以何市而反？」孟嘗君曰：「視吾家所寡有者。」驅而之薛，使吏召諸民當償者，悉來合券。券徧合，起矯命以責賜諸民，因燒其券，民稱萬歲。

※注釋

①計會：會計，總計收入。②責：債。

※譯文

後來，孟嘗君出了一個告示，問門下的食客說：「哪一位懂得會計，能為我到薛地收債呢？」馮諼署上自己的名字說：「我能。」孟嘗君看了感到奇怪，說：「這是哪一位呀？」左右的人回答說：「就是唱『長劍呀，我們回去吧』的那個人。」孟嘗君笑著說：「這位門客果然有才能，是我辜負了他，竟還沒有接見過他！」於是派人請他來見面，向他道歉說：「我整天被瑣事纏身，勞累憂心，神昏意亂，而且性情愚笨，只因政務纏身，而怠慢了先生。所幸先生不怪我，竟願意替我到薛地收債嗎？」馮諼說：「願意效勞。」於是孟嘗君叫人為他準備車馬和行裝，讓他載著債券契約出發，離開的時候，馮諼問：「收完債款後，要買些什麼回來？」孟嘗君說：

「先生看我家裡缺少什麼東西，就買吧！」馮諼趕著馬車來到薛地，叫官吏把欠帳該還的百姓都叫來，核對債券。債券都核對好之後，馮諼站起身來，假託孟嘗君的名義將債款賞給這些百姓，並燒掉券契文書，百姓感激高呼萬歲。

※原文

長驅到齊，晨而求見。孟嘗君怪其疾也，衣冠而見之，曰：「責畢收乎？來何疾也！」曰：「收畢矣。」「以何市而反？」馮諼曰：「君云『視吾家所寡有者』。臣竊計，君宮中積珍寶，狗馬實外廄，美人充下陳①。君家所寡有者，以義耳！竊以為君市義。」孟嘗君曰：「市義奈何？」曰：「今君有區區之薛，不拊愛子其民，因而賈②利之。臣竊矯③君命，以責賜諸民，因燒其券，民稱萬歲。乃臣所以為君市義也」孟嘗君不說，曰：「諾，先生休矣！」

※注釋

①下陳：堂下的庭院。②賈：謀取。③矯，假傳。

※譯文

馮諼直接驅車返齊，一大早就求見孟嘗君，孟嘗君見他這麼快就回來覺得很奇怪，穿戴好衣帽接見他，說：「債都收完了嗎？為什麼這麼快就回來了？」馮諼說：「都收完了。」孟嘗君問：「先生買了什麼東西回來？」

馮諼說：「您說過『買些家中缺少的東西』。我私下想了想，您宮中珍寶堆積，犬馬滿廄，美女成行。您家中所缺少的，只有仁義罷了！因此我自作主張為您買了仁義回來。」孟嘗君說：「先生，仁義怎麼買呢？」馮諼說：「殿下封地只有小小的薛地，不體恤薛地的百姓，反而在他們身上榨取利益。我私自假傳您的命令，將所有的債務都免了，並燒掉所有的債券，百姓都高聲歡呼萬歲，這就是我為您買的仁義呀！」孟嘗君很不高興的說：「我知道了，先生退下休息吧！」

※原文

後期年，齊王謂孟嘗君曰：「寡人不敢以先王之臣為臣。」孟嘗君就國於薛。未至百里，民扶老攜幼，迎君道中。孟嘗君顧謂馮諼：「先生所為文市義者，乃今日見之。」馮諼曰：「狡兔有三窟，僅得免其死耳。今君有一窟，未得高枕而臥也。請為君復鑿二窟。」孟嘗君予車五十乘，金五百斤，西游於梁，謂惠王曰：「齊放其大臣孟嘗君於諸侯，諸侯先迎之者，富而兵強。」於是梁王虛上位，以故相為上將軍，遣使者，黃金千斤，車百乘，往聘孟嘗君。馮諼先驅，誡孟嘗君曰：「千金，重幣也；百乘，顯使也。齊其聞之矣。」梁使三反，孟嘗君固辭不往也。

※譯文

過了一年，齊閔王對孟嘗君說：「寡人不敢用先王的舊臣來做寡人的臣子。」孟嘗君回到封地薛，距離薛地還有一百里時，當地的百姓就扶老攜幼，在路兩旁迎接孟嘗君。孟嘗君回過頭來對馮諼說：「先生為我買的仁義，今天才看到。」馮諼對孟嘗君接著進言說：「狡兔有三窟，才能夠免掉一死。現在您只有一個棲身之所，還不能做到高枕無憂，請讓我再為您鑿兩個藏身的洞穴吧。」孟嘗君就給他五十輛車、五百斤黃金往西去遊說魏國。馮諼來到魏國，對魏惠王說：「齊國放逐了大臣孟嘗君，諸侯當中誰能夠先得到他，誰就能富國強兵。」於是魏王空出相位，讓原來的相國當將軍，派出使節，以千斤黃金、百乘馬車去聘請孟嘗君。馮諼先趕回薛地對孟嘗君說：「千斤黃金是很貴重的聘禮，百乘馬車是很隆重的使節。齊國應該已經知道這件事了。」魏國的使者連續來了三次，但是孟嘗君堅決推辭不去任職。

※原文

齊王聞之，君臣恐懼，遣太傅齎黃金千斤，文車[①]二駟，服劍一，封書謝孟嘗君曰：「寡人不祥，被於宗廟之祟，沉於諂諛之臣，開罪於君，寡人不足為也。願君顧先王之宗廟，姑反國統萬人乎？」馮諼誡孟嘗君曰：「願請先王之祭器，立宗廟於薛。」廟成，還報孟嘗君曰：「三窟已就，君姑高枕為樂矣。」孟嘗君為相數十年，無纖介之禍者，馮諼之計也。

※注釋

①文車：雕刻有花紋的彩車。

※譯文

齊王聽到這件事，君臣恐懼，就派遣太傅帶著千斤黃金，兩乘四馬花車，並帶著一把寶劍，寫了一封書信，向孟嘗君道歉說：「都是寡人不好，遭受祖宗降下的災禍，聽信諂諛大臣的讒言，得罪了您，寡人愧為國君。請您看在先王宗廟的份上，暫且回國來治理萬民吧。」馮諼告誡孟嘗君說：「希望您像齊王請求將先王的祭器賞賜給您，並將宗廟立在薛地。」宗廟落成之後，馮諼向孟嘗君報告說：「三處藏身的洞穴都已經安排好了，您暫且可以高枕無憂了。」孟嘗君做了幾十年的相國，連一個小的禍患都沒有，所憑藉的正是馮諼的計策啊！

※讀解

我們可以把本文看成描寫馮諼的傳記。馮諼是孟嘗君的一個門客，起初貧困潦倒，後來投奔到孟嘗君的門下。本篇就講述了他為孟嘗君焚券市義，為他鑿了三窟，使孟嘗君一生免遭禍患的傳奇經歷。

馮諼是一個行為有些怪異的門客，但正是因為他的行為怪異，才使這個人物形象有了傳奇的迷人魅力。他的歌聲「長鋏歸來乎！食無魚」，「長鋏歸來乎！出無車」，「長鋏歸來乎！無以為家」，我們讀來如聞其聲，為他的個性所懾服的同時，也不禁慨嘆他的身世，擔憂他在眾多的門客當中，該怎樣立足，並長期待在孟嘗君的門下。

馮諼是一個才華不外現的門客。他焚燒債券為孟嘗君購買仁義的舉動讓我們感到驚奇，但更令人驚奇和佩服的是，他長遠的戰略眼光。我們可以想像他是這樣的一個人，他把所有欠帳的老百姓都集中在一起，收回債券和契約，並將它們付之一炬。我們也可以想像當時的老百姓，明白他真實意圖的時候，歡欣鼓舞，高興得不知所以。我們還可以想像，當孟嘗君官場失意，被遣回封地的時候，許多老百姓攜兒帶女，夾道歡迎的場面。這樣的故事好像就發生在我們的身邊。

隨後，馮諼出使到魏國，為孟嘗君開鑿第二個藏身之地。他說服了魏國國君，為孟嘗君在魏國謀到丞相的官位。正當魏國使者帶著厚重的聘禮來請他赴任的時候，第三窟也應運而生了。齊王看到魏國的舉動，發現自己決策的失誤，因此就重新禮遇孟嘗君，從此孟嘗君的官運亨通，至死沒有遇到絲毫的禍患。

這是「狡兔三窟」的典故來源，它充分顯示了馮諼高瞻遠矚的戰略眼光，與不按常理出牌的做事風格，為我們留下鮮明生動的形象和省思。

齊宣王見顏斶

※原文

齊宣王見顏斶，曰：「斶前！」亦曰：「王前！」宣王不悅。左右曰：「王，人君也。斶，人臣也。王曰『斶前』，斶亦曰『王前』，可乎？」斶對曰：「夫斶前為慕勢，王前為趨士。與使斶為慕勢，不如使王為趨士。」王忿然作色曰：「王者貴乎？士貴乎？」對曰：「士貴耳，王者不貴。」王曰：「有說乎？」斶曰：「有。昔者秦攻齊，令曰：『有敢去柳下季壟五十步而樵采者，死不赦。』令曰：『有能得齊王頭者，封萬戶侯，賜金千鎰。』由是觀之，生王之頭，曾不若死士之壟①也。」宣王默然不悅。

※注釋

①死士之壟：這裡指已經死去的賢士的墳墓。

※譯文

齊宣王召見顏斶，對他說：「顏斶你上前來。」顏斶也說：「大王您上前來。」齊宣王聽了不高興。左右的侍臣都責備顏斶說：「大王是一國之君，而你顏斶，只是區區一介臣民，大王喚你上前，你也喚大王上前，這樣成何體統？」顏斶說：「如果我上前，那是貪慕權勢，而大王過來則是謙恭待士。與其讓我蒙受趨炎附勢的惡名，倒不如讓大王獲取禮賢下士的美譽。」齊宣王惱怒得變了臉色說：「是君王尊貴，還是士人尊貴？」顏斶說：「士人尊貴，而君王不尊貴。」齊宣王問：「這話怎麼講？」答道：「以前秦國征伐齊國，秦王下令：『有敢在柳下惠墳墓周圍五十步內打柴的，一概處死，絕不寬赦！』又下令：『能取得齊王首級的，封侯萬戶，賞以千金。』由此看來，活國君的頭顱，比不上死賢士的墳墓。」齊宣王啞口無言，內心極不高興。

※原文

左右皆曰：「斶來！斶來！大王據千乘之地，而建千石鐘，萬石簴。天下之士，仁義皆來役處；辯知①並進，莫不來語；東西南北，莫敢不服。求萬物不備具，而百無不親附。今夫士之高者，乃稱匹夫，徒步而處農畝，下則鄙野、監門、閭裡，士之賤也，亦甚矣！」

斶對曰：「不然。斶聞古大禹之時，諸侯萬國。何則？德厚之道，得貴士之力也。故舜起農畝，出於野鄙，而為天子。及湯之時，諸侯三千。當今之世，南面稱寡者，乃二十四。由此觀之，非得失之策與？稍稍誅滅，滅亡無族之時，欲為監門、閭里，安可得而有乎哉？」

※注釋

①辯知：擅長論辯的人和智慧的人。

※譯文

左右侍臣都指責說：「顏斶！顏斶！大王據有千乘之國，重視禮樂，四方仁義辯智之士，仰慕大王聖德，都爭相投奔效勞；四海之內，都來臣服；萬物齊備，百姓心服。現在是最清高的士人，也自稱為不過是普通民眾，徒步而行，耕作為生。至於一般士人，則居於鄙陋窮僻之處，以看守門戶為生涯，應該說，士的地位是十分低賤的。」

顏斶回答說：「這話不對。我聽說上古大禹之時有上萬個諸侯國。為什麼呢？道德淳厚的世道得力於重用士人。由於尊賢重才，虞舜出身於鄉村鄙野，得以成為天子。到商湯之時，諸侯尚存三千，時至今日，只剩下二十四。由此來看，難道不是因為政策的得失才造成了天下治亂嗎？當諸侯面臨亡國滅族的威脅時，即使想成為鄉野窮巷的尋常百姓，又怎麼能辦到呢？」

※原文

「是故《易傳》不云乎。『居上位，未得其實，以喜其為名者，必以驕奢為行。據慢驕奢，則凶從之。是故無其實而喜其名者削，無德而望其福者約，無功而受其祿者辱，禍必握。』故曰：『矜功不立，虛願不至。』此皆幸樂其名，華而無其實德者也。是以堯有九佐，舜有七友，禹有五丞，湯有三輔，自古及今而能虛成名於天下者，無有。是以君王無羞亟問，不愧下學；是故成其道德而揚功名於後世者，堯、舜、禹、湯、周文王是也。故曰：『無形者，形之君也。無端者，事之本也。』夫上見其原，下通其流，至聖人明學，何不吉之有哉！老子[①]曰：『雖貴，必以賤為本；雖高，必以下為基。』是以侯王稱孤、寡、不穀[②]，是其賤之本與！非夫孤寡者，人之困賤下位也，而侯王以自謂，豈非下人而尊貴士與？夫堯傳舜，舜傳禹，周成王任周公旦，而世世稱曰明主，是以明乎士之貴也。」

※注釋

①老子，姓李名耳，字聃，苦縣人，今河南省周口鹿邑縣人。曾任周朝史官，著《道德經》五千言，後世稱之為道家創始人物。②孤、寡、不穀：都是古代帝王和諸侯的自稱。

※譯文

「所以《易傳》不就這樣說嗎，『身居高位而才德不濟，只一味追求虛名的，必然驕奢傲慢，最終招致禍患。無才無德而沽名釣譽的會被削弱；不行仁政卻妄求福祿的要遭困厄；沒有功勞卻接受俸祿的會遭受侮辱，禍患深重』。所以說，『居功自傲不能成名，光說不做難以成事』，這些都是針對那些企圖僥倖成名、華而不實的人。正因為這樣，堯有九個佐官，舜有七位師友，禹有五位幫手，湯有三大輔臣，自古至今，還未有過憑空成名的人。因此，君主不以多次向別人請教為羞，不以向地位低微的人學習為恥，以此成就道德，揚名後世的唐堯、虞舜、商湯、周文王都是這樣的人。所以又有『見微知著』這樣的說法。若能上溯事物本源，下通事物流變，睿智而多才，怎麼還有不好的事情發生呢？《老子》上說：『雖貴，必以賤為本；雖高，必以下為基。』所以諸侯、君主都自稱為孤、寡或不穀，這大概是他們懂得以賤為本的道理吧。孤、寡指的是生活困窘、地位卑微的人，可是諸侯、君主卻用以自稱，難道不是屈己尚賢的表現嗎？像堯傳位給舜、舜傳位給禹、周成王重用周公旦，後世都稱他們是賢君聖主，這足以證明賢士的尊貴。」

※原文

宣王曰：「嗟乎！君子焉可侮哉，寡人自取病耳！及今聞君子之言，乃今聞細人之行，願請受為弟子。且顏先生與寡人游，食必太牢①，出必乘車，妻子衣服麗都。」顏斶辭去，曰：「夫玉生於山，制則破焉，非弗寶貴矣，然夫璞②不完。士生乎鄙野，推選則祿焉，非不得尊遂也，然而形神不全。斶願得歸，晚食以當肉，安步以當車，無罪以當貴，清靜貞正以自虞。制言者王也，盡忠直言者斶也。言要道已備矣，願得賜歸，安行而反臣之邑屋。」則再拜辭去也。斶知足矣，歸反樸，則終身不辱也。

※注釋

①太牢：古代祭祀宴會時，牛、羊、豕三牲具備為太牢。②璞：含有玉的石頭，未經雕琢的玉。

※譯文

宣王說：「可嘆呀！怎麼能夠侮慢君子呢？寡人這是自取其辱呀！今天聽到君子高論，才明白輕賢慢士是小人行徑。希望先生能收寡人為弟子。如果先生與寡人相從交遊，食必美味，行必乘車，先生的妻子兒女也必然錦衣玉食。」

顏斶聽到宣王的話，就要求告辭回家，對宣王說：「美玉產於深山，一經琢磨則破壞天然本色，不是美玉不再寶貴，只是失去了它本真的完美。士大夫生於鄉野，經過推薦選用就接受俸祿，這也不是不尊貴顯達，而是他們的形神從此難以完全屬於自己。臣只希望回到鄉下，晚一點進食，即使再差的飯菜也如吃肉般津津有味；緩行慢步，完全可以當作坐車；無過無伐，足以自貴；清靜無為，自得其樂。納言決斷的，是大王您；秉忠直諫的，則是顏斶。我要說的，意思已經很明顯了，請大王准許我回鄉，讓我安步返回家鄉。」於是，再拜而去。

顏斶可以說是知足的人了，返璞歸真，那就終生不會受到羞辱。

※讀解

顏斶透過對齊宣王傲慢無禮的態度和桀驁不馴但非常有道理的言辭，給齊宣王上了一課，讓他明白作為國君要善待賢能之士的道理。正如《道德經》所說：「江海所以能為百谷王，以其善下之，故能為百谷王。是以聖人欲上人，必以言下之。」作為領導者，想要激勵下屬的積極性和創造力，就必須「善下之」。

顏斶的勸諫是以自己的身體行為和犀利言辭來實現的，從這裡我們也可以看出戰國時期的君臣關係是相當寬鬆的。他透過自己的方式，向齊宣王表明作為君王應該怎樣來禮賢下士，並用富有說服力的論說，列舉無可辯駁的事例和引用經典的論斷，增強了說服力。我們可以借鑑的是他善於引經據典，在無形之中，就將對方引入自己的觀點當中，讓對方不得不信服。

先生王斗造門而欲見齊宣王

※原文

先生王斗造[1]門而欲見齊宣王，宣王使謁者延入。王斗曰：「斗趨見王為好勢，王趨見斗為好士，於王何如？」使者復還報。王曰：「先生徐之，寡人請從。」宣王因趨而迎之於門，與入，曰：「寡人奉先君之宗廟，守社稷，聞先生直言正諫不諱。」王斗對曰：「王聞之過。斗生於亂世，事亂君，焉敢直言正諫？」宣王忿然作色，不說。

※注釋

①造：至，到。

※譯文

王斗先生來到王宮，想要求見齊宣王。齊宣王派負責接待的人將他引進來。王斗說：「我快步趕上前去見大王是趨炎附勢，而大王快步來接見我，就是禮賢下士，不知大王怎麼看待？」負責接待的人將他的話如實報告給齊宣王。齊宣王說：「先生且慢，寡人親自去迎接！」齊宣王於是快步來到門外，迎接王斗並和他一起進宮。齊宣王說：「寡人繼承先王的宗廟，奉守社稷，平時聽說先生能正言進諫，直言不諱。」王斗回答說：「大王聽錯了，我生在亂世，侍奉一個胡亂非為的國君，怎麼敢直言進諫？」齊宣王憤然變了臉色，很不高興。

※原文

有間[1]，王斗曰：「昔先君桓公所好者五，九合諸侯，一匡天下，天子受籍，立為大伯。今王有四焉。」宣王說，曰：「寡人愚陋，守齊國，惟恐失抎[2]之，焉能有四焉？」王斗曰：「否。先君好馬，王亦好馬。先君好狗，王亦好狗。先君好酒，王亦好酒。先君好色，王亦好色。先君好士，是王不好士。」宣王曰：「當今之世無士，寡人何好？」王斗曰：「世無騏驎騄[3]耳，王駟已備矣。世無東郭逡、盧氏之狗，王之走狗已具矣。世無毛嬙、西施，王宮已充矣。王亦不好士也，何患無士？」王曰：「寡人憂國愛民，固願得士以治之。」王斗曰：「王之憂國愛民，不若王愛尺縠也。」王曰：「何謂也？」王斗曰：「王使人為冠，不使左右便辟而使工者何也？為能之也。今王治齊，非左右便辟無使也，臣故曰不如愛尺縠也。」宣王謝曰：「寡人有罪國家。」於是舉士五人任官，齊國大治。

※注釋

①有間：過了一會兒。②失抎：抎，通「隕」，墜落。喪失的意思。③騏驎騄：千里良馬的名字。

※譯文

過了一會兒，王斗說：「過去先王桓公，有五樣愛好，後來九合諸侯，一匡天下，周天子賜給他封地，承認他是諸侯中的霸主。現在大王的愛好有四樣和先王是相同的。」齊宣王聽了很高興，說：「寡人愚笨淺陋，執守齊國的大業，唯恐有所過失，又怎麼能有先王的四樣愛好？」王斗說：「大王說得不對。先王喜歡馬，大王也喜歡馬；先王喜歡狗，大王也喜歡狗；先王喜歡酒，大王也喜歡酒；先王喜歡美色，大王也喜歡美色；先王喜歡士，但是大王卻不喜歡。」齊宣王說：「當今世上沒有賢士，寡人怎麼喜歡他們呢？」王斗說：「當世沒有騏驎騄這樣的駿馬，大王的良馬已經夠用了；當今之世沒有東郭逡、盧氏那樣的良犬，大王的獵犬已經夠用了；當今之世沒有毛嬙、西施這樣的美女，可是大王的後宮已經充盈。大王只是不喜歡賢士而已，哪是因為當世沒有賢士？」齊宣王說：「寡人憂國愛民，本來就希望得到賢士來治理齊國。」王斗說：「我以為大王憂國愛民遠不如愛惜一尺縐紗。」齊宣王問道：「你說的是什麼意思？」王斗說：「大王做帽子，不用身邊的人而請能工巧匠，是什麼原因？這是因為他們有很高超的技藝。可是現在大王治理國家，不是左右的人就不加以重用，故我說大王憂國愛民還不如愛惜一尺縐紗。」齊宣王向王斗道歉說：「寡人對國家有罪。」於是就選拔了五位賢士，委任他們官職，使齊國得到很好的治理。

※讀解

王斗勸諫齊宣王選拔和任用賢能之士，並指出齊宣王的一些缺點。雖然戰國時期的君臣關係是比較緩和的，不像中央集權制度建立後那麼森嚴，但是齊宣王和王斗間是君臣關係，所以想要勸諫取得確實的成效，那就必須在心理上得到齊宣王的重視，讓他正視自己所勸諫的問題。

在宗法制的社會裡，能夠讓君王懾服的只有先王的威力。所以王斗就列舉先王齊桓公的事蹟，並拿齊桓公和齊宣王做比較，找出齊宣王不喜歡士人的缺點。

他們之間的討論，涉及發現人才和正確對待人才的問題。戰國時期，人們談論治國問題，很喜歡追溯到三皇五帝的偉大事蹟，對三皇五帝充滿了景仰和崇敬之情。有了這樣的傳統，人們在意識裡總是認為古代的名人才是真正的人才，而縱觀當代，發現沒有能夠與古代賢能的人相比的人才，所以大多都會像齊宣王那樣，哀嘆當今的時代沒有士人。這是因為在他的心裡，是非常想將國家治理好，也非常希望得到賢能的人來輔佐他治理國家。由於對人才的渴望，所以就使他在潛意識裡為古代的賢能之人戴上了光環，再看當代的人，真的沒有人能夠和古代的賢能之人相比，所以就有了當今的時代沒有士人的哀嘆。

實際上，江山代有才人出。任何時代都有英雄人物，只是選拔人才的人缺乏發現的眼光。這也正是王斗勸諫齊宣王，讓齊宣王重新認識到的一點。只有承認當代是有賢能之人的這個觀點，才能看到身邊人們身上所具有的優點，才能選拔出真正的人才。在王斗的勸說之下，齊宣王轉變了以前的思維定式和陳腐觀念，選拔了五個賢能之人，給予他們官職，使齊國得到很好的治理。

齊王使使者問趙威后

※原文

齊王[1]使使者問趙威后[2]。書未發，威后問使者曰：「歲亦無恙耶？民亦無恙耶？王亦無恙耶？」使者不說，曰：「臣奉使使威后，今不問王，而先問歲與民，豈先賤而後尊貴者乎？」威后曰：「不然。苟無歲，何以有民？苟無民，何以有君？故有舍本而問末者耶？」乃進而問之曰：「齊有處士曰鍾離子，無恙耶？是其為人也，有糧者亦食，無糧者亦食；有衣者亦衣，無衣者亦衣。是助王養其民也，何以至今不業[3]也？」

※注釋

①齊王：指齊襄王，姓田名法章，齊閔王的兒子。②趙威后：趙惠文王的妻子，西元前二六六年，趙惠文王死，他的兒子孝成王繼位，由於孝成王尚幼，所以趙威后攝政。③業：使他創有功業。

※譯文

齊襄王派遣使者問候趙威后。還沒有打開書信，趙威后就問使者說：「今年的收成好嗎？百姓還安居樂業嗎？你們的大王好嗎？」使者聽了不高興，說：「臣奉大王的差遣來向太后問好，您不先問我們大王好不好，卻先問今年的年成和百姓是否安居樂業，這難道不是先卑後尊嗎？」趙威后說：「事實不是這樣的。如果沒有好的年成，怎麼會有百姓的安居樂業？如果沒有百姓的安居樂業，大王又怎能稱君道寡？哪有捨棄根本而詢問末梢的道理啊？」她接著又問使者說：「齊國有個隱士叫鍾離子，他還好吧？他這個人，有糧食的人讓他們有飯吃，沒糧食的人也讓他們有飯吃；有衣服的給他們衣服，沒有衣服的也給他們衣服，他這是在幫助你們大王來養活他的百姓，你們大王為什麼到現在還沒有重用他呢？」

※原文

「葉陽子無恙乎？是其為人，哀鰥寡，恤孤獨[①]，振困窮，補不足。是助王息其民者也，何以至今不業也？北宮之女嬰兒子無恙耶？徹其環瑱，至老不嫁，以養父母。是皆率民而出於孝情者也，胡為至今不朝也？此二士弗業，一女不朝，何以王齊國，子萬民乎？於陵子仲[②]尚存乎？是其為人也，上不臣於王，下不治其家，中不索交諸侯。此率民而出於無用者，何為至今不殺乎？」

※注釋

①鰥：老而無妻。寡：老而無夫。孤：老而無子。獨：幼年喪父。②於陵子仲：齊國的隱士。

※譯文

「葉陽子還好吧？他這個人，認為應該憐恤鰥寡孤獨，振濟困頓貧窮的人，他這是在為你們大王存恤安撫他的百姓啊，為什麼到現在還不任用他呢？北宮家的女嬰兒子還好嗎？她摘掉自己的耳環首飾，到現在還沒有出嫁，來奉養自己的父母。她這是用孝道來為百姓做出孝敬老人的榜樣，為什麼到現在還沒有得到朝廷的嘉獎呢？

這樣的兩位隱士不受重用，一位孝女不被重視，你們大王怎麼能把齊國治理好、撫恤老百姓呢？於陵的子仲還活在世上嗎？他在上對君王不行臣道，在下不能治理好自己的家業，中不和諸侯來往，他這是在為百姓做無所用處的榜樣啊，你們大王為什麼到現在還不殺掉他呢？」

※讀解

這是一篇記載中國古代民本思想的文字，也強調任用和表彰賢德之人，在治理國家的過程中具有重要意義。西元前二六六年，趙惠文王死，太子趙孝成王即位。由於趙孝成王還小，他的母親趙威后執政。齊襄王派使臣問候趙威后。趙威后還沒有拆開齊襄王的問候信，就先問了使臣：「歲亦無恙耶？民亦無恙耶？王亦無恙耶？」正是這三個問題的先後順序，讓我們看出趙威后已經了解，人民在國家中的根本作用和地位，具有樸素的民本思想。

趙威后提出了年成、百姓和君王這三個在國家治理過程中，正確處理的關係要素。齊國的使者心裡並沒有這樣的思想內涵，所以他誤以為，治理國家的國君是第一位，趙威后禮貌性的詢問必須先問國君的情況，然後再說其他方面。趙威后便幫這位本末顛倒的使者上了一課。她透過兩個反問表明她對這三個要素之間關係的了解，「苟無歲，何以有民？苟無民，何以有君」指出年成是百姓生活的根本，而百姓是國家的根本。趙威后在戰國時期就能提出這樣的觀點，相當難能可貴。

接下來，趙威后又問及齊國對待幾個賢德之人的情況。她推崇鍾離子、葉陽子、嬰兒子，認為他們都是齊國的賢德之人，應該對他們進行任用和表彰。然而，子仲是齊國的一個隱士，「上不臣於王，下不治其家，中不索交諸侯」，是一個敗壞社會風氣的人，應該殺掉他。這裡也有擔心子仲出來做官會對趙國不利的可能。趙威后對於賢德之人的觀點，在治理國家過程中也是值得採用的。她提出樹立好的典範，對宣導良好的社會風氣有重要作用，這也是現代管理階層應該效仿的。

齊人見田駢

※原文

齊人見田駢，曰：「聞先生高議，設為不宦，而願為役。」田駢曰：「子何聞之？」對曰：「臣聞之鄰人之女。」田駢曰：「何謂也？」對曰：「臣鄰人之女，設為不嫁，行年三十而有七子，不嫁則不嫁，然嫁過畢矣。今先生設為不宦，訾①養千鍾，徒百人，不宦則然矣，而富過畢也。」田子辭。

※注釋

①訾：通「資」，錢財。

※譯文

有個齊國人去見田駢，說：「聽說先生道德高尚，不願意入仕做官，而願意為百姓出力。」田駢問：「你是從哪裡聽來的？」那人回答說：「我是從我鄰家的一個女子那裡聽來的。」田駢問：「你說這話是什麼意思啊？」那人回答說：「我鄰居家的女子立志不嫁，年齡剛到三十歲卻已經有了七個子女，說是不嫁，卻比出嫁還要厲害。如今先生不入仕，卻有俸祿千鍾，僕役百人，說是不入仕做官，卻比做了官還要富有啊！」田駢聽了很慚愧。

※讀解

這位齊人諷諫田駢，先是對田駢進行稱讚，「聞先生高議，設為不宦，而願為役」，但接下來就轉而透過講述鄰人之女的故事來類比田駢，指出他名不副實的做法。他宣稱不做官，而願意為百姓服務，但實際上，他所聚斂的錢財超過做官的人，所以這是一種欺世盜名的行徑。類比之後，他又直接指出田駢的虛偽而矯情的做法。面對這樣德高望重的「社會名人」，這位齊人敢於直接對他進行諷諫，他的勇氣實在是令人佩服。

蘇秦說齊閔王

※原文

蘇秦說齊閔王曰：「臣聞用兵而喜先天下者憂，約結而喜主怨者孤。夫後起者藉也，而遠怨者時也。是以聖人從事，必藉於權而務興於時。夫權藉者，萬物之率也；而時勢者，百事之長也。故無權藉，倍時勢，而能事成者寡矣。今雖干將、鏌鋣[①]，非得人力，則不能割劌矣。堅箭利金，不得弦機之利，則不能遠殺矣。矢非不銛，而劍非不利也，何則？權藉不在焉。何以知其然也？昔者趙氏襲衛，車不舍人不休傳，衛國城剛平，衛八門土而二門墮矣，此亡國之形也。衛君跣②行，告訴於魏。魏王身被甲底劍，挑趙索戰。邯鄲之中騖，河、山之間亂。衛得是藉也，亦收餘甲而北面，殘剛平，墮中牟之郭。」

※注釋

①干將、鏌鎁：古代的寶劍名。相傳春秋吳國人干將和他的妻子鏌 善鑄劍，鑄成雌雄二劍，一把名字叫干將，一把名字叫鏌鎁，獻給吳王闔閭。後來以「干將」指寶劍。②跣：赤腳。

※譯文

蘇秦遊說齊閔王說：「臣聽說率先挑起戰爭的人必然後患無窮，而不顧招人忌恨，帶頭締結盟約來攻打其他國家的，最終都要陷於孤立境地。後發制人就能有所憑藉，順應時勢就可以遠離仇怨。因此聖賢之人做事情，必定借勢而為，順天而動。借助形勢，有利於展開步驟；倚重天時，則是做任何事情取得成功的關鍵。因此，不懂得借勢順天之理，能成就大事的人實在是太少了。現在即使有干將、鏌鎁一類的寶劍，如果沒有施加人的力量，也不能割斷毫髮；再堅硬的箭矢，如果不借助於弓弩，也無法殺傷遠處的敵人。箭並不是不銳利，劍也不是銼鈍，那是什麼緣故呢？只是由於沒有借力之物。為什麼這樣說呢？過去趙國進攻衛國，車不停歇，人不喘息，一下子就包圍衛國都城，在剛平築土城加以控制。當時衛都八個城門都被堵塞，兩個城門被摧毀，亡國的災禍迫在眉睫。衛國國君在形勢緊急的情況下，光著腳逃奔到魏國去請求援助。魏武侯親自披甲帶劍，幫助衛國，向趙國挑戰。邯鄲大亂，黃河與太行山間也無法收拾。衛國趁機重整旗鼓，北向攻打趙國奪取剛平，攻下趙邑中牟的外城。」

※原文

「衛非強於趙也，譬之衛矢而魏弦機也，藉力於魏而有河東之地。趙氏懼，楚人救趙而伐魏，戰於州西，出梁門，軍舍[1]林中，馬飲於大河。趙得是藉也，亦襲魏之河北，燒棘溝，墜黃城。故剛平之殘也，中牟之墮也，黃城之墜也，棘溝之燒也，此皆非趙、魏之欲也。然二國勸行之者，何也？衛明於時權之藉也。今世之為國者不然矣。兵弱而好敵強，國罷而好眾怨，事敗而好鞠之，兵弱而憎下人也，地狹而好敵大，事敗而好長詐。行此六者而求伯，則遠矣。臣聞善為國者，順民之意，而料兵之能，然後從於天下。故約不為人主怨，伐不為人挫強。如此，則兵不費，權不輕，地可廣，欲可成也。昔者，齊之與韓、魏伐秦、楚也，戰非甚疾也，分地又非多韓、魏也，然而天下獨歸咎於齊[2]者，何也？以其為韓、魏主怨也。且天下遍用兵矣，齊、燕戰，而趙氏兼中山，秦、楚戰韓、魏不休，而宋、越專用其兵。此十國者，皆以相敵為意，而獨舉心於齊者，何也？約而好主怨，伐而好挫強也。」

※注釋

①舍：駐紮。②歸咎於齊：歸罪於齊國。

※譯文

「衛國並沒有比趙國強大，只是有了魏國的支持。如果把衛國比喻成箭，而魏國就好比機弩和弓弦，衛國藉助魏國的力量攻占黃河以東的土地。這時趙國非常恐懼，楚國就援救趙國而討伐魏國，雙方在州西這個地方進行決戰，楚國穿越魏國都城大梁的城門，駐軍林中而使馬飲於黃河。趙國軍隊得到楚國的援助，也去攻打魏國河北的地方，縱火焚燒棘溝而奪取黃城。毀掉剛平、攻破中牟、攻陷黃城、焚燒棘溝，這並非是趙國、魏國的本意，然而當初他們都相互支援進行戰鬥，這是為什麼呢？這是因為衛國善於利用時機，明白攻占決勝，必須依靠時勢。現在執國施政的國君就不是這樣了，自己軍隊弱小卻喜歡挑釁強敵；國家疲憊卻又要觸犯眾怒；敗局已定仍然一意孤行；沒有相當的實力，卻不能屈志甘居下位；自己地盤小人數少，卻要和大國抗衡為敵；事情失敗卻不改詐偽之心。犯下這六種錯誤還企求建立霸業，其實離霸業是越來越遠了。臣聽說善於治理國家的君主，應該順應民心，如實地估計自己的兵力，然後才能聯合其他諸侯來實現自己的抱負。所以締約時不為他人承擔怨怒，作戰時不替他人去抵抗強敵。這樣就能保全自己的兵力來控制全域，而且可以實現拓展疆土的願望。以前，齊王聯合韓、魏兩國討伐秦、楚兩國，作戰的時候不是特別賣力，分得的土地又不比韓、魏兩國多，可是天下要將戰爭的責任歸咎於齊國，為什麼呢？因為齊國率先宣導討伐秦、楚兩國，觸犯了眾怒。再說那時天下正混戰不已，齊、燕兩國爭鬥，趙國圖謀中山國，秦、楚兩國與韓、魏兩國之間不斷發生衝突，而宋、越兩國專門進行攻伐。這十個國家，互相攻伐，然而天下只埋怨齊國，這又是什麼道理呢？因為在締約的時候，齊國喜歡充當聯盟的領袖，兩軍開始交戰的時候喜歡攻打強敵的緣故。」

※原文

「且夫強大之禍，常以王人為意也；夫弱小之殃，常以謀人為利也。是以大國危，小國滅也。大國之計，莫若後起而重伐不義。夫後起之藉與多而兵勁，則事以眾強適罷寡也，兵必立也。事不塞天下之心，則利必附矣。大國行此，則名號不攘而至，伯[1]王不為而立矣。小國之情，莫如謹靜而寡信諸侯。謹靜，則四鄰不反；寡信諸侯，則天下不賣，外不賣，內不反，則擯禍朽腐而不用，幣帛矯蠹而不服矣。小國道此，則不祠而福矣，不貸而見足矣。故曰：祖仁者王，立義者伯，用兵窮者亡。何以知其然也？昔吳王夫差以強大為天下先，襲郢而棲越，身從諸侯之君，而卒身死國亡，為天下戮者，何也？此夫差平居而謀王，強大而喜先天下之禍也。昔者萊、莒好謀，陳、蔡好詐，莒恃越而滅，蔡恃晉而亡，此皆內長詐，外信諸侯之殃也。由此觀之，則強弱大小之禍，可見於前事矣。」

※注釋

①伯：通「霸」。諸侯的盟主。

※譯文

「再說強國招致禍患，往往是因為一心想凌駕在他國之上；而弱國遭受災殃，往往是由於它想圖謀別的國家來奪取好處。所以強國陷入危險，小國也要覆滅。為大國考慮，不如後發制人，派大軍來討伐那些不講道義的國家。後發制人能有所倚仗，盟國眾多，兵力強大，能夠形成以人多勢強的軍隊來對付疲弊衰弱軍隊的有利局面，戰爭必能取得勝利。做事情合乎公道，就能取得利益。強國憑藉這來做事情，名聲不必去爭就能得到，霸業也能隨之成就。至於小國，最好的策略則莫過於謹慎從事，不輕信諸侯。小心謹慎，四鄰之國就沒有藉口尋仇犯境；不輕信，就不會被諸侯出賣，成為利益的犧牲品。在外不被出賣，在內沒有爭鬥，就可遠離禍患，有利於國內實力的儲備和增長。小國若能如此，那麼不用祈禱就能享福，無須借貸自能富足。所以說，施行仁政可以稱王，建樹信義可以稱霸，而窮兵黷武只會招致滅亡。為什麼這樣說呢？過去吳王夫差倚仗國大兵強，率領諸侯四方征戰，攻擊楚國，占據越國，並對諸侯們發號施令，儼然君臨天下，最後卻落得身死國亡的下場，為天下所恥笑。為什麼有這樣的後果呢？原因在於夫差平時總是想成為天下之主，倚仗國力強盛率先挑起戰爭。以前萊、莒兩國喜歡施用陰謀，而陳、蔡兩國則專行詐術，結果，莒國因倚仗越國而滅亡了，蔡國因倚仗晉國而滅亡了。這些都是在內使用詐術，在外輕信諸侯招來的橫禍。由此看來，國家無論強弱大小，都有各自的禍患，前車之鑑，在歷史上都有印證。」

※原文

「語曰：『騏驥[①]之衰也，駑馬先之；孟賁[②]之倦也，女子勝之。』夫駑馬、女子，筋力骨勁，非賢於騏驥、孟賁也。何則？後起之藉也。今天下之相與也不並滅，有而案兵而後起，寄怨而誅不直，微用兵而寄於義，則亡天下可蹋足而須也。明於諸侯之故，察於地形之理者，不約親，不相質而固，不趨而疾，眾事而不反，交割而不相憎，俱強而加以親。何則？形同憂而兵趨利也。何以知其然也？昔者齊、燕戰於桓之曲，燕不勝，十萬之眾盡。胡人襲燕樓煩數縣，取其牛馬。夫胡之與齊非素親也，而用兵又非約質而謀燕也，然而甚於相趨者，何也？何則形同憂而兵趨利也。由此觀之，約於同形則利長，後起則諸侯可趨役也。」

※注釋

①騏驥：騏，有青黑色花紋的馬，其紋狀如棋盤。驥，千里馬。在這裡泛指駿馬。②孟賁：一位力大無窮的勇士。

※譯文

「俗話說：『千里馬衰老的時候，也跑不過劣馬；勇士孟賁身體疲倦的時候，也打不過女子。』劣馬、女子的筋力骨勁，遠遠比不上千里馬和勇士孟賁，但為何會出現這樣的情況呢？這是因為後發制人就有所憑藉。現在天下諸侯相互借重而相互牽制，並且對峙的時間還很長，如果哪個國家能夠按兵不動，後發制人，同時善於轉嫁仇怨，隱去用兵的真實意圖，憑藉正義的口號來討伐無道的國家，那麼兼併諸侯取得天下也就指日可待了。掌握各諸侯國的國情，了解天下的地理形勢，不和其他國家結盟，不互相扣留人質，關係會更牢固；不急躁冒進，事情就會進展更為順利。一起共事能堅守承諾，一起受害而不互相埋怨，彼此都強大了就更親近。要怎麼做到這樣呢？在形勢上，讓它們憂患相同、利害一致。有什麼事實可佐證呢？過去齊、燕兩國在桓曲交戰，燕兵敗北，十萬兵眾匹馬無歸。胡人乘勢襲擊燕國樓煩等地，擄掠牛馬。胡人與齊國沒有交往，也沒有訂立盟約，卻聯合在一起，什麼原因呢？就是因為它們憂患相同、利害相關！由此可見，聯合形勢相同的國家就可以最大程度獲取利益，後發制人就可使諸侯歸附並役使他們。」

※原文

「故明主察相，誠欲以伯王也為志，則戰攻非所先。戰者，國之殘也，而都縣之費也。殘費已先，而能從諸侯者寡矣。彼戰者之為殘也，士聞戰則輸私財而富軍市，輸飲食而待死士，令折轅而炊之，殺牛而觴①士，則是路君之道也。中人禱祝，君翳釀，通都小縣置社，有市之邑莫不止事而奉王，則此虛中之計也。」

「夫戰之明日，尸死扶傷，雖若有功也，軍出費，中哭泣，則傷主心矣。死者破家而葬，夷傷者空財而共藥，完者內酺而華樂，故其費與死傷者鈞。故民之所費也，十年之田而不償也。軍之所出，矛戟折，鐶弦絕，傷弩，破車，罷馬，亡矢之大半。甲兵之具，官之所私出也，士大夫之所匿，廝養士之所竊，十年之田而不償也。天下有此再費者，而能從諸侯寡矣。攻城之費，百姓理襜蔽，舉衝②櫓，家雜總，穿窟穴，中罷於刀金。而士困於土功，將不釋甲，期數而能拔城者為亟耳。上倦於教，士斷於兵，故三下城而能勝敵者寡矣。」

「故曰：彼戰攻者，非所先也。何以知其然也？昔智伯瑤攻范、中行氏，殺其君，滅其國，又西圍晉陽，吞兼二國，而憂一主，此用兵之盛也。然而智伯卒身死國亡，為天下笑者，何謂也？兵先戰攻，而滅二子患也。昔者，中山悉起而迎燕、趙，南戰於長子，敗趙氏；北戰於中山，克燕軍，殺其將。夫中山千乘之國也，而敵萬乘之國二，再戰比勝，此用兵之上節也。然而國遂亡，君臣於齊者，何也？不嗇於戰攻之患也。由此觀之，則戰攻之敗，可見於前事。」

※注釋

①觴：這裡是犒勞的意思。②衝：攻城的戰車。

※譯文

「所以英明的君主和有遠見卓識的相國，如果致力於霸業，就不要把使用武力擺在首位。戰爭既耗損國力，又擾亂百姓。國家的實力遭到損耗，便再也無力號令諸侯。戰爭對國家的損耗是顯而易見的。士人聽說將有戰事，就捐獻財產，來充當軍用物資，而商人就運送酒肉糧食來犒勞戰士，長官讓人拆下車轅當柴燒，殺牛設宴款待軍兵。其實這些都是坑害百姓、危害國家的做法。國人祈禱，君王設祭，大城小縣都設有神廟，凡有市場的城邑都要停業為戰爭服役，其實這是損耗國家的做法。」

「決戰的沙場，屍橫滿地，哀鴻遍野，人們扶著受傷的將士，表面看起來將士立功，國家取得了戰爭的勝利，但實際上，損耗大量的資財，國人悲慘的痛哭，足以令國君憂心如焚。陣亡將士的家屬為安葬父兄而傾盡家財，負傷的將士也耗盡積蓄來治療戰爭中受的傷，那些僥倖全身而回的軍人，在家中大擺筵席以示慶賀，花費也很多。所以戰爭使人民耗費的錢財，十年耕種所得的收穫也難以抵償。軍隊出戰，矛戟弓弩，車馬刀矢，損失大半，再加上被人盜竊藏匿所造成的損失，即使耕種十年也無法抵償。國家負擔這兩筆費用，已是精疲力竭，哪裡還能對諸侯施以號令呢？攻城拔地的時候，百姓作為後方支援，替士兵縫補破爛的戰衣，運輸攻城的器械，處理家中雜事，挖掘地道，為徭役所累。將軍顧不上士兵勞累，日夜督戰，數月能攻下城池就算很快了。將士疲弊，連下三城，相信已經沒有餘力戰勝敵人。」

「所以說，明君賢相圖謀天下，並不把使用武力放在第一位。這在歷史上是有先例的。過去，智伯攻滅范氏、中行氏，接著又麾兵西向，圍攻晉陽，吞併兩國，殺了國君，又逼得趙襄子走投無路，軍威可說是盛極一時。然而後來智伯卻落得身死國亡的下場，被天下人所恥笑，這是什麼緣故呢？是因為智伯挑起禍端，威脅到韓、魏兩國君主的緣故。過去中山國調動全國的軍隊，來迎擊燕、趙兩國的軍隊，在南方的長子大敗趙國的軍隊，在國境內大敗燕國的軍隊，並殺掉領兵的大將。中山國只是個千乘小國，與兩個萬乘大國同時為敵，連續取得兩次決定性的勝利，成為用兵的典範。然而這樣的善戰之國終究免不了滅亡的命運，導致國君逃往齊國當臣子，原因是什麼呢？是因為它不考慮戰爭的禍患，接連不斷地發動戰爭。由此看來，戰爭的弊端在史書上的記載是很多的。」

※原文

「今世之所謂善用兵者，終戰比勝，而守不可拔，天下稱為善，一國得而保之，則非國之利也。臣聞戰大勝者，其士多死而兵益弱；守而不可拔者，其百姓罷而城郭[①]露。夫士死於外，民殘於內，而城郭露於境，則非王之樂也。今夫鵠的非咎罪於人也，便弓引弩而射之，中者則善，不中則愧，少長貴賤，則同心於貫之者，何也？惡其示人以難也。今窮戰比勝，而守必不拔，則是非徒示人以難也，又且害人者也，然則天下仇之必矣。夫罷士露國，而多與天下為仇，則明君不居也；素用強兵而弱之，則察相不事。彼明君察相者，則五兵不動而諸侯從，辭讓而重賂至矣。故明君之攻戰也，甲兵不出於軍而敵國勝，衝櫓不施而邊城降，士民不知而王業至矣。彼明君之從事也，用財少，曠日遠而為利長者。故曰：『兵後起則諸侯可趨役也。』」

※注釋

①城郭：城，指內城的牆；郭，指外城的牆。泛指城邑。

※譯文

「現在稱得上善於用兵的人，屢戰屢勝，攻則取，守則固，天下人給予高度頌揚，而舉國上下莫不倚之若長城，其實這並非是國家的好事。臣聽說戰爭取得大捷，士卒傷亡慘重，百姓因防務而疲憊不堪，城郭也會被損毀得面目全非。士兵在戰爭中死去，百姓在國內為戰爭所累，城郭破敗，國君是不會高興的。以箭靶來打比方，它並沒有與人結怨，可是人人都會以強弓硬弩對待它。射中的人高興，沒有射中的人則會滿臉羞愧，不論老少和尊卑，都以一射為快。原因是什麼呢？是人們不喜歡讓人看出自己不會射箭。現在有的國家屢戰屢勝而守衛則不可攻拔，這不僅僅是示人以難，同時還妨害別國的利益，別國的敵視情緒也就更重了。像這樣既勞累百姓、損耗國家，又成為眾矢之的之事，聖明的國君是不會這樣做的。有遠見卓識的明君賢相也不會動不動就出兵，以至於損兵折將，大傷國家的元氣。明君賢相，總是力求不用攻伐就臣服諸侯，用謙恭辭讓來獲得更多的財貨和土地。因為明君之於戰事，不動用軍隊就能戰勝敵國，不動用武力就可掠奪到土地，別人尚未察覺而王業就已經完成。明君做事情，不費財力，而以長期的策劃來取得永久性的利益。所以說：『後發制人可以讓諸侯歸附並加以驅使。』」

※原文

「臣之所聞，攻戰之道非師者，雖有百萬之軍，北之堂上；雖有闔閭、吳起之將，禽[①]之戶內；千丈之城，拔之尊俎之間；百尺之衝，折之衽席之上。故鐘鼓竽瑟之音不絕，地可廣而欲可成；和樂倡優侏儒之笑不之，諸侯可同日而致也。故名配天地不為尊，利制海內不為厚。」

「故夫善為王業者，在勞天下而自佚，亂天下而自安，諸侯無成謀，則其國無宿憂也，何以知其然？佚治在我，勞亂在天下，則王之道也。銳兵來則拒之，患至則趨之，使諸侯無成謀，則其國無宿憂也。何以知其然矣？昔者魏王擁土千里，帶甲三十六萬，其強而拔邯鄲，西圍定陽，又從十二諸侯朝天子，以西謀秦。秦王恐之，寢不安席，食不甘味，令於境內，盡堞中為戰具，竟為守備，為死士置將，以待魏氏。」

「衛鞅謀於秦王曰：『夫魏氏其功大，而令行於天下，有十二諸侯而朝天子，其與必眾。故以一秦而敵大魏，恐不如。王何不使臣見魏王，則臣請必北魏矣。』秦王許諾。衛鞅見魏王曰：『大王之功大矣，令行於天下矣。今大王之所從十二諸侯，非宋、衛也，則鄒、魯、陳、蔡，此固大王之所以鞭箠使也，不足以王天下。大王不若北取燕，東伐齊，則趙必從矣；西取秦，南伐楚，則韓必從矣。大王有伐齊、楚心，而從天下之志，則王業見矣。大王不如先行王服，然後圖齊、楚。』魏王說於衛鞅之言也，故身廣公宮，制丹衣柱，建九斿，從七星之旟。此天子之位也，而魏王處之。於是齊、楚怒，諸侯奔齊，齊人伐魏，殺其太子，覆其十萬之軍。魏王大恐，跣行按兵於國，而東次於齊，然後天下乃舍之。當是時，秦王垂拱受西河之外，而不以德魏王。故衛鞅之始與秦王計也，謀約不下席，言於尊俎之間，謀成於堂上，而魏將以禽於齊矣；衝櫓未施，而西河之外入於秦矣。此臣之所謂比之堂上，禽將戶內，拔城於尊俎之間，折衝席上者也。」

※注釋

①禽：通「擒」。捉住。

※譯文

「據臣所知，戰爭的規律不在於士兵的多少，即使有百萬敵軍，也能敗於朝堂之上帷幄之中；即使遭遇闔閭、吳起那樣的將帥，也能透過室內的策劃來擒獲他；即使有千丈深的城池，也可以在酒席之間涉過它；即使有百尺高的戰車，也可以在坐臥之時摧折它。所以說，絲管之聲在朝堂不絕於耳、和著優伶歡笑歌舞的時候，國土已經擴張，諸侯已經前來臣服。這樣的君王，名號與天地相等不算高貴，政權控制海內也不算強大。」

「因此，善於開創王業的君主，在於能使諸侯勞頓而自己閒逸，使天下混亂而本國安寧。假如能讓各諸侯的謀劃無法得逞，則自己的國家就沒有什麼憂患了。如何知道這一點呢？安逸與大治在我方，而勞頓與混亂在別的國家，這就是王霸之道。積蓄國力等待前來侵犯的敵人，消除戰禍，那麼他的國家就沒有隔夜的憂患。有什麼事能夠加以證明呢？過去魏惠王擁有領土上千里，甲士三十六萬，倚仗自己實力強大，攻取邯鄲，西圍定陽，又邀集十二家諸侯來朝拜周天子，為圖謀秦國做了種種準備。秦孝公得到消息，憂心忡忡，寢食難安，食不甘味，動員全國，修繕守戰的器具，在國內嚴加防守，同時招募敢死的士兵，任命善戰的將領，等待前來侵犯的敵人。」

「衛鞅向秦孝公獻計說：『魏王有匡扶周室的功勞，號令施行於天下，既能邀集十二家諸侯朝見天子，以區區一個秦國，恐怕還不能與之爭鋒競勝，大王能不能讓臣出使魏國去拜見魏王？臣有把握挫敗魏國。』秦王就答應了他的請求，衛鞅前往魏國拜見魏王，大加稱頌：『臣聽說大王勞苦功高而能號令天下。可是現在大王率領的十二家諸侯，不是宋、衛，就是鄒、魯、陳、蔡，大王固然可以隨意加以驅使，然而就憑這樣的力量還不足以稱霸天下。大王不如向北聯合燕國，東伐齊國，趙國自然就會臣服；再聯合西方的秦國，南伐楚國，韓國也自然就會臣服。大王有討伐齊、楚的願望而且行事合乎道義，實現霸業的日子就不遠了。大王自可順從天下之志，加天子衣冠，再圖齊、楚兩國。』魏王聽了，大為高興，就依天子體制，大建宮室，製作丹衣柱和九斿、七星旗。對魏王的妄自尊大、越禮不軌，齊、楚兩國君主大為惱怒，而各路諸侯也都投奔齊國。齊人討伐魏國，殺掉了魏太子申，殲師十萬。魏惠王震恐，急忙下令收兵，又向東臣服齊國。各國諸侯這才停止武力攻伐。那時候，秦孝公趁機取得魏國西河以外地區，而且對魏王毫無感激之情。所以衛鞅當初與秦孝公商議對策的時候，謀約於坐席之上，策劃於酒席之間，定計於高堂之上，而魏國大將龐涓已被齊國擒獲，秦國不動用軍隊已經收西河以外的土地。這就是臣所講的敗敵於廳堂之上，擒獲敵將於帷幄之中，在酒宴上攻下敵城，在枕席上折斷敵人的兵車。」

※讀解

蘇秦遊說齊閔王，強調了國家有所憑藉的重要性。國家採取行動，必須在時勢上有所憑藉，這樣才可以用最少的力量取得最大的勝利。

蘇秦還強調國家要後發制人，絕不能採取激進行動，否則就會成為眾矢之的，落得身死國亡的悲慘下場。

這篇文字提出了一個重要的觀點，就是以和平的方式來使各國諸侯前來臣服，統一天下，成就霸王之業。就是所謂的文伐策略。蘇秦列舉大量的事例來證明自己的觀點，使他的立論有很強的說服力。

齊負郭之民有狐咺者

※原文

齊負郭[1]之民有狐咺者，正議，閔王斮之檀衢，百姓不附。齊孫室子陳舉直言，殺之東閭，宗族離心。司馬穰苴，為政者也，殺之，大臣不親。以故燕舉兵，使昌國君將而擊之。齊使觸子將而應之。齊軍破，觸子以與一乘亡。達子收餘卒，復振，與燕戰，求所以償者，閔王不肯與，軍破走。

王奔莒，淖齒數之曰：「夫千乘、博昌之間，方數百里，雨血沾衣，王知之乎？」王曰：「不知。」「嬴、博之間，地坼[2]至泉，王知之乎？」王曰：「不知。」「人有當闕而哭者，求之則不得，去之則聞其聲，王知之乎？」王曰：「不知。」淖齒曰：「天雨血沾衣者，天以告也；地坼至泉者，地以告也；人有當闕而哭者，人以告也。天地人皆以告矣，而王不知戒焉，何得無誅乎？」於是殺閔王於鼓里[3]。

※注釋

①負郭：靠著外城的城牆。②坼：裂開。③鼓里：地名。

※譯文

齊國有個靠著城牆居住的人，名字叫狐咺，他直言批評齊閔王的過失，在檀衢被齊閔王殺死，百姓從此不再服從齊閔王。齊國宗室中有個叫陳舉的人，也直言不諱，在東城門外被閔王處死，齊國宗族從此和齊閔王離心。

司馬穰苴，在齊國為政，也被齊閔王殺死，大臣們從此不再親近齊閔王。因為這些，燕國發動軍隊，派昌國君樂毅做統帥進攻齊國，齊國派觸子率領軍隊迎戰。齊國大敗，觸子駕著一輛車逃跑了。齊國大將達子收拾殘兵敗將，重整旗鼓，與燕國軍隊作戰，達子要求齊閔王對士兵進行犒勞，齊閔王不願意犒勞，齊國軍隊再次敗北。

齊閔王逃到莒城，齊國相國淖齒面見齊閔王，列舉了齊閔王的數條罪狀，說：「那次在千乘與博昌之間數百里的地方，天降血雨，汙穢了人衣，這件事大王知道嗎？」齊閔王說：「不知道。」「嬴、博之間，大地裂開湧出泉水，這件事大王知道嗎？」齊閔王說：「不知道。」「有人在宮門前哭泣，卻找不到人，離開了又聽見哭泣的聲音，這件事大王知道嗎？」齊閔王說：「不知道。」淖齒說：「天下血雨沾到衣服上，這是老天在警告；地裂出泉，這是大地在警告；有人在宮門哭泣，這是人事在警告。天、地、人都給您警告，但您卻不知道警惕，又怎能不遭受上天的誅殺呢？」於是淖齒就在鼓里這個地方殺死了齊閔王。

※讀解

看來蘇秦的勸說並沒有對齊閔王發揮任何作用。蘇秦勸說他採取和平的手段來取得霸業，而他卻對他的良民和忠臣大開殺戒。

他先後殺了對他直言的負郭之民狐咺、齊孫室子陳舉和輔助他治理國家的司馬穰苴。他的殘暴行為導致了百姓不附、宗族離心、大臣不親。不僅如此，就連鄰國的燕國都看不下去了，派出軍隊來討伐齊國。無道的國家無力抵抗前來討伐的燕國軍隊，齊閔王只好逃亡到莒城外地。

一個名叫淖齒的大臣對齊閔王的殘暴行徑感到強烈不滿，他陪齊閔王逃亡到莒城，開始指責齊閔王的罪過，問他雨血沾衣、地坼至泉、有人當闕而哭這三件事他是否知道，但齊閔王全都不知，淖齒一怒之下便將齊閔王殺了。

燕攻齊取七十餘城

※原文

燕攻齊取七十餘城，唯莒、即墨①不下。齊田單②以即墨破燕，殺騎劫。初，燕將攻聊城，人或讒之。燕將懼誅，遂保守聊城，不敢歸。田單攻之歲餘，士卒多死，而聊城不下。魯連③乃書，約之矢以射城中，遺燕將曰：「吾聞之，智者不倍時而棄利，勇士不怯死而滅名，忠臣不先身而後君。今公行一朝之忿，不顧燕王之無臣，非忠也；殺身亡聊城，而威不信於齊，非勇也；功廢名滅，後世無稱，非知也。故知者不再計，勇士不怯死。今死生榮辱，尊卑貴賤，此其一時也。願公之詳計而無與俗同也。」

「且楚攻南陽，魏攻平陸，齊無南面之心，以為亡南陽之害，不若得濟北之利，故定計而堅守之。今秦人下兵，魏不敢東面，橫秦之勢合，則楚國之形危。且棄南陽，斷右壤，存濟北，計必為之。今楚、魏交退，燕救不至，齊無天下之規，與聊城共據期年之弊，即臣見公之不能得也。齊必決之於聊城，公無再計。彼燕國大亂，君臣過計，上下迷惑，栗腹以百萬之眾，五折於外，萬乘之國，被圍於趙，壤削主困，為天下戮，公聞之乎？今燕王方寒心獨立，大臣不足恃，國弊禍多，民心無所歸。今公又以弊聊之民，距全齊之兵，期年不解，是墨翟之守也；食人炊骨，士無反北之心，是孫臏、吳起之兵也。能以見於天下矣。」

※注釋

①莒、即墨：齊國的城邑。②田單：齊國大將。③魯連：亦稱魯仲連子、魯連子和魯仲連。戰國末期齊國人，戰國時名士。今茌平人。善於出謀劃策，常周遊各國，為其排難解紛。

※譯文

燕國攻打齊國，奪取了七十多座城池，只有莒和即墨兩地沒有攻下。齊國大將田單就用即墨作為根據地大敗燕國軍隊，殺了燕國大將騎劫。當初，有位燕國大將攻占了聊城，可是卻被人在燕王那裡進了讒言，這位燕將害怕自己會被處死，就死守在聊城不敢回國。齊將田單為收復聊城，打了一年多，將士死傷許多，但是聊城還是無法攻下。齊國謀臣魯仲連寫了一封信，綁在箭杆上，射到城內，信中對燕國將領說：「我聽說，智者不會違背時勢去做有損利益的事，勇士不會因害怕死亡而去做毀掉名聲的事，忠臣總是處處為君王著想而後才想到自己。現在將軍竟因為一時的憤怒，不顧燕王將失去一個大臣，這不是忠臣所做的事情；城破身死，威名不會流傳在齊國，這不是勇士所做的事情；戰功廢棄，英名埋沒，後人不會稱道，這不是聰明人的舉動。因此，明智的人不會躊躇不決，勇敢的人不會貪生怕死，如今生死榮辱、尊卑貴賤，都取決於您轉念之間的決斷，希望將軍能夠慎重考慮，不要和世俗的人持一般的見識。」

「而且楚國進攻南陽、魏國進逼平陸，齊國壓根就沒有分兵拒擊的意思，認為失去南陽之害，不及攻取聊城之利，所以一心一意攻打聊城。如今秦王出兵助齊，魏國再不敢出兵平陸；秦齊連橫之勢已定，楚國此刻岌岌可危。何況即便棄南陽、失平陸，只要能保全聊城之地，齊國也會一意孤行，在所不惜。如今楚、魏先後退兵，可是燕國的援軍仍然毫無消息，齊國沒有外患，就會與您僵持到最終定出成敗。一年之後，我恐怕就見不到將軍了。攻取聊城是齊國一定要成功的事情，您千萬不要猶豫不決。您知道嗎？目前燕國發生內亂，君臣失措，上下惶惑。燕將栗腹率領百萬軍隊進攻趙國，卻屢戰屢敗，燕國本是萬乘強國，卻被趙國圍困，土地被掠奪，國君遭到圍困，被天下諸侯所恥笑。現在，燕王正處在心驚膽戰、孤立無援的境地，大臣不足以倚仗，戰禍不斷發生，國難深重，民心渙散。而您卻能指揮早已疲憊不堪的聊城百姓，抗拒整個齊國的兵馬，已經一年過去了，聊城如今依然安如磐石，將軍確實像墨翟一般善於攻守；士兵們饑餓到食人肉炊人骨的地步，而始終沒有背棄您的想法，您確實像孫臏、吳起一樣善於用兵。就憑這兩條，將軍足可成名於天下！」

※原文

「故為公計者，不如罷兵休士，全車甲，歸報燕王，燕王必喜。士民見公，如見父母，交遊攘臂而議於世，功業可明矣。上輔孤主，以制群臣；下養百姓，以資說士。矯國革俗於天下，功名可立也。意者，亦捐燕棄世，東游與齊乎？請裂地定封，富比陶、衛，世世稱孤，與齊久存，此亦一計也。二者顯名厚實也，願公熟計而審處一也。」

「且吾聞效小節者，不能行大威；惡小恥者不能立榮名。昔管仲射桓公中鉤，篡也；遺公子糾而不能死，怯也；束縛桎梏，辱身也。此三行者，鄉里不通也，世主不臣也。使管仲終窮抑，幽囚而不出，慚恥而不見，窮年沒壽，不免為辱人賤行矣。然而管子並三行之過，據齊國之政，一匡天下，九合諸侯，為五伯首，名高天下，光照鄰國。曹沫為魯君將，三戰三北，而喪地千里。使曹子之足不離陳，計不顧後，出必死而不生，則不免為敗軍禽將。曹子以敗軍禽將，非勇也；功廢名滅，後世無稱，非知也。故去三北之恥，退而與魯君計也，曹子以為遭。齊桓公有天下，朝諸侯。曹子以一劍之任，劫桓公於壇位之上，顏色不變，而辭氣不悖。三戰之所喪，一朝而反之，天下震動，諸侯驚駭，威信吳、楚，傳名後世。若此二公者，非不能行小節，死小恥也，以為殺身絕世，功名不立，非知也。故去忿恚[1]之心，而成終身之名；除感忿之恥，而立累世之功。故業與三王爭流，名與天壤相敝也。公其圖之！」燕將曰：「敬聞命矣。」因罷兵到讀而去。故解齊國之圍，救百姓之死，仲連之說也。

※注釋

①忿恚：怨恨。

※譯文

「因此，我為您考慮，不如罷兵休鬥，保全車仗和甲冑，回國向燕王覆命，他一定會很高興。燕國的官吏和子民見到您，就如同見到父母一樣，交遊的人會抓著您的胳膊讚揚將軍的赫赫戰功，您就建立了功業。將軍上可輔佐國君，統制群臣；下可存恤百姓，招納說客。矯正國家的弊端，改革社會的陋俗，完全能夠建立更大的功名。如果將軍不願回去，是否能考慮一下拋棄世俗的成見，隱居於齊國呢？我會讓齊王賜您封地，與秦國的魏冉、商鞅一樣富有，代代相襲，和齊國並存，這是另一條出路。這兩者，要麼揚名當世，要麼富貴安逸，希望您能慎重考慮，選擇其中一個。」

「而且我還聽說，看重小節，就難以建立大的功業；不能忍受小的侮辱，就難以成就威名。過去管仲彎弓射中桓公的帶鉤，這是篡逆作亂的行為；又不能為公子糾死義，這是貪生怕死的行為；身陷牢囚，這是奇恥大辱。有了這三種行為，即使是鄉野村夫也不會與他交往，君主也不會讓他做大臣。如果管仲因為這樣的困頓和侮辱，就抑制自己的志向，不再出仕，那麼他就會卑賤勞作辱沒一生。可是他卻在背負三種惡劣的名聲之下，執掌齊國的政事，扶正天下，九次召集諸侯會盟，使齊桓公得以成為春秋五霸之首，管仲自己也名震天下，光耀鄰邦。曹沫是魯國的將軍，三戰三敗，失地千里。如果他發誓永遠不離開疆場，不顧後果一意孤行，他一定會戰死沙場，那就不過是一個喪師身死的敗將罷了。這樣一來，就不能被稱為勇士；功名湮沒，不是聰明。可是，他能隱忍三次失敗的恥辱，和魯莊公重新謀劃。齊桓公威服天下之後，召集諸侯會盟，曹沫就憑著一把寶劍，在祭壇之上劫持齊桓公，從容不迫，義正詞嚴，一朝收回失地，天下都為之震動。他的威名更是遠播吳楚，名重後世。以上說的管仲、曹沫這兩個人，並不是不能遵行小節，為小恥而死，只是他們認為，功名未立，壯志未酬，一怒之下死掉是不明智的做法。所以才決定拋棄內心的憤恨，成就一世功名；忍受一時的恥辱，建立萬世的功業。他們的功業可以和三王爭高低，聲名可與天地共短長，願將軍慎重考慮！」燕將說：「謹遵先生的命令。」於是就撤軍回國了。所以說，解除齊國軍隊對聊城的圍困，使百姓免遭戰禍，全靠魯仲連的勸諫。

※讀解

這是一個書面的勸諫，反映了《戰國策》反戰的主題。

西元前二八四年，燕將樂毅率五國聯軍橫掃齊國，半年內攻下齊七十餘城，除莒和即墨兩城外，齊國廣大地區慘遭淪陷。五年後，即墨守將田單率軍民眾志成城，頑強抵抗，以火牛陣大敗燕軍，並趁勢以摧枯拉朽之勢進行了戰略大反攻，「所過城邑皆畔燕而歸田單」。

但有個狄邑（今高青縣高城鎮）使田單攻打不下。在攻打狄邑之前，魯仲連斷言田單短期內攻不下狄邑，結果魯仲連的話不幸言中，狄邑三月不克。田單既苦惱又奇怪，就去向魯仲連請教。魯仲連直言相告田單，過去在即墨時是「將軍有死之心，而士卒無生之氣」，上下一心，同仇敵愾；而現在隨著地位、境遇的變化，田單「黃金橫帶」，只顧養尊處優，有生之樂，無死之心，不再身先士卒和不怕犧牲，所以久攻不下。

田單聽了魯仲連切中要害的分析後，恍然大悟，回去後親臨戰陣，揮旗擂鼓，一舉就攻克了狄邑。過了不久，田單勢如破竹，一直打到聊城城下。由於燕國大將負隅頑抗，垂死掙扎，田單攻城很不順利。正一籌莫展之際，魯仲連來了。因為魯仲連精通勢數，對當時齊、燕兩國的局勢和燕將的性格、心理分析透徹，把握準確，所以魯仲連提筆給燕國大將寫了一封信，用箭射到城裡，以「攻心為上」，「擒賊先擒王」。在這封信中，魯仲連先是結合齊、燕兩國的局勢，諄諄告誡燕將死守孤城非忠勇、非智；又站在燕將的角度上，分析歸燕、降齊的不同好處；最後又用曹沫和管仲的例子指出「行小節，死小恥」是不明智的做法，勸誘燕將以小節而成終身之名，以小恥而立累世之功，放棄聊城。結果，魯仲連說到心坎裡的一番話使燕將心服口服，罷兵而去。就這樣，魯仲連用書信攻下了聊城，一箭書退敵百萬兵，創造了中國軍事史和論辯史上的奇蹟。

燕攻齊齊破

※原文

燕攻齊，齊破。閔王奔①莒，淖齒殺閔王。田單守即墨之城，破燕兵，復齊墟。襄王為太子徵。齊以破燕，田單之立疑，齊國之眾，皆以田單為自立也。襄王立，田單相之。過菑水，有老人涉菑而寒，出不能行，坐於沙中。田單見其寒，欲使後車分衣，無可以分者，單解裘而衣之。

※注釋

①奔：逃亡。

※譯文

燕國軍隊進攻齊國，都城臨淄被攻破，齊閔王逃到了莒地，淖齒將他殺死。田單死守即墨，後來大敗燕國軍隊，收復了齊國的國都臨淄。迎回躲在民間的太子襄王。襄王徵做了太子。齊軍打敗燕軍，田單對立襄王為國君感到猶豫，齊國的老百姓都懷疑田單會自立為王。後來田單立太子為襄王，而他自己做了相國，輔佐齊襄王。

一次田單路過菑水，看到一個老人渡河，因為天氣非常寒冷無法再走了，便坐在岸邊的沙土裡。田單見老人感到寒冷，想要隨從分件衣服給他，但隨從們沒有多餘的衣服，於是田單就脫下自己的裘衣給老人穿上。

※原文

襄王惡之，曰：「田單之施，將欲以取我國乎？不早圖，恐後之。」左右顧無人，岩下有貫珠者[1]，襄王呼而問之曰：「汝聞吾言乎？」對曰：「之。」王曰：「汝以為何若？」對曰：「王不如因以為己善。王嘉單之善，下令曰：『寡人憂民之饑也，單收而食[2]之；寡人憂民之寒也，單解裘而衣之；寡人憂勞百姓，而單亦憂之，稱寡人之意。』單有是善，而王嘉之，善單之善，亦王之善已。」王曰：「善。」乃賜單牛酒，嘉其行。後數日，貫珠者復見王曰：「王至朝日，宜召田單而揖之於庭，口勞之。乃布令求百姓之饑寒者收穀之。」乃使人聽於閭裡，聞丈夫之相與語，舉曰：「田單之愛人！嗟，乃王之教澤也！」

※注釋

①貫珠者：采珠的人。②食：給以飯吃。

※譯文

齊襄王厭惡田單的這種做法，說：「田單這樣施捨小恩惠收買人心，難道是想要圖謀寡人的王權嗎？如果寡人不先發制人的話，恐怕將來的王權就會被動了。」說完，看看左右沒有什麼人，只是岩石的下面有個采珠的人，齊襄王就把他叫過來，問他說：「你聽到寡人說什麼了嗎？」采珠的人說：「都聽到了。」齊襄王說：「你認為寡人該怎麼做？」采珠的人回答說：「大王不如把它當作自己的善行。您可以嘉獎田單的行為。發佈詔令說：『寡人擔心百姓挨餓，相國就分賜他們食物；寡人擔心百姓受凍，相國就分賜他們衣服；寡人擔心百姓勞苦，而相國也擔心他們，這正合寡人心意。』田單既有這些優點，而大王又嘉獎他，田單的善行，也是大王的善行。」齊襄王說：「很好！」於是賜給田單牛酒，嘉獎他的善行。幾天後，采珠的人又去拜見齊襄王，說：「大王等到百官上朝的日子，您最好召見田單，並在朝堂上對他行禮，親口慰問他。然後下令調查遭受饑寒的百姓，賑濟他們。」齊襄王做了這些之後，就派人到街頭里巷打探民眾的態度，聽見老百姓都在互相談論，稱讚說：「相國很愛護百姓！哎呀！這都是大王教導得好啊！」

※讀解

功高震主是中國古代一以貫之的命題，也是最高領導者和其下屬之間難以解決的難題。從後代的漢高祖劉邦到明太祖朱元璋，都是採取極端的方式來加以解決的。其實，關於功高震主的問題，一定有其他的解決方式，本篇所述就是一種，並且是比較溫和而人道的解決方式。雖然後代的皇帝有這種傳統可以繼承，但他們都沒有正視這個傳統。血腥的屠殺使忠臣不寒而慄，也使人性顯現出了複雜和醜惡的一面。

田單的德行受到百姓的推崇和信賴，在人們的眼裡，田單的感召力甚至超過了齊襄王，使齊襄王感到很不高興。於是就在那種情況下，產生很自然的想法，他想運用國君所擁有的生殺予奪的權力，解決功高震主的問題。

齊襄王陷入對這一問題的沉思之後，不自覺地將自己的想法說了出來，而這時身邊有個采珠人聽到了他的話。隨後，采珠人給他出了一個主意，使他可以溫和而人道地解決這一問題。采珠人告訴他，可以透過嘉獎和認可的方式，將田單的德行轉化為自己的德行，從而解決田單功高震主的問題。

齊閔王之遇殺

※原文

齊閔王之遇殺，其子法章①變姓名，為莒太史家庸夫。太史　女奇法章之狀貌②，以為非常人，憐而常竊衣食之，與私焉。莒中及齊亡臣相聚，求閔王子，欲立之。法章乃自言於莒。共立法章為襄王。襄王立，乙太史氏女為王后，生子建。太史敫曰：「女無媒而嫁者，非吾種也，汙吾世矣。」終身不睹。君王后賢，不以不睹之故，失人子之禮也。

※注釋

①法章：齊閔王的兒子，即後來的齊襄王。②奇法章之狀貌：覺得法章的相貌奇特。

※譯文

齊閔王遭到殺害之後，他的兒子法章改名換姓，當了莒地一個姓太史人家的奴僕。太史敫的女兒看見法章的相貌奇特，認為他不是普通人，很憐憫他，經常偷偷送他衣服和食物，並且和他私通。莒地的人以及從國都逃到莒地的大臣們聚在一起，商議要尋找齊閔王的兒子，想立他為王。法章這時才從莒地出來承認自己是太子。於是大臣們立他為襄王。齊襄王即位，又把太史敫的女兒立為王后，後來生了一個兒子叫建。太史敫說：「女兒沒有透過媒人就出嫁，不是我們家的後代，玷汙了我在世上的名聲。」就終身不再見他的女兒。王后賢慧，不因父親不再見她的緣故而失去作為女兒對父親應有的禮節。

※原文

襄王卒，子建立為齊王，君王后①事秦謹，與諸侯信，以故建立四十有餘年不受兵。秦始皇嘗使使者遺君王后玉連環，曰：「齊多知，而解此環不？」君王后以示群臣，群臣不知解。君王后引椎椎破之，謝秦使，曰：「謹以解矣。」及君王后病，且卒，誡建曰：「群臣之可用者某。」建曰：「請書之。」君王后曰：「善。」取筆牘受言。君王后曰：「老婦已亡②矣！」君王后死後，後勝相齊，多受秦間金玉，使賓客入秦，皆為變辭，勸王朝秦，不修攻戰之備。

※注釋

①君王后：太史　的女兒，齊襄王的妻子，齊王建的母親。②亡：忘記。

※譯文

齊襄王死後，他的兒子建即位成為齊王，王后對待秦國很謹慎，和各國諸侯交往也很誠信，因此齊王建在位的四十多年裡，國家沒有遭受戰亂。秦始皇曾經派使者給王后一副玉連環，說：「齊國人都很聰明，但是能解開這個玉連環嗎？」王后把玉連環給群臣看，群臣中也沒有人知道怎樣解開。王后拿起一把錘子將玉連環敲破，告訴秦王的使者說：「玉連環已經解開了。」到了王后病危，彌留之際，她告誡齊王建說：「群臣中某某人可以任用。」齊王建說：「請寫下來他們的名字。」王后說：「好。」於是，齊王取來筆和木簡，準備記錄。王后說：「我已經忘記了。」王后死後，後勝擔任齊國的相國，收受了秦國間諜送來的金玉，派去秦國的賓客，都說符合秦國利益的詭辯之詞，他們勸齊王建朝貢秦國，不修建防禦戰爭的工事。

※讀解

本篇記載的是戰國時期一位才能卓絕的女子——太史氏女的故事。從幾千年來的男權社會來看，她是一位智慧、勇敢、果斷、巾幗不讓鬚眉的奇女子。

當落魄的太子流落到她家的時候，她以不同凡人的眼光看出了太子「非常人」，毅然決然地以身相許，將自己的一生託付在落魄的太子身上。後來事態的發展果然符合了她的判斷。太子當上了齊王，史稱齊襄王。齊襄王死後，她參與朝政。她在世的幾十年間，齊國大治，國內國外的關係都處理得很好。

給人們留下深刻印象的是她砸了秦國送來的玉連環。從中可以看到一位雷厲風行、處事果斷的女子形象。她的膽識和魄力讓許多男子都佩服有加。

齊王建入朝於秦

※原文

齊王建入朝於秦，雍門司馬前曰：「所為立王者，為社稷[①]耶？為王耶？」王曰：「為社稷。」司馬曰：「為社稷立王，王何以去社稷而入秦？」齊王還車而反。

即墨大夫與雍門司馬諫而聽之，則以為可與為謀，即入見齊王曰：「齊地方數千里，帶甲數百萬。夫三晉大夫，皆不便秦，而在阿、鄄之間者百數，王收而與之百萬之眾，使收三晉之故地，即臨晉之關可以入矣；鄢、郢大夫，不欲為秦，而在城南下者百數，王收而與之百萬之師，使收楚故地，即武關可以入矣。如此，則齊威可立，秦國可亡。夫舍南面之稱制，乃西面而事秦，為大王不取也。」齊王不聽。

秦使陳馳誘齊王，內[2]之，約與五百里之地。齊王不聽即墨大夫而聽陳馳，遂入秦。處之共[3]松柏之間，餓而死。先是齊為之歌曰：「松邪！柏邪！住建共者，客耶！」

※注釋

①社稷：國家。②內：通「納」。③共：地名。今甘肅涇川縣北。

※譯文

齊王建到秦國去朝見秦王，臨淄西門的司馬上前說：「我們立王，是為國家立王呢，還是為了大王而立王？」齊王說：「為國家。」司馬說：「既然為國家立王，那麼您為什麼拋棄國家而要到秦國去呢？」齊王就調轉車頭又回去了。

即墨大夫因為臨淄西門的司馬官勸諫齊王，並被齊王所聽從，認為可以和齊王共謀，於是就進宮拜見齊王，說：「齊國的土地方圓數千里，擁有大軍數百萬。趙、魏、韓三國的大夫們都不願為秦國謀利，而在東阿和鄄城兩地之間聚集了數百人。大王如果和趙、魏、韓三國軍隊聯合，聯軍就有百萬之多，能收復三國被秦國占領的土地，還可以攻打秦國東邊的臨晉關；楚國的大夫們也不願意為秦國謀利，而在我國南部的城南下面聚集了數百人，大王和楚國軍隊聯合，可以有百萬大軍，收復楚國被秦國占領的失地，還可以攻入秦國南邊的武關。這樣一來，齊國的威勢就可以建立，秦國就可以被滅亡。您捨棄南面稱王的機會，而往西去侍奉秦國，大王這樣做是不可取的。」齊王沒有聽從。

秦王派賓客陳馳引誘齊王，使他來到秦國，相約給他方圓五百里的土地。齊王不聽信即墨大夫的建議，卻聽從陳馳的引誘，於是來到秦國。秦王把他安置在共邑，讓他住在共邑山林中的松柏之間，最終餓死在那裡。在這之前，齊國人編了一首歌唱道：「松樹啊！柏樹啊！讓齊王死在共邑的，是那些奸詐的賓客啊！」

※讀解

齊王建被秦國使者陳馳所騙，離開齊國來到秦國，結果被流放共邑山林中的松柏之間，最終被活活餓死在那裡。堂堂一個國家的國君遭到這樣的下場，著實可悲可嘆。

究其原因，可能有以下幾點。首先，他的母親，就是那位智勇雙全、處事果斷、巾幗不讓鬚眉的君王后，也許正是由於母親的性格過於剛強，所以使齊王建得不到應有的鍛煉，性格變得優柔寡斷、沒有主見，才成為一個無所作為的國君。其次，齊王建頭腦簡單，聽不進即墨大夫的良言相勸，一意孤行要去秦國。第三，秦國使者陳馳的誘騙是齊王建離開齊國而入秦的直接原因。

楚策

五國約以伐齊。昭陽謂楚王曰：「五國以破齊，秦必南圖。」楚王曰：「然則奈何？」對曰：「韓氏輔國也，好利而惡難。好利，可營也；惡難，可懼也。我厚賂之以利，其心必營。我悉兵以臨之，其心必懼我。彼懼吾兵而營我利，五國之事必可敗也。約絕之後，雖勿與地，可。」楚王曰：「善。」乃命大公事之韓，見公仲曰：「夫牛闌之事，馬陵之難，親王之所見也。王苟無以五國用兵，請效列城五，請悉楚國之眾也，以於齊。」韓之反趙、魏之後，而楚果弗與地，則五國之事困也。

五國約以伐齊

※原文

五國[1]約以伐齊。昭陽[2]謂楚王曰：「五國以破齊，秦必南圖。」楚王曰：「然則奈何？」對曰：「韓氏輔國也，好利而惡難。好利，可營也；惡難，可懼也。我厚賂之以利，其心必營。我悉兵以臨之，其心必懼我。彼懼吾兵而營我利，五國之事必可敗也。約絕之後，雖勿與地，可。」楚王曰：「善。」

乃命大公事之韓，見公仲曰：「夫牛闌之事，馬陵之難，親王之所見也。王苟無以五國用兵，請效列城五，請悉楚國之眾也，以廧於齊。」韓之反趙、魏之後，而楚果弗與地，則五國之事困也。

※注釋

①五國：趙、魏、韓、燕、楚五國。②昭陽：楚國大將。

※譯文

趙、魏、韓、燕、楚五個國家結成聯軍進攻齊國。楚國國相昭陽對楚王說：「五國如果攻破了齊國，秦國一定會趁著這個機會向南進攻楚國。」楚王說：「這可怎麼辦啊？」昭陽回答說：「韓國的輔國，貪圖私利，畏懼危難。貪圖私利，就可以對他進行利誘；畏懼危難，就可以對他實施威脅。臣用財物珍寶去拉攏他，他的心思就必定會被眼前的利益所誘惑；臣再率兵逼迫威脅他，他心裡必定會恐懼臣，他害怕我們的大軍，又貪圖我們的財物，這樣五國聯軍攻打齊國的戰事，一定會失敗。他們的盟約被撕毀之後，即使不給韓國割地也是完全可行的。」楚王說：「很好。」

於是就派大公事到韓國，見到了韓國的相國公仲，說：「牛闌之事，馬陵之難，是您親眼所看到的。大王如果不和五國軍隊聯合，我們願意獻出五個城邑，否則的話，我們就出動全部的軍隊和齊國共同抗敵。」韓國和趙、魏解除盟約之後，楚國果然沒有割地給韓國，於是五國軍隊聯合攻打齊國的事情也落空了。

※讀解

昭陽提出了一般勸說人們的方法，這是他在對人性當中「好利而惡難」的深刻洞察基礎上得出的人生經驗。「好利，可營也；惡難，可懼也。我厚賂之以利，其心必營。我悉兵以臨之，其心必懼我。彼懼我兵而營我利」，那麼任何事情都是可以做成功的。這就是人性的特點。

中國的歷史之所以是連橫政策、遠交近攻取得了最終的勝利，原因有很多方面。從六國合縱聯盟本身來看，根本原因恐怕是六國的各自好利。六國的政策一直往來於六國的謀臣策士遊說過程中頻繁更換，也就是說，六國沒有共同的利益和想法，雖然他們為了一時的利益關係結成聯盟，但這些都是暫時的。聯盟很快就因利害的取捨而破裂。而秦國在張儀連橫政策的推行，又在范睢遠交近攻的實行下，經過幾代堅持不懈的努力，終於完成國家統一，成就霸業。

荊宣王問群臣

※原文

荊宣王問群臣曰：「吾聞北方之畏昭奚恤①也，果誠何如？」群臣莫對。江乙②對曰：「虎求百獸而食之，得狐。狐曰：『子無敢食我也。天帝使我長百獸，今子食我，是逆天帝命也。子以我為不信，吾為子先行，子隨我後，觀百獸之見我而敢不走③乎？』虎以為然，故遂與之行。獸見之皆走。虎不知獸畏己而走也，以為畏狐也。今王之地方五千里，帶甲百萬，而專屬之昭奚恤；故北方之畏昭奚恤也，其實畏王之甲兵也，猶百獸之畏虎也。」

※注釋

①昭奚恤：楚國的令尹。②江乙：魏國人，在楚國做官。③走：逃跑。

※譯文

楚宣王問群臣，說：「聽說北方的諸侯都畏懼昭奚恤，果真是這樣嗎？」群臣無人回答。江乙回答說：「老虎捕捉各種野獸把牠們吃掉，一次，老虎捉住一隻狐狸。這隻狐狸對老虎說：『你不敢吃我。天帝派我來管理各種野獸，今天如果你吃掉我，就違背了天帝的命令。你如果不相信我所說的話，我走在前面，你跟在我的後面，看看群獸見了我，有哪一個不逃跑？』老虎信以為真，於是就與狐狸同行。各種野獸見了牠們，都逃跑了。老虎不明白，群獸是因為害怕牠才逃的，卻以為是因為害怕狐狸才逃跑。現在大王的國土方圓達五千里，擁有百萬軍隊，卻都由昭奚恤一人管理和統率，因此，北方的諸侯畏懼昭奚恤，但實際上是害怕大王的軍隊，這就和剛才所說的群獸害怕老虎是一樣的啊！」

※讀解

這段文字講述了一個著名的寓言故事：狐假虎威。江乙用狐狸借助老虎的威風來嚇跑群獸的故事，透過類比，生動形象說明了北方的諸侯之所以害怕昭奚恤的真實原因。

楚國就是威風的老虎，而昭奚恤就是那隻狐狸，昭奚恤借助楚國的強大實力，造成北方各國諸侯的恐懼。楚宣王看不透這其中的真相。江乙透過一個寓言故事就將道理說得清清楚楚。所以我們在說話的時候，要善於利用這樣的故事，來幫助我們將複雜的道理表述清楚。

江乙說於安陵君

※原文

江乙說於安陵君曰：「君無咫尺之地，骨肉之親，處尊位，受厚祿，一國之眾，見君莫不斂衽而拜，撫委而服，何以也？」曰：「王過舉而已。不然，無以至此。」

江乙曰：「以財交者，財盡而交絕；以色交者，華①落而愛渝；是以嬖女②不敝席，寵臣不避軒。今君擅楚國之勢，而無以深自結於王，竊為君危之。」安陵君曰：「然則奈何？」江乙曰：「願君必請從死，以身為殉，如是必長得重於楚國。」曰：「謹受令。」

※注釋

①華：這裡指女子的青春美貌。②嬖女：受寵愛的女人。

※譯文

江乙勸說安陵君，說：「您沒有為楚國立下絲毫的功勞，也沒有骨肉親人可以依靠，但是您卻身居高位，享受著豐厚的俸祿，全國的百姓見到您，沒有不整理好衣服冠帶向您行禮的，這是憑什麼呢？」安陵君回答說：「這是楚王過分地抬舉我罷了。如果不是這樣的話，我是不可能享受到現在這個待遇的。」

江乙說：「拿錢財和別人交往，當錢財用完的時候，和人的交情也就斷絕了；拿美色來和別人交往，當美色衰退的時候，愛情也就沒有了。因此說，愛妾床上的席子還沒有睡破，就被遺棄了；寵臣的馬車還沒有使用到壞掉的程度，就已經被罷黜了。如今您獨攬楚國的權勢，但是自己並沒有可以用來和楚王結交的資本，對這件事我為您感到擔憂。」安陵君說：「這該怎麼辦呢？」江乙說：「希望您一定請求楚王和他一起死，親自為楚王殉葬，這樣的話，您必定能夠在楚國長久地受到尊重。」安陵君說：「謹遵您的教誨。」

※原文

三年而弗言。江乙復見曰：「臣所為君道，至今未效。君不用臣之計，臣請不敢復見矣。」安陵君曰：「不敢忘先生之言，未得間也。」

於是，楚王游於雲夢，結駟千乘，旌旗蔽日，野火之起也若雲霓，兕虎[1]嘷之，聲若雷霆，有狂兕㳆車依輪而至，王親引弓而射，一發而殪[2]。王抽旃旄而抑兕首，仰天而笑曰：「樂矣，今日之遊也！寡人萬歲千秋之後，誰與樂此矣？」安陵君泣數行而進曰：「臣入則編席，出則陪乘。大王萬歲千秋之後，願得以身試黃泉，蓐螻蟻，又何如得此樂而樂之。」王大說，乃封壇為安陵君。

君子聞之曰：「江乙可謂善謀，安陵君可謂知時矣。」

※注釋

①兕虎：一種老虎。②殪：死。

※譯文

過了三年，安陵君卻沒有對楚王表明什麼。江乙又拜見他，說：「我跟您說過的話，到現在您也沒有去做，您既然不採納我的計策，我以後就不敢再見您了。」安陵君說：「我不敢忘記先生給我的忠言教誨，只是我沒有遇到機會啊！」

就在這個時候，楚王要到雲夢地區去遊獵，隨從的車輛達到一千乘，旌旗遮天蔽日，野火燒起來，就像彩虹一樣，老虎咆哮的聲音，就像打雷一樣。忽然一頭發狂的犀牛朝著車輪衝撞過來，楚王搭弓射箭，一箭就將犀牛射死了。楚王隨手拔了一面旗，蓋住犀牛的頭，仰天大笑，說：「今天的遊獵，實在是太盡興了！寡人要是百年之後，和誰共同享受這種快樂呢？」安陵君淚流滿面，上前對楚王說：「臣在宮裡和大王挨著席子坐，出外和大王乘坐一輛車子。大王萬歲千秋之後，臣願意在黃泉之下做大王的席墊，來為大王驅趕螻蟻，又有什麼比這更快樂的事情呢！」楚王聽了大為高興，就正式封他為安陵君。

君子聽說了這件事情說：「江乙可說是善於出謀劃策，安陵君也算是善於發現時機啊！」

※讀解

常言說，無功不受祿，但如果無功卻一直享受著豐厚的俸祿，享受著高貴的地位，那麼就很危險了。無數的史實反復證明這一點。

江乙深知這一點的利害，就去勸諫無功受祿的安陵君，勸他想辦法立功，向楚王表達他的忠心。但安陵君一直找不到合適的時機立功。時間過了三年，江乙的勸諫依然沒有實現。後來，楚王在雲夢地區遊獵，當他感到人生快意但依然免不了感嘆人生的必然宿命時，安陵君抓住這個千載難逢的好機會，向楚王表達自己的忠誠，為自己後半生的榮華富貴找到了充分理由。

蘇秦為趙合從說楚威王

※原文

蘇秦為趙合從，說楚威王曰：「楚，天下之強國也。大王，天下之賢王也。楚地西有黔中、巫郡，東有夏州、海陽，南有洞庭、蒼梧，北有汾、陘之塞、郇陽。地方五千里，帶甲百萬，車千乘，騎萬匹，粟[①]支十年，此霸王之資也。夫以楚之強與大王之賢，天下莫能當也。今乃欲西面而事秦，諸侯莫不西面而朝於章臺之下矣。秦之所害於天下莫如楚，楚強則秦弱，楚弱則秦強，此其勢不兩立。故為王至計，莫如從親以孤秦。大王不從親，秦必起兩軍：一軍出武關；一軍下黔中。若此，則鄢、郢動矣。臣聞治之其未亂，為之其未有也；患至而後憂之，則無及已。故願大王之早計之。」

※注釋

①粟：泛指糧食。

※譯文

蘇秦為趙國進行合縱聯盟遊說楚威王，說：「楚國是天下的強國。大王是天下的賢主。楚國西有黔中、巫郡，東有夏州、海陽，南有洞庭、蒼梧，北有汾陘、郇陽，全國土地方圓五千里，擁有百萬雄兵，千輛戰車，萬匹戰馬，糧食可供十年，這是大王建立霸業的資本。憑藉著楚國如此強大，大王這麼賢能，天下是無法抵擋的。可是現在您卻打算向西侍奉秦國，那就沒有諸侯會再來楚國的章臺朝貢了。秦國最擔憂的莫過於楚國，楚國強盛則秦國削弱，楚國衰弱則秦國強盛，楚、秦兩國是勢不兩立的。所以臣為大王考慮，不如六國結成合縱聯盟來孤立秦國。大王如果不參加六國的合縱聯盟，秦國必然會從兩路進軍：一路出武關，一路直指黔中。如果真的這樣的話，楚國的國都鄢、郢必然會引起動盪。臣聽說平定天下，要在國家還未混亂的時候著手；做一件事情要在還沒有開始的時候就做好準備。禍患來了，才去擔憂，那就來不及了。所以，我希望大王及早謀劃這件事。」

※原文

「大王誠能聽臣，臣請令山東之國，奉四時之獻，以承大王之明制，委社稷宗廟，練士厲兵，在大王之所用之。大王誠能聽臣之愚計，則韓、魏、齊、燕、趙、衛之妙音美人，必充後宮矣。趙、代良馬橐駝，必實於外廄。故從合則楚王，橫成則秦帝。今釋霸王之業，而有事人之名，臣竊為大王不取也。夫秦，虎狼之國也，有吞天下之心。秦，天下之仇讎①也。橫人皆欲割諸侯之地以事秦，此所謂養仇而奉讎者也。夫為人臣而割其主之地，以外交強虎狼之秦，以侵天下，卒有秦患，不顧其禍。夫外挾強秦之威，以內劫其主，以求割地，大逆不忠，無過此者。故從親，則諸侯割地以事楚；橫合，則楚割地以事秦。此兩策者，相去遠矣，有億兆之數。兩者大王何居焉？故弊邑趙王，使臣效愚計，奉明約，在大王命之。」

※注釋

①仇讎：仇人。

※譯文

「如果您真的能聽取臣的建議，臣可以讓崤山以東的各國一年四季都來朝貢，來奉行大王的詔令，將國家和宗廟都委託給楚國，訓練士兵，來供大王使用。如果大王真的能聽從臣的愚計，那麼韓、魏、齊、燕、趙、衛各國的歌女和美人，必定會充滿您的後宮，越國、代郡的良馬、駱駝一定會充滿您的馬廄。所以說，實現了合縱聯盟，楚國就可以稱王；實現了連橫聯盟，秦國就會稱帝。現在您放棄成就霸王的大業，反而落個侍奉別人的名聲，臣私下認為大王實在不該這麼做啊！秦國是如老虎豺狼般貪婪的國家，並且有吞併崤山以東六國的野心，秦國是各個諸侯共同的仇敵。主張連橫的人卻想以割讓諸侯的土地去侍奉秦國，這就是所謂的奉養仇敵的做法啊！身為人臣卻要主張割讓主人的土地，來結交虎狼般的秦國，並使它強大起來，侵略天下各國，最終遭受秦國帶來的禍患，但根本不顧自身將要遭受的災禍。至於對外依靠強秦的威勢，對內脅迫自己的國君，來割讓自己國家的土地，大逆不道不忠不義，沒有比這種人更厲害了。所以說，實現合縱聯盟，那麼各個諸侯國就會割讓土地來侍奉楚國；實現連橫聯盟，楚國就得割讓土地來侍奉秦國。合縱與連橫這兩種謀略，所達到的結果相距太遠了，真有億兆倍那麼多。對於這兩個謀略，大王如何取捨呢？因此，敝國的國君趙王特派臣來獻上這個愚計，想共同遵守合縱盟約，如何取捨全在大王的決定。」

※原文

楚王曰：「寡人之國，西與秦接境，秦有舉巴蜀、並漢中之心。秦，虎狼之國，不可親也。而韓、魏迫於秦患，不可與深謀，恐反人以入於秦，故謀未發而國已危矣。寡人自料，以楚當秦，未見勝焉。內與群臣謀，不足恃也。寡人臥不安席，食不甘味，心搖搖如懸旌，而無所終薄①。今君欲一天下，安諸侯，存危國，寡人謹奉社稷以從。」

※注釋

①薄：停止，依附。

※譯文

楚王說：「寡人的國家，西邊和秦國接壤，秦國有奪取巴蜀、吞併漢中的野心。秦國是如同老虎豺狼般貪婪兇殘的國家，是不可能和它親近的。而韓、魏兩國迫於秦國的威脅，不能和它們過深地共同謀劃，如果和它們過深地謀劃，恐怕它們反而會和秦國聯合起來，所以說，計謀還沒有開始行動，楚國就已經處於危險的境地了。寡人自己預料，只靠楚國一個國家來抵抗秦國，未必就能夠取得勝利。和多位大臣一起謀劃，他們也不足以依靠。寡人覺也睡不好，飯也吃不香，心裡七上八下就如同懸掛著的旗子一樣，最終沒有什麼可以依靠。現在您想要統一天下，安定各國諸侯，拯救處於危險境地的國家，寡人謹奉本國社稷參加合縱聯盟。」

※讀解

蘇秦為了實現六國的合縱聯盟而到各個國家遊說。但與此同時，他的同學張儀也在六國之間奔走，為了推行連橫政策而遊說各國的君主。在他們的遊說中，他們一方面要極力推銷自己主張的政策之正確性和可行性，另一方面還要同時推翻對方的立論，來確立自己的論點，說服眼前的國君放棄對方的論點，而接受自己的主張。

蘇秦來到楚國，見到了楚威王，他首先為楚威王分析楚國的實力和優勢。其實這些實力和優勢是楚威王心知肚明的，但蘇秦為了讓楚威王接受自己的觀點，還是要富有誇張性地加以申明，讓楚威王認識到楚國的現行政策是錯誤的，楚國不應該參加連横而西面侍奉秦國。接下來，他又用富有感染力的語言描繪了參加合縱聯盟的美好前景。然後蘇秦批駁了連横政策的弊端，指出秦國是一個貪得無厭的虎狼國家，而那些主張合縱的說客和謀臣們則是大逆不道、為國不忠的奸臣，蘇秦極盡自己的論說才能，使楚威王深刻地感到參與推行連横政策是喪權辱國的，只有參加合縱聯盟才是楚國唯一的出路。這一破一立，蘇秦終於說服了楚威王。楚威王同意參加他所宣導的六國聯盟。

張儀為秦破從連横

※原文

張儀為秦破從連横，說楚王曰：「秦地半天下，兵敵四國，被山帶河，四塞以為固。虎賁之士百餘萬，車千乘，騎萬匹，粟如丘山。法令既明，士卒安難樂死。主嚴以明，將知以武。雖無出兵甲，席捲常山之險。折天下之脊，天下後服者先亡。且夫為從者，無以異於驅群羊而攻猛虎也。夫虎之與羊，不格[1]明矣。今大王不與猛虎而與群羊，竊[2]以為大王之計過矣。凡天下強國，非秦而楚，非楚而秦，兩國敵侔交爭，其勢不兩立。而大王不與秦，秦下甲兵，據宜陽，韓之上地不通；下河東，取成皋，韓必入臣於秦。韓入臣，魏則從風而動。秦攻楚之西，韓、魏攻其北，社稷豈得無危哉？」

※注釋

①格：鬥。②竊：私下。

※譯文

張儀為秦國瓦解合縱，進行組織連橫盟約去遊說楚王，說：「秦國的土地占天下土地的一半，而且兵力強大，可以和各個諸侯相對抗，四周環山，東據黃河，四周容易防守，屏障非常堅固。擁有一百多萬勇猛的士兵，戰車千輛，戰馬萬匹，糧食堆積如山。法令嚴明，士兵視死如歸。國君嚴厲英明，將帥善謀勇武。不用出兵，奪取常山的險隘也輕而易舉。楚國控制了天下最有利的地區，天下各國不願意臣服的就先遭到滅亡。再說，主張合縱聯盟的人，和驅趕群羊去進攻猛虎沒有什麼區別。而且柔弱的羊是鬥不過猛虎的，這是不用打鬥就可以知道的。現在大王不和猛虎結交，卻和群羊聯合，臣認為大王的計策是錯誤的。如今天下的強國，不是秦國、就是楚國，不是楚國就是秦國，兩國相互敵對，互相爭奪，勢不兩立。如果大王不與秦國聯合，秦國發動大軍，攻占宜陽，韓國的上黨要道被切斷；他們進而出兵河東，攻取成皋，韓國必定臣服秦國。韓國臣服秦國，魏國也必然跟著臣服秦國。秦國進攻楚國的西邊，韓、魏兩國進攻楚國的北邊，楚國怎麼會沒有危險呢？」

※原文

「且夫約從者，聚群弱而攻至強也。夫以弱攻強，不料敵而輕戰，國貧而驟舉兵，此危亡之術也。臣聞之，兵不如者，勿與挑戰；粟不如者，勿與持久。夫從人者，飾辯虛辭，高主之節行，言其利而不言其害，卒有楚禍，無及為已，是故願大王之熟計之也。」

「秦西有巴蜀，方船積粟，起於汶山，循江[1]而下，至郢三千餘里。舫船載卒，一舫載五十人，與三月之糧，下水而浮，一日行三百餘里；里數雖多，不費馬汗之勞，不至十日而距扞關；扞關驚，則從竟陵已東，盡城守矣，黔中、巫郡非王之有已。秦舉甲出之武關，南面而攻，則北地絕。秦兵之攻楚也，危難在三月之內。而楚恃諸侯之救，在半歲之外，此其勢不相及也。夫恃弱國之救，而忘強秦之禍，此臣之所以為大王之患也。」

※注釋

①循江：沿著長江。

※譯文

「況且合縱聯盟，聯合了一群弱小的國家，去進攻最為強大的秦國。憑藉著弱小的國家去進攻強大的國家，不預料一下敵人的力量大小就輕易作戰，導致國家貧窮又經常發動戰爭，這是造成亡國的危險做法啊！臣聽說，兵力沒有對方強大，就不要向對方挑戰；糧食沒有對方充足，就不要和對方進行持久作戰。那些主張合縱聯盟的人，矯飾巧辯，滿口虛辭，高贊國君的節操和品行，但是只說好處，不說害處，一旦楚國遭遇大禍，就來不及了，因此希望大王能深思熟慮。」

「秦國西面有巴、蜀，用船隻運來糧食，從汶山開船，沿長江而下，到楚都有三千多里。用舫船運載士兵，一艘能載五十個人的船和裝載能夠食用三個月糧食的運糧船，一道下到江水裡，順流而下，一天走三百多里。路程雖然很長，但不費車馬勞頓，不到十天，就到達扞關；扞關受到驚動，那麼從竟陵往東，所有的城池只有防守的力量，黔中、巫郡就不會再為大王所有了。秦國又揮師武關，向南進攻，這樣一來，楚國的北部交通被切斷。秦國軍隊進攻楚國，危急的形勢也只是在三個月之內。但是楚國等待諸侯的援軍，要在半年之後才能到達，這樣一來，形勢已經無濟於事了。依靠弱國的救援，忘記強秦的災禍就在眼前，這就是臣為大王擔憂的原因。」

※原文

「且大王嘗與吳人五戰三勝而亡之，陳卒盡矣；有偏守新城而居民苦矣。臣聞之：攻大者易危，而民弊者怨於上。夫守易危之功而逆強秦之心，臣竊為大王危之。且夫秦之所以不出甲於函谷關十五年以攻諸侯者，陰謀有吞天下之心也。楚嘗與秦構難，戰於漢中。楚人不勝，通侯、執圭①死者七十餘人，遂亡漢中。楚王大怒，興師襲秦，戰於藍田，又卻。此所謂兩虎相搏者也。夫秦、楚相弊，而韓、魏以全制其後，計無危於此者矣，是故願大王熟計之也。秦下兵攻衛、陽晉，必開扃天下之匈，大王悉起兵以攻宋，不至數月而宋可舉。舉宋而東指，則泗上十二諸侯，盡王之有已。」

※注釋

①通侯、執圭：官職名。

※譯文

「而且大王曾經和吳國交戰，五戰三勝就滅掉吳國，但您的軍隊也遭到嚴重的創傷；還要派人駐守在新得到的城池，百姓對這感到非常痛苦。臣聽說：進攻強大的敵人就容易處於危險境地，百姓生活貧困，就容易抱怨國君。守護容易陷入危險境地的功業，卻違背強大秦國的意願，臣私底下為大王感到危險。至於秦國之所以十五年不出兵函谷關攻打諸侯，是因為它有吞併諸侯統一天下的野心。楚國曾經和秦國在漢中地區作戰，楚國被打敗了，通侯、執圭以上的官員戰死的有七十多人，於是喪失了漢中。楚王大為惱怒，派兵進攻秦國，在藍田交戰，但又一次遭到慘敗。這就是所說的兩虎相搏啊！秦國和楚國作戰，互相削弱對方，韓、魏兩國卻保存著實力，藉機進攻楚國的後方，沒有比這更加錯誤的了，因此希望大王對此能深思熟慮。如果秦楚兩個國家能夠聯合，秦國出兵進攻衛國、陽晉，必然阻塞諸侯的交通要道，大王發動全部的軍隊來進攻宋國，不到幾個月，就能夠滅掉宋國。滅掉宋國後再向東進，那麼泗上的十二個諸侯就都是大王的了。」

※原文

「凡天下所信約從親堅者蘇秦，封為武安君而相燕，即陰與燕王謀破齊共分其地。乃佯有罪，出走入齊，齊王因受而相之。居兩年而覺，齊王大怒，車裂蘇秦於市。夫以一詐偽反覆之蘇秦，而欲經營天下，混一諸侯，其不可成也亦明矣。」

「今秦之與楚也，接境壤界，固形親之國也。大王誠能聽臣，臣請秦太子入質於楚，楚太子入質於秦，請以秦女為大王箕帚之妾，效萬家之都，以為湯沐之邑，長為昆弟之國[①]，終身無相攻擊。臣以為計無便與此者，故敝邑秦王使使臣獻書大王之從車下風，須以決事。」

楚王曰：「楚國僻陋，托東海之上。寡人年幼，不習國家之長計。今上客幸教以明制，寡人聞之，敬以國從。」乃遣使車百乘，獻雞駭之犀、夜光之璧於秦王。

※注釋

①昆弟之國：友好邦國。

※譯文

「天下堅決主張合縱聯盟的蘇秦，被封為武安君，出任燕國的相國，暗地裡和燕王謀劃著攻破齊國，從而瓜分齊國的土地。他假裝在燕國犯下罪過，逃到了齊國，齊王因此讓他做了相國。過了兩年，真相被發現，齊王大為惱怒，就在市場上車裂了蘇秦。一貫憑藉欺詐虛偽、反復無常的蘇秦，卻企圖左右天下，統一諸侯，這明顯是不可能成功的。」

「如今秦國和楚國，土地接壤，本來就是關係友好的國家。大王如果真能聽從臣的勸告，臣可以請求讓秦國太子來楚國做質子，您也讓楚國的太子到秦國去做質子，請求讓秦國的美女為大王當妾侍奉大王，並獻出有萬戶人家的城邑，作為大王的湯沐邑，從此秦、楚兩國結為永久的兄弟國家，永遠互不侵犯。臣認為沒有比這更好的計策了，所以秦王派臣出使貴國，呈獻國書，恭候您定奪。」

楚王說：「楚國地處窮鄉僻壤，靠近東海之濱。寡人年幼無知，不熟悉國家的長遠大計。今天有幸得到先生的指教，寡人聽了之後，感到非常有道理，我楚國參加連橫盟約。」於是楚王派出使車百輛，向秦王進獻了雞駭犀角和夜光璧玉。

※讀解

蘇秦和張儀是同在鬼谷子門下學習的同學。他們對彼此非常了解，他們為了各自的政治理想，互相揣測對方的想法，然後給予無情的批駁，從而確立自己的主張，推行兩種截然相反的政策。他們代表不同的國家利益，奔走於六國之間。

而蘇秦的遊說策略，往往以理服人，真切指出事情的利害關係，讓對方心服口服地參加他的合縱聯盟。張儀則是常以秦國的強大勢力來壓倒對方，透過恐嚇和利誘的方式，達到自己的目的。除此之外，張儀也會對蘇秦進行人身攻擊，指出蘇秦人格上的缺陷。由上述幾點，大概便可知曉蘇秦的遊說手段勝過張儀。

遊說只能在一定程度上起到一定的作用，能夠起到根本作用的只有國家利益和國家力量。無論被遊說的國君採取什麼樣的策略，都是從自己所統治的國家利益和實力兩個方面來抉擇。

威王問於莫敖子華

※原文

威王問於莫敖子華曰：「自從先君文王以至不穀之身①，亦有不為爵勸，不以祿勉，以憂社稷者乎？」莫敖子華對曰：「如華不足知之矣。」王曰：「不於大夫，無所聞之。」莫敖子華對曰：「君王將何問者也？彼有廉其爵，貧其身，以憂社稷者；有崇其爵，豐其祿，以憂社稷者；有斷脰決腹，一瞑而萬世不視，不知所益，以憂社稷者；有勞其身，愁其志，以憂社稷者；亦有不為爵勸，不為祿勉，以憂社稷者。」王曰：「大夫此言，將何謂也？」

※注釋

①不穀之身：楚威王自稱。

※譯文

楚威王問莫敖子華，說：「從先君文王直到我這一輩，真的有不貪求爵位不貪求俸祿，而憂慮國家安危的大臣嗎？」莫敖子華回答說：「這個問題不是臣能回答的。」楚威王說：「如果不向你請教的話，就更無從知道了。」莫敖子華回答說：「君王您問的是哪一類的大臣呢？有廉潔奉公，安於貧困，而憂慮國家安危的；有為了提升他的爵位，增加他的俸祿，而憂慮國家安危的；有不怕斷頭剖腹，視死如歸，不顧個人安危，而憂慮國家安危的；有勞其筋骨，苦其心志，而憂慮國家安危的；也有既不貪求爵位，也不貪求俸祿，而憂慮國家安危的。」

楚威王說：「你所說的這幾類人，說的都是誰呢？」

※原文

莫敖子華對曰：「昔令尹子文，緇帛之衣[1]以朝，鹿裘以處；未明而立於朝，日晦而歸食；朝不謀夕，無一月之積。故彼廉其爵，貧其身，以憂社稷者，令尹子文是也。」

「昔者葉公子高，身獲於表薄，而財於柱國；定白公之禍，寧楚國之事，恢先君以揜方城之外，四封不侵，名不挫於諸侯。當此之時也，天下莫敢以兵南鄉。葉公子高，食田六百畛。故彼崇其爵，豐其祿，以憂社稷者，葉公子高是也。」

「昔者吳與楚戰於柏舉，兩御之間夫卒交。莫敖大心撫其御之手，顧而大息曰：『嗟乎！子乎，楚國亡之月至矣！吾將深入吳軍，若撲一人，若捽一人，以與大心者也，社稷其為庶幾乎？』故斷脰決腹，一瞑而萬世不視，不知所益，以憂社稷者，莫敖大心是也。」

※注釋

①緇帛之衣：黑絲綢衣服。

※譯文

莫敖子華回答說：「過去有個令尹子文，他上朝的時候身穿簡樸的黑絲綢衣服，在家的時候，身穿簡樸的鹿皮衣。天還沒有亮他就起來在朝堂上等，太陽西下才回家吃飯。吃完早飯而顧不上晚飯，連一個月的糧食都沒有儲存。所以，臣說的那個廉潔奉公，安於貧困，而憂慮國家安危的，就是令尹子文。」

「過去有個葉公子高，長相並不出眾，但他有柱國之才；他平定了白公叛亂，使楚國獲得安定，發揚了先君的遺德，影響方城以外，四面八方的諸侯都不敢前來侵犯，使楚國的威名在諸侯中沒有受到損害。在那個時候，諸侯都不敢出兵向南進犯。葉公子高的封地就多達六百畛。所以，臣說的那個為了提升他的爵位，增加他的俸祿，而憂慮國家安危的，就是葉公子高。」

「過去吳、楚兩國在柏舉交戰，兩國的軍隊相對，士卒已經短兵相接。莫敖大心拉著駕車士兵的手，望著他們說：『哎呀！楚國亡國的時候就要到了，我要深入吳國軍隊裡，你們如果能打倒一個敵人，就助我一臂之力，這樣我們楚國也許還能夠保存。』所以，臣說的那個不怕斷頭剖腹，視死如歸，不顧個人安危，而憂慮國家安危的，就是莫敖大心。」

※原文

「昔吳與楚戰於柏舉，三戰入郢①。寡君身出，大夫悉屬，百姓離散。棼冒勃蘇曰：『吾被堅執銳，赴強敵而死，此猶一卒也，不若奔諸侯。』於是贏糧潛行，上崢山，逾深谿，蹠穿膝暴，七日而薄②秦王之朝。立不轉，晝吟宵哭。七日不得告。水漿無入口，瘨而殫悶，旄不知人。秦王聞而走之，冠帶不相及，左奉其首，右濡其口，勃蘇乃蘇。秦王身問之：『子孰誰也？』棼冒勃蘇對曰：『臣非異，楚使新造盩棼冒勃蘇。吳與楚戰於柏舉，三戰入郢，寡君身出，大夫悉屬，百姓離散。使下臣來告亡，且求救。』秦王顧令不起：『寡人聞之，萬乘之君，得罪一士，社稷其危，今此之謂也。』遂出革車千乘，卒萬人，屬之子滿與子虎。下塞以東，與吳人戰於濁水而大敗之，亦聞於遂浦。故勞其身，愁其思，以憂社稷者，棼冒勃蘇是也。」

※注釋

①郢：楚國的都城。②薄：到達。

※譯文

「過去吳、楚兩國在柏舉交戰，吳軍連攻三次，攻進了郢都。楚國國君逃亡，大夫都跟隨在後面，百姓流離失所。棼冒勃蘇說：『我如果身披鎧甲，手拿武器和強敵拼死作戰，即便戰死了，也只是一個普通士卒的作用，還不如向諸侯請求援助。』於是，他背著乾糧祕密出發了，越過高高的山嶺，渡過深深的溪流，鞋子磨爛了，褲子也破了，露出了膝蓋。走了七天，來到秦王的朝廷。他踮著腳尖翹望，日夜哭號，希望能感動秦王出兵援助。經過七晝夜，也無法當面把事情告訴秦王。他滴水沒沾，以致頭昏眼花，暈倒在地，不省人事。秦王聽說後，來不及穿戴好衣帽就跑來看他，左手捧著他的頭，右手給他灌水，勃蘇這才慢慢地蘇醒過來。秦王親自問他說：『你是什麼人啊？』棼冒勃蘇回答說：『臣不是別人，正是楚王派來的因不死於國難剛剛獲罪的棼冒勃蘇。吳、楚兩國現在柏舉交戰，吳國連攻三次，進入郢都，楚王逃亡，大夫都跟隨在後面，百姓流離失所。敝國君王特派臣來告訴您，眼下楚國所面臨的亡國危難，並且請求援救。』秦王一再要他起身，但他一直不起來。秦王說：『寡人聽說，萬乘大國的國君，如果得罪了志士，國家就會危險，眼下的楚國就是這樣啊。』於是，秦王派出戰車千輛，士兵萬人，讓公子滿和公子虎統率。出了邊關向東開進，與吳軍在濁水大戰，並大敗了吳軍，又聽說還在遂浦作戰。所以，臣說的那個勞其筋骨，苦其心志，而憂慮國家安危的，就是棼冒勃蘇。」

※原文

「吳與楚戰於柏舉，三戰入郢。君王身出，大夫悉屬，百姓離散。蒙穀給鬥於宮唐之上，舍鬥奔郢曰：『若有孤，楚國社稷其庶幾乎！』遂入大宮，負離次之典以浮於江，逃於雲夢之中。昭王反郢，五官失法，百姓昏亂；蒙穀獻典，五官得法，而百姓大治。此蒙穀之功，多與存國相若，封之執圭，田六百畛。蒙穀怒曰：『穀非人臣，社稷之臣。苟社稷血食，餘豈悉無君乎？』遂自棄於磨山之中，至今無冒。故不為爵勸，不為祿勉，以憂社稷者，蒙穀是也。」

王乃大息曰：「此古之人也。今之人，焉能有之耶？」莫敖子華對曰：「昔者先君靈王好小要，楚士約食，馮[1]而能立，式而能起；食之可欲，忍而不入；死之可惡，然而不避。章聞之，其君好發者，其臣抉拾。君王直不好，若君王誠好賢，此五臣者，皆可得而致之。」

※注釋

①馮：通「憑」，憑藉，依靠。

※譯文

「吳、楚兩國在柏舉交戰，吳國連攻三次，攻入郢都，楚國的國君逃亡，大夫都跟隨在後面，百姓流離失所。蒙穀在宮唐和吳軍相遇，蒙穀沒有和吳軍交戰，而是跑到郢都，說：『如果有國君的兒子可以繼承王位，楚國大概就能夠保存。』於是他就來到了楚宮，背上楚國的離次大典，乘船過了長江，逃到雲夢地區。後來楚昭王返回郢都，官員們沒有法律可以依靠，百姓一片混亂；蒙穀就獻出離次大典，朝裡的官員就有法律可以依靠，因此百姓才得以治理。蒙穀立下的大功，幾乎相當於保全了楚國的功勞。於是，楚王封他為執圭，賞賜他六百畛的封地。但蒙穀惱怒地說：『我不是貪圖爵祿的大臣，而是憂慮國家安危的大臣；國家平安無事，我難道會去憂慮個人有無官做嗎！』於是他就隱居在磨山之中，到現在仍然沒有爵祿。所以，臣說的那個既不貪求爵位，也不貪求俸祿，而憂慮國家安危的，就是蒙穀啊！」

楚王於是嘆息道：「這些都是古人，現在還有這樣的人嗎？」莫敖子華回答說：「過去楚靈王喜歡細腰的女子，楚國的人就少吃飯，來使腰變得更細，以致要扶著東西才能站立和起來，即使想吃東西，也總是忍著不吃，這樣餓下去，就有死亡的危險，但人們並不怕。臣聽說國君喜好射箭，大臣也會去學習射箭。大王您只是不喜歡賢臣，如果大王喜歡賢臣，上面所說的這五類賢臣，都是可以招來的。」

※讀解

楚威王和莫敖子華討論的是關於忠臣的問題。當楚威王對是否真的有不貪求爵位不貪求俸祿，而憂慮國家安危的大臣提出疑問的時候，莫敖子華為他列舉了五種類型的大臣並具體舉例。有廉潔奉公，安於貧困，而憂慮國家安危的；有為了提升爵位，增加俸祿，而憂慮國家安危的；有不怕斷頭剖腹，視死如歸，不顧個人安危，而憂慮國家安危的；有勞其筋骨，苦其心志，而憂慮國家安危的；也有既不貪求爵位，也不貪求俸祿，而憂慮國家安危的。最後勸諫楚威王只要喜納賢士，這五種類型的賢臣都是可以招納來的。

魏相翟強死

※原文

魏相翟強死。為甘茂謂楚王曰：「魏之幾[①]相者，公子勁也。勁也相魏，魏、秦之交必善。秦、魏之交完，則楚輕矣。故王不如與齊約，相甘茂於魏。齊王好高人以名。今為其行人請魏之相，齊必喜。魏氏不聽，交惡[②]於齊。齊、魏之交惡，必爭事楚。魏氏聽，甘茂與樗里疾，貿首[③]之仇也；而魏、秦之交必惡，又交重楚也。」

※注釋

①幾：通「冀」。希望。②交惡：外交關係惡化。③貿首：互相想要取對方的頭，指不共戴天之仇。

※譯文

魏國的相國翟強死了。有人為甘茂對楚王說：「希望魏國繼任的相國是公子勁。如果公子勁做了魏國的相國，魏、秦兩國必然交好。魏、秦兩國交好了，那麼楚國在諸侯中的地位就會降低。因此大王您不如和齊國盟約，來讓甘茂做魏國的相國。齊王因好居人之上而出名。現在讓他的使者出面，請求讓甘茂做魏國的相國，齊王一定會很高興。如果魏國不同意，和齊國的關係就會惡化；齊、魏兩國關係惡化了，它們必定都要侍奉楚國。如果魏國同意了讓甘茂做相國，而甘茂和現在的秦相樗里疾，是不共戴天的仇人；這樣一來，魏、秦兩國的關係必定會惡化，它們兩國就都會重視楚國了。」

※讀解

謀士為了國家利益，在所採取的策略中無所不用其極，想盡一切辦法來分化別的國家，分散自己國家的敵對勢力。戰國時期，國家之間的鬥爭充斥在各方謀士的活動。魏國的相國死了，產生一連串的效應。新任的相國是誰，引起各國謀士的推測，他們都想參與，使魏國任用對自己國家有利的人來當相國。因為相國的人選關係到魏國未來一段時期的對外政策，影響各諸侯國之間的關係，最重要的是關係到自己國家的切身利益。

在競爭激烈的現代社會中，我們可能參與許多形式的競爭。在這些競爭當中，不可避免地要涉及各方面力量的分化和整合。也許我們需要分化對方的力量，來增加我方的勝算，使我方的利益最大化。另一方面，我們還要有防止被對手分化的意識和具體的防禦機制。只有這樣，我們才能在競爭中處於不敗之地。

楚懷王拘張儀

※原文

楚懷王拘張儀，將欲殺之。靳尚為儀謂楚王曰：「拘張儀，秦王必怒。天下見楚之無秦也，楚必輕矣。」又謂王之幸夫人鄭袖①曰：「子亦自知且賤於王②乎？」鄭袖曰：「何也？」尚曰：「張儀者，秦王之忠信有功臣也。今楚拘之，秦王欲出之。秦王有愛女而美，又簡擇宮中佳麗好玩習音者，以歡從之；資之金玉寶器，奉以上庸六縣為湯沐邑，欲因張儀內之楚王。楚王必愛，秦女依強秦以為重，挾寶地以為資，勢為王妻以臨於楚。王惑於虞樂，必厚尊敬親愛之而忘子。子益賤而日疏矣。」鄭袖曰：「願委之於公，為之奈何？」曰：「子何不急言王，出張子。張子得出，德子無已時，秦女必不來，而秦必重子。子內擅楚之貴，外結秦之交。畜張子以為用，子之子孫必為楚太子矣，此非布衣之利也。」鄭袖遽[3]說楚王出張子。

※注釋

①鄭袖：楚懷王的寵妃。②且賤於王：將要被輕視。③遽：急忙。

※譯文

楚懷王扣押了張儀，打算殺掉他。佞臣靳尚為張儀對楚懷王說：「大王扣留張儀，秦王必定因此憤怒。天下各國見楚國沒有秦國作為盟國，楚國必定會遭到各國的輕視了。」接著靳尚又對楚懷王的寵妃鄭袖說：「您可知道，您馬上要在大王的面前失寵了嗎？」鄭袖說：「這是為什麼？」靳尚說：「張儀是為秦王立下功勞的忠信大臣，如今大王把他扣押，秦國一定會讓楚國釋放張儀。秦王有一個公主，長得非常美麗，同時又挑選懂得音樂的貌美宮女作為陪嫁，來讓她高興；並用各種金玉寶器陪嫁，獻上上庸六個縣來作為她的湯沐邑，這次正是想讓張儀獻給楚王。大王必定很喜歡秦國的公主，而秦國的公主也依靠強大的秦國來為自己抬高身價，同時更會利用珠寶和土地作為資本，她勢必會被立為大王的妻子，到那時秦國的公主就君臨楚國了。大王每天都沉迷於享樂，必定會寵愛他喜歡的秦國公主而把您忘掉。您就更加被大王輕視，被一天一天地疏遠了。」鄭袖說：「我願意把這一切都請託給您來處理，您將要怎麼辦呢？」靳尚說：「您為什麼不趕快勸說大王將張儀放了。如果張儀被釋放，他心裡就會對您感激不盡，秦國的公主也不會來了，秦國必定會尊重您。您在國內能夠擁有楚國的高貴地位，在國外和秦國交好。並且儲備張儀來為您所用，您的子孫必然會成為楚國的太子，這可不是尋常老百姓所能得到的利益啊！」鄭袖馬上就去說服楚懷王釋放張儀。

※讀解

當遊說的人干涉到別國內政的時候，就可能帶來自身的危險。蘇秦就被齊國斬殺。而張儀也遇過這樣的危險，但他憑藉著靳尚的聰明才智，巧妙地運用計謀全身而退，讓人不禁驚嘆謀略的巨大威力。

謀略的根本特徵在於它能夠充分利用各因素之間的內在聯繫和矛盾，然後巧妙地參與進去，調動各方面因素來為我所用。在使用謀略的過程中，最重要的是要巧妙地利用各種因素。對於那些熟悉謀略的人來說，一切都可以成為為我所用的工具，而運用之妙存於一心。

靳尚就巧妙地利用了鄭袖的女性心理，迂回曲折地讓鄭袖為張儀說情，從而改變了楚懷王對張儀的態度。靳尚對女性心理的利用就是謀略的關鍵點。如果靳尚直接求鄭袖為張儀說情，必然不會得到鄭袖的鼎力相助。

楚襄王為太子之時

※原文

楚襄王為太子之時，質於齊。懷王薨，太子辭於齊王而歸。齊王隘[1]之：「予我東地五百里，乃歸子。子不予我，不得歸。」太子曰：「臣有傅[2]，請追而問傅。」傅慎子曰：「獻之。地所以為身也。愛地不送死父，不義。臣故曰獻之便。」太子入，致命齊王曰：「敬獻地五百里。」齊王歸楚太子。太子歸，即位為王。齊使車五十乘，來取東地於楚。楚王告慎子曰：「齊使來求東地，為之奈何？」慎子曰：「王明日朝群臣，皆令獻其計。」

※注釋

①隘：阻止。②傅：老師。

※譯文

楚襄王當太子的時候，在齊國做質子。他的父親楚懷王駕崩，太子向齊王提出要回楚國奔喪。齊王不准許，說：「你要將位於東地方圓五百里的土地割讓給我，我才放你回去。你如果不割讓的話，你就回不去。」太子說：「我有個老師，請允許我問問他再說。」太子的老師慎子說：「您答應割讓給齊國土地吧。土地是為了安身的，因為吝惜土地，卻不為父親送葬，是不符合道義的。所以臣說，割讓土地對您有利。」太子進宮，答覆齊王說：「我敬獻方圓五百里的土地。」齊王這才允許太子返回楚國。太子回到楚國，繼承了王位。齊國派來五十輛使車，來楚國索取位於東地的土地。楚王告訴慎子說：「齊國的使臣來索取東地，這該怎麼辦呢？」慎子說：「大王明天召見群臣，讓大家都來想辦法。」

※原文

上柱國子良①入見。王曰：「寡人之得求反，王墳墓、復群臣、歸社稷也，以東地五百里許齊。齊令使來求地，為之奈何？」子良曰：「王不可不與也。王身出玉聲，許強萬乘之齊而不與，則不信，後不可以約結諸侯。請與而復攻之。與之信，攻之武，臣故曰與之。」

子良出，昭常[2]入見。王曰：「齊使來求東地五百里，為之奈何？」昭常曰：「不可與也。萬乘者，以地大為萬乘。今去東地五百里，是去戰國之半也，有萬乘之號而無千乘之用也，不可。臣故曰勿與。常請守之。」

※注釋

①子良：楚國大臣，官任上柱國。②昭常：楚國大臣。

※譯文

上柱國子良進宮拜見楚王。楚王說：「寡人能夠回到楚國辦理父王的喪事，又能再次見到群臣，使國家恢復正常，是以答應割讓東地方圓五百里的土地給齊國為條件。現在齊國派使臣來索要土地，這該怎麼辦呢？」子良說：「大王不能不給啊！您親口說出的話，一諾千金，答應了擁有萬乘的強大齊國，卻又不割讓土地，是不守信用的行為，將來您就無法和諸侯各國談判結盟了。臣建議應該割讓土地給齊國，然後再出兵攻打齊國。割讓土地是守信用，進攻齊國是使用武力，所以臣認為應該割讓土地。」

子良離宮之後，昭常進宮拜見楚王。楚王說：「齊國使臣來索要東地方圓五百里的土地，這該怎麼辦呢？」昭常說：「不能給。所謂萬乘之國，是因為土地幅員遼闊才被稱為萬乘之國的。現在如果割讓東地方圓五百里的土地，這樣就減少了一半的戰力。楚國雖有萬乘之國的稱號，卻連千乘之國的實力也沒有。所以臣認為不能割讓。

請讓臣來守衛東地。」

※原文

昭常出，景鯉[1]入見。王曰：「齊使來求東地五百里，為之奈何？」景鯉曰：「不可與也。雖然，楚不能獨守。王身出玉聲，許萬乘之強齊也而不與，負不義於天下。楚亦不能獨守。臣請西索救於秦。」

※注釋

①景鯉：楚國大臣。

※譯文

昭常離宮之後，景鯉進宮拜見楚王。楚王說：「齊國使臣來索要東地方圓五百里的土地，這該怎麼辦呢？」景鯉說：「不能給。雖然如此，不能單靠楚國一國的力量獨守東地。大王親口說出來的話，一諾千金，答應擁有萬乘的強大齊國，卻又不割讓土地，這就在天下落了一個不義的壞名聲。也不能單靠楚國一國的力量來獨守東地。請讓臣前往西邊的秦國求救。」

※原文

景鯉出，慎子入。王以三大夫計告慎子曰：「子良見寡人曰：『不可不與也，與而復攻之。』常見寡人曰：

『不可與也，常請守之。』鯉見寡人曰：『不可與也，雖然[1]，楚不能獨守也，臣請索救於秦。』寡人誰用於三子之計？」慎子對曰：「王皆用之！」王怫然作色曰：「何謂也？」慎子曰：「臣請效其說，而王且見其誠然也。王發上柱國子良車五十乘，而北獻地五百里於齊。發子良之明日，遣昭常為大司馬，令往守東地。遣昭常之明日，遣景鯉車五十乘，西索救於秦。」王曰：「善。」乃遣子良北獻地於齊。遣子良之明日，立昭常為大司馬，使守東地。又遣景鯉西索救於秦。

※注釋

①雖然：即使如此。

※譯文

景鯉離宮之後，太子的老師慎子進宮。楚王把三位大夫的計策告訴慎子，說：「子良見到寡人說，『不能不給，給了之後再出兵攻打齊國』。昭常見了寡人說，『不能給，請讓臣去守衛東地』。景鯉見了寡人說，『不能給，不能單靠楚國一國的力量來獨守東地，請讓臣往西去向秦國求救』。不知道他們三個人的計策寡人到底採用誰的好？」慎子回答說：「大王都採用。」楚王憤怒地變了臉色，說：「這是什麼意思？」慎子說：「請讓臣說出臣的想法，大王就會知道臣說的確實符合道理。大王您先派遣上柱國子良帶著五十輛車子，往北到齊國去進獻東地方圓五百里的土地；在派遣子良北去的第二天，派遣昭常為大司馬，讓他去守東地，在派遣常東去的第二天，派遣景鯉帶著五十輛車子，往西到秦國去求救。」楚王說：「好。」於是派子良往北到齊國去敬獻土地。

在派遣子良北去的第二天，任命昭常為大司馬，派他去守衛東地。後又派遣景鯉往西向秦國求救。

※原文

子良至齊，齊使人以甲[①]受東地。昭常應齊使曰：「我典主東地，且與死生。悉五尺至六十，三十餘萬弊甲鈍兵，願承下塵。」齊王謂子良曰：「大夫來獻地，今常守之何如？」子良曰：「臣身受弊邑之王，是常矯也。王攻之。」齊王大興兵，攻東地，伐昭常。未涉疆，秦以五十萬臨齊右壤[②]。曰：「夫隘楚太子弗出，不仁；又欲奪之東地五百里，不義。其縮甲則可，不然，則願待戰。」齊王恐焉，乃請子良南道楚，西使秦，解齊患。士卒不用，東地復全。

※注釋

①甲：軍隊。②臨齊右壤：逼近齊國右邊邊境。

※譯文

子良到了齊國，齊國派人帶著士兵來接受東地。昭常回答齊國使臣說：「我負責管理東地，要與東地共存亡。我已動員從小孩到六十歲的老人都來參軍，共三十多萬人，雖然我們的鎧甲破舊，武器魯鈍，但我們願意奉陪到底。」齊王對子良說：「你來獻地，但現在昭常卻守衛東地，這是怎麼回事？」子良說：「臣是受了敝國大王的命令來進獻東地，昭常守衛東地，這是他假傳王命。大王去攻打他吧。」齊王於是發動大軍進攻東地，攻打昭常。

但大軍還沒有到達東地的邊界，秦國已經派了五十萬大軍逼近齊國右邊邊境，說：「你們扣押楚國太子，不讓他回國，這是不仁之舉；又想搶奪楚國東地方圓五百里的土地，這是不義之舉。如果你們收兵則罷，不收兵的話，我們等著決戰一場。」齊王害怕了，就請求子良往南告訴楚國，與楚國講和，又派人往西出使秦國，解除齊國的禍患。楚國沒有派一兵一卒，卻保全了東地。

※讀解

人和人之間最大的區別就是對事物的認識和理解不同，所以每個人思考問題和解決問題的方法也不同。聽取不同的人對同一個問題的看法，就能使自己對同一問題得到不同的認識和理解，也就有了更多分析問題的角度以及可供選擇的解決方法。所以我們思考、分析和解決問題的時候，最好能夠多聽取不同人的意見集思廣益。

楚襄王面對齊國的強力威脅，聽取了上柱國子良、昭常、景鯉、慎子四個人的意見，慎子的建議集中了前三個人的意見，最後沒有動用一兵一卒，就解決了齊國所帶來的棘手問題，維護了國家的安全。

楚王還在齊國做質子的時候，能夠離開齊國回到楚國繼承王位是亟待解決的事情，能不能順利回到楚國是重要的環節。所以他就聽從師傅慎子的意見答應割讓土地給齊國，來求得自己人身的自由。等他回到楚國，繼承王位，再來解決接下來的問題。這是符合事物發展規律的處理方法。

面對棘手的問題，如果只有一個方法可以選擇，那麼這個方法可能根本無法解決棘手的問題。所以說，集思廣益是最好的決策方法。它往往能夠讓我們在眾多的選擇當中，挑選出比較好的方法來解決問題。

蘇子謂楚王

※原文

蘇子[1]謂楚王曰：「仁人之於民也，愛之以心，事之以善言。孝子之於親也，愛之以心，事之以財。忠臣之於君也，必進[2]賢人以輔之。今王之大臣父兄，好傷賢以為資，厚賦斂諸臣、百姓，使王見疾於民，非忠臣也。大臣播王之過於百姓，多賂諸侯以王之地，是故退王之所愛，亦非忠臣也，是以國危。臣願無聽群臣之相惡也，慎大臣父兄；用民之所善，節身之嗜欲，以百姓。」

「人臣莫難於無妒而進賢。為主死易，垂沙之事，死者以千數。為主辱易，自令尹以下，事王者以千數。至於無妒而進賢，未見一人也。故明主之察其臣也，必知其無妒而進賢也。賢臣之事其主也，亦必無妒而進賢。夫進賢之難者，賢者用且使己廢，貴且使己賤，故人難之。」

※注釋

①蘇子：即蘇秦。②進：舉薦，推薦。

※譯文

蘇秦對楚王說：「仁人愛護百姓，用真心愛他們，用好話撫慰他們；孝子孝敬自己的父母親，用真心愛他們，用錢財奉養他們；忠臣忠誠於自己的國君，必須推薦賢能的人來輔助國君。現在大王的重臣和宗親喜好毀謗賢能的人，用這來當作他們進身的條件，對臣子和百姓課以沉重的賦稅，導致國君被百姓怨恨，他們稱不上是忠臣。那些大臣在百姓當中傳播國君的不是，用您的土地大肆地賄賂諸侯。因此和大王的所愛相違背，這也稱不上是忠臣。這樣下去，國家就危險了。臣希望您不要去聽信大臣們之間互相攻擊詆毀的話，要審慎地任用大臣和宗親。要任用那些百姓所喜歡的人，節制自己的嗜好和欲望，依據百姓的喜好來決定各種事情。」

「做人臣的最難做到的莫過於沒有嫉妒心又能推薦賢才。為國君去死是很容易的，就拿垂沙之戰來說，死的人數以千計。為國君而忍受屈辱，也是很容易的，像令尹以下的人，侍奉大王的人也數以千計。至於沒有嫉妒之心又能推薦賢才的人，卻不見一人。所以英明的國君考察他的臣子，必須了解他們是不是沒有嫉妒心又能推薦賢才。賢能的人侍奉國君，也必須沒有嫉妒心又能推薦賢才。推薦賢才之所以很難做到，是因為被推薦的賢才一旦被任用就會使自己遭到廢棄，被推薦的賢才地位尊貴了，就會使自己顯得低賤，所以人們難以做到。」

※讀解

做生意追求的是利益的最大化，而從政為官者追求的應該是國家長治久安。現在流行的「公務員」一詞，強調的就是一個「公」字，如果為官的不能一心為公，就失去了作為公職人員最基本的職業道德和追求。只要一心為公，他就不會看到賢德的人才而不去舉薦和提拔。「無妒而進賢」就是對公職人員提出職業要求，它是建立在「公」字的基礎上。

蘇秦在和楚王的談話中勾畫了賢能忠臣的一個標準，指出一個國家想要保持政治清明和長治久安，國家的最高統治者和他們的下屬官僚們應該遵循的原則。

蘇秦之楚

※原文

蘇秦之楚，三月乃①得見乎王。談卒②，辭而行。楚王曰：「寡人聞先生，若聞古人。今先生乃不遠千里而臨寡人，曾不肯留？願聞其說。」對曰：「楚國之食貴於玉，薪貴於桂，謁者難得見如鬼，王難得見如天帝。今令臣食玉炊桂，因鬼見帝。」王曰：「先生就舍，寡人聞命矣。」

※注釋

①乃：才。②卒：結束。

※譯文

蘇秦到楚國後，過了三個月，才有機會見到楚王。和楚王談論結束，向楚王辭行。楚王說：「寡人聽先生談論，就如同聽古人高論。今天先生不遠千里來見寡人，怎麼不多留一些日子呢？寡人希望能再聽聽先生的高見。」蘇秦回答說：「楚國的糧食比寶玉還貴，楚國的柴火比桂樹還貴，負責接待的人像鬼一樣難以見面，大王像天帝一樣難得一見。現在要臣拿寶玉作為糧食，拿桂樹當柴火燒，透過鬼來見天帝……」楚王說：「請先生到館舍住，寡人願意聽先生的高見。」

※讀解

蘇秦是一個被後代有志於從政者崇敬的縱橫家，之所以如此，是因為蘇秦從一介布衣，靠著自己的努力成為身佩六國相印的政治家，得到了榮華富貴。他最初主張連橫政策，但在遊說秦王的時候遭到拒絕。他沒有氣餒，而是更發憤讀書，從失敗的困境中振作起來。後來他主張合縱政策，在六國之間奔走遊說，為實現自己的政治理想而努力。

遊說別人就是讓被遊說的物件放棄他以前的主張和政策，並且接受自己灌輸給他的新理念。這是很有難度的，遇到拒絕甚至吃閉門羹的情況，是再正常不過的事情了。蘇秦到楚國遊說楚王，就遭到這樣的尷尬和打擊，一連三個月都沒有機會見到楚王一面。這種等待的焦急和失望可想而知。一般人應該早就放棄了。但蘇秦作為一個政治家，他有不同於常人的毅力和決心，更有不同於常人的心理承受能力和機智來化被動為主動，最終達到自己的目的。

終於見到楚王，蘇秦施展他的心理戰術，先是向楚王表達他的真實想法和強烈不滿：楚國的糧食比寶玉還貴，楚國的柴火比桂樹還貴，負責接待的人像鬼一樣難得一見，大王像天帝一樣難得一見。現在要我拿寶玉當糧食，拿桂樹當柴火燒，透過鬼來見天帝。這樣就在心理上占據了優勢，掌握了遊說楚王的主動權。

張儀之楚

※原文

張儀之楚，貧。舍人[1]怒而歸。張儀曰：「子必以衣冠之敝，故欲歸。子待我為子見楚王。」當是之時，南后、鄭袖貴於楚。張子見楚王，楚王不說。張子曰：「王無所用臣。臣請北見晉君。」楚王曰：「諾。」張子曰：「王無求於晉國乎？」王曰：「黃金珠璣犀象出於楚，寡人無求於晉國。」張子曰：「王徒不好色耳？」王曰：「何也？」張子曰：「彼鄭、周之女，粉白墨黑，立於衢閭[2]，非知而見之者以為神。」楚王曰：「楚，僻陋之國也，未嘗見中國之女如此其美也。寡人之獨何為不好色也？」乃資之以珠玉。

※注釋

①舍人：門客。②衢閭：大街和巷口。

※譯文

張儀到楚國之後，生活很貧困。他的侍從很生氣，想要回去。張儀說：「你一定是因為衣冠破爛，所以想要回去的吧。你等著，我為你去見楚王。」此時，南后和鄭袖正受楚王的寵愛，在楚國地位尊貴。張儀拜見楚王，楚王不高興。張儀說：「大王沒有什麼可以用得上臣的地方，請讓臣往北去見晉王。」楚王說：「好吧！」張儀說：「難道大王對晉國出產的就沒有什麼想要的嗎？」楚王說：「黃金、珍珠、璣珠、犀皮、象牙都出產於楚國，寡人對晉沒有什麼想要的。」張儀說：「大王不喜歡美色嗎？」楚王說：「你所說的是什麼？」張儀說：「那鄭國和周國的女子，打扮得十分漂亮，站在大街巷口，如果不知道的話，初次見她的還以為見到了仙女。」楚王說：「楚國是一個地處偏僻的國家，從來沒有見過有中原女子這麼美麗的。寡人怎麼就不喜歡美色呢？」於是給張儀珍珠和玉器作為資用，為他尋找美麗的中原女子。

※原文

南后、鄭袖聞之大恐，令人謂張子曰：「妾聞將軍之晉國，偶有金千斤，進之左右，以供芻秣[①]。」鄭袖亦以金五百斤。張子辭楚王曰：「天下關閉不通，未知見日也，願王賜之觴。」王曰：「諾。」乃觴之。張子中飲，再拜而請曰：「非有他人於此也，願王召所便習而觴之。」王曰：「諾。」乃召南后、鄭袖而觴之。張子再拜而請曰：「儀有死罪於大王。」王曰：「何也？」曰：「儀行天下遍矣，未嘗見人如此其美也。而儀言得美人，是欺王也。」王曰：「子釋之。吾固以為天下莫若是兩人也。」

※注釋

①芻秣：糧草，這裡的意思是酒食飯錢。

※譯文

南后和鄭袖知道了這件事，大為驚恐。南后派人對張儀說：「我們聽說將軍要到晉國去，我這裡有一千斤黃金，送給您左右的人，作為酒食飯錢。」鄭袖也給了張儀五百斤黃金。張儀向楚王辭行，說：「各國諸侯互相隔絕，不知哪天才能再見到大王，請大王賜酒辭行。」楚王說：「好。」於是設宴和張儀飲酒辭行。酒至半酣，張儀又施禮，請求說：「這裡沒有外人，請大王召來左右親近的人敬酒。」楚王說：「好。」於是找來南后和鄭袖一起飲酒。張儀又施禮，請罪說：「臣對大王犯有死罪。」楚王說：「有什麼罪？」張儀說：「臣走遍天下，從來沒有見過像南后、鄭袖二位這樣美麗的女子。而臣說要為您尋找美人，這是在欺騙大王啊！」楚王說：「你放心吧。寡人本來就認為天下沒有比她們兩人更美麗的人了。」

※讀解

張儀來到楚國推行他的連橫政策，但遇到了阮囊羞澀的尷尬。人在旅途，如何解決經費的問題，各人有各人的方式。本篇講述了張儀解決經費問題的計策。他不必付出任何辛勞就達到目的，計策高超令人咂舌。

張儀了解楚王喜歡女色的心理，於是就緊抓這個心理大做文章，調動各方面的因素和矛盾，巧妙地為自己籌到經費。

張儀逐惠施於魏

※原文

張儀逐惠施於魏。惠子之楚，楚王受之。馮郝謂楚王曰：「逐惠子者，張儀也。而王親與約，是欺儀也，臣為王弗取也。惠子為儀者來，而惡王之交於張儀，惠子必弗行也。且宋王之賢慧子也，天下莫不聞也。今之不善張儀也，天下莫不知也。今為事之故，棄所貴於讎人，臣以為大王輕矣。且為事耶？王不如舉惠子而納之於宋，而謂張儀曰：『請為子勿納也。』儀必德①王。而惠子窮人，而王奉之，又必德王。此不失為儀之實，而可以德惠子。」楚王曰：「善。」乃奉惠子而納之宋。

※注釋

①德：感激，感恩。

※譯文

張儀將惠施驅逐出魏國。惠施到楚國，楚王接納他。大臣馮郝對楚王說：「驅逐惠施的人是張儀。大王和惠施結交，這是在欺騙張儀，臣認為大王這樣做是不可取的。惠施是因為張儀的驅逐才來楚國，他也一定會怨恨大王和張儀結交，惠施如果知道實際情況的話，他一定不會來楚國。而且宋王認為惠施是一個賢能的人，天下無人不知。如今惠施與張儀二人關係不好，天下人都知道。現在因為這件事情的緣故，您就拋棄了張儀，臣認為大王這樣做太輕率了。如果是為了國家著想呢？大王不如推薦惠施，把他送到宋國。而對張儀說：『我是因為您的緣故才沒有接納惠施的。』張儀必然感激大王。而惠施是個處境窘迫的人，大王將他推薦到宋國，惠施也必然會感激大王。這樣您實際上既為張儀著想，又可以使惠施感激您。」楚王說：「很好。」於是就把惠施推薦到宋國去了。

※讀解

本篇說明如何妥善地處理人際關係。人是各種社會關係的總和。每個人都生活在複雜的社會關係中。我們做事情的時候，要了解相關的人之間的關係情況，親疏遠近都必須顧及，否則就容易把事情搞砸，為以後的工作和生活埋下許多禍根。

馮郝對各種利害關係進行條分縷析，見解非常有洞察力，並且處理的手段也很高明。人際關係的互動是在千絲萬縷的人際關係中進行的，我們要考慮如何處理好各種關係的情況之後，再來實現自己的目的和利益。

魏王遺楚王美人

※原文

魏王遺[1]楚王美人，楚王說之。夫人鄭袖知王之說新人也，甚愛新人，衣服玩好，擇其所喜而為之；宮室臥具，擇其所善而為之。愛之甚於王。王曰：「婦人所以事夫者，色也；而妒者，其情也。今鄭袖知寡人之說新人也，其愛之甚於寡人，此孝子之所以事親，忠臣之所以事君也。」鄭袖知王以己為不妒也，因謂新人曰：「王愛子美矣。雖然，惡子之鼻。子為見王，則必揜子鼻。」新人見王，因揜其鼻。王謂鄭袖曰：「夫新人見寡人，則掩其鼻，何也？」鄭袖曰：「妾知也。」王曰：「雖惡，必言之。」鄭袖曰：「其似惡聞君王之臭[2]也。」王曰：「悍哉！」令劓[3]之，無使逆命。

※注釋

①遺：贈送，送給。②臭：這裡指體味。③劓：割除鼻子。

※譯文

魏惠王贈送楚懷王一個美女，楚懷王很喜歡這個美女。楚懷王的寵妃鄭袖，知道楚懷王寵愛這個新來的美人，所以表面上也裝作很喜愛這個新來的美女：衣服首飾盡挑她喜歡的送給她；宮室和用具也都挑她所喜歡的讓她使用，看起來比楚懷王更喜歡她。楚懷王說：「女人仰仗自己的美色來博取丈夫的歡心；而嫉妒是人之常情。如今鄭袖知道寡人喜歡這個新來的美人，可是鄭袖喜歡她要超過寡人，這就如同孝子侍奉雙親，忠臣侍奉君主一樣啊！」鄭袖知道楚懷王認為她不嫉妒，就對新人說：「大王愛妳的美貌。雖然如此，但是他很討厭妳的鼻子。所以妳見到大王，一定要捂住妳的鼻子。」從此新人每次見到楚王就用手捂住自己的鼻子。楚懷王對鄭袖說：「新人看見寡人的時候，就捂住自己的鼻子，這是什麼原因呢？」鄭袖說：「臣妾知道原因。」楚懷王說：「即使再難聽的話，妳也一定要說。」鄭袖說：「她好像是討厭大王身上的氣味吧。」楚懷王說：「不講理的悍婦！」於是下令割掉美女的鼻子，絕不寬恕。

※讀解

在這個故事裡，鄭袖奸險狡詐、陰狠毒辣，楚懷王昏庸好色、殘暴無能。鄭袖作為王妃，歷經宮中的錘煉，耍弄起陰謀手段，真是令人咂舌。她在表面上表現得很喜歡魏女，無論什麼都順著魏女的心意，其實這是做給楚懷王看的表面，從而讓楚懷王相信自己並沒有什麼嫉妒的心理。得到楚懷王的信任之後，鄭袖又裝出一副十分關心魏女的樣子，讓魏女捂著鼻子去見楚懷王，利用楚懷王身上有狐臭而又怕人揭短的心理，終於使他對魏女下毒手。伴君如伴虎，但實際上，真正可怕的是鄭袖的婦人之心。可憐的魏女，遭到暗算還被蒙在鼓裡，用自己的行動為楚懷王提供一個迫害自己的藉口。

莊辛謂楚襄王

※原文

莊辛①謂楚襄王曰：「君王左州侯，右夏侯，輦從鄢陵君與壽陵君，專淫逸侈靡，不顧國政，郢都必危矣。」襄王曰：「先生老悖乎？將以為楚國妖祥乎？」莊辛曰：「臣誠見其必然者也，非敢以為國妖祥也。君王卒幸四子者不衰，楚國必亡矣。臣請辟於趙，淹留以觀之。」莊辛去之趙。留五月，秦果舉鄢、郢、巫、上蔡、陳之地，襄王流掩於城陽。於是使人發騶，徵莊辛於趙。莊辛曰：「諾。」

※注釋

①莊辛：楚莊王的後代。

※譯文

莊辛對楚襄王說：「君王左有州侯右有夏侯，鄢陵君和壽陵君在車後跟從，生活淫逸奢侈、毫無節制，不理國家朝政，這樣下去會使郢都變得很危險。」楚襄王說：「先生老糊塗了？還是認為楚國將遇到不祥呢？」莊辛說：「臣當然是看到了您這樣下去的必然後果，而不敢認為國家會遇到不祥。如果大王始終寵幸這四個人，不稍加收斂，那楚國一定會因此而滅亡。請大王准許臣到趙國避難，在那裡靜觀楚國的變化。」莊辛離開楚國到了趙國，他在趙國待了五個月，秦國果然發兵攻占了鄢、郢、巫、上蔡、陳這些地方，楚襄王也流亡到城陽。到了這樣的境地，楚襄王才派人到趙國召請莊辛。莊辛說：「好。」

※原文

莊辛至，襄王曰：「寡人不能用先生之言，今事至於此，為之奈何？」莊辛對曰：「臣聞鄙語曰：『見菟而顧犬，未為晚也；亡羊而補牢，未為遲也。』臣聞昔湯、武以百里昌，桀、紂以天下亡。今楚國雖小，絕長續短，猶以數千里，豈特百里哉？」

「王獨不見夫蜻蛉①乎？六足四翼，飛翔乎天地之間，俯啄蚊虻而食之，仰承甘露而飲之，自以為無患，與人無爭也。不知夫五尺童子，方將調飴膠絲，加己乎四仞②之上，而下為螻蟻食也。蜻蛉其小者也，黃雀因是以。俯噣白粒，仰棲茂樹，鼓翅奮翼，自以為無患，與人無爭也。不知夫公子王孫，左挾彈，右攝丸，將加己乎十仞之上，以其類為招。晝遊乎茂樹，夕調乎酸鹹，倏忽之間，墜於公子之手。」

「夫雀其小者也，黃鵠因是以。游於江海，淹乎大沼，俯噣鱔鯉，仰齧菱衡，奮其六翮，而凌清風飄搖乎高翔，自以為無患，與人無爭也，不知夫射者，方將修其碆盧，治其矰繳，將加己乎百仞之上。被磻引微繳，折清風而抎[3]矣。故晝游乎江河，夕調乎鼎鼐。」

※注釋

①蜻蛉：即蜻蜓。②仞：古代的長度單位，八尺為一仞。③抎：通「隕」，墜下。

※譯文

莊辛到了城陽，楚襄王說：「寡人當初不聽先生的話，如今事情發展到這地步，該怎麼辦呢？」莊辛回答說：「臣知道一句俗語：『見到兔子以後再放出獵犬去追並不算晚，羊丟失以後再去修補羊圈還不算遲。』臣聽說過去商湯王和周武王，依靠方圓百里的土地，就使天下昌盛，而夏桀王和殷紂王，雖然擁有天下，到頭來也不免身死國亡。現在楚國的土地雖然狹小，然而如果取長補短，還能有方圓幾千里，豈止百里啊？」

「大王難道沒有見過蜻蜓嗎？蜻蜓有六隻腳和四隻翅膀，在天地之間飛舞，低下頭來啄食蚊蟲，抬起頭喝甘美的露水，自以為無憂無患，和別的昆蟲沒有什麼爭執。豈不知那幾歲的孩子，正在調糖稀塗在絲網上，要在高空上黏住牠，牠的下場就是被螞蟻吃掉。蜻蜓的事可能是小事，其實黃雀也是如此。牠俯下身去啄，仰起身來棲息在茂密的樹叢中，舞動翅膀奮力高飛，自己也認為沒有什麼禍患，和別的鳥也沒有什麼爭執，卻不知那公子王孫左手拿著彈弓，右手捏著彈丸，將要射向數十尺高空的黃雀。黃雀白天還在茂密的樹叢中遊玩，晚上就成了桌上的佳餚，轉眼間落入王孫公子的手中。」

「黃雀的事情可能是小事情，其實黃鵠也是如此。黃鵠在江海上飛翔，停留在大沼澤旁邊，低下頭吞食黃鱔和鯉魚，抬起頭來吃菱角和水草，振動牠的翅膀而駕馭清風，自由自在飛翔於高空，自認為不會有什麼禍患，又不和別的鳥爭奪。但是牠們卻不知道有射箭的人，已準備好箭和弓，將射向數百尺的高空。牠將帶著箭，拖著細微的箭繩，從清風中墜落下來，掉在地上。黃鵠白天還在江河上翱翔，晚上就成了鍋裡的美味佳餚。」

※原文

「夫黃鵠，其小者也，蔡聖侯之事因是以。南游乎高陂，北陵乎巫山，飲茹溪流，食湘波之魚，左抱幼妾，右擁嬖女[1]，與之馳騁乎高蔡之中，而不以國家為事。不知夫子發方受命乎宣王，繫己以朱絲而見之也。蔡聖侯之事其小者也，君王之事因是以。左州侯，右夏侯，輦從鄢陵君與壽陵君，飯封祿之粟，而戴方府之金，與之馳騁乎雲夢之中，而不以天下國家為事，不知夫穰侯方受命乎秦王，填黽塞之內，而投己乎黽之外。」

襄王聞之，顏色變作，身體戰慄。於是乃以執圭而授之為陽陵君，舉淮北之地也。

※注釋

①嬖女：寵愛的妃子。

※譯文

「黃鵠的事可能是小事，而蔡聖侯的事也是如此。他向南遊玩到高陂，往北到巫山，飲茹溪裡的水，吃湘江裡的魚；左手抱著年輕貌美的侍妾，右手摟著如花似玉的寵妃，和這些人同車馳騁在高蔡城中，而不把國家朝政當一回事。他不知道子發正在接受宣王的進攻命令，他將要成為階下囚。蔡聖侯的事只是當中的小事，其實大王您的事也是這樣的。大王左邊是州侯，右邊是夏侯，鄢陵君和壽陵君始終跟隨著大王的車輛，您享受著米粟的封賞和金銀的俸祿，馳騁在雲夢地區，而不把國家朝政當回事。然而大王卻沒有想到，齊穰侯魏冉已經接過秦王的命令，在黽塞之南佈滿軍隊，而把大王拋棄在黽塞之外。」楚襄王聽了莊辛的話，臉色大變，全身戰慄。這時才把執圭的爵位授予莊辛，封他為陽陵君。在莊辛的輔助之下，楚國收復了淮北的失地。

※讀解

不聽莊辛勸諫失去國土、國君流亡的慘痛教訓，還沒有使楚襄王警醒自己的所作所為為什麼會帶來這樣的後果，雖然在這之前，莊辛已經指出他的行為將會帶來的危害。在流亡的途中，楚襄王終於看到莊辛的話得到印證，這時候後悔還來得及，於是就有了莊辛氣勢磅礴的論說。也許對有些人來說，不痛不癢的警示根本達不到勸諫的目的，只有慘痛的事實加之於身上的時候，才猛然警醒悔不當初。

莊辛的論說由小到大，由遠及近，深刻地揭示了重視細微處的重大意義，透過蜻蜓、黃雀、黃鵠來類比，由普通的事物與現象說起，逐步說到人的問題，寓意深刻，發人深省，所以經歷過慘痛事變的楚襄王聽了變了臉色，不寒而慄，全身發抖，乖乖地接受莊辛的教誨。

天下合從

※原文

天下合從。趙使魏加[1]見楚春申君[2]曰：「君有將乎？」曰：「有矣，僕欲將臨武君。」魏加曰：「臣少之時好射，臣願以射譬之，可乎？」春申君曰：「可。」加曰：「異日者，更羸[3]與魏王處京臺之下，仰見飛鳥。更羸謂魏王曰：『臣為王引弓虛發而下鳥。』魏王曰：『然則射可至此乎？』更羸曰：『可。』有間，雁從東方來，更羸以虛發而下之。魏王曰：『然則射可至此乎？』更羸曰：『此孽[4]也。』王曰：『先生何以知之？』對曰：『其飛徐而鳴悲。飛徐者，故瘡痛也；鳴悲者，久失群也，故瘡未息，而驚心未至也。聞弦音，引而高飛，故瘡隕也。』今臨武君，嘗為秦孽，不可為拒秦之將也。」

※注釋

①魏加：趙國臣子。②春申君：戰國四君子之一，即黃歇。③更羸：戰國時期的名射手。④孽：受傷的鳥。

※譯文

天下各國的諸侯聯合起來抵抗秦國。趙國派魏加去見楚國的春申君說：「您有帶兵的將領了嗎？」春申君說：「有，我想讓臨武君作為大將。」魏加說：「我年少的時候喜歡射箭，我就用射箭來打個比方，可以嗎？」春申君說：「可以。」魏加說：「有一天，魏國大臣更羸和魏王站在京臺的下面，抬頭看見飛鳥。更羸對魏王說：

『臣為您拉弓虛發一弦，就能把鳥射死在您的面前。』魏王說：『你的射技有這麼高超嗎？』更羸說：『臣能做到。』過了一會兒，有一隻大雁從東方飛來，更羸虛拉了一弦就把這隻大雁射下。魏王說：『但是你射箭的技藝是怎麼達到如此高超的地步呢？』更羸說：『因為這是一隻受傷的大雁。』魏王說：『你是怎麼知道的？』更羸說：『這隻大雁飛得很慢，叫聲很悲傷。飛得很慢，是因為牠舊傷疼痛；叫聲悲傷，是因為牠離開雁群已經有很長的一段時間了；身上的舊傷還沒有癒合，而且心裡的驚懼還沒有退去，一聽見弓弦響聲就嚇得拚命往高處飛，從而導致牠的舊傷破裂而掉落下來。』現在的臨武君，曾經被秦軍打敗，所以不能派他做抵抗秦國大軍的將領。」

※讀解

本篇講述了一個著名的寓言故事：驚弓之鳥。

更羸以豐富的射獵經驗發現了鳥畏懼弓箭的習性，於是就拿來給春申君做類比，勸諫他不要派臨武君做將領和秦國作戰。其實鳥的習性和人的心理有相通的地方，恐懼都發自本能。更羸用生動形象的比喻向春申君說明臨武君被秦軍打敗之後的心理狀態，用淺顯的射獵經驗巧妙地解決國家任用將帥的問題，不能不佩服更羸非凡的洞察力。

細緻的觀察、嚴密的分析、準確的判斷是更羸虛拉弓弦就能射落大雁的原因。這種觀察、分析與判斷的能力，只有透過長期刻苦的學習和實踐才能培養出來。現在常用「驚弓之鳥」這一個成語來形容受過驚嚇，遇到類似情況就惶恐不安的人。

楚考烈王無子

※原文

楚考烈王[1]無子，春申君患之，求婦人宜子者進之，甚眾，卒無子。趙人李園，持其女弟[2]，欲進之楚王，聞其不宜子，恐又無寵。李園求事春申君為舍人。已而謁歸，故失期。還謁，春申君問狀。對曰：「齊王遣使求臣女弟，與其使者飲，故失期。」春申君曰：「聘入乎？」對曰：「未也。」春申君曰：「可得見乎？」曰：「可。」於是園乃進其女弟，即幸於春申君。

※注釋

①楚考烈王：羋姓，名熊完，西元前二六二年至前二三八年在位，以春申君黄歇為令尹，賜淮北地十二縣，遷都壽春。楚、趙兩國結盟，楚考烈王令春申君以八萬大軍，奔赴趙國。《史記》說考烈王有三子。《戰國策》說楚考烈王無子。②女弟：即李園的妹妹，名叫李嫣。

※譯文

楚考烈王沒有兒子，相國春申君為這件事感到憂慮，尋求能生育的婦人進獻給楚王，雖然進獻了很多婦人，但最終還是沒有生出兒子。趙國人李園，帶著自己的妹妹，想要把她進獻給楚王，可是又聽人說自己的妹妹並無生子之相，擔心將來得不到楚王的寵幸。李園就請求能當春申君的舍人，當上舍人不久，請假回家，又故意晚回來。回來見到春申君，春申君問他為什麼遲到。李園回答說：「齊王派使者來娶我的妹妹，我和使者一起喝酒，所以耽誤了回來的時間。」春申君說：「送過聘禮了嗎？」李園說：「還沒有。」春申君說：「我能見一下你的妹妹嗎？」李園說：「可以。」於是李園就把妹妹進獻給春申君，受到春申君的寵愛。

※原文

知其有身[①]，園乃與其女弟謀。園女弟承間說春申君曰：「楚王之貴幸君，雖兄弟不如。今君相楚王二十餘年，而王無子，即百歲後，將更立兄弟。即楚王更立，彼亦各貴其故所親，君又安得長有寵乎？非徒然也，君用事久，多失禮於王兄弟，兄弟誠立，禍且及身，奈何以保相印、江東之封乎？今妾自知有身矣，而人莫知。妾之幸君未久，誠以君之重而進妾於楚王，王必幸妾。妾賴天而有男，則是君之子為王也，楚國封盡可得，孰與其臨不測之罪乎？」春申君大然之，乃出園女弟，謹舍[②]而言之楚王。楚王召入，幸之。遂生子男，立為太子，以李園女弟立為王后。楚王貴李園，李園用事。

※注釋

①有身：懷有身孕。②謹舍：另立館舍安排居住，並小心侍候，多加保衛。

※譯文

當李園知道妹妹有了身孕，就和妹妹商量了一個計謀。李園的妹妹找機會對春申君說：「大王寵信您，即使是他的兄弟也不如您。現在您當楚國相國已經二十多年，但是楚王還是沒有兒子。等到楚王死後，必定會擁立他的兄弟為王。楚國王位更換，必然重用他自己的故交和親人，您又如何能長時間受到寵信呢？不僅如此，您出任宰相的時間很長，難免對大王的兄弟有失禮得罪的地方。將來大王的兄弟如果真能登上王位，您一定會身受大禍，又怎能保全相國和江東的封地呢？現在臣妾已經懷孕了，但外人都不知道。臣妾受您寵愛的時間還不長，如果能憑藉您的高貴身份把臣妾獻給楚王，楚王必定會寵幸臣妾。如果臣妾能得到上天的保佑生個兒子的話，那就是您的兒子當上了楚王，到那時楚國的一切都是您的了，這和面對著不可猜測的罪過相比，哪一個更好呢？」春申君認為她說得沒錯，於是就把李園的妹妹遷到府外，並告訴楚王說要進獻李園的妹妹。楚王把李園的妹妹召進宮裡，對她非常寵愛。後來生了一個男孩，被立為太子，並立李園的妹妹為皇后。楚王也很看重李園，李園也因此掌握了大權。

※原文

李園既入其女弟為王后，子為太子。恐春申君語泄而益驕，陰養死士[①]，欲死春申君以滅口，而國人頗有知之者。

春申君相楚二十五年，考烈王病。朱英謂春申君曰：「世有無妄之福，又有無妄之禍。今君處無妄之世，以事無妄之主，安不有無妄之人乎？」春申君曰：「何謂無妄之福？」曰：「君相楚二十餘年矣，雖名為相國，實楚王也。五子皆相諸侯。今王疾甚，旦暮且崩，太子衰弱，疾而不起，而君相少主，因而代立當國，如伊尹、周公。王長而反政，不即遂南面稱孤，因而有楚國。此所謂無妄之福也。」春申君曰：「何謂無妄之禍？」曰：

「李園不治國，王之舅也。不為兵將，而陰養死士之日久矣。楚王崩，李園必先入，據本議制斷君命，秉權而殺君以滅口。此所謂無妄之禍也。」春申君曰：「何謂無妄之人？」曰：「君先仕臣為郎中，君王崩，李園先人，臣請為君其胸殺之。此所謂無妄之人也。」春申君曰：「先生置之，勿復言已。李園，軟弱人也，僕又善之，又何至此？」朱英恐，乃亡去。

後十七日，楚考烈王崩，李園果先入，置死士，止於棘門之內。春申君後入，止棘門。園死士夾刺春申君，斬其頭，投之棘門外。於是使吏盡滅春申君之家。而李園女弟——初幸春申君有身，而入之王——新生子者，遂立為楚幽王[2]也。

※注釋

①陰養死士：陰，暗中。暗中蓄養不怕死的壯士。②楚幽王：原名芈悍，西元前二三七年至前二二八年在位。

※譯文

李園已經把自己的妹妹送入宮中，並做了皇后，妹妹的孩子又做了太子。但他擔心春申君說漏嘴或者變得更加驕縱，所以就暗中蓄養刺客，打算殺死春申君滅口，但當時國內已經有很多人知道這件事。

當春申君做楚國的相國第二十五個年頭時，楚考烈王生病了。這時朱英對春申君說：「世間有意想不到的福分，也有始料未及的橫禍。現在您就處於這樣的境地，侍奉的是出人意料的君主，又怎能得不到出人意料的人呢？」春申君說：「什麼叫出人意料的福分呢？」朱英說：「您做楚國相國二十多年，雖然名為相國，實際上是楚國的國王。五個兒子都位列諸侯輔相。現在君王病重，快要去世了，一旦大王病倒，您就會成為少主的相國，太子弱小，您就得代管國政，就像伊尹和周公一樣，等少主長大再讓他親政，要不然，您就可以南面稱王，掌握楚國。這就是所謂出人意料的福分。」春申君問：「那什麼是出人意料的禍呢？」李英說：「李園不是治國的相國，而是君王的大舅子。他不統領兵將，卻暗中豢養刺客，這是很久的事了。楚王死後李園必定入宮，據本奏議，假傳王命殺您滅口，這就是意想不到的禍。」春申君說：「什麼叫意想不到的人呢？」朱英說：「閣下先任命臣為郎中衛士官，君王死後李園定先入宮，請讓臣替您以利劍刺入他的胸膛把他殺死，這就是所謂意想不到的人。」春申君說：「先生別這麼說，李園為人誠懇老實，我們關係又好，怎能用這種毒辣的手段呢？」朱英見春申君不聽，心裡感到很害怕，便離開了楚國。

十七日後，楚考烈王駕崩。李園果然先進入宮中，暗中在棘門內佈置好刺客。春申君後來進入宮中時，在棘門外停了下來。李園佈置的刺客便從兩邊跳出來殺死了春申君，把他的頭割下來，丟到棘門的外面。於是又派人將春申君滿門抄斬。李園的妹妹生的孩子於是被立為楚幽王。

※讀解

讀了本篇，在驚嘆李園的心計之毒的同時，我們也會很自然地想到前面的呂不韋。李園和呂不韋的榮身方式大同小異，都是利用古代的宗法制度來實現自己的既定目標。

在中國古代社會實行的人治，根源於宗法制度。王室占據當時社會幾乎所有可用的資源，所以想要實現自己的榮身夢想，除了生在帝王家，否則只能千方百計地和帝王家產生血緣關係。生在帝王家是無法求取的，像呂不韋和李園的榮身之路，就是除此之外的唯一選擇了。

比較兩個人的策略，就能發現，呂不韋作為精明的商人，所付出的成本比較少，他只是動動嘴皮子，而李園則是用他的妹妹作為賭資。從這一點來說，李園的計謀比呂不韋遜色一些。但都無法掩蓋他們的險惡用心。從他們的發跡過程來看，人為了想要得到的東西，真的是可以付出一切，甚至可以不顧一切，哪怕是別人的生命。

趙策

知伯從韓、魏兵以攻趙，圍晉陽而水之，城下不沒者三板。郗疵謂知伯曰：「韓、魏之君必反矣。」知伯曰：「何以知之？」郗疵曰：「以其人事知之。夫從韓、魏之兵而攻趙，趙亡，難必及韓、魏矣。今約勝趙而三分其地。今城不沒者三板，臼灶生蛙，人馬相食，城降有日，而韓魏之君無憙志而有憂色，是非反如何也？」

知伯從韓魏兵以攻趙

※原文

知伯[1]從韓、魏兵以攻趙，圍晉陽而水之，城下不沒者三板。郄疵謂知伯曰：「韓、魏之君必反矣。」知伯曰：「何以知之？」郄疵曰：「以其人事知之。夫從韓、魏之兵而攻趙，趙亡，難必及韓、魏矣。今約勝趙而三分其地。今城不沒者三板，臼灶生蛙，人馬相食，城降有日，而韓魏之君無憙志而有憂色，是非反如何也？」

明日，知伯以告韓、魏之君曰：「郄疵言君之且反也。」韓、魏之君曰：「夫勝趙而三分其地，城今且將拔矣。夫三家雖愚，不棄美利於前，背信盟之約，而為危難不可成之事，其勢可見也。是疵為趙計矣，使君疑二主之心，而解於攻趙也。今君聽讒臣之言，而離二主之交，為君惜之。」趨而出。郄疵謂知伯曰：「君又何以疵言告韓、魏之君為？」知伯曰：「子安知之？」對曰：「韓、魏之君視疵端而趨疾。」

郄疵知其言之不聽，請使於齊，知伯遣之。韓、魏之君果反矣。

※注釋

①知伯：即智伯，名瑤，晉國六卿之一。

※譯文

知伯跟從韓、魏兩國聯軍一同進攻趙國，軍隊把晉陽城包圍起來，引河水淹城池，離淹城只有三塊木板的高度。郤疵對知伯說：「韓、魏兩國的國君一定會背叛我們。」知伯問：「何以見得呢？」郤疵說：「從他們的臉上和軍事形勢上判斷就可以知道。我們跟隨韓、魏聯軍進攻趙國，如果趙國被滅掉的話，那災難必然會落到韓、魏兩國。雖然賢君跟韓、魏相約滅趙以後就和韓、魏三分趙國的土地，可是現在晉陽只差三塊木板的高度就被淹沒，就連石臼和爐灶都生了青蛙，餓到了人馬相食的地步，晉陽被攻陷指日可待，然而韓、魏兩國的國君不但沒有高興的神色，卻面露憂愁的樣子，這不是表明他們將要背叛嗎？」

第二天，知伯就把郤疵所說的話轉告給韓、魏兩國的國君，說：「郤疵說兩位國君將要背棄盟約。」韓、魏兩君說：「滅掉趙國以後我們三個國家就三分趙國的土地，而且晉陽馬上就要被攻陷了。韓、魏兩國的國君雖然愚笨，但也不會放棄眼前的大好利益，甚至背棄盟約，做出不可能做到的事，這點是很明顯的。這是郤疵為了趙國利益所出的計策，從而讓您懷疑韓、魏兩國國君的想法，瓦解我們三個國家進攻趙國的盟約。現在您聽信了奸臣的讒言，並且離間和韓、魏兩國之間的友好交往，我們真為您的所作所為感到惋惜啊！」說完就快步走了出去。郤疵對知伯說：「您又為什麼要把我所說的話告訴韓、魏兩國的國君呢？」知伯說：「你怎麼知道我告訴了他們呢？」郤疵說：「因為韓、魏兩國的國君臨走的時候，使勁的瞪了我一眼才快步離開。」

郤疵見知伯不採納自己的建議，就主動請求知伯派他出使齊國，知伯就派他到齊國去。不久韓、魏兩國的國君果然反叛。

※讀解

知伯作為晉國的權臣，做了韓國和魏國聯軍的統帥，但他是一個不能明察秋毫的領導者。與他不同的是，郗疵從細微處看到事情的玄機，發現韓國和魏國兩國的國君必將背叛。但無奈知伯握著大權，卻沒有看到這一點，所以無法阻止事態惡化。

本篇是告誡我們，作為領導者，一定要做到明察秋毫，這是當領導者必備的一項素質。做不到這一點，就無法掌握事情的全域，就無法做出正確的決策，所做的事情必然會遭遇挫折。另外一點就是，作為領導者，如果不能明察秋毫，那麼就要善於採納來自不同方面的意見和建議，這樣可以在一定程度上彌補自身素質的不足。做到善於採納別人的意見和建議，也可以使所做的事情走向成功。

晉畢陽之孫豫讓

※原文

晉畢陽之孫豫讓①，始事范、中行氏而不說，去而就知伯，知伯寵之。及三晉分知氏，趙襄子最怨知伯，而將其頭以為飲器。豫讓遁逃山中，曰：「嗟乎！士為知己者死，女為悅己者容。吾其報知氏之仇矣。」乃變姓名，為刑人，入宮塗廁，欲以刺襄子。襄子如廁，心動，執問塗者，則豫讓也。刃其扞曰：「欲為知伯報仇！」左右欲殺之。趙襄子曰：「彼義士也，吾謹避之耳。且知伯已死，無後，而其臣至為報仇，此天下之賢人也。」

卒釋之。豫讓又漆身為厲②，滅須去眉，自刑以變其容。為乞人而往乞，其妻不識，曰：「狀貌不似吾夫，其音何類吾夫之甚也。」又吞炭為啞，變其音。其友謂之曰：「子之道甚難而無功，謂子有志，則然矣，謂子智，則否。以子之才，而善事襄子，襄子必近幸子。子之得近而行所欲，此甚易而功必成。」豫讓乃笑而應之曰：「是為先知報後知，為故君賊[3]新君，大亂君臣之義者無此矣。凡吾所謂為此者，以明君臣之義，非從易也。且夫委質而事人，而求弒之，是懷二心以事君也。吾所為難，亦將以愧天下後世人臣懷二心者。」

※注釋

①豫讓，先秦時期晉國的一位著名刺客。生卒年不詳，主要活動在三家分晉（西元前四〇三年）前後。②厲：通「癩」。惡瘡。③賊：殺，暗殺。

※譯文

晉國畢陽的孫子豫讓，最初的時候侍奉范氏、中行氏，那時候不受重用，於是他就離開了范氏、中行氏，前去投靠知伯，知伯很寵信他。到了韓、趙、魏三國瓜分知伯的土地時，趙襄子最痛恨知伯，而將知伯的頭蓋骨拿來作飲酒的容器。豫讓逃到山裡，說：「哎呀！志士為了解自己的人而拋棄生命，女子為喜愛自己的人而修飾打扮。我要為知伯報仇啊！」於是豫讓就隱姓埋名，裝扮成一個遭受過刑罰的人，潛伏到趙襄子的宮殿裡，用洗刷廁所的工作當作掩護，打算找機會刺殺趙襄子。趙襄子去廁所，忽然心裡感覺異樣，就派人把刷廁所的人抓來審問，得知這個人是豫讓。豫讓把利刃藏在刷廁所的工具中，說：「我要為知伯報仇！」左右的衛士要殺了他。趙襄子阻止說：「他是一位義士，我小心避開他就行了。而且知伯已經死了，也沒有後代，但他的臣子有願意為他報仇的，一定是天下有氣節的賢人。」

最後趙襄子把豫讓放了。豫讓在自己的身上塗漆，剃掉鬍鬚和眉毛，徹底改變了自己的容貌。他裝扮成一個乞丐到他妻子那裡去乞討，他的妻子也不認識他了，看著他說：「這個人的容貌不像我的丈夫，但是他的聲音為什麼非常像我的丈夫呢？」於是豫讓又吞了一塊火炭，改變了自己的聲音。他的朋友見到他對他說：「你採取的這種辦法做起來很艱難，而且不會成功，要說你是一個有志氣的人，你確實是，但要說你是一個聰明的人，那就錯了。就憑你的才能，如果用心去侍奉趙襄子的話，他必定會接近你、寵幸你。你如果能接近他的話，再去做你想做的事情，這是非常容易而且必定會成功。」豫讓於是笑著回答說：「這是為先知遇我的人而去報後知遇我的人，為舊日的主人而去殺新主人，敗壞君臣大義的做法沒有比這更嚴重的了。我所做的一切，都是為了闡明君臣之間的大義，並不是圖容易。況且我已經委身來侍奉他，卻又陰謀刺殺他，這是懷有二心來侍奉主人。我之所以選擇困難的去做，也就是為了讓天下後世懷有二心的人臣感到羞愧。」

※原文

居頃之，襄子當出，豫讓伏所當過橋下。襄子至橋而馬驚。襄子曰：「此必豫讓也。」使人問之，果豫讓。於是趙襄子面數[①]豫讓曰：「子不嘗事范、中行氏乎？知伯滅范、中行氏，而子不為報仇，反委質事知伯。知伯已死，子獨何為報仇之深也？」豫讓曰：「臣事范中行氏，范中行氏以眾人遇臣，臣故眾人報之；知伯以國士遇臣，臣故國士報之。」襄子乃喟然嘆泣曰：「嗟乎，豫子！豫子之為知伯，名既成矣，寡人舍子，亦以足矣。子自為計，寡人不舍子。」使兵環之。

豫讓曰：「臣聞明主不掩人之義，忠臣不愛死以成名。君前已寬舍臣，天下莫不稱君之賢。今日之事，臣故伏誅，然願請君之衣而擊之，雖死不恨。非所望也，敢布腹心。」於是襄子義之，乃使使者持衣與豫讓。豫讓拔劍三躍，呼天擊之曰：「而可以報知伯矣。」遂伏劍而死。死之日，趙國之士聞之，皆為涕泣。

※注釋

①面數：當面指責。

※譯文

過了不久，得知趙襄子要外出，豫讓就埋伏在趙襄子必經的橋下。趙襄子走到橋邊的時候，他的馬忽然受驚，趙襄子說：「這肯定是豫讓。」派人搜捕，發現果然是豫讓。於是趙襄子就當面責備豫讓說：「你不是曾經侍奉過范氏、中行氏嗎？知伯滅了范氏、中行氏，你不但不替范、中行氏報仇，卻屈節忍辱去侍奉知伯。知伯已經死了，你怎麼還要為他報仇呢？」豫讓說：「當我侍奉范、中行氏的時候，他們只把我當做一般的人對待，所以我也用一般人的態度對待他們；但是知伯把我作為國士來禮遇，所以我也就用國士的態度報答他。」於是趙襄子慨嘆地抽泣說：「唉！豫讓啊，能夠為知伯報仇，已經讓你成為忠臣義士了。但寡人對你也是仁至義盡了。你自己想一想吧，寡人不能再釋放你！」於是趙襄子就命令手下把豫讓包圍起來。

豫讓說：「我知道，賢明的君主不會去阻擋別人的義行，忠誠的臣子為了志節不會吝惜生命。您以前已經寬恕釋放過我一次，天下沒有不稱讚您的賢德的。今天的事情，我應該接受您將我處死的處分。但是我想得到您的王袍，我把它當作您本人來刺殺，我即使死了也沒有遺憾。不知君王能不能答應我的請求？」於是趙襄子認為他的做法是符合道義的，就答應了豫讓的請求，脫下自己的王袍讓侍臣交給了豫讓。豫讓接過王袍，拔出佩劍，跳了幾下，大叫著用劍刺王袍：「我為知伯報仇了！」然後就自殺而死。這一天，趙國的忠義之士聽說這件事情以後，都為豫讓傷心落淚、惋惜不已。

※讀解

豫讓是戰國時期著名的一位門客，本篇可以看作豫讓的一篇傳記。戰國時代，想在政治上有所作為的人，都蓄養了大量的門客作為他們爭取政權和職位，最終成就一番大事的幕僚。例如：著名的戰國四公子。

由於門客非常多，在各人的能力方面，人外有人，天外有天，所以很多門客無法得到主子的發現和賞識，因此沒有出頭之日。豫讓最先在范氏和中行氏的門下做門客，但不幸就淪為不被重視的一個。後來他轉投知伯門下，知伯將他當作國士來對待，使豫讓大為感激，最後甚至以一種極端的方式報答了知伯。

豫讓的復仇方式有些歇斯底里，讓人讀來不禁欷歔。他為了幫知伯報仇，居然自殘身體，放棄家庭，甚至放棄自己的生命。他在自己的身上塗漆，裝扮成一個生癩的人，還剃掉了鬍鬚和眉毛，透過自殘的方式改變自己的容貌，不僅如此，他還跑到他老婆那裡測試自己這樣的改變，是否能被老婆認出來。後來又進一步吞炭改變自己的聲音。而這一切都是為了感謝知伯的知遇之恩，為知伯報仇。

豫讓行刺趙襄子，捨生忘死，備嘗艱辛，雖然沒有成功，卻用生命報答了知伯的知遇之恩。他為知己獻身的精神令人欽佩。他為知伯報仇，是因為知伯重視他、尊重他，給他尊嚴，所以，他不惜生命為知伯復仇，用生命捍衛知伯的尊嚴。他是一個未能成功的刺客，但正是他的失敗成就了他的人格，使他雖死猶生，雖敗猶榮。

蘇秦說李兌

※原文

蘇秦說李兌[①]曰：「洛陽乘軒里[②]蘇秦，家貧親老，無罷車駑馬，桑輪蓬篋，羸幐，負書擔橐[③]，觸塵埃，蒙霜露，越漳、河[④]，足重繭，日百而舍，造外闕，願見於前，口道天下之事。」

李兌曰：「先生以鬼之言見我則可，若以人之事，兌盡知之矣。」蘇秦對曰：「臣固以鬼之言見君，非以人之言也。」李兌見之。

蘇秦曰：「今日臣之來也暮，後郭門，藉席無所得，寄宿人田中，傍有大叢。夜半，土梗與木梗鬥曰：『汝不如我，我者乃土也。使我逢疾風淋雨，壞沮，乃復歸土。今汝非木之根，則木之枝耳。汝逢疾風淋雨，漂入漳、河，東流至海，氾濫無所止。』臣竊以為土梗勝也。今君殺主父而族之，君之立於天下，危於累卵。君聽臣計則生，不聽臣計則死。」李兌曰：「先生就舍，明日復來見兌也。」

※注釋

①李兌：戰國時趙國大臣。趙武靈王讓位少子何，引起內亂。他和公子成一起，發兵保趙惠文王，殺太子章，進圍沙丘（今河北平鄉東北）宮，逼死主父（武靈王）。從此獨專國政，由司寇升任相國，號奉陽君。他對外主張合縱，曾與蘇秦協力，發動五國（趙、楚、齊、魏、韓）聯兵攻秦，進屯成皋（今河南滎陽西北），最終無功而退。②洛陽乘軒里：蘇秦的家鄉。③橐：一種口袋。④漳、河：漳河和黃河。

※譯文

蘇秦遊說李兌說：「我是洛陽乘軒里的蘇秦，家裡貧窮雙親都已經年老，就連一輛由劣馬駕著、有桑木輪子、有草編車廂的破車子都沒有，我打著綁腿穿著草鞋，背著書卷擔著口袋，頂著飛揚的塵土，冒著寒霜和露水，越過了漳河和黃河，腳上磨出了厚厚的老繭，每天走一百里路方才住宿，如今來到您的宮門外，請求拜見您，親口和您談談天下的大事。」

李兌說：「先生如果談的是鬼的事情，那麼見我是可以的。如果談的是人的事情，我已經都知道了。」蘇秦回答說：「我本來就是來和您談論鬼的事情的，而不是談論人的事情。」李兌於是就接見他。

蘇秦說：「今天我來的時候，已經黃昏了，外城的城門已經關閉了，連塊草席都沒找到，就露宿在人家的田裡，旁邊有一個大草叢。半夜時分，聽到土偶對木偶說：『你不如我，我是土做的，如果我遇到大風暴雨的話，被淋壞，就又回到土裡。但你不過是樹根，或者是樹枝罷了。你遇上狂風暴雨的話，就會漂到漳河或黃河裡，向東漂到大海中，隨波逐流沒有可以依靠的地方。』我私底下認為是土偶得勝了。現在您殺了武靈王滅了他的宗族，您生活在天地之間，正處在危如累卵的境地。您聽從我的計謀就能生存，不聽從我的計謀就會死亡。」李兌說：「您先到客舍住下，明天再來見我。」

※原文

蘇秦出，李兌舍人謂李兌曰：「臣竊觀君與蘇公談也，其辯過①君，其博過君，君能聽蘇公之計乎？」李兌曰：「不能。」舍人曰：「君即不能，願君堅塞兩耳，無聽其談也。」

明日復見，終日談而去。舍人出送蘇君，蘇秦謂舍人曰：「昨日我談粗而君動，今日精而君不動，何也？」舍人曰：「先生之計大而規高，吾君不能用也。乃我請君塞兩耳，無聽談者。雖然，先生明日復來，吾請資先生厚用。」明日來，抵掌而談。李兌送蘇秦明月之珠，和氏之璧，黑貂之裘，黃金百鎰。蘇秦得以為用，西入於秦。

※注釋

①過：超過，是說李兌的辯論功夫不如蘇秦。

※譯文

蘇秦出去了。李兌的一個家臣對李兌說：「我暗中觀察您和蘇秦的談話，他的論辯要超過您，他的學識也比您淵博，您會聽信蘇秦的計策嗎？」李兌說：「不會。」家臣說：「您如果不會聽信他的話，就請您牢牢地堵上您的兩隻耳朵，不要聽信他的話。」

第二天，蘇秦又來拜見李兌，和李兌談論了一整天才離去。那位家臣出來送別蘇秦，蘇秦對他說：「昨天我談得粗略，相國被我說動了，今天我談得詳細，但相國不再動心，這是什麼原因呢？」那位家臣說：「先生的計策宏大而見解高遠，我們相國是不能採用的，我請他牢牢地堵住兩隻耳朵，不讓他聽信您的話。既然這樣，先生明天還來，我請相國資助您豐厚的財物。」第二天蘇秦又來了，和李兌抵掌而談。李兌於是贈送蘇秦明月珠、和氏璧、黑貂裘、一百鎰黃金。蘇秦得到這些財物，就把它們作為資用，向西進入秦國。

※讀解

這是一篇蘇秦向李兌推銷自己的文章。向陌生人推銷自己要進行試探。一開始蘇秦想要用自己的貧寒和落魄來求得李兌的同情，但這種方式很快失效，因為李兌並不是那麼容易給予同情心的人。不僅如此，李兌還用鬼事來刁難蘇秦。發現無法求得李兌的同情，蘇秦就決定從李兌身上尋找突破口。

三番兩次談話後，蘇秦終於有機會和李兌對話了。蘇秦用富有渲染力的言語描述了李兌將要面臨的災禍和危機，他為李兌編造了一個小故事，形象地說明了李兌的處境。其實，身居高位的人最關注的莫過於自己的前程。因此李兌接受了蘇秦的請求，並贈送給他財物。

趙王封孟嘗君以武城

※原文

趙王封孟嘗君以武城。孟嘗君擇舍人以為武城吏，而遣之曰：「鄙語豈不曰『借車者馳之，借衣者被之』哉？」皆對曰：「有之。」孟嘗君曰：「文[1]甚不取也。夫所借衣車者，非親友，則兄弟也。夫馳親友之車，被兄弟之衣，文以為不可。今趙王不知文不肖，而封之以武城，願大夫之往也，毋伐樹木，毋發[2]屋室，訾然[3]使趙王悟而知文也謹。使可全而歸之。」

※注釋

①文：孟嘗君即田文，所以這是他的自稱。②發：毀壞。③訾然：訾，希求，希望。希望這樣做。

※譯文

趙王把武城封給孟嘗君。孟嘗君選派了一些門客去擔任武城的官吏，並對他們說：「俗語不是說『借來的車子如果不加愛惜地奔馳，就容易損壞，借來的衣服如果不加愛惜地披在外面，就容易弄髒』嗎？」這些門客都回答說：「是有這樣的說法。」孟嘗君說：「我非常不同意這樣的說法。那借來的衣服和車子，如果不是親戚朋友的，那麼就是兄弟的。坐著親戚朋友的車子到處奔馳，把兄弟的衣服穿在外面，我認為不應該這樣做。現在趙王不了解我的無能，就把武城封給我。希望你們到了那裡之後，不要砍伐樹木，不要破壞房屋，謹慎做事，讓趙王了解我的才能。這樣，我們才可以管理好武城並真正擁有它。」

※讀解

「借車者馳之，借衣者被之。」本篇就說明這樣的道理：借來的東西就不知道珍惜。這也是我們在現實生活中，常見的一種現象。由於借來的東西不是自己的，所以就不加以愛惜，有一種「不用白不用，用了也白用」的心理。更進一步來說，這也是我們人性當中的一個汙點。

孟嘗君深知人性的這個汙點，所以在他將封地交給屬下來管理的時候，對這些門客強調了要愛惜借來的東西，好好管理託付給他們管理的封地。

蘇秦從燕之趙始合從

※原文

蘇秦從燕之[①]趙，始合從，說趙王曰：「天下之卿相人臣，乃至布衣之士，莫不高賢大王之行義，皆願奉教陳忠於前之日久矣。雖然，奉陽君妒，大王不得任事，是以外賓客游談之士，無敢盡忠於前者。今奉陽君捐館舍，大王乃今然後得與士民相親，臣故敢獻其愚，效愚忠。為大王計[②]，莫若安民無事，請無庸有為也。安民之本，在於擇交，擇交而得則民安，擇交不得則民終身不得安。請言外患：齊、秦為兩敵，而民不得安；倚秦攻齊，而民不得安；倚齊攻秦，而民不得安。故夫謀人之主，伐人之國，常苦出辭斷絕人之交，願大王慎勿出於口也。」

※注釋

①之：來到。②計：考慮。

※譯文

蘇秦從燕國來到趙國，開始宣導聯合崤山以東六國，對抗秦國的合縱策略。他遊說趙王說：「普天之下，各國的卿相大臣，乃至普通的老百姓，沒有不稱道大王施行仁義的行為，長時間以來，他們都希望接受您的教誨，向大王進獻忠心。即使這樣，奉陽君嫉妒賢能，使大王不能夠治理國家，這樣一來，導致賓客和遊說之士變得疏遠，都不敢到大王面前進獻忠言。如今奉陽君死了，大王才可以和士人百姓親近，因此臣才敢來進獻愚知，進效愚忠。臣為大王考慮，治理國家沒有比能夠使百姓安居樂業、國家平安無事更重要的事情了，其他的就不用再做什麼了。讓百姓安居樂業的根本，在於選擇與什麼樣的國家進行交往，選擇好的國家交往，百姓就能夠安居樂業；選擇不好的國家交往，那麼百姓終生都不得安寧。請允許臣再說說可能發生的外敵入侵的禍患：秦國和齊國是趙國的兩個敵國，它們使趙國百姓不得安寧；依靠秦國進攻齊國，百姓不得安寧；依靠齊國進攻秦國，百姓也無法得到安寧。所以說，圖謀別國的國君，討伐別的國家，常常會口吐難聽的話，並和別的國家斷絕關係，所以臣請大王要謹慎，不要說這樣的話。」

※原文

「請屏[1]左右，曰言所以異，陰陽而已矣。大王誠能聽臣，燕必致氈裘狗馬之地，齊必致海隅魚鹽之地，楚必致橘柚雲夢之地，韓、魏皆可使致封地湯沐之邑，貴戚父兄皆可以受封侯。夫割地效實，五伯之所以覆軍禽將而求也；封侯貴戚，湯、武之所以放殺而爭也。今大王垂拱而兩有之，是臣之所以為大王願也。大王與秦，則秦必弱韓、魏；與齊，則齊必弱楚、魏。魏弱則割河外，韓弱則效宜陽。宜陽效則上郡絕，河外割則道不通。楚弱則無援。此三策者，不可不熟計也。夫秦下軹道則南陽動，劫韓包周則趙自銷鑠，據衛取淇則齊必入朝。秦欲已得行於山東，則必舉甲而向趙。秦甲涉河逾漳，據番吾，則兵必戰於邯鄲之下矣。此臣之所以為大王患也。」

※注釋

①屏：摒退。

※譯文

「請您讓左右的侍臣退下，臣來談談合縱與連橫的區別所在，它們只是陰陽所用不同罷了。大王如果真的能夠聽信臣的計策，燕國一定會把出產氈、裘、狗、馬的地方獻給您，齊國一定會把海邊出產魚鹽的地區獻給您，楚國一定會把出產橘柚的雲夢地區獻給您，韓國、魏國也一定會獻出很多城池和供您洗盥費用的縣邑，大王的親人父兄都能夠得以封侯。割取別國的土地得到別國財貨，這是五霸不惜犧牲將士的生命去追求的；使貴戚得以封侯，也是從前商湯放逐夏桀、周武王討伐殷紂王才奪取的。現在大王不費力氣就可以得到這兩樣，這是臣為大王感到欣慰的。大王如果和秦國結盟，秦國必然去侵略韓、魏；大王與齊國結盟，齊國必然去侵略楚、魏；魏國衰弱後就必然割河外之地；韓國如果軟弱了，它就會獻出宜陽。獻出了宜陽，則通往上郡的路就切斷了；河外割讓了，道路就不能通行到上郡；楚國衰弱，趙國就孤立無援。這三個計策，是不可不慎重考慮的。秦國攻下軹道，那麼南陽就會被動搖，劫持韓國包圍周王室，那麼趙國就會使自己變得削弱，秦國占領衛都濮陽奪取淇水地區，那麼齊國必然向秦國稱臣。如果秦國能在山東得到它要得到的，那麼就必然會發兵去進攻趙國。秦軍渡過黃河，穿過漳水，據有番吾，那麼秦兵必將在邯鄲城下交戰。這就是臣為大王感到擔憂的事情啊！」

※原文

「當今之時，山東之建國，莫如趙強。趙地方[1]二千里，帶甲數十萬，車千乘，騎萬匹，粟支十年；西有常山，南有河、漳，東有清河，北有燕國。燕固弱國，不足畏也。且秦之所畏害於天下者，莫如趙。然而秦不敢舉兵甲而伐趙者，何也？畏韓、魏之議其後也。然則韓、魏，趙之南蔽也。秦之攻韓、魏也，則不然。無有名山大川之限，稍稍蠶食之，傅[2]之國都而止矣。韓、魏不能支秦，必入臣。韓、魏臣於秦，秦無韓、魏之隔，禍中於趙矣。此臣之所以為大王患也。」

※注釋

①方：方圓。②傅：通「附」。近，迫近。

※譯文

「看現在的形勢，崤山以東這幾個國家，沒有哪一個能夠像趙國這麼強大。趙國的疆域方圓兩千里，有精兵數十萬，戰車千輛，戰馬萬匹，糧食能夠供給軍隊食用十年；西邊有常山，南邊有黃河和漳水，東邊有清河，北邊有燕國。燕國實際上是一個弱國，不足以畏懼。而且在天下各國當中，秦國最害怕的莫過於趙國。雖然這樣，秦國不敢發兵進攻趙國的原因是什麼呢？是因為秦國害怕韓、魏兩國在後面算計它。這樣看來，韓、魏兩國就是趙國南邊的蔽障。如果秦國進攻韓、魏兩個國家，那麼情況就不是這樣了。韓、魏兩個國家沒有名山大川作為屏障，秦國只要對它進行吞食，直到把國都蠶食掉就可以了。韓、魏兩國無力抗拒秦國，必然會向秦國稱臣。韓、魏兩國臣服於秦國之後，秦國就沒有韓、魏兩國的障礙，災禍就不可避免地要降臨到趙國的頭上。這也是臣為大王擔憂的事情啊！」

※原文

「臣聞，堯無三夫之分，舜無咫尺之地，以有天下。禹無百人之聚，以王諸侯。湯、武之卒不過三千人，車不過三百乘，立為天子。誠得其道也。是故明主外料其敵國之強弱，內度其士卒之眾寡、賢與不肖，不待兩軍相當，而勝敗、存亡之機節[1]，固已見於胸中矣，豈掩於眾人之言，而以冥冥決事哉！」

「臣竊以天下地圖案之。諸侯之地五倍於秦，料[2]諸侯之卒，十倍於秦。六國並力為一，西面而攻秦，秦必破矣。今見破於秦，西面而事之，見臣於秦。夫破人之與破於人也，臣人之與臣於人也，豈可同日而言之哉！夫橫人者，皆欲割諸侯之地以與秦成。與秦成，則高臺，美宮室，聽竽瑟之音，察五味之和，前有軒轅，後有長庭，美人巧笑。卒有秦患，而不與其憂。是故橫人日夜務以秦權恐猲諸侯，以求割地。願大王之熟計之也。」

※注釋

①機節：關鍵。②料：估量，揣測。

※譯文

「臣聽說，堯帝最初所擁有的土地不超過三百畝，舜帝沒有咫尺大的地盤，但他們都擁有了整個天下。禹帝只有一個不到百人的小部落，但最終能夠在各諸侯中稱王。商湯、周武王所擁有的士兵不超過三千人，戰車不超過三百輛，最後也成為天子。這都是因為他們確實掌握了治理國家的規律。所以說英明的國君，對外要預料到敵國的強弱，對內要考察士卒的多寡、賢與不賢，不必等到兩軍短兵相接、勝敗存亡的關鍵和環節，就都已經了然於胸，怎麼能被眾人的觀點所蒙蔽，糊塗之下就決定事情呢！」

「臣私下察看天下各國的地圖，各國的土地面積是秦國的五倍，估量各國的兵力是秦國兵力的十倍。如果六國能夠團結一致，聯合起來向西進攻秦國，秦國必定會被滅掉。現在各國將要被秦國所滅，卻面朝西方侍奉秦國，共同向秦國稱臣。滅掉別的國家和被別的國家滅掉，讓別的國家臣服和臣服於別的國家，這怎麼能相提並論呢！那些主張連橫的人，他們都想割讓諸侯的土地來和秦國一起成功。如果他們和秦國一起成功，那麼他們就可以得到高樓臺榭，華麗的宮室，欣賞悅耳的音樂，享用可口的美食，前有華麗的車子代步，後有長庭供遊玩，又有美女一起嬉笑陪伴左右。可是，一旦秦國軍隊突然進攻各國，他們不會和各國共同面對憂患。所以說主張連橫的人日夜尋求依靠秦國的權勢來威嚇各國，為的是使秦國贏得割地。請大王對此要好好考慮。」

※原文

「臣聞，明王絕疑去讒①，屏②流言之跡，塞朋黨之門，故尊主廣地強兵之計，臣得陳忠於前矣。故竊為大王計，莫如一韓、魏、齊、楚、燕、趙六國從親，以儐畔秦③。令天下之將相，相與會於洹水之上，通質刑白馬以盟之。約曰：秦攻楚，齊、魏各出銳師以佐之，韓絕食道，趙涉河、漳，燕守常山之北。秦攻韓、魏，則楚絕其後，齊出銳師以佐之，趙涉河、漳，燕守雲中。秦攻齊，則楚絕其後，韓守成皋，魏塞午道，趙涉河、漳、博關，燕出銳師以佐之。秦攻燕，則趙守常山，楚軍武關，齊涉渤海，韓、魏出銳師以佐之。秦攻趙，則韓軍宜陽，楚軍武關，魏軍河外，齊涉渤海，燕出銳師以佐之。諸侯有先背約者，五國共伐之。六國從親以擯秦，秦必不敢出兵於函谷關以害山東矣。如是則伯業成矣。」

趙王曰：「寡人年少，蒞國[4]之日淺，未嘗得聞社稷之長計。今上客有意存天下，安諸侯，寡人敬以國從。」乃封蘇秦為武安君，飾車百乘，黃金千鎰，白璧百雙，錦繡千純，以約諸侯。

※注釋

①讒：讒言，詆毀之語。②屏：消除，清除。③儐：排斥。畔秦：負義的秦國。④蒞國：繼承王位。

※譯文

「臣聽說賢明的君主不懷疑所任用的人，不聽信讒言，摒棄一切流言蜚語的傳播，杜絕朋黨之間的爭鬥，所以對使國君尊貴、疆地擴大、增強兵力的計策，臣才有機會獻給大王，在大王的面前效忠了。所以臣私底下為大王考慮，不如聯合韓、魏、齊、楚、燕、趙，六國合縱，結為盟友，來抗拒秦國。通令各國的將相，都到洹水岸邊集會，交換質子，殺白馬締結盟約。盟約可以這樣說：如果秦國進攻楚國，齊、魏都要各出精兵幫助楚國，韓國軍隊負責切斷秦國的糧道，趙國軍隊渡過黃河、漳水，燕國軍隊防守在常山以北。如果秦國攻打韓、魏兩國，楚國軍隊切斷秦國的後路，齊國派出精兵幫助韓、魏，趙國軍隊渡過黃河、漳水，燕國軍隊防守在雲中。如果秦國進攻齊國，那麼楚國軍隊負責切斷秦國的後路，韓國軍隊防守成皋，魏國軍隊截斷午道，趙國軍隊越過黃河、漳水、博關，燕國派出精兵支援齊國。如果秦國進攻燕國，那麼趙國軍隊防守在常山，楚國軍隊駐紮在武關，齊國軍隊渡過渤海，韓、魏兩國各出精兵支援燕國。如果秦國進攻趙國，那麼韓國軍隊防守宜陽，楚國軍隊駐紮在武關，魏國軍隊駐紮在河外，齊國軍隊渡過渤海，燕國派出精兵援救趙國。六個國家當中有先背叛盟約的，其他五個國家共同出兵討伐它。只要六個國家形成合縱，聯合起來抵抗秦國，秦國一定不敢出兵函谷關，來侵犯山東六國了。如果這樣的話，大王的霸業就可以完成了。」

趙王說：「寡人年紀還小，登上王位的時間也很短，還沒有聽過使國家社稷長治久安的計策。今天聽到您有志於保存天下、安定各國，寡人願意締結合縱之盟。」於是趙王就封蘇秦為武安君，給他裝飾好的車子百輛，黃金千鎰，白璧百雙，錦繡千匹，用這些財物來和各國締結合縱抗秦的盟約。

※讀解

蘇秦由於秦王不採納自己最初主張的連橫政策，而改為主張合縱政策，致力於崤山以東六國合縱聯盟的建立，並把這當作自己的政治理想，不遺餘力地周遊列國，推行他的合縱政策。他先從趙國開始遊說。

蘇秦在論說的時候很注意論證的邏輯。他先向趙王指出國家的根本在於安民和邦交這兩個方面，在此基礎上很自然地引出他所主張的合縱政策。接下來他用華麗誇張的語言，勾畫了趙國參加合縱聯盟之後的美好前景，又描述了若干趙國不參加合縱，而參加連橫侍奉秦國的不利後果，同時又向趙王分析了趙國的有利因素，接著指出趙王完全可以建立堯、舜的功業而不必要向秦王臣服。最後，蘇秦透過對比六國與秦的實力，揭露了主張連橫的人只顧自己私利的真實面目，並為趙國設計了具體的參加合縱聯盟的方案。

蘇秦的言論富有邏輯性，語言鋪陳華麗，氣勢磅礴，立意高遠，有很強的說服力和感染力。所以，他的言論成為後人鍛鍊口才的範本。

張儀為秦連橫說趙王

※原文

張儀為秦連橫，說趙王曰：「弊邑秦王，使臣敢獻書於大王御史。大王收率天下以擯秦，秦兵不敢出函谷關十五年矣。大王之威，行於天下山東。弊邑恐懼懾伏，繕甲厲兵①，飾車騎，習馳射，力田積粟，守四封之內，愁居懾處，不敢動搖，唯大王有意督過之也。今秦以大王之力，西舉巴蜀，並漢中，東收兩周而西遷九鼎，守白馬之津。秦雖辟遠，然而心忿悁含怒之日久矣。今宣君有微甲鈍兵，軍於澠池，願渡河逾漳，據番吾，迎戰邯鄲之下。願以甲子之日合戰，以正殷紂之事。敬使臣先以聞於左右。」

※注釋

①繕甲厲兵：修繕武器裝備，操練士兵。

※譯文

張儀為秦國推行連橫政策，遊說趙武王道：「敝國的國君派臣透過御史給大王獻上國書。大王率領天下諸侯來對抗秦國，導致秦國軍隊不敢出函谷關已經有十五年了。大王的威信通行於天下和崤山以東的六個國家。敝國感到非常恐懼，於是便修繕鎧甲，磨礪兵器，整頓戰車，操練騎射，勤於耕作積蓄糧食，嚴守四面的防禦，憂愁又恐懼地守在國內，不敢有輕率的舉動，唯恐大王有意責備我們的過錯。如今秦國仰仗大王的力量，西面收復巴、蜀兩地，兼併漢中，東面征服了東、西兩周，把九鼎遷運到秦國，鎮守在白馬津渡。秦國雖然地處偏僻邊遠，但是心懷憤恨已經很久了。如今敝國秦王只有弊甲鈍兵，駐紮在澠池，希望渡過黃河，越過漳水占領番吾，和趙軍在邯鄲城下會戰。希望在甲子日那天和趙軍會戰，來效仿武王討伐紂王的先例。秦王特派臣將這件事預先敬告大王和您的左右。」

※原文

「凡大王之所信以為從者，恃蘇秦之計。熒惑[①]諸侯，以是為非，以非為是。欲反復齊國而不能，自令車裂於齊之市。夫天下之不可一亦明矣。今楚與秦為昆弟之國，而韓、魏稱為東蕃之臣，齊獻魚鹽之地，此斷趙之右臂也。夫斷右臂而求與人鬥，失其黨而孤居，求欲無危，豈可得哉？今秦發三將軍，一軍塞午道，告齊使興師度清河，軍於邯鄲之東；一軍軍於成皋，韓、魏而軍於河外；一軍軍於澠池。約曰：『四國為一以攻趙，破趙而四分其地』。是故不敢匿意隱情，先以聞於左右。臣切為大王計，莫如與秦遇於澠池，面相見而身相結也。臣請案兵無攻，願大王之定計。」

趙王曰：「先王之時，奉陽君相，專權擅勢，蔽晦先王，獨斷官事。寡人宮居，屬於師傅，不能與國謀。先王棄群臣，寡人年少，奉祠祭之日淺，私心固竊疑焉。以為一從不事秦，非國之長利也。乃且願變心易慮，剖地謝前過以事秦。方將約車趨行，而適聞使者之明詔。」於是乃以車三百乘入朝澠池，割河間以事秦。

※注釋

①熒惑：擾亂，使困惑。

※譯文

「大王之所以聽信合縱政策，原因就在於依靠的是蘇秦的計謀。蘇秦惑亂諸侯，顛倒是非。他想要覆滅齊國卻沒有做到，反而使自己被車裂在齊國的集市上。天下各國的諸侯是無法聯合在一起的。如今楚國和秦國結為兄弟之邦，韓、魏兩國也自稱是秦國的東方附屬，齊國獻出產魚鹽的土地，這就相當於切斷了趙國的右臂。一個被割斷右臂的人去和人搏鬥，就失去了同盟而孤立無援，所以想要不發生危險，怎麼可能呢？現在秦國已經派出三路大軍：一路堵塞午道，通知齊國讓它發動軍隊渡過清河，駐紮在邯鄲以東；一路駐紮在成皋，韓、魏兩國聯軍，駐紮在河外；一路軍隊駐紮在澠池。幾路大軍盟誓說：『四國團結一致攻打趙國，滅掉趙後由四個國家瓜分趙國的土地。』因此臣不敢隱瞞真相，預先通知大王和左右的人。我私底下為大王考慮，大王不如和秦王在澠池相會，相見之後商議兩國聯合起來。臣請求秦王不去進攻趙國，希望大王儘快決定計劃。」

趙武王說：「先王在位的時候，奉陽君做相國，專斷跋扈，蒙蔽先王，獨斷朝政。寡人在深宮居住，跟老師讀書，不能參與國家大事的謀劃。到了先王丟下群臣去世的時候，寡人年齡還小，在國君的位子上時間還不長，心裡本來就暗自疑惑。寡人認為和各國諸侯訂立合縱之盟抗拒秦國，不符合國家長治久安的長遠利益。於是就想重新謀劃國家的政策和策略，向秦國割地，來謝以前參加合縱的罪過，來和秦國修好。寡人正準備車馬到秦國去，而正好聽說您到來，使寡人能領受您高明的指教。」於是趙武王帶著三百乘車子到澠池去朝見秦惠文王，並割讓河間的土地來侍奉秦國。

※讀解

張儀和蘇秦遊說各國國君的最大不同就是，張儀往往以秦國的強大軍事力量作為自己的後盾，雖然他和蘇秦有同樣令人折服的口才，但張儀出招則更為狠毒，擅長以恐嚇與威脅來讓人就範。

張儀在遊說趙國的時候，蘇秦已經死了。沒有針鋒相對的政治對手存在，所以他的遊說有了更大的優勢。他遊說趙王，首先為趙王分析趙國的基本情況，指出趙國的實力是非常強大的。接著他直接指出趙國以前參加合縱聯盟損害了秦國的利益，這使得秦國對趙國有了仇恨，並且決定和趙國開戰。然後，他就避開了戰事的問題，強調合縱聯盟的分解已經成為必然的趨勢，只有連橫才是六國的最佳出路，最後將自己的論說歸結為戰爭方面，用武力來威脅趙王接受自己的連橫政策，讀來始終讓人感到一種咄咄逼人的氣勢。

武靈王平晝間居

※原文

武靈王平晝[①]間居，肥義侍坐[②]，曰：「王慮世事之變，權甲兵之用，念簡、襄之跡，計胡、狄之利乎？」王曰：「嗣不忘先德，君之道也；錯質[③]務明主之長，臣之論也。是以賢君靜而有道民便事之教，動有明古先世之功。為人臣者，窮有弟長辭讓之節，通有補民益主之業。此兩者，君臣之分也。今吾欲繼襄主之業，啟胡、翟之鄉，而卒世不見也。敵弱者，用力少而功多，可以無盡百姓之勞，而享往古之勳。夫有高世之功者，必負遺俗之累；有獨知之慮者，必被庶人之恐。今吾將胡服騎射以教百姓，而世必議寡人矣。」

※注釋

①平晝：平日裡。②侍坐：陪坐。③錯質：獻身（於君主）。

※譯文

趙武靈王平日裡閒居，肥義在旁邊侍奉陪坐，說：「大王您是不是在考慮時事的變化，權衡如何用兵，想念簡子、襄子的輝煌功績，考慮如何從胡、狄那裡得到利益呢？」趙武靈王回答說：「繼承了先王的君位不忘先王的功德，這是做君王的原則；委身於國君，致力於彰顯賢明國君的優長，這是做臣子的本分。所以賢明的君王在和平的時候，要教導百姓為國家出力，戰爭期間就要爭取建立前所未有的功績。做臣子的，在不得志的時候要保持尊敬長輩謙虛退讓的品行，官運通達之後要做出有益於百姓和君王的事業。這兩個方面，是做國君的和做臣子的職責所在。現在寡人想要繼承襄主的事業，開發胡、翟居住的地區，但是寡人擔心到死也沒有人理解寡人的想法。敵人的力量薄弱，我們付出的力氣就少，而獲得的成績卻很大，可以不用多少百姓的力量就得到簡子和襄子那樣的功勛。那些建立了蓋世功勛的人，必然會遭到世俗小人的責難和連累；而有獨到見解的人，也必然會遭到眾人的怨恨。現在寡人準備教導百姓穿著胡服練習騎馬射箭，但是國內必然會有人非議指責寡人了。」

※原文

肥義曰：「臣聞之，疑事無功，疑行無名。今王即定負遺俗之慮，殆毋[1]顧天下之議矣。夫論至德者不和於俗，成大功者不謀於眾。昔舜舞有苗，而禹袒入裸國，非以養欲而樂志也，欲以論德而要功也。愚者暗於成事，智者見於未萌，王其遂行之。」王曰：「寡人非疑胡服也，吾恐天下笑之。狂夫之樂，知者哀焉；愚者之笑，賢者戚焉。世有順我者，則胡服之功未可知也。雖驅世以笑我，胡地中山吾必有之。」

王遂胡服。使王孫緤告公子成曰：「寡人胡服，且將以朝，亦欲叔之服之也。家聽於親，國聽於君，古今之公行也。子不反親，臣不逆主，先王之通誼[2]也。今寡人作教易服，而叔不服，吾恐天下議之也。夫制國有常，而利民為本；從政有經，而令行為上。故明德在於論賤，行政在於信貴。今胡服之意，非以養欲而樂志也。事有所出，功有所止。事成功立，然後德且見也。今寡人恐叔逆從政之經，以輔公叔之議。且寡人聞之，事利國者行無邪，因貴戚者名不累。故寡人願慕公叔之義，以成胡服之功。使緤謁之叔，請服焉。」

※注釋

①殆毋：千萬不要。②通誼：普遍適用的道理和規則。

※譯文

肥義說：「臣聽說，想要做一件事情但又猶豫不決，就無法成功，該行動的時候卻顧慮重重，就不會成就功名。現在大王既然下定決心違背世俗的偏見，那就堅決不要顧慮天下人的非議了。要追求最高道德的人都不會去附和世俗的偏見，要成就偉大功業的人都不會去聽從眾人的意見。從前舜跳有苗族的舞蹈，禹裸身進入不知穿衣服的部落，他們並不是想放縱情欲而娛樂心志，而是想要藉此宣揚道德和建立功業。愚蠢的人即使是在事情發生之後還是不明白發生了什麼事情，而智慧的人在事情還沒有發生之前就已經覺察到了，請大王按您的想法實施吧。」趙武靈王說：「寡人不是對胡服騎射這件事有顧慮，而是擔心天下人恥笑寡人。狂妄的人認為高興的事，理智的人會對這些事情感到悲哀；愚蠢的人感到高興的事，賢明的人卻對這些事情感到憂慮。如果百姓都支持寡人要做的事情，那麼胡服騎射的功績就大得無法估量。即使世上的百姓都恥笑寡人，北方的胡人居住的地方和中山國我也一定會得到它。」

於是趙武靈王改穿胡人的服裝。他派王孫緤將自己的意思轉告公子成，說：「寡人已經改穿胡服了，而且將要穿著胡服上朝，寡人希望王叔也改穿胡服。在家裡要聽命於父母，在朝廷要聽命於君王，這是從古至今一直通行的慣例。子女不能違背父母的命令，臣子不能違背國君的命令，這是先王所立下的原則。現在寡人下令改穿胡服，如果王叔您都不穿它，寡人擔心天下的人對此會大加非議。治理國家要有一定法則，但要以有利於民眾為根本；處理政事有一定的規則，但要以政令能夠順利施行為上。所以想要修明德政，就必須考慮百姓的利益，想要執掌國家的政權，首先要取得貴族的信任。現在寡人改穿胡服的目的，並不是想要縱欲而娛樂心志。事情只要開始做，就要奠定成功的基礎，這樣才能顯現出政績。現在寡人恐怕王叔違背了從政的規則，從而助長王公貴族對這件事情的非議。何況寡人曾經聽說，只要你做的事情有利於國家，就不要顧忌別人的非議，按照王公貴族的意見來辦事，就不會遭到人們的非議。所以寡人想要依靠王叔的威望，來達成改穿胡服這件事。寡人特地派王孫緤來稟告您，請求您也穿上胡服。」

※原文

公子成再拜曰：「臣固聞王之胡服也，不佞寢疾，不能趨走，是以不先進。王今命之，臣固敢竭其愚忠。臣聞之：中國者，聰明睿知之所居也，萬物財用之所聚也，賢聖之所教也，仁義之所施也，《詩》《書》《禮》《樂》之所用也，異敏技藝之所試也，遠方之所觀赴也，蠻夷之所義行[①]也。今王釋此，而襲遠方之服，變古之教，易古之道，逆人之心，畔學者，離中國，臣願大王圖之。」

使者報王。王曰：「吾固聞叔之病也。」即之公叔成家，自請之曰：「夫服者，所以便用也；禮者，所以便事也。是以聖人觀其鄉而順宜，因其事而制禮，所以利其民而厚其國也。被髮文身，錯臂左衽，甌越之民也。黑齒雕題[②]，鯷冠秫縫，大吳之國也。禮服不同，其便一也。是以鄉異而用變，事異而禮易。是故聖人苟可以利其民，不一其用；果可以便其事，不同其禮。」……公子成再拜稽首曰：「臣愚不達於王之議，敢道世俗之聞。今欲繼簡、襄之意，以順先王之志，臣敢不聽令。」再拜，乃賜胡服。

※注釋

①義行：同「儀形」。效法。②題：額頭。

※譯文

公子成再三拜謝，說：「臣本早已聽說大王改穿胡服這件事了，但臣臥病在床，無法行走，因此沒有先去拜見大王，對您陳述臣的看法。今天大王派人來通知，臣就來盡愚忠。臣聽說，中原地區是聰明而有遠見的人士所生活的地方，是各種物資和財富聚集的地方，是聖賢推行教化的地方，是仁德所普遍施行的地方，是《詩》《書》《禮》《樂》所實行的地方，是各種奇巧技藝施展的地方，是各國諸侯不遠千里前來考察學習的地方，是四方落後的少數民族效法的地方。但是大王卻丟棄了這些優秀的文化，而改穿落後的少數民族服裝，這是改變先人的教化，變易先人的制度，背離人們的心理，背叛了先王的成法，丟棄了中原的先進制度。臣請大王慎重地做這件事。」

王孫緤把公子成的話彙報給趙武靈王。趙武靈王說：「寡人本來就知道王叔會反對這件事。」於是立即來到公叔的家裡，親自向他表明了自己的想法：「衣服，是為了方便穿的；禮制，是為了方便做事的。所以說聖賢觀察當地的風俗習慣，然後制定與之相適應的措施，根據具體的情況制定禮制，這樣做既有利於百姓，也有利於國家。披散著頭髮，在身上刺花紋，兩條胳膊交錯站立，衣襟向左邊掩起，這是甌越百姓的習慣。染黑牙齒，在額頭雕圖案，頭上戴著魚皮的帽子，身上穿著做工粗劣的衣服，這是吳國百姓的習慣。禮制和服飾雖然不一樣，但是它方便百姓的作用卻是一樣的。所以說，地方不同所採取的風俗習慣就會不一樣，情況不同所使用的禮制也會改變。所以說，聖賢的君主只制定有利於百姓的政策，但是不會統一他們的用具；如果可以方便人們做事，可以規定不同的禮制。」公子成聽了，又對趙武靈王再次進行禮拜，稽首說：「臣愚蠢，沒有體會到大王的良苦用心，所以才不加思考胡亂地說了一些世俗的看法。現在大王想要繼承簡子和襄子的願望，來實現先王的遺志，臣怎麼敢不聽從大王的命令呢！」公子成又拜了兩拜。於是趙武靈王就賜給他胡服。

※原文

趙文進諫曰：「農夫勞而君子養焉，政之經也。愚者陳意而知者論焉，教之道也。臣無隱忠，君無蔽言，國之祿也。臣雖愚，願竭其忠。」王曰：「慮無惡擾，忠無過罪，子其言乎。」趙文曰：「當世輔俗，古之道也。衣服有常，禮之制也。修法無愆，民之職也。三者，先聖之所以教。今君釋此，而襲遠方之服，變古之教，易古之道，故臣願王之圖之。」

王曰：「子言世俗之聞。常民溺①於習俗，學者沉於所聞。此兩者，所以成官而順政也，非所以觀遠而論始也。且夫三代不同服而王，五伯不同教而政。知者作教，而愚者制焉。賢者議俗，不肖者拘焉。夫制於服之民，不足與論心；拘於俗之眾，不足與致意。故勢與俗化，而禮與變俱，聖人之道也。承教而動，循法無私，民之職也。知學之人，能與聞遷，達於禮之變，能與時化。故為己者不待人，制今者不法古②，子其釋之。」

※注釋

①溺：習慣於，拘泥於。②法古：效法古代的習俗和制度。

※譯文

趙文進諫趙武靈王說：「農夫辛苦耕作來供養君子，這是國家能夠得到治理的途徑。愚笨的人陳述不同的意見，而智慧的人來議論決斷定奪，這是處理問題的方法。做臣子的不隱瞞自己對問題的不同看法，做君王的不阻塞臣子進言的途徑，這是國家社稷的福分。臣雖然愚笨，但還是希望竭盡自己的忠心。」趙武靈王說：「對替別人著想的人不應加以苛求，對竭盡忠心的人不能指責他的錯誤，有什麼話你就直接說吧。」趙文說：「順應時勢遵從百姓的習俗，這是自古以來的法則；衣服講究一定的樣式，這是禮法所規定的；遵守法紀不犯錯誤，這是老百姓的職責。以上臣所說的這三個方面，都是古代聖賢所教導的道理。如今大王卻將這些都丟棄在一旁，而要改穿偏遠少數民族的衣服，改變古代的教化，改變古代的制度，因此臣願大王慎重地考慮。」

趙武靈王說：「你所說的是世俗的看法。一般的老百姓只是沉溺於慣常的習俗當中，而那些所謂的讀書人又總是拘泥於書上所記載的東西。這兩種人，只能謹守職責和遵守法令罷了，不能和他們謀劃長遠的事業和談論創立功業。而且夏、商、周三個朝代雖然服裝不同，但是都能統一天下，春秋五霸的政教各不相同，但都能夠治理好國家。聰明的人制定法令，愚蠢的人就被法令制約。賢明的人改革習俗，而愚笨的人卻拘泥於陳規陋俗。因此那些受世俗禮法制約的百姓，不足以和他們討論意見；那些拘泥於陳規陋俗的人，沒有必要向他們說明你的意圖。因此習俗隨時勢的發展而變化，而禮法是和革新的習俗互相統一的，這才是聖賢治理國家的根本原則。接到國家的政令就馬上行動，遵守法制而沒有個人的私念，這才是百姓的本分。有學問的人能聽從意見而改變自己的觀點，通曉禮法的人能跟著時代的變化而變化。因此為自己考慮的人多會忽略他人的利益，要改變現狀就不能完全效法古代，你就放心吧！」

※原文

趙造諫曰：「隱忠不竭，奸之屬也。以私誣國，賊之類也。犯奸者身死，賤國者族宗。反此兩者，先聖之明刑，臣下之大罪也。臣雖愚，願盡其忠，無遁其死。」王曰：「竭意不諱，忠也。上無蔽言，明也。忠不辟危，明不距人[1]。子其言乎。」

趙造曰：「臣聞之，聖人不易民而教，知者不變俗而動。因民而教者，不勞而成功；據俗而動者，慮徑而易見也。今王易初不循俗，胡服不顧世，非所以教民而成禮也。且服奇者志淫，俗辟者亂民。是以蒞國者不襲奇辟之服，中國不近蠻夷之行，非所以教民而成禮者也。且循法無過，修禮無邪，臣願王之圖之。」

※注釋

①距人：拒絕人的意見。

※譯文

趙造勸諫趙武靈王，說：「知道卻不說出來，不對國君竭盡忠心，這是奸臣的行為；為了私利去欺騙君主，這是損害國家的做法。犯了奸佞罪的人被處以死刑，危害國家的人被誅滅宗族。這兩條規定是上古的聖王明確制定的刑法，也是做臣子的人能犯下的大罪。臣雖然愚笨，但願竭盡自己的忠誠，而絕不逃避死亡。」趙武靈王說：「臣子說出自己全部的想法而沒有任何的隱諱，就是忠誠的臣子；國君不阻塞言路，能夠接受不同的意見，這就是賢明的國君。忠臣不害怕危險，賢主不拒絕臣子的意見。所以你有什麼意見就儘管直說吧！」

趙造說：「臣聽說，聖賢的人不去改變百姓的風俗習慣就可以教化他們，聰明的人不改變習俗就能治理好國家。根據百姓的意願來進行教化，就不用耗費多大力氣，卻能成功；根據不同的習俗來治理國家，就不用耗費太多的腦筋，實行起來卻容易有效。如今大王您改變原來的服飾而不遵循習俗，改穿胡服而不顧世人的議論，這不是按照禮儀法則教化民眾的方式。再說，穿著奇裝異服，就會使人的心思不正，習俗怪僻會使民心散亂。所以做國君的人不應去接受奇異怪僻的衣服，中原地區的人民不應效法那些蠻夷民族的生活方式，這不是依照禮法來教化百姓，成就禮教的途徑。何況遵循過去的法令不會有差錯，遵循古代的禮法就不會產生邪念。臣希望大王能夠慎重地考慮這件事情。」

※原文

王曰：「古今不同俗，何古之法？帝王不相襲，何禮之循？宓戲①、神農教而不誅，黃帝、堯、舜誅而不怒。及至三王，觀時而制法，因事而制禮，法度制令，各順其宜；衣服器械，各便其用。故禮世不必一其道，便國不必法古。聖人之興也，不相襲而王。夏、殷之衰也，不易禮而滅。然則反古未可非，而循禮未足多也。且服奇而志淫，是鄒、魯無奇行也；俗辟而民易，是吳、越無俊民也。是以聖人利身之謂服，便事之謂教，進退之謂節，衣服之制，所以齊常民，非所以論賢者也。故聖與俗流，賢與變俱。諺曰：『以書為御者，不盡於馬之情。以古制今者，不達於事之變。』故循法之功，不足以高世；法古之學，不足以制今。子其勿反也。」

※注釋

①宓戲：即伏羲，傳說中的聖王，教導百姓畜牧。

※譯文

趙武靈王說：「古代和現在的風俗習慣是不一樣的，那麼我們能夠效法什麼時候的禮法呢？帝王的禮法也並非是世代因襲的，我們要遵循哪位帝王的禮法呢？伏羲和神農，對民眾只是進行教化，而不進行誅殺；黃帝、堯帝和舜帝，雖然制定了死刑，但並不普遍實行。到了夏、商、周三代聖王的時候，根據當時的形勢建立法制，根據具體的情況來制定禮法。法度和政令都是因時、因地制宜，衣服和器械，都是為了方便使用。所以治理國家不一定非要按照同樣的禮法，只要對國家有利，不一定就要效法古代的制度。聖人能夠出現，不是因為互相承襲才能統治天下。夏朝和商朝的衰亡，不會因為改變禮法就遭受滅亡的命運。按照這樣的道理來說，不沿襲古時候的禮法，不一定就要遭到非議，謹守陳規陋俗也未必就要給予稱讚。而且，如果服飾奇異就會使人心思不正的話，那麼最遵守禮法的鄒國和魯國就不會有行為怪僻的人了；如果習俗怪僻就會使百姓心思散亂的話，那麼吳、越地區就不會出現優秀的人才了。所以說，聖人把方便穿著的叫作衣服，把方便行事的叫作教化，進退舉止合乎人情的叫作禮節。服飾上的規定，只是用來讓一般的老百姓行為一致，而不是用來衡量是不是賢明。所以說，聖明的人能夠適應任何形式的習俗，賢能的人能隨著時勢變化而變化。有句諺語說：『按照書本來駕車的人，就不能完全了解馬的習性和能力。按照古代的禮法來治理現在的國家，就無法符合當今國家的實際情況。』因此遵循古代的制度而建立起來的功業不可能超過當世，效法古人的禮教，就無法管理好現在的國家。你就不要反對了吧。」

※讀解

戰國時期，各個大國都建立了騎兵部隊，如秦、趙等國均號稱「車千乘，騎萬匹」。當時軍隊作戰由步騎為主漸漸轉變為車騎並重。其中最為著名的就是趙武靈王排除各方阻力所推行的「胡服騎射」改革。

為了富國強兵，趙武靈王提出「著胡服」「習騎射」的主張，決心取胡人之長補中原之短。但這一主張遭到了皇族的強烈反對。趙武靈王對反對勢力進行了大量的說服工作。

趙武靈王抱著以胡制胡，將西北少數民族納入趙國版圖的決心，突破守舊勢力的阻攔，毅然發佈了「胡服騎射」的政令。趙武靈王號令全國著胡服，習騎射，並帶頭穿著胡服去會見群臣。胡服在趙國軍隊中裝備齊全後，趙武靈王就開始訓練將士，讓他們學著胡人的樣子，騎馬射箭，轉戰疆場，並結合圍獵活動進行實戰演習。

趙武靈王親自教習士兵，這使國民生產能力和軍事防禦能力都獲得很大的提升，其後，在與北方民族及中原諸侯的抗爭中，起了很大的作用。胡服騎射的第二年起，趙國的國力逐漸強大起來。後來打敗了經常侵擾趙國的中山國，並且奪取林胡、樓煩等地區，向北方開闢了上千里的疆域，並設置雲中、雁門、代郡行政區，管轄範圍達到今河套地區。趙武靈王推行的「胡服騎射」是中國古代軍事史上的一次大變革。他的敢為天下先的進取精神，在中原各國把少數民族看作「異類」的大背景下，在一片「攘夷」的聲浪中，力排眾議，衝破守舊勢力的阻撓，堅決實行向夷狄學習的國策，表現出他作為古代社會改革家的魄力和膽識。

趙惠文王三十年

※原文

趙惠文王三十年，相都平君田單[①]問趙奢[②]曰：「吾非不說將軍之兵法也，所以不服者，獨將軍之用眾。

用眾者，使民不得耕作，糧食挽賃不可給也。此坐而自破之道也，非單之所為也。單聞之，帝王之兵，所用者不過三萬，而天下服矣。今將軍必負十萬、二十萬之眾乃用之，此單之所不服也。」

※注釋

①田單：齊國大將，號安平君。後來做了趙相，號都平君。②趙奢：戰國後期趙國名將，趙王室同宗貴族，戰國八將領之一，主要生活在趙武靈王（西元前三二四—西元前二九九年）到趙孝成王（西元前二六五—西元前二四五年）時期。號馬服君，漢族「馬」姓起源。

※譯文

趙惠文王三十年，相國安平君田單對趙奢說：「我不是不喜歡將軍的用兵方法，讓我感到無法佩服的是您使用的士卒數量太多了。使用的士卒多，就會使百姓無法很好地進行耕種，糧食也要靠別國的供給，並且要遠距離輸送，無法保證充足的供應。這是坐以待斃、不攻自破的作戰方法，這不是我所採用的方法。我聽說過，帝王所用的兵力不超過三萬人，天下就能順服。現在將軍您每次一定要有十萬甚至二十萬的兵力才能作戰，這是我所不能佩服的地方。」

※原文

馬服曰：「君非徒不達於兵也，又不明其時勢。夫吳干之劍，肉試則斷牛馬，金試則截盤匜[①]；薄之柱上而擊之，則折為三，質之石上而擊之，則碎為百。今以三萬之眾而應強國之兵，是薄柱擊石之類也。且夫吳干之劍材，難夫毋脊之厚，而鋒不入；無脾之薄，而刃不斷。兼有是兩者，無鉤䍀鐔蒙須[2]之便，操其刃而刺，則未入而手斷。君無十餘、二十萬之眾，而為此鉤䍀鐔蒙須之便，而徒以三萬行於天下，君焉能乎？且古者四海之內，分為萬國。城雖大，無過三百丈者。人雖眾，無過三千家者。而以集兵三萬，距此奚難哉！今取古之為萬國者，分以為戰國七，能具數十萬之兵，曠日持久，數歲，即君之齊已。齊以二十萬之眾攻荊，五年乃罷。趙以二十萬之眾攻中山，五年乃歸。今者齊韓相方，而國圍攻焉，豈有敢曰，我其以三萬救是者乎哉？今千丈之城，萬家之邑相望也，而索以三萬之眾，圍千丈之城，不存其一角，而野戰不足用也，君將以此何之？」都平君喟然太息曰：「單不至也！」

※注釋

①盤匜：古代的清潔用具。②鉤䍀鐔蒙須：分別是劍的組成部分。

※譯文

馬服君趙奢說：「看來您不僅不通曉用兵之道，而且也不明了如今的軍事形勢。那吳國的干將之劍，砍肉的話就可以砍斷牛、馬，砍金屬的話就可以砍斷盤匜。如果把它靠在柱子上砸，就會折為三段；把它墊在石頭上砸，就會碎成上百片。現在用三萬的兵力去對付強國的軍隊，這就如同把寶劍靠在柱子上、墊在石頭上砸它一樣。而且吳國的干將之劍雖然鋒利，更難得的是如果劍背不夠厚的話，那麼劍尖就不能刺進去；劍面不夠輕薄的話，劍刃就無法砍斷東西。即使有了這樣的劍背和劍面，但是如果沒有劍環、劍刃、劍珥、佩帶這些附屬的東西，那就只好用手握著劍刃去砍刺東西了，這樣的話，劍還沒有刺進去，自己的手指就先被割斷了。您如果沒有十幾、二十萬的兵力，來做劍環、劍珥這些附屬部分的話，而只想憑藉三萬兵力就橫行天下，您怎麼能夠做到呢？而且古時候的天下，分成了很多的諸侯國。即使是大城邑，城牆也沒有超過三百丈的。人口即使再多，也沒有超過三千家的。如果用訓練有素的三萬軍隊，來攻打這樣的城邑，怎會有困難呢？但是現在，古時候那麼多的諸侯國已經合併成為戰國七雄，它們能夠集合起十萬的兵力，曠日持久地作戰，這樣持續幾年的話，就會出現你們齊國被燕國軍隊所攻破那樣的情況。齊國動用二十萬的兵力進攻楚國，用了五年的時間才結束戰爭。趙國出動了二十萬的兵力滅掉中山國，用了五年的時間才將中山國打下來。現在齊、韓兩國勢均力敵，兩個國家又相互圍攻，雙方誰敢說他能用三萬兵力去援救這兩個國家呢？現在方圓達到千丈的大城池、擁有上萬家的大城邑相互對峙，而想用僅有的三萬兵力去包圍方圓千丈的大城池，恐怕連這城池的一個角都圍不住，如果進行野戰的話，那就更不夠用了，您能用這點兵力做什麼呢？」安平君田單長嘆一口氣，說：「我真是沒有您高明呀！」

※讀解

趙奢和田單在一起談論用兵打仗的問題。兩人爭論的焦點是，戰爭中使用的兵力多好還是少好。趙奢不僅是久經沙場、曾經打敗秦軍的將軍，而且還具有高超的論辯能力。他用干將之劍做比喻，形象地揭示了士兵數量對於戰爭勝利的重大意義。

趙奢有豐富的軍事思想。他吸取了孫武、孫臏的軍事思想，有較高的軍事造詣。他與田單論兵法，重視對戰爭形勢和特點的研究，作戰注意審時度勢，料敵後動，堅持以因敵而變、靈活用兵為原則，最後使田單折服地說「單不至也。」

秦圍趙之邯鄲

※原文

秦圍趙之邯鄲①。魏安釐王使將軍晉鄙②救趙。畏秦，止於湯陰，不進。魏王使客將軍辛垣衍間入邯鄲，因平原君謂趙王曰：「秦所以急圍趙者，前與齊湣王爭強為帝，已而復歸帝，以齊故。今齊湣王已益弱。方今唯秦雄天下，此非必貪邯鄲，其意欲求為帝。趙誠發使尊秦昭王為帝，秦必喜，罷兵去。」平原君猶豫未有所決。

※注釋

①邯鄲：趙國的都城。②晉鄙：魏國大將。

※譯文

秦國圍困趙國的都城邯鄲。魏安釐王派大將晉鄙前去援救趙國。但是魏王和晉鄙都害怕秦軍，魏軍就駐紮在湯陰這個地方，不再前進。魏王又派客將軍辛垣衍秘密地潛入邯鄲城中，透過平原君對趙王說：「秦國之所以急切地圍攻趙王，是因為過去它和齊王互相爭當帝王，後來齊王取消了帝號。因為齊國不稱帝，秦國也取消了帝號。現在齊湣王已經逐漸衰弱，只有秦國能在諸侯之中稱雄了，所以說秦國不是為了貪圖邯鄲的土地，它的真正目的是想要稱帝。如果趙國真的能派遣使者去尊稱秦昭襄王為帝的話，秦國必定會很高興，這樣秦兵就會撤兵而去。」平原君很猶豫，沒有做出決定。

※原文

此時魯仲連適①游趙，會②秦圍趙。聞魏將欲令趙尊秦為帝，乃見平原君曰：「事將奈何矣？」平原君曰：「勝也何敢言事？百萬之眾折於外，今又內圍邯鄲而不能去。魏王使將軍辛垣衍令趙帝秦，今其人在是，勝也何敢言事？」魯仲連曰：「始吾以君為天下之賢公子也，吾乃今然後知君非天下之賢公子也。梁客辛垣衍安在？吾請為君責而歸之。」平原君曰：「勝請召而見之與先生。」平原君遂見辛垣衍曰：「東國有魯仲連先生，其人在此，勝請為紹介而見之於將軍。」辛垣衍曰：「吾聞魯連先生，齊國之高士也。衍，人臣也，使事有職。吾不願見魯連先生也。」平原君曰：「勝已泄之矣。」辛垣衍許諾。

※注釋

①適：恰好。②會：碰到。

※譯文

這個時候，魯仲連恰好在趙國遊玩，正趕上秦軍圍攻邯鄲。他聽說魏國打算讓趙國尊稱秦王為帝，就去拜見平原君，說：「事情打算怎麼辦呢？」平原君回答說：「我哪裡還敢談論戰事？趙國的百萬大軍在長平戰敗，如今秦軍又進攻到趙國，圍困了邯鄲，而且沒有什麼辦法能夠讓他們撤兵。魏王派將軍辛垣衍來，讓趙國尊秦為帝，現在辛將軍就在邯鄲城裡，我哪裡還敢談論戰事呢？」魯仲連說：「剛開始我認為您是天下賢明的公子，直到今天我才知道您其實並不賢明。魏國的客將軍辛垣衍在哪裡？請讓我為您當面去斥責他，讓他回到魏國去。」平原君說：「我叫他來和先生見一面吧！」平原君於是去見辛垣衍，說：「齊國有個叫魯仲連的先生，他現在正在這裡，我把他介紹給你，讓他來跟你見個面。」辛垣衍說：「我聽說過魯仲連先生，他是齊國的高士。而我，是魏王的臣子，這次來擔負著重要的職責。我不想見魯仲連先生。」平原君說：「我已經跟他說你在這裡了。」辛垣衍於是就答應去見魯仲連。

※原文

魯仲連見辛垣衍而無言。辛垣衍曰：「吾視居北圍城之中者，皆有求於平原君也。今吾視先生之玉貌，非有求於平原君者，曷為久居此圍城之中而不去也？」魯連曰：「世以鮑焦①無從容而死者，皆非也。今眾人不知，則為一身。彼秦者，棄禮義而上首功之國也。權使其士，虜使其民。彼則肆然而為帝，過而遂正於天下，則連有赴東海而死矣。吾不忍為之民也！所為見將軍者，欲以助趙也。」

※注釋

①鮑焦：周人，憤世嫉俗，後來歸隱。

※譯文

魯仲連見到辛垣衍後，沒說什麼話。辛垣衍說：「以我看來，居住在被圍困的城中人，都是有求於平原君的。今天我看先生的儀容相貌，並不是有求於平原君的人，為什麼會長期居住在圍城中不走呢？」魯仲連說：「世上認為鮑焦是不能自我寬容而死去的那些人，其實都看錯了。現在一般的人認為鮑焦是為了自身的利益而死的。秦國是一個拋棄仁義禮制，並且以殺敵斬首為功的國家。國君用權術來駕馭臣子，就像對待奴隸般來役使他的百姓。如果秦國肆無忌憚地稱帝為王，然後用他的法令來規範天下，那麼我魯仲連也只好跳東海死了。我無法容忍做它的順民啊！我之所以要見將軍，只是想幫助趙國而已。」

※原文

辛垣衍曰：「先生助之奈何？」魯連曰：「吾將使梁及燕助之。齊、楚則固助之矣。」辛垣衍曰：「燕則吾請以從矣。若乃梁，則吾乃梁人也，先生惡能使梁助之耶？」魯連曰：「梁未睹秦稱帝之害故也，使梁睹秦稱帝之害，則必助趙矣。」辛垣衍曰：「秦稱帝之害將奈何？」魯仲連曰：「昔齊威王嘗為仁義矣，率天下諸侯而朝周。周貧且微，諸侯莫朝，而齊獨朝之。」

「居歲餘，周烈王崩，諸侯皆弔，齊後往。周怒，赴於齊曰：『天崩地坼，天子下席。東藩之臣田嬰齊後至，則斮之！』威王勃然怒曰：『叱嗟，而母婢[①]也。』卒為天下笑。故生則朝周，死則叱之，誠不忍其求也。彼天子固然，其無足怪。」辛垣衍曰：「先生獨未見夫僕乎？十人而從一人者，寧力不勝、智不若耶？畏之也。」魯仲連曰：「然梁之比於秦若僕耶？」辛垣衍曰：「然。」魯仲連曰：「然吾將使秦王烹醢[②]梁王。」辛垣衍快然不悅曰：「嘻！亦太甚矣，先生之言也。先生又惡能使秦王烹醢梁王？」

※注釋

①母婢：你的母親是奴婢。②醢：將人剁成肉。古代一種酷刑。

※譯文

辛垣衍問：「先生您打算如何幫助趙國呢？」魯仲連說：「我要讓魏國和燕國發動軍隊來援救趙國，而齊國和楚國本來就會幫助趙國。」辛垣衍說：「我認為燕國會聽從您的。如果說魏國，我本身就是魏國人，先生怎麼能讓魏國去幫助趙國呢？」魯仲連回答：「魏國還沒有看到秦國稱帝的危害，所以不願出兵幫助，如果魏國看到了秦國稱帝的危害，那麼它一定會援救趙國。」辛垣衍說：「秦國稱帝會有哪些危害呢？」魯仲連說：「過去齊威王曾經施行仁義之政，率領天下的諸侯去朝見周天子。當時的周王室既貧窮又衰弱，諸侯沒有去朝見他，而只有齊國一個國家去朝見他。」

「過了一年多，周烈王死了，各國的諸侯都來弔喪，齊國去得晚了。周的大臣大為惱怒，到齊國對齊王說：『天子駕崩，就如同天地塌陷，新的天子都親自在這裡守喪。而東藩諸侯——齊國的田嬰竟然敢遲到，按照法律殺掉他。』齊威王勃然大怒，說：『呸！你母親也不過是個奴婢罷了。』結果成了天下的笑柄。齊威王之所以在周天子活著的時候去朝見他，死後卻辱罵他，這其實是忍受不了周王室對他的苛求。然而做天子的本來就如此，這並沒有什麼可以感到奇怪的。」辛垣衍說：「先生您難道沒有見過做奴僕的嗎？十個僕人跟隨一個主子，難道是僕人的力量和智慧都不如主人嗎？不是，只是因為僕人害怕主人罷了！」魯仲連問：「照你這樣說，魏國和秦國的關係就是僕人與主人的關係了？」辛垣衍說：「是的。」魯仲連說：「這樣的話，我就能夠讓秦王把魏王煮熟了剁成肉醬！」辛垣衍一副很不服氣的樣子，不高興地說：「唉！先生所說的話太過分了。您又怎麼能讓秦王把魏王煮熟了剁成肉醬呢？」

※原文

魯仲連曰：「固也，待吾言之。昔者，鬼侯、鄂侯、文王，紂之三公也。鬼侯有子而好，故入之於紂，紂以為惡，醢鬼侯。鄂侯爭之急，辨之疾，故脯鄂侯。文王聞之，喟然而嘆，故拘之於牖里之庫，百日而欲舍之死。曷為與人俱稱帝王，卒就脯醢[1]之地也？」

※注釋

①脯醢：（被）晒成肉乾，剁成肉醬。意謂被人宰割。

※譯文

魯仲連說：「當然可以，等我慢慢跟你說。過去，鬼侯、鄂侯、文王三個人都是商紂王所封的諸侯。鬼侯有個女兒很漂亮，所以就把她送到紂王的後宮裡，紂王卻認為她長得醜陋，就把鬼侯剁成了肉醬。鄂侯為了這件事，強烈地為鬼侯辯護，所以也被紂王殺死，做成了肉乾。文王聽說後，只是長嘆一聲，紂王就把他囚禁在牖裡的庫房裡，關了一百天，還打算要把他殺死。是什麼原因使這些和別人同樣是號稱帝王的人，最後卻淪落到被人製成肉醬、肉乾的下場呢？」

※原文

「齊閔王將之魯，夷維子執策而從，謂魯人曰：『子將何以待吾君？』魯人曰：『吾將以十太牢待子之君。』維子曰：『子安取禮而來待吾君？彼吾君者，天子也。天子巡狩，諸侯辟舍，納於筦鍵，攝衽抱幾，視膳①於堂下，天子已食，退而聽朝也。』魯人投其籥，不果納，不得入於魯。將之薛，假塗於鄒。當是時，鄒君死，閔王欲入吊。夷維子謂鄒之孤曰：『天子吊，主人必將倍殯柩，設北面於南方，然後天子南面吊也。』鄒之群臣曰：『必若此，吾將伏劍而死。』故不敢入於鄒。鄒、魯之臣，生則不得事養，死則不得飯含。然且欲行天子之禮，於鄒魯之臣，不果納。今秦萬乘之國，梁亦萬乘之國。俱據萬乘之國，交有稱王之名，睹其一戰而勝，欲從而帝之，是使三晉之大臣不如鄒、魯之僕妾也。且秦無已而帝，則且變易諸侯之大臣。彼將奪其所謂不肖，而予其所謂賢；奪其所憎，而與其所愛。彼又將使其子女讒妾為諸侯妃姬，處梁之宮，梁王安得晏然而已乎？而將軍又何以得故寵乎？」

※注釋

①膳：飯食，多為王公貴族的飯食。

※譯文

「齊閔王準備去魯國，夷維子駕駛著車子跟隨，問魯國人說：『你打算用什麼樣的禮節接待我的國君呢？』魯國人說：『我們準備用十太牢的規格來款待貴國國君。』夷維子說：『你怎能用這樣的禮節來接待我們的國君呢？我們的國君是天子。天子巡視四方，各國的諸侯都要離開自己的宮室到別的地方回避居住，還要交出鑰匙，自己提著衣襟，捧著几案，在堂下侍候天子吃飯。天子吃完飯，諸侯才能離開去處理他的政務。』魯國人聽了他的話，立刻就將城門鎖了，沒有讓他們進城。齊閔王無法進入魯國，又準備到薛地去，向鄒國借路通行。就在這個時候，鄒國的國君死了。齊閔王想進城來弔喪，夷維子就對鄒國的孝子說：『天子來弔喪，你們必須把靈柩移到相反的方向，在南邊設立朝北的靈堂，讓天子面向南祭弔。』鄒國的大臣們說：『如果一定要這樣做的話，我們寧可自刎而死。』所以，齊閔王就沒有膽量進入鄒城。魯國和鄒國的臣子，貧寒到生前領不到俸祿，死後無法得到很好的安葬，然而齊閔王讓他們行朝拜天子的大禮時，他們也都不能接受。現在的秦國擁有萬輛兵車，魏國也擁有萬輛兵車，兩個國家都是擁有萬輛兵車的大國，兩國之間都有稱王的名分，僅僅是因為秦國打了一次勝仗，就要尊秦國為帝王，那麼趙、韓、魏三國的大臣都還不如鄒、魯兩國的大臣啊！況且秦國如果順利地達到它稱帝的目的，就會馬上更換各諸侯國的大臣。他們就要撤換掉他們認為不賢能的臣子，而任用他們認為有賢能的人；撤換掉他們所憎恨的人，而任用他們所喜歡和親近的人。他們還把他們的女兒和那些善於妒賢嫉能的女人，嫁給諸侯作為妃嬪，每天都對他們進行讒毀。這種女人進入魏王的後宮，魏王還能安心地過日子嗎？而將軍又如何繼續享受原來的寵信呢？」

※原文

於是辛垣衍起，再拜謝曰：「始以先生為庸人，吾乃今日而知先生為天下之士也。吾請去，不敢復言帝秦。」秦將聞之，為卻[1]軍五十里。適會魏公子無忌奪晉鄙軍以救趙擊秦，秦軍引而去。於是平原君欲封魯仲連。魯仲連辭讓者三，終不肯受。平原君乃置酒，酒酣，起前以千金為魯連壽。魯連笑曰：「所貴於天下之士者，為人排患、釋難，解紛亂而無所取也。即有所取者，是商賈之人也，仲連不忍為也。」遂辭平原君而去，終身不復見。

※注釋

①卻：撤退。

※譯文

聽了魯仲連的這番話，辛垣衍站起來，向他拜了兩拜，道歉說：「剛開始，我還以為先生是個平庸的人，現在我才知道，先生是胸懷天下的賢能之士。請讓我離開這裡，我不敢再說稱秦為帝王的事了。」秦國的將軍聽說這件事，把圍困邯鄲的軍隊向後撤退五十里。正好碰上魏國公子無忌奪得晉鄙的軍權，帶領軍隊前來援救趙國，攻打秦軍。秦軍撤退，離開邯鄲。這時，平原君想封賞魯仲連。魯仲連再三推辭謙讓，最終也不肯接受。

平原君就擺下宴席來酬謝他。喝到暢快的時候，平原君站起身來，上前用千金向魯仲連祝福。魯仲連笑著說：「天下之士所看重的，是能夠為別人排除憂患，解除危難，解除了紛亂也不收取任何報酬。如果有所收取，就與那些商賈之人沒有區別了，我是不忍心做這樣的事。」於是就辭別了平原君，離開趙國，終生都不再露面。

※讀解

本篇講述了一個著名的典故：魯仲連義不帝秦。魯仲連論辯能力超群，他用自己極佳的洞察力和義正詞嚴的氣勢，駁倒了在場的策士，而且表現出他的忠貞愛國、敢於對抗強秦的精神，因此他受到後人的敬仰。

魯仲連在俠義精神感召下，排患釋難，說服魏國拯救趙國。他指出諸侯國不應該向殘暴專制、妄圖稱帝的虎狼秦國低頭。他認為諸侯國伺候天子是喪失尊嚴的屈辱行為，指出如果秦國稱帝了，以後各國都不會有好日子過，「人為刀俎、我為魚肉」的悲慘境況就會發生，諸侯國的大臣也將無法自保。另外，他還列舉了許多寧死不屈的諸侯國和大臣，以此喚醒主張侍奉秦國的人的鬥志和勇氣。他說服了打算侍奉秦國的國家一起聯合抗暴，從而化解了趙國的危機。

鄭同北見趙王

※原文

鄭同北見趙王。趙王曰：「子南方之傳士也，何以教之？」鄭同曰：「臣南方草鄙之人①也，何足問？雖然，王致之於前，安敢不對乎？臣少之時，親嘗教以兵。」趙王曰：「寡人不好兵。」鄭同因撫手仰天而笑之曰：「兵固天下之狙[2]喜也，臣固意[3]大王不好也。臣亦嘗以兵說魏昭王，昭王亦曰：『寡人不喜。』臣曰：『王之行能如許由乎？許由無天下之累，故不受也。今王既受先王之傳，欲宗廟之安，壤地不削，社稷之血食乎？』王曰：『然。』今有人操隨侯之珠，持丘之環，萬金之財，時宿於野，內無孟賁之威，荊慶之斷，外無弓弩之御，不出宿夕，人必危之矣。今有強貪之國，臨王之境，索王之地，告以理則不可，說以義則不聽。王非戰國守圉之具，其將何以當之？王若無兵，鄰國得志矣。」趙王曰：「寡人請奉教。」

※注釋

①草鄙之人：鄉野，野蠻之人，這裡是自謙的說法。②狙：狡猾、奸詐（的人）。③固意：原本就認為。

※譯文

鄭同北上去拜見趙王。趙王說：「你是南方的博學之士，來到這裡有什麼可以請教的呢？」鄭同說：「臣只是南方一個淺陋的人，沒有什麼可以稱得上請教。儘管如此，大王您已經把話說到了臣的面前，臣怎麼敢不回答您呢？臣年輕的時候，父親曾經教臣學習兵法。」趙王說：「寡人不喜歡兵法。」鄭同聽了趙王的話，拍著手仰天大笑，說：「兵法本來就是天下奸詐的人才喜歡的，臣原本就認為大王您不會喜歡它。臣以前曾經用兵法來遊說魏昭王，昭王也說：『寡人不喜歡。』臣說：『大王的行為能比得上許由嗎？許由並沒有被世俗的名利所連累，所以他不接受堯帝的禪讓。但是，大王如今既然已經接受了先王遺留下的江山，您想要先王的靈魂平安無事，國家的領土不遭受侵犯，社稷之神受到祭祀嗎？』魏昭王說：『是的。』現在如果有人帶著隋侯之珠，持丘出產的寶玉，價值萬金的財物，獨自露宿在野外，卻沒有孟賁那樣的威武、荊慶那樣的果斷，身邊也沒有弓箭來保護自己，不到一個晚上，人們就會把他害死。現在有強大而貪婪的國家來侵犯大王國家的邊境，索要大王的土地，告之以理無濟於事，曉之以義不被聽從。在這種情況下，如果大王沒有戰時國家所必須具備的防禦裝備，您打算憑藉什麼去抵禦它們呢？大王如果不講求用兵的策略，那麼鄰國的野心就會得逞了。」趙王說：「寡人請求先生指教。」

※讀解

《戰國策》編成於漢朝，在它流傳的過程中，一直沒有受到統治階級的肯定，不是《戰國策》的藝術性不高，原因在於，它的思想不符合當時社會的正統思想要求。它多是講謀略和權變，被那些正統文人視為異端。

但是在這個充滿謀略和權變，充滿各種欺詐和陷害的世界上，不用一些權謀是無法自保的。所以說，權謀的作用不是要人們互相傾軋，而是要人們了解權謀後學會自保。鄭同在這裡就揭示了必須掌握權謀的深刻意義。

齊欲攻宋

※原文

齊欲攻宋，秦令起賈禁之。齊乃捄[1]趙以伐宋。秦王怒，屬怨於趙。李兌約五國以伐秦無功，留天下之兵於成皋，而陰構於秦。又欲與秦攻魏，以解其怨而取封焉。

魏王不說。之齊，謂齊王曰：「臣為足下謂魏王曰：『三晉皆有秦患。今之攻秦也，為趙也。五國伐趙，趙必亡矣。秦逐李兌，李兌必死。今之伐秦也，以救李子之死也。今趙留天下之甲於成皋，而陰鬻②之於秦，已講，則令秦攻魏以成其私封，王之事趙也何得矣？且王嘗濟於漳，而身朝於邯鄲，抱陰、成，負蒿、葛、薜，以為趙蔽，而趙無為王行也。今又以何陽、姑密封其子，而乃令秦攻王，以便取陰。』

※注釋

①挾：挾持。②陰鬻：私底下出賣。

※譯文

齊國打算進攻宋國，秦國派起賈阻止這件事。齊國聯合趙國一起進攻宋國。秦昭襄王為此很生氣，就把一腔怨恨都歸結到趙國。趙國的李兌聯合了趙、韓、魏、燕、齊五國的軍隊去攻打秦國，但沒有成功，便把諸侯的軍隊駐紮留守在成皋，而自己暗中和秦國講和。李兌又想要和秦國聯合進攻魏國，來消除秦昭襄王的怨恨，並以此來為自己取得封地。

魏王對此很不高興。蘇秦來到齊國，對齊王說：「臣為您對魏王說：『趙、魏、韓三國都曾以秦國為憂患，這次聯合起來進攻秦國，是為了趙國。如果秦、齊、燕、韓、魏這五個國家聯合起來進攻趙國，那麼趙國就必定會滅亡。如果秦國驅逐了李兌，那麼李兌必定要死。現在去進攻秦國，其實是在救李兌。如今趙國把諸侯聯軍駐紮留守在成皋，背地裡卻出賣諸侯，和秦國勾結媾和，還訂立了和約，想聯合秦國進攻魏國，圖謀取得封地，這樣大王您尊崇趙國又得到了什麼好處呢？更何況，大王您曾經親自往北渡過漳水，到邯鄲去拜訪趙王，獻出陰、成兩地，割讓葛、薛，用來當作趙國的屏障，而趙國卻一點也不替大王效力。現在又把河陽、姑密兩地分給李兌的兒子，而李兌又勾結秦國來進攻魏國，想要由此來奪取陰邑。』

※原文

『人比然而後知賢不[1]，如王若用所以事趙之半收齊，天下有敢謀王者乎？王之事齊也，無入朝之辱，無割地之費。齊為王之故，虛國於燕、趙之前，用兵於二千里之外，故攻城野戰，未嘗不為王先被矢石也。得二都，割河東，盡效之於王。自是之後，秦攻魏，齊甲未嘗不歲至於王之境也。請問王之所以報齊者可乎？韓呡處於趙，去齊三千里，王以此疑齊，曰有秦陰。今王又挾故薛公以為相，善韓徐以為上交，尊虞商以為大客，王固可以反疑齊乎？』於魏王聽此言也甚詘，其欲事王也甚循。甚怨於趙。臣願王之日聞魏而無庸[2]見惡也，臣請為王推其怨於趙，願王之陰重趙，而無使秦之見王之重趙也。秦見之且亦重趙。齊、秦交重趙，臣必見燕與韓、魏亦且重趙也，皆且無敢與趙治。五國事趙，趙從親以合於秦，必為王高矣。臣故欲王之偏劫天下，而皆私甘之也。王使臣以韓、魏與燕劫趙，使丹也甘之；以趙劫韓、魏，使臣也甘之；以三晉劫秦，使順也甘之；以天下劫楚，使呡也甘之。則天下皆偪秦以事王，而不敢相私也。交定，然後王擇焉。」

※注釋

①比：比較。不：否。②無庸：不用。

※譯文

『人的賢能與不賢能，只有透過比較才知道，如果大王用侍奉趙國的一半誠意去聯合齊國，那麼天下諸侯誰敢圖謀大王呢？大王如果幫助齊國，就不會有朝貢稱臣的屈辱了，也沒有割讓土地的損失了。齊國因為大王幫忙的緣故，就會在燕、趙兩國出兵之前出動軍隊，到兩千里外的地方作戰，因此無論是攻城還是野戰，齊國的軍隊都會為大王衝鋒在前。攻下兩座城邑，割取河東，全都拿來獻給大王。從此，秦兵進攻魏國，齊國的軍隊沒有一次不越過邊境前來援救。請問大王您報答齊國的做法又是什麼呢？韓對於趙國來說，距離齊國有三千里，大王因此懷疑齊國和秦國暗地裡有私交。如今大王又扶持齊國原來的相國薛公來做相國，把趙將韓徐當作上賓，把虞商作為貴客，大王可以因此懷疑齊國嗎？』魏王聽了這段話，感到非常理虧，所以很想侍奉大王，而非常怨恨趙國。臣希望大王逐漸地了解魏國而不要厭惡它。請讓臣為大王把秦國對魏國的怨恨轉移到趙國去。希望大王您能在暗地裡尊重趙國，並且不要讓秦國知道大王您尊重趙國。如果秦國知道了齊國尊重趙國的話，那麼臣想燕、韓、魏三國也一定會尊重趙國，而且都不敢與趙國相對抗。這樣一來，五個國家共同來侍奉趙國，趙國又和秦國結成了聯盟；趙國的地位一定會在齊國之上。所以，臣想讓大王使諸侯之間互相衝突，然後您暗地裡在中間調停。大王可派臣使韓、魏、燕三國與趙國發生矛盾，派公玉丹暗中調解；讓趙國和韓、魏兩國發生矛盾，派臣去從中進行調解；讓韓、趙、魏三國和秦國發生矛盾，派順子從中調解；讓所有諸侯和楚國發生矛盾，派韓珉從中調解。

這樣，諸侯都會背棄秦國而來投靠大王，而且都不敢暗地裡和秦國交往。大王的邦交穩定以後，看和五國中的哪個國家關係好，對大王有利，然後大王再選擇。」

※讀解

秦國和齊國可以說是戰國時期的兩個實力雄厚的大國，所以他們憑藉著經濟和軍事實力，都想成就霸業。但相比之下，秦國的力量和影響都超過齊國。

在蘇秦的遊說和努力聯合之下，六國聯合起來和秦國相對抗。但這種情形是不會長期存在下去的。各個國家都只考慮自己的國家利益，它們之間沒有信義可言，國家與國家之間的親近和對抗變幻莫測，正所謂「朝秦暮楚」，無法形成合力。而且秦國的張儀等也在六國之間奔走，為分散合縱聯盟而努力，所以說秦國統一六國是情理中的事情。

五國伐秦無功

※原文

五國伐秦無功，罷於成皋。趙欲構[1]於秦，楚與魏、韓將應之，秦弗欲。蘇代謂齊王曰：「臣以為足下見奉陽君矣。臣謂奉陽君曰：『天下散而事秦，秦必據宋。魏冉必妒君之有陰也。秦王貪，魏冉妒，則陰不可得已矣。君無構，齊必攻宋。齊攻宋，則楚必攻宋，魏必攻宋，燕、趙助之。五國據宋，不至一二月，陰必得矣。

得陰而構，秦雖有變，則君無患矣。若不得已而必構，則願五國復堅約。願得趙，足下雄飛，與韓氏大吏東免，齊王必無召呡也。使臣守約，若與有倍約②者，以四國攻之。無倍約者，而秦侵約，五國復堅而賓之。今韓、魏與齊相疑也，若復不堅約而講，臣恐與國之大亂也。齊、秦非復合也，必有踦重者矣。後合與踦重者，皆非趙之利也。且天下散而事秦，是秦制天下也。秦制天下，將何以天下為？臣願君之蚤計也。』

※注釋

①構：媾和，和解。②倍約：違背盟約。

※譯文

趙、魏、韓、燕、齊五國聯合攻打秦國，沒有成功，便停止作戰，軍隊駐紮在成皋。趙國想和秦國講和，楚、魏、韓三國打算跟從，但齊國不想這樣。蘇代對齊王說：「臣已經為您會見了奉陽君李兌。臣對奉陽君說：『各諸侯國解散合縱聯盟而去侍奉秦國，秦國一定會占據宋國。魏冉必然會妒忌您得到了陶邑。秦王貪婪，魏冉妒忌，因此您不可能得到陶邑了。如果您不與秦國和解的話，齊國必然要進攻宋國。齊國一旦進攻宋國，楚、魏兩國也必然會進攻宋國，燕、趙兩國出兵幫助它。五國軍隊聯合起來進攻宋國，用不了一兩個月，一定會攻下陶邑。攻取了陶邑之後，就與秦國和解，秦國即使有什麼變故，那麼您也沒有什麼可憂慮的。如果不得已一定要與秦國和解的話，那麼就希望五國能夠堅守約定。希望能由趙國和您來擔任聯盟的領袖，和韓國的重臣勉勵齊王，齊國就必然無所召回。您就讓臣來監守執行盟約，如果盟國中有違背盟約的，就讓其他四個國家攻打它。如果五國沒有違背盟約，而是秦國侵略同盟的國家，五國就堅守盟約，共同來抵抗秦國。如今韓、魏兩國和齊國互相猜疑，如果五國不堅守盟約，而與秦國講和的話，臣恐怕盟國之間會發生大亂。齊秦兩國如果重新聯合起來，那麼各諸侯國要麼倚重秦國，要麼倚重齊國，無論怎樣，都對趙國不利。而且諸侯國解散了合縱聯盟去侍奉秦國，那麼秦國就能控制天下。秦國一旦控制了天下，那麼還有什麼各諸侯國呢？臣請您儘早考慮這件事。』

※原文

『天下爭秦有六舉[1]，皆不利趙矣。天下爭秦，秦王受負海內之國[2]，合負親之交，以據中國，而求利於三晉，是秦之一舉也。秦行是計，不利於趙，而君終不得陰，一矣。』

『天下爭秦，秦王內韓　於齊，內成陽君於韓，相魏懷於魏，復合衍交兩王，王賁、韓他之曹，皆起而行事，是秦之一舉也。秦行是計也，不利於趙，而君又不得陰，二矣。』

※注釋

①六舉：六種方案。②負海內之國：指的是齊國。

※譯文

『天下各諸侯國爭著來侍奉秦國，共有六種可能的方案，都是對趙國不利的。各諸侯國競相侍奉秦國，秦國會和齊國結成盟國，和以前背叛連橫的諸侯國也恢復交往，來控制中原地區，而且會向趙、魏、韓三國索要利益，這是秦國採取的第一個方案。秦國如果實行這個方案，對趙國不利，您最終也得不到陶邑，這是其一。』

『各諸侯國競相侍奉秦國，秦王就會讓韓珉去齊國做大臣，讓成陽君到韓國做大臣，讓魏懷去魏國做相國，恢復和趙、燕兩國的連橫。王賁、韓他這樣的人都會被起用，執掌大權，這是秦國採取的第二個方案。秦國如果實行這個方案，對趙國不利，而您還是得不到陶邑，這是其二。』

※原文

『天下爭秦，秦王受齊受趙，三強三親，以據魏而求安邑，是秦之一舉也。秦行是計，齊、趙應之，魏不待伐，抱安邑而信秦，秦得安邑之饒，魏為上交，韓必入朝秦，過趙已安邑矣，是秦之一舉也。秦行是計，不利於趙，而君必不得陰，三矣。』

『天下爭秦，秦堅燕、趙之交，以伐齊收楚，與韓珉而攻魏，是秦之一舉也。秦行是計，而燕、趙應之。燕、趙伐齊，兵始用，秦因收楚而攻魏，不一二月，魏必破矣。秦舉安邑而塞女戟，韓之太原絕，下軹道、南陽、高，伐魏，絕韓，包二周，即趙自消爍[1]矣。國燥[2]於秦，兵分於齊，非趙之利也。而君終身不得陰，四矣。』

※注釋

①消爍：爍通「鑠」。銷熔，熔化。②燥：燒。比喻威脅。

※譯文

『各諸侯國競相侍奉秦國，秦王就會接受齊國和趙國，三個強國結成同盟國來控制魏國，索要安邑，這是秦國採取的另一個方案。秦國如果實行這個方案，齊、趙兩國都會跟從，魏國不會等到秦軍進攻，就會獻出安邑來與秦國和解。秦國取得安邑這個富饒的地方，和魏國的關係得到改善，那麼韓國必然也會向秦國朝貢，秦國就會以魏國已經獻出安邑為藉口，要求趙國也割讓土地。這是秦國採取的又一個方案，秦國這樣做，會對趙國不利，您最終也得不到陶邑，這是其三。』

『各諸侯國爭相侍奉秦國，秦國就會加強和燕、趙兩國的交往，來聯合楚國進攻齊國，聯合韓國進攻魏國，這是秦國的又一個舉措。秦國如果實行這個方案，燕國和趙國跟從。燕趙兩國去進攻齊國，戰爭剛開始的時候，秦國就會趁機聯合楚國進攻魏國，不到一兩個月，魏國必定會被滅掉。秦國占領安邑，阻塞女戟，韓國的太原就會暴露在外面。秦軍經軹道、南陽、高，進攻魏國，斷絕韓國的退路，包圍東周和西周，那麼趙國自然也會被削弱了。國家被秦國威脅，軍隊又被拉去攻打齊國，這對趙國不利，您最終也得不到陶邑，這是其四。』

※原文

『天下爭秦，秦堅三晉之交攻齊，國破財屈，而兵東分於齊，秦按兵攻魏，取安邑，是秦之一舉也。秦行是計也，君按救魏，是以攻齊之已弊，救與秦爭戰也；君不救也，韓、魏焉免西合？國在謀之中，而君有終身不得陰，五矣。』

『天下爭秦，秦按為義，存亡繼絕，固危扶弱，定無罪之君，必起中山與勝焉。秦起中山與勝，而趙、宋同命，何暇言陶？六矣。故曰君必無講，則陰必得矣。』奉陽君曰：『善。』乃絕和於秦，而收齊、魏以成取陰。」

※譯文

「各諸侯國競相侍奉秦國，秦國加強與趙、魏、韓三國的交往來進攻齊國，使國力削弱財力損耗，而軍隊又被拉到東邊的齊國，秦國派出軍隊來進攻魏國，奪取安邑，這是秦國採取的一個方案。秦國如果實行這個方案，您去援救魏國，這樣就是派出進攻齊國後已經疲憊的軍隊來和秦國作戰；您如果不去援救魏國，那麼怎樣避免韓、魏兩國和秦國的聯合呢？您的國家正在別國的謀劃之中，您最終也得不到陶邑，這是其五。』

『各諸侯國競相侍奉秦國，於是秦國假裝在天下施行仁義，來復興已經滅亡的國家，延續已經斷絕祭祀的國家，鞏固面臨危亡的國家，扶持已經衰弱的國家，審定沒有罪行的國君，這是秦國採取的又一個方案。秦國如果實行這一方案，一定會恢復中山國和勝國。秦國復興中山國和勝國，趙國和宋國就有了同樣的命運，哪裡還有時間考慮得到陶邑？這是其六。所以說您一定不能和秦國講和，陶邑就一定能夠到手』。奉陽君說：『很好。』於是就放棄了與秦國講和的策略，而是聯合齊國和魏國，來取得陶邑。」

※讀解

蘇秦的合縱政策讓五國聯合起來和秦國打一仗。由於各國各懷鬼胎，所以五國聯軍也無法打敗秦國。

這次對秦戰爭之所以失敗，是因為趙國想暗中單獨和秦國講和。堡壘最容易從內部攻破，所以蘇秦要實現自己的理想，依然任重而道遠。

面對趙國的臨陣脫逃，蘇秦說服奉陽君。他先列舉了各個諸侯國侍奉秦國後，六種可能出現的結果，從這六種情況的逐條分析，讓奉陽君看到，無論在哪種情況下，都無法獲得任何好處，從而推翻奉陽君與秦國講和的策略，打破了奉陽君僥倖得到陶邑的幻想。

客見趙王

※原文

客見趙王[①]曰：「臣聞王之使人買馬也，有之乎？」王曰：「有之。」「何故至今不遣？」王曰：「未得相馬之工也。」對曰：「王何不遣建信君乎？」王曰：「建信君有國事，又不知相馬。」曰：「王何不遣紀姬乎？」王曰：「紀姬，婦人也，不知相馬。」對曰：「買馬而善，何補於國？」王曰：「無補於國。」「買馬而惡，何危於國。」王曰：「無危於國。」對曰：「然則買馬善而若惡，皆無危補於國。然而王之買馬也，必將待工。今治天下，舉錯非也，國家為虛戾，而社稷不血食，然而王不待工，而與建信君，何也？」趙王未之應也。

客曰：「燕郭之法，有所謂桑雍者，王知之乎？」王曰：「未之聞也。」「所謂桑雍者，便辟左右之近者，及夫人、優愛孺子也。此皆能乘王之醉昏，而求所欲於王者也。是能得之乎內，則大臣為之枉法於外矣。故日月暉於外，其賊在於內，謹備其所憎，而禍在於所愛。」

※注釋

①趙王：指的是趙孝成王。

※譯文

有個說客來拜見趙孝成王，說：「臣聽說大王打算派人去買馬，有這樣的事情嗎？」趙孝成王說：「的確有這件事。」說客說：「那麼是什麼原因使您到現在還沒派人去買呢？」趙孝成王說：「沒有找到擅長相馬的人。」說客回答說：「大王為什麼不派建信君去呢？」趙孝成王說：「建信君要處理國家大事，再說他也不懂相馬的事。」說客說：「大王為什麼不派紀姬去呢？」趙孝成王說：「紀姬是個女人，不知道相馬的事。」說客說：「如果買了馬而且非常好，對國家有什麼好處？」趙孝成王說：「對國家沒有什麼好處。」說客說：「那麼買了不好的馬，對國家又會造成什麼危害呢？」趙孝成王說：「對國家沒有什麼危害。」說客說：「既然買來的馬無論好還是不好，都對國家沒有什麼益處或壞處。大王您買馬卻必定要等待一個擅長相馬的人。現在大王治理國家的措施不恰當，國家將要成為廢墟，而且社稷不穩，但是大王不等待善於治理國家的人，還把大權交給建信君，這是為什麼？」趙孝成王沒話能回答。

說客說：「郭偃之法有所謂桑雍的說法，大王您知道這個說法嗎？」趙孝成王說：「寡人沒聽說過這個說法。」說客說：「所謂桑雍，就是指您左右受寵幸的親近之臣，以及您的夫人、優伶和美女這些人。這些人都是趁您飲酒至酣、頭腦發昏的時候，向您提出自己非分要求的人。這些人的欲望如果在宮中被大王滿足，那麼大臣就會在外面貪贓枉法了。因此，太陽和月亮光照外面的世界，但它們內部仍然有黑點，要謹慎地防備自己憎惡的人，但是禍患往往發生在自己溺愛的人身上。」

※讀解

上司可以隨意地且不講究方式的批評下屬。反之，下屬要批評上司的時候，就不得不講究方式了。且看這位說客對趙孝成王所提出的批評，可以用藝術二字來形容。

這位說客先從買馬的事情說起，用買馬要尋求懂得相馬的人，來類比治理國家要任用賢能的人，一步步啟發趙孝成王正在犯的錯誤。最後指出「謹備其所憎，而禍在於所愛」，有很深刻的道理，值得我們深思。

趙太后新用事

※原文

趙太后[1]新用事，秦急攻之。趙氏求救於齊。齊曰：「必以長安君[2]為質，兵乃出。」太后不肯，大臣強諫。太后明謂左右：「有復言令長安君為質者，老婦必唾其面。」

左師觸龍[3]言願見太后。太后盛氣而揖之。入而徐趨，至而自謝，曰：「老臣病足，曾不能疾走，不得見久矣。竊自恕，而恐太后玉體之有所郤也，故願望見太后。」太后曰：「老婦恃輦而行。」曰：「日食飲得無衰乎？」曰：「恃粥耳。」曰：「老臣今者殊不欲食，乃自強步，日三四里，少益耆食，和於身也。」太后曰：「老婦不能。」太后之色少解。

※注釋

①趙太后：趙孝成王的母親。②長安君：趙太后的小兒子。③左師觸龍：左師，官名。觸龍，人名，趙國大臣。

※譯文

趙太后剛剛主持國政，秦國就加緊進攻趙國。趙國向齊國請求救援。齊國說：「必須讓長安君來做質子，我們才會派兵。」趙太后不肯，大臣們都極力勸諫她。趙太后明確地告誡左右侍臣說：「誰要是再提起讓長安君做質子的事情，我一定吐他一臉唾沫。」

左師觸龍說自己想拜見趙太后。趙太后怒氣衝衝地等他。觸龍進宮後慢慢小步走上前，走到趙太后跟前向她謝罪，說：「老臣的腳有疾，一直無法快步行走，所以很久沒有拜見您了。雖然臣私底下寬恕自己，但仍然擔心太后玉體欠安，因此希望能拜見太后。」趙太后說：「我只能乘坐車子行走了。」觸龍問道：「您每天的飲食沒有減少吧？」趙太后說：「靠喝點粥來維持罷了。」觸龍說：「老臣最近特別不想吃東西，就勉強散散步，每天走上三四里，就逐漸想吃東西了，身體也舒服了。」趙太后說：「我是做不到的。」趙太后的臉色稍微緩和了一些。

※原文

左師公曰：「老臣賤息舒祺，最少，不肖。而臣衰，竊愛憐之，願令得補黑衣①之數，以衛王宮，沒死②

以聞。」太后曰：「敬諾。年幾何矣？」對曰：「十五歲矣。雖少，願及未填溝壑而托之。」太后曰：「丈夫亦愛憐其少子乎？」對曰：「甚於婦人。」太后笑曰：「婦人異甚。」對曰：「老臣竊以為媼之愛燕后賢於長安君。」曰：「君過矣，不若長安君之甚。」左師公曰：「父母之愛子，則為之計深遠。媼之送燕后也，持其踵為之泣，念悲其遠也，亦哀之矣。已行，非弗思也，祭祀必祝之，祝曰：『必勿使反。』豈非計久長，有子孫相繼為王也哉？」太后曰：「然。」左師公曰：「今三世以前，至於趙之為趙，趙主之子孫侯者，其繼有在者乎？」曰：「無有。」曰：「微獨趙，諸侯有在者乎？」曰：「老婦不聞也。」「此其近者禍及身，遠者及其子孫。豈人主之子孫則必不善哉？位尊而無功，奉厚而無勞，而挾重器多也。今媼尊長安君之位，而封之以膏腴之地，多予之重器，而不及今令有功於國。一旦山陵崩，長安君何以自托於趙？老臣以媼為長安君計短也，故以為其愛不若燕后。」太后曰：「諾。恣③君之所使之。」於是為長安君約車百乘，質於齊，齊兵乃出。

子義聞之曰：「人主之子也，骨肉之親也，猶不能恃無功之尊，無勞之奉，而守金玉之重也，而況人臣乎？」

※注釋

①黑衣：這裡以衛兵穿的衣服顏色來指代衛兵。②沒死：冒著死罪。③恣：任憑。

※譯文

左師觸龍說：「老臣有個兒子叫舒祺，年齡最小，沒什麼出息。臣已經年老體衰了，私底下很疼愛他。臣希望他能當一名王宮的衛士，來保衛王宮，因此臣趁著還沒有死就來向太后提出請求。」趙太后說：「好吧。他今年多大了？」觸龍回答說：「十五歲了。雖然年紀尚小，老臣還是想趁著自己沒有埋到溝壑之前，把他託付給您。」趙太后說：「男子漢也疼愛自己的小兒子啊？」觸龍回答說：「比婦人還要嚴重。」趙太后笑著說：「婦人疼愛小兒子才特別厲害呢。」觸龍回答說：「老臣私底下還認為您疼愛燕后要超過長安君呢。」太后說：「您錯了，我疼愛燕后遠不如疼愛長安君。」觸龍說：「為人父母的疼愛子女，就應該替他們做長遠打算。您送別燕后的時候，在車下握著她的腳後跟，為她掉眼淚，因為您想到她要離開家了，嫁到遠方去。這就是愛她啊！燕后走了以後，您並不是不想念她，祭禮時總是要替她禱告說：『一定不要讓她回來。』這難道不是替她做長遠打算，希望她的子孫世代為王嗎？」趙太后說：「正是這樣。」

左師觸龍問道：「從現在起，向前推到三代以前，甚至推到趙氏建立國家的時候，趙王子孫被封侯的，他們的後代還有在侯位的嗎？」趙太后回答說：「沒有。」觸龍又問：「不只是趙國，就是其他諸侯的子孫，他們的後代還有在侯位的嗎？」趙太后回答說：「我沒有聽說過。」觸龍說：「這些國君們，有些是自己取禍而亡；有些是禍患波及子孫身上而亡。難道說國君的子孫們都不會有好結果嗎？只是因為他們地位尊貴但對國家沒有什麼功勞，俸祿豐厚但沒有為國出力，只是擁有大量的金玉珍玩罷了。現在您讓長安君的地位尊貴，又封給他肥沃的土地，給他很貴重的金玉珍玩，但是不讓他趁著現在為國立功。有朝一日太后您不幸去世，長安君將依靠什麼在趙國安身立命呢？老臣認為您替長安君打算太少了，所以說疼愛長安君不如疼愛燕后。」趙太后說：「好吧，那就任憑您安排他吧！」於是觸龍為長安君準備一百輛隨行的車輛，送他到齊國充當人質，齊國這才派出軍隊援救趙國。

子義聽說了這件事，說：「國君的兒子，是骨肉至親，尚且不能享受沒有功勛的尊位，沒有功勞的俸祿，來長期守住金玉珍玩，更何況做臣子的呢？」

※讀解

西元前二六六年，趙惠文王去世，其子趙孝成王繼位，因他年幼，故趙太后執政。新老交替，又加上太后新政，國內動盪不安。當時的趙國雖有廉頗、藺相如、平原君等人輔佐治理朝政，但國勢大不如前。秦國認為有機可乘，便發兵東去，一舉攻下趙國的三座城池，趙國危在旦夕，不得不向齊國尋求救兵，齊王雖然答應出兵，但按當時的慣例，提出了一個條件：以幼子長安君為人質。一向頗為開明的趙太后，卻由於溺愛幼子，一時糊塗，甚至蠻不講理，對於大臣的強諫，她惱怒至極，公開下令警告群臣：「有復言令長安君為質者，老婦必唾其面！」

老臣觸龍為了國家的利益，前來說服趙太后。他是這樣說服的：他先和趙太后話家常，再假裝說自己要請求趙太后開後門託付幼子，用旁敲側擊談燕后作為陪襯，然後大談歷史展望未來。他先用三寸不爛之舌，變相地讓趙太后息怒緩和氣氛，再用反證法「老臣竊以為媼之愛燕后賢於長安君」來巧設魚餌，引魚上鉤，推出「為長安君計短也」的結論。透過迂回曲折的遊說，使得趙太后最終答應讓幼子入齊。

魏策

知伯索地於魏桓子，魏桓子弗予。任章曰：「何故弗予？」桓子曰：「無故索地，故弗予。」任章曰：「無故索地，鄰國必恐；重欲無厭，天下必懼。君予之地，知伯必憍，憍而輕敵，鄰國懼而相親。以相親之兵，待輕敵之國，知氏之命不長矣！」

知伯索地於魏桓子

※原文

知伯索地於魏桓子[1]，魏桓子弗予。任章曰：「何故弗予？」桓子曰：「無故索地，故弗予。」任章曰：「無故索地，鄰國必恐；重欲無厭，天下必懼。君予之地，知伯必憍，憍而輕敵，鄰國懼而相親。以相親之兵，待輕敵之國，知氏之命不長矣！《周書》曰：『將欲敗之，必姑輔之；將欲取之，必姑與之。』君不如與之，以驕知伯。君何釋以天下圖知氏，而獨以吾國為知氏質乎？」君曰：「善。」乃與之萬家之邑一。知伯大說，因索蔡、皋梁於趙，趙弗與，因圍晉陽。韓、魏反於外，趙氏應之於內，知氏遂亡。

※注釋

①魏桓子：春秋末晉國六卿之一。魏侈之孫。與范氏、中行氏、知伯、趙襄子、韓康子同為晉六卿。范氏、中行氏滅後，四卿之中，知伯最強。

※譯文

知伯向魏桓子索要土地，魏桓子不給他。任章問他說：「為什麼不給他呢？」魏桓子說：「無緣無故來索要土地，所以不給他。」任章說：「沒有緣由就來索要土地，鄰國一定會感到害怕；胃口太大又不知道滿足，天下的諸侯就一定感到害怕。如果您把土地給了他，知伯必定變得驕橫。變得驕橫就會輕敵，鄰國感到害怕就會互相親近聯合。用互相親近聯合的軍隊來抵抗輕敵的國家。知伯的性命就不會長久了！《周書》說：『想要打敗他，必須先幫助他；想要奪取他，必須先給予他。』您不如把土地給他，使知伯變得越來越驕橫。您怎麼能放棄和天下諸侯圖謀知伯的機會，而使我國成為知伯進攻的對象呢？」魏桓子說：「好。」於是就把一個有萬戶百姓的城邑送給知伯。知伯非常高興，於是就又向趙國索取蔡、皋梁，趙國不給他，於是知伯就圍攻晉陽。這時韓、魏從國外反擊，趙氏從國內接應，於是知伯很快就滅亡了。

※讀解

西元前四五四年，知伯強行向魏、韓索地，又向趙襄子索地遭拒絕。於是知伯脅魏、韓舉兵攻趙，圍趙襄子於晉陽（今山西太原）。不久，魏桓子懼趙亡後禍及自身，聯合韓、趙攻滅知伯，並三分其地。此後，形成了「三家分晉」的局面。

人的貪欲總是把人推入萬劫不復的深淵，但可惜當事人卻往往不知道自己所處的危險境地，反而揚揚自得，殊不知溝渠早為之挖好，只等「請君入甕」了。面對知伯的貪欲，魏桓子起初採取斷然拒絕的態度，在其謀士任章的「將欲敗之，必姑輔之；將欲取之，必姑與之」勸誡下，採用「欲擒故縱」的策略，最終消滅了私欲無限膨脹的知伯。

在生活當中，我們也經常會見到許多飛揚跋扈的人，不知道自己到底有幾斤幾兩重，對此我們大可不必採取硬碰硬的方法，而要採取迂回曲折的方法，既能夠保全自己獲得眾人的支援，又能夠使這些貪婪者自己露出他們的狐狸尾巴。多行不義必自斃。事情的發展總會讓我們明白世間自有公道在。

樂羊為魏將而攻中山

※原文

樂羊[1]為魏將而攻中山。其子在中山，中山之君烹其子而遺之羹，樂羊坐於幕下而啜之，盡一杯。文侯謂睹師贊曰：「樂羊以我之故，食其子之肉。」贊對曰：「其子之肉尚食之，其誰不食？」樂羊既罷中山，文侯賞其功而疑其心。

※注釋

①樂羊：中山國人，戰國時魏國的大將，是樂毅的先祖。

※譯文

樂羊作為魏國的大將來攻打中山國。當時他的兒子在中山國，中山國的國君把他的兒子煮成人肉羹送給他。樂羊就坐在軍帳內端著肉羹喝了起來，一下就將一碗喝完了。魏文侯對睹師贊說：「樂羊因為我的緣故，吃了他兒子的肉。」睹師贊說：「自己兒子的肉都可以吃了，還有誰的肉他不敢吃呢？」樂羊攻取了中山國之後，魏文侯賞賜了他的戰功，但是懷疑他的用心。

※讀解

那些為了實現個人自身價值，置親情與天倫不顧的人，活在人世間的趣味到底是什麼？虎毒尚且不食子，而樂羊卻安然食用其兒子做成的肉羹，難道為了向君主證明自己的忠心，就只有這一條殘忍的途徑才能夠實現？聰明反被聰明誤，樂羊正是由於自己的聰明取得了自己個人的成功，但這恰恰又證明了他的失敗。魏文侯雖賞其功勞，卻懷疑他的心地。的確，樂羊的成功經過自己的努力不懈，好不容易快要看到勝利的曙光，絕不容許別人擋住自己的道路，包括自己的親生兒子也會對其格殺勿論。

在平常的生活之中，我們也要警惕那些為了實現自己的目的而穿著美麗的外衣，卻有著蛇蠍心腸的衣冠禽獸。如齊桓公的庖廚易牙為了討好自己的君主，只因君主一句話「不知道人肉的滋味如何？」就把自己的幼子做成肉羹獻給君主，從而使齊桓公認為其愛己之甚。幸虧齊桓公還是一個明君，不然易牙想要陷害管仲的計謀就得逞了，而歷史上就多了一個奸臣，少了一位賢相。

有德有才是謂賢人，有才無德是謂小人，有德無才是謂庸人。倘若得到賢才則幸甚，但在庸人和小人之間挑選的話，寧要庸人，也不可取小人。為什麼呢？庸人倘若作亂只因其能力有限很容易露出馬腳，被制伏於正義之下，而有才無德的小人只因其智力超出常人，所以作惡手段也愈見高明，等到發覺其危害一方的時候，已經遺禍無窮了。

魏武侯與諸大夫浮於西河

※原文

魏武侯與諸大夫浮於西河，稱曰：「河山之險，豈不亦信固哉！」王鍾侍王，曰：「此晉國之所以強也。若善修之，則霸王之業具矣。」吳起[①]對曰：「吾君之言，危國之道也；而子又附之，是危也。」武侯忿然曰：「子之言有說乎？」

吳起對曰：「河山之險，信不足保也；是伯王之業，不從此也。昔者三苗之居，左彭蠡之波，右有洞庭之水，文山在其南，而衡山在其北。恃此險也，為政不善，而禹放逐之。夫夏桀之國，左天門之陰，而右天溪之陽，廬、睪在其北，伊、洛出其南。有此險也，然為政不善，而湯伐之。殷紂之國，左孟門而右漳、釜，前帶河，後被山。有此險也，然為政不善，而武王伐之。且君親從臣而勝降城，城非不高也，人民非不眾也，然而可得並者，政惡故也。從是觀之，地形險阻，奚足以霸王矣！」

武侯曰：「善。吾乃今日聞聖人之言也！西河之政，專委之子矣。」

※注釋

①吳起：戰國時期著名的政治改革家，卓越的軍事家、統帥、軍事理論家、軍事改革家。衛國左氏（今山東省定陶）人。後世把他和孫子連稱「孫吳」，著有《吳子》，《吳子》與《孫子》又合稱《孫吳兵法》，在中國古代軍事典籍中占有重要地位。

※譯文

魏武侯和大臣們一起乘船在西河上遊玩，魏武侯稱讚說：「河山險峻，邊防難道不堅固嗎！」大臣王鍾在旁邊陪坐，說：「這就是晉國強大的原因。如果再修明政治，那麼我們魏國稱霸天下的條件就具備了。」吳起回答說：「我們國君所說的，是危害國家的話；但是你又附和他，這就更危險了。」魏武侯氣憤地說：「你說的話有什麼道理嗎？」

吳起回答說：「河山險峻，其實是不足以保全國家的；霸業是從來不會在河山險峻的地方建立的。過去三苗所居住的地方，左邊有彭蠡湖，右邊有洞庭湖，文山在它的南面，衡山在它的北面。雖然有這些天險來依靠，但是國家的政事治理不好，結果大禹趕走了他們。夏桀的國家，左邊是天門山的北麓，右邊是天溪山的南邊，廬山和嶧山在它的北面，伊水和洛水流經它的南面。雖然有這些天險做依靠，但是國家的政治沒有處理好，結果被商湯取代了。殷紂的國家，左邊有孟門山，右邊有漳水和釜水，前面是黃河，後面依靠著大山。雖然有這樣的天險可以依靠，但是國家的政治處理不好，結果武王攻破了它。而且您曾經親自率領我們攻取了多少城邑，那些城邑的城牆並不是不高，城裡的百姓也不少，但依然能夠攻破它們，都是因為他們政治治理得不好。由此看來，依靠地形的險峻，哪裡足以成就霸業呢？」

魏武侯說：「很好。我今天終於聽到聖人的高論了！西河的政務，全都交給你了。」

※讀解

魏武侯看到山河險峻就忘乎所以了，而他身邊的臣子也都隨聲附和，當眾人的觀點都相同的時候，也就是最危險的時候了。有反對意見，那就有了更好的選擇，更何況是像吳起這樣忠言相告的人。

孟子早就提出，「天時不如地利，地利不如人和」，一語道破天機。而賈誼的《過秦論》認為，一統天下的強秦在戍卒之眾的高呼之下一命嗚呼，得出了「仁義不施，而攻守之勢異也」的結論。從古至今，國家興衰之道並不是取決於地形的險要與否，而是人心的向背。

自詡為「天朝上國」的清朝，不屑於和國外的蠻夷互通有無，實行陳腐沒落的「閉關鎖國」政策，以至於中國被西方的列強用槍炮攻開了大門，就是這方面的反例。

蘇子為趙合從說魏王

※原文

蘇子為趙合從，說魏王曰：「大王之地，南有鴻溝、陳、汝南，有許、鄢、昆陽、邵陵、舞陽、新郪；東有淮、潁、沂、黃、煮棗、海鹽、無　；西有長城之界；北有河外、卷、衍、燕、酸棗，地方千里。地名雖小，然而廬田廡舍，曾無所芻牧牛馬之地。人民之眾，車馬之多，日夜行不休已，無以異於三軍之眾。臣竊料之，大王之國不下於楚。然橫人①謀王，外交強虎狼之秦，以侵天下，卒有國患，不被其禍。夫挾強秦之勢，以內劫其主，罪無過此者。且魏，天下之強國也；大王，天下之賢主也。今乃有意西面而事秦，稱東藩，築帝宮，受冠帶，祠春秋，臣竊為大王愧之。」

※注釋

①橫人：為秦國推行連橫政策的人，指的是張儀。

※譯文

蘇秦為了趙國的合縱政策來遊說魏襄王說：「大王的國土，南邊有鴻溝、陳地、汝南，有許地、鄢地、昆陽、邵陵、舞陽、新鄓；東邊有淮水、潁水、沂水、外黃、煮棗、海鹽、無踈；西有長城的邊界；北有河外、卷地、衍地、燕地、酸棗，土地方圓千里。地方名義上雖然狹小，但房屋田舍十分密集，以至於沒有放牧牛馬的地方。百姓為數眾多，車馬也非常多，日夜賓士不絕，和三軍士兵的聲勢相比幾乎沒有什麼區別。臣私底下估計，大王的國家實力不亞於楚國。然而那些主張連橫的人，卻勸說大王結交如虎狼一樣殘暴的秦國，來和它一起侵犯天下各國，最終如果國家遭遇到了禍患，他們又不肯為您分擔禍患。他們倚仗著強秦的勢力，在國內脅迫他的君主，所犯下的罪過沒有比這更大的了。而且魏國是天下的強國；大王是天下賢明的君主，如今卻有意投靠西方而去侍奉秦國，稱自己是秦國在東方的附屬國，築造秦國國君的行宮，接受秦國的賞賜，春秋兩季還向它朝貢祭祀，臣因此私底下為大王感到慚愧。」

※原文

「臣聞越王勾踐[1]以散卒三千，禽夫差於干遂；武王卒三千人，革車三百乘，斬紂於牧之野。豈其士卒眾哉？誠能振其威也。今竊聞大王之卒，武力二十餘萬，蒼頭二千萬，奮擊二十萬，廝徒十萬，車六百乘，騎五千匹。此其過越王勾踐、武王遠矣。今乃劫於辟臣之說，而欲臣事秦。夫事秦必割地效質，故兵未用而國已虧矣。凡群臣之言事秦者，皆奸臣，非忠臣也。夫為人臣，割其主之地以求外交，偷取一旦之功而不顧其後。破公家而成私門，外挾強秦之勢以內劫其主，以求割地，願大王之熟察之也。《周書》曰：『綿綿不絕，縵縵奈何？毫毛不拔，將成斧柯。』前慮不定，後有大患。將奈之何？大王誠能聽臣，六國從親，專心並力，則必無強秦之患。故敝邑趙王使使臣獻愚計，奉明約，在大王詔之。」魏王曰：「寡人不肖，未嘗得聞明教。今主君以趙王之詔詔之，敬以國從。」

※注釋

①勾踐：春秋末越國國君（西元前四九七—前四六五年）。又稱菼執。曾敗於吳，屈服求和。後臥薪嘗膽，發憤圖強，重用范蠡、文種等治國，十年生聚，十年教訓，使越國終成強國。西元前四八二年滅吳。

※譯文

「臣聽說越王勾踐憑藉著三千軍紀不整的士兵，在干遂生擒了夫差；周武王只有三千名士兵，三百輛戰車，在牧野斬殺了商紂王。難道他們的士兵很多嗎？其實是他們能振奮自己的雄威啊！現在臣聽說大王的兵力，訓練有素的士兵二十萬，用青布裹頭的士兵二十萬，精兵二十萬，後備軍隊十萬，戰車六百輛，戰馬五千匹。這遠遠超過了越王勾踐和武王的兵力。現在迫於讒佞之臣的論調，卻要臣服秦國。侍奉秦國必須要割讓土地送去人質，因此軍隊還沒有派上用場，國家的元氣就已經耗損了。群臣中凡是主張侍奉秦國的，都是奸臣，而不是忠臣。

作為人臣，卻主張割讓君主的土地與外國勾結，竊取一時的功名和好處，卻不顧將來的憂患，損害國家的利益，滿足一己的私利，在國外仰仗強秦的威勢，在國內脅迫自己的君主，請求割讓國家土地，希望大王對此詳細地加以審查。《周書》說：『微弱時如不及早斬斷，等到長大就不能奈何它了，幼苗的時候如果不抓住時機將它剷除，等到將來長大了就要用斧頭砍。』事先不能當機立斷，事後就會有大禍等著，到那時不知該怎麼辦？如果大王真的能聽從臣的建議，六國合縱相親，齊心合力，那麼必然不會遭受強秦的侵犯。因此敝國國君趙王派臣來進獻愚計，奉上盟約，聽憑大王詔令。」魏王說：「寡人沒有才能，以前從未聽過這樣高明的指教。今天您用趙王的詔令來教導，寡人願率領國家來聽從您的安排。」

※讀解

蘇秦遊說魏王，首先指出魏國在地理位置、土地的出產等方面的優勢來為魏王樹立信心，增強其作為一個主權國家的自尊心，在此基礎上來勸說魏王不要卑躬屈膝地去侍奉秦國。繼而引用無可辯駁的歷史史實，說明參加連橫、侍奉秦國的不可取，如在勸說魏王的時候，引用了越王勾踐三千越甲吞併吳國，和周武王三百輛戰車就推翻商紂王的殘暴統治，說明秦國並不可怕，但是需要六國聯合起來共同對抗它。蘇秦的勸說似乎落於俗套，他到六國勸說，基本上都是採取這樣的招數。但他的勸說往往有立竿見影的效果，讓面前的國君立刻就樹立信心，決定要參加蘇秦的合縱政策聯盟，和其他的國家一起對抗虎狼秦國。

蘇秦的勸說，旁徵博引，氣勢浩大。他站在對方的立場上思考問題，為對方指出一條既有尊嚴又有好處的光明大道，而且他的設想往往給人一種可以實現的前景，使對方不得不進入他的主題，接受他的勸說。

張儀為秦連橫說魏王

※原文

張儀為秦連橫，說魏王[①]曰：「魏地方不至千里，卒不過三十萬人。地四平，諸侯四通，條達輻輳，無有名山大川之阻。從鄭至梁，不過百里；從陳至梁，二百餘里。馬馳人趨，不待倦而至梁。南與[②]楚境，西與韓境，北與趙境，東與齊境，卒戍四方。守亭障者參列。粟糧漕庾，不下十萬。魏之地勢，故戰場也。魏南與楚而不與齊，則齊攻其東；東與齊而不與趙，則趙攻其北；不合於韓，則韓攻其西；不親於楚，則楚攻其南。此所謂四分五裂之道也。」

※注釋

①魏王：即魏襄王。②與：接壤。

※譯文

張儀為秦國推行連橫政策，遊說魏襄王說：「魏國的土地方圓不到一千里，士兵不超過三十萬人。四周的地勢平坦，和四方的諸侯來往便利，就像車輪輻條都聚集在車軸上一樣，也沒有高山大川的阻塞。從鄭國到魏國，路程不超過一百里；從陳國到魏國，只有二百餘里。馬馳人隨，不等疲倦就到了魏國。南邊和楚國接壤，西邊和韓國接壤，北邊和趙國接壤，東邊和齊國接壤，魏國士兵守衛四方國境。守境的小亭和屏障都連接成排。運糧的河道和儲米的糧倉，不少於十萬。魏國的地勢，本來就是適合作戰的地方。如果魏國向南親近楚國而不親近齊國，那齊國就會進攻你們的東面；向東親近齊國而不親近趙國，趙國就會由北面來進攻你們的北面；如果不與韓國聯合，那麼韓國就會攻打你們的西面；如果不和楚國親近，它就會攻打你們的南面。這就是所說的四分五裂的地勢。」

※原文

「且夫諸侯之為從者，以安社稷、尊主、強兵、顯名也。合從者，一天下，約為兄弟，刑白馬以盟於洹水之上[①]，以相堅也。夫親昆弟，同父母，尚有爭錢財。而欲恃詐偽反覆蘇秦之餘謀，其不可以成亦明矣。大王不事秦，秦下兵攻河外，拔卷、衍、燕、酸棗，劫衛取晉陽，則趙不南；趙不南則魏不北，魏不北，則從道絕。從道絕，則大王之國欲求無危，不可得也。秦挾韓而攻魏，韓劫於秦，不敢不聽。秦、韓為一國，魏之亡可立而須也，此臣之所以為大王患也。為大王計，莫如事秦，事秦則楚、韓必不敢動；無楚、韓之患，則大王高枕而臥，國必無憂矣。」

※注釋

①洹水：今名安陽河，從林縣隆慮山向東流，經安陽到內黃附近入衛河。

※譯文

「再說各國的諸侯聯合組成合縱聯盟，來使社稷安定、國君尊貴、兵力強大、名聲顯赫。各國諸侯聯合組成合縱聯盟，約定結成兄弟，在洹水之濱宰殺白馬，歃血為盟，來表示信守盟約。但是，即使是同一父母所生的親兄弟，尚且還有為爭奪錢財而打鬥的。而您卻想依靠欺詐虛偽、反復無常的蘇秦所殘留下來的計策，這不可能成功是很明顯的了。如果大王不侍奉秦國，秦國就要派出軍隊來進攻河外，攻占卷、衍、燕、酸棗等地，脅迫衛國奪取晉陽，那麼趙國無法南下支援魏國；趙國不能南下，那麼魏國也就不能北上聯合趙國；魏國不能聯絡趙國，那麼合縱的盟約就中斷了。合縱盟約一中斷，那麼大王想要自己的國家不危險，那就不可能了。秦國如果挾制韓國來攻打魏國，韓國迫於秦國的壓力，一定也不敢不聽從。秦、韓兩國聯合，魏國離滅亡就不遠了，這就是臣為大王擔心的原因。臣為大王考慮，您不如侍奉秦國，那麼楚、韓兩國一定不敢輕舉妄動；沒了楚、韓兩國的擾亂，大王就可以高枕無憂了，國家也一定不會有憂患了。」

※原文

「且夫秦之所欲弱莫如楚，而能弱楚者莫若魏。楚雖有富大之名，其實空虛；其卒雖眾，多言而輕走，易北，不敢堅戰。魏之兵南面而伐，勝楚必矣。夫虧楚而益魏，攻楚而適秦，內嫁禍安國，此善事也。大王不聽臣，秦甲出而東，雖欲事秦而不可得也。且夫從人多奮辭而寡可信，說一諸侯之王，出而乘其車；約一國而反，成而封侯之基。是故天下之遊士，莫不日夜搤腕瞋目切齒以言從之便，以說人主。人主覽其辭，牽其說，惡得無眩哉？臣聞積羽沉舟，群輕①折軸，眾口鑠金，故願大王之熟計之也。」魏王曰：「寡人蠢愚，前計失之。請稱東藩，築帝宮，受冠帶，祠春秋，效河外。」

※注釋

①群輕：品質輕的東西。

※譯文

「再說秦國想要削弱的就是楚國，而能抑制楚國的也就是魏國了。楚國雖然有富足強大的名聲，但實際上是很空虛的；它的士兵雖然很多，但大部分很容易逃跑，容易敗北，是不敢打硬仗的；如果出動魏國軍隊向南討伐，必定能戰勝楚國。這樣讓楚國吃虧而使魏國得到好處，攻打楚國來取悅秦國，把災禍轉嫁給別的國家，安定自己的國家，這是件很好的事情。大王如果不聽臣的意見，等秦軍出動，即使想再來侍奉它也是不可能的了。況且那些推行合縱政策的人大都是誇大其詞，是不可以信賴的，他們遊說哪一個國君，出來就乘坐哪個國君賞賜給他的車子，成功聯合一個諸侯然後返回故國，就能被封為公侯。所以天下的遊說之士，每天都握著手腕，瞪著眼睛，咬牙切齒來談論合縱聯盟的好處，來遊說國君。國君們接受他們的遊說，為他們的空話所動，哪裡會不頭昏目眩呢？臣聽說羽毛多了也能夠壓沉船隻，輕的東西裝多了也可以壓斷車軸，眾口一詞也能夠熔化金屬，所以請大王仔細考慮這個問題。」魏王說：「寡人愚笨，以前所採取的策略是錯誤的。寡人願意做秦國東方的藩臣，為秦王修築行宮，接受秦國的封賞，春秋兩季朝貢祭祀，割讓河外。」

※讀解

蘇秦所爭取的東西，也正是張儀所要拉攏的。但蘇秦往往是增強六國國君的自信心，但張儀卻在瓦解六國作為一個獨立的主權國家的自信心。他雖然在一開始的時候，指出對方的有利條件，但隨後就從各個方面進行瓦解，破壞對方國家的信心，指出對方的國家不參加連橫就無法自保，只有依靠強大的秦國，才能求得生存的權利。

張儀以秦相魏

※原文

張儀以秦相魏，齊、楚怒而欲攻魏。雍沮謂張子曰：「魏之所以相公者，以公相則國家安，而百姓無患。今公相而魏受兵，是魏計過也。齊、楚攻魏，公必危矣。」張子曰：「然則奈何？」雍沮曰：「請令齊、楚解攻。」

雍沮謂齊、楚之君曰：「王亦聞張儀之約秦王乎？曰：『王若相儀於魏，齊、楚惡儀，必攻魏。魏戰而勝，是齊、楚之兵折，而儀固得魏矣；若不勝魏，魏必多①秦以持其國，必割地以賂王。若欲復攻，其敝不足以應秦。』此儀之所以與秦王陰相結也。今儀相魏而攻之，是使儀之計當與秦也，非所以窮儀之道也。」齊、楚之王曰：「善。」乃遽②解攻於魏。

※注釋

①多：稱讚，這裡是投靠的意思。②遽：立刻。

※譯文

張儀憑藉秦國的勢力出任魏國的相國，齊、楚兩國對此很生氣，想要聯合進攻魏國。雍沮對張儀說：「魏國之所以讓您做相國，是他們認為您做相國國家就能得以安寧，而且百姓不會遭受戰禍。現在您做相國，魏國卻遭受戰禍，這表明魏國的計策是錯誤的。如果齊、楚兩國進攻魏國，您的處境就危險了。」張儀說：「這樣的話，該怎麼辦呢？」雍沮說：「請讓我去勸說齊、楚兩國放棄進攻魏國。」

雍沮對齊、楚兩國的國君說：「大王也曾經聽說過張儀和秦惠文王訂立密約的事嗎？張儀說：『大王如果能讓我到魏國做相國，齊、楚兩國的國君恨我，必然會進攻魏國。如果魏國戰勝了，齊、楚兩國的兵力就會遭受損失，臣自然就會出任魏相；如果魏國戰敗，魏國一定會投靠秦國來保全自己的國家，必然割地來賄賂大王。如果齊、楚兩國再來進攻魏國，它們的軍隊已經十分疲憊，怎麼能與秦國對抗呢！』這就是張儀和秦王暗中勾結的原因。現在你們因為張儀做了魏國的相國而去進攻魏國，這就會促使張儀的計謀得逞，而不是使張儀陷於困境的好辦法。」齊、楚兩國的君主都說：「對。」於是立即停止進攻魏國。

※讀解

張儀的連橫政策備受反感，這可能是因為秦國所推行的連橫政策在本質上是要滅六國。本篇也是反戰的篇目，但它的主觀目的並不是反戰，而是張儀為了保全自己，在客觀上達到免去戰爭的效果。

犀首田盼欲得齊魏之兵伐趙

※原文

犀首[①]、田盼欲得齊、魏之兵以伐趙，梁君與田侯不欲。犀首曰：「請國出五萬人，不過五月而趙破。」田盼曰：「夫輕用其兵者，其國易危；易用其計者，其身易窮。公今言破趙大易，恐有後咎。」犀首曰：「公之不慧也。夫二君者，固已不欲矣，今公又言有難以懼之，是趙不伐，而二士之謀困也。且公直言易，而事已去矣。夫難搆[②]而兵結[③]，田侯、梁君見其危，又安敢釋卒不我予乎？」田盼曰：「善。」遂勸兩君聽犀首。犀首、田盼遂得齊、魏之兵。兵未出境，梁君、田侯恐其至而戰敗也，悉起兵從之，大敗趙氏。

※注釋

①犀首：公孫衍，戰國魏國陰晉人，曾經為秦大良造，後相魏，又以「五國相王」故事佩五國相印，史書多以犀首稱之。②搆：通「構」，建立，組織。③兵結：兩軍開始交戰。

※譯文

犀首和田盼想要率領齊、魏兩國的軍隊來進攻趙國，魏王和齊王不想把軍隊交給他們。犀首說：「請兩國各出五萬人的兵力，用不了五個月我就能滅亡趙國。」田盼說：「輕易用兵的國家，容易遭遇危難；輕易使用計謀的人，容易陷入危險。今天您說的攻破趙國也太容易了，恐怕會有後患。」犀首說：「您這就不聰明了。那兩位國君，本來就已經不想派出軍隊了。現在您又說出困難點來嚇唬他們，這樣不但趙國無法攻打，而且我們兩人的謀劃也無法實現了。如果您直接說很容易，那麼兩位國君的顧慮也就消除了。到了雙方軍隊交戰，士兵廝殺，齊王和魏王看到他們所處的危險，又怎敢放著軍隊不交給我們使用呢？」田盼說：「好吧。」於是就一起勸說兩位國君聽從犀首的建議。犀首、田盼於是得到齊、魏兩國軍隊的軍權。軍隊還沒有離開國境，魏王和齊王就已經開始擔心他們到了趙國要打敗仗，於是調集全部的軍隊跟隨在後，結果徹底攻破了趙國。

※讀解

借兵就如同借東西一樣，要考慮到人家想不想借你。如果不想借你，那就需要思考話該怎麼說，才能借到你需要的東西。

田盼的說辭只會嚇到兩個國君，並不會達到目的。犀首就棋高一著，消除了兩位國君的顧慮，輕輕鬆鬆借到了軍隊，不僅如此，還將齊王和魏王的全部軍隊都調集過來。這是因為他了解兩位國君的心理。

魏惠王死

※原文

魏惠王死，葬有日[①]矣。天大雨雪，至於牛目，壞城郭，且為棧道而葬。群臣多諫太子者，曰：「雪甚如此而喪行，民必甚病之。官費又恐不給，請弛期[②]更日。」太子曰：「為人子，而以民勞與官費用之故，而不行先王之喪，不義也。子勿復言。」群臣皆不敢言，而以告犀首。犀首曰：「吾未有以言之也，是其唯惠公乎！請告惠公。」

※注釋

①有日：有了確定的日期，也就是將日期確定好了。②弛期：延緩日期。

※譯文

魏惠王死了，舉行葬禮的日子也確定了。但是那天下起大雪，地上的積雪幾乎深到可以淹沒牛的眼睛，城郭的路無法通行，太子準備用木板修成棧道來送葬。群臣大都諫阻太子，說：「雪下得這麼大還要送葬，百姓必定會感到痛苦。國家的開支恐怕也不夠，請延期舉行葬禮吧。」太子說：「做兒子的因為百姓辛苦和國家開支不夠，就不按期舉行先王的葬禮，這是不符合道義的。你們就不要再說了。」大臣們都不敢再勸說，就把這件事告訴了犀首。犀首說：「我也沒有辦法勸說他，這件事只有惠子能辦到，讓我去告訴惠子。」

※原文

惠公曰：「諾。」駕而見太子曰：「葬有日矣？」太子曰：「然。」惠公曰：「昔王季歷葬於楚山之尾，亦水齧[①]其墓，見棺之前和[②]。文王曰：『嘻！先君必欲一見群臣百姓也夫，故使水見之。』於是出而為之張於朝，百姓皆見之，三日而後更葬。此文王之義也。今葬有日矣，而雪甚，及牛目，難以行，太子為及日之故，得毋嫌於欲亟葬乎?願太子更日。先王必欲少留而扶社稷、安黔首也,故使雪甚。因弛期而更為日,此文王之義也。若此而弗為,意者羞法文王乎?」太子曰:「甚善。敬弛期,更擇日。」惠子非徒行其說也,又令魏太子未葬其先王而因又說文王之義。說文王之義以示天下,豈小功也哉!

※注釋

①齧:咬,這裡是侵蝕的意思。②和:棺材兩頭的木板。

※譯文

聽了犀首的話,惠子說:「好吧。」他駕車去見太子,說:「舉行葬禮的日期已經定下來了嗎?」太子說:「已經定下來了。」惠公說:「過去周王季歷埋葬在終南山的山腳下,從地下滲漏出來的水侵蝕了他的墳墓,露出棺材前面的橫板。周文王說:『啊!先王一定是想再看看群臣和百姓吧,所以才讓滲漏的水把棺木露了出來。』於是就把棺木挖了出來,在上面搭起靈棚,百姓都見到了,過了三天之後才改葬。這是文王的義舉啊!現在舉行葬禮的日期雖然已經定下來了,但是外面雪下得太大,甚至淹沒到牛的眼睛,靈車無法行走,太子為了能按期下葬就不顧困難,這是不是太過急躁了呢?希望太子改期安葬。先王一定是想稍微停留一下,再扶持一下他的國家,安撫一下他的百姓,所以才讓雪下得這麼大。據此推遲葬期,另外選擇吉日,是與文王一樣的大義啊!遇到像這樣的情況還不改期安葬,想來是把效法文王當作羞恥了吧?」太子說:「先生說得非常好。那就延期安葬,再擇吉日吧。」惠子不僅僅是實踐了自己的主張,並且還讓魏太子不會匆忙的安葬先王,並藉機宣揚周文王的義舉。將周文王的仁儀昭示於天下，這難道是很小的功勞嗎？

※讀解

自然界的變化影響著人類的活動。雖然惠子勸說魏太子的話，在現代的我們看來，是唯心的、荒誕的，但魏太子聽信了他的勸說，惠子巧妙地借用天與人的感應，達到自己的目的。勸說別人，應最大限度地揣測對方的心理，以積極的話語來激勵對方，讓對方看到他想看到的景象。這樣就更有利於我們勸說成功。

龐蔥與太子質於邯鄲

※原文

龐蔥[1]與太子質於邯鄲，謂魏王曰：「今一人言市有虎，王信之乎？」王曰：「否。」「二人言市有虎，王信之乎？」王曰：「寡人疑之矣。」「三人言市有虎，王信之乎？」王曰：「寡人信之矣。」龐蔥曰：「夫市之無虎明矣，然而三人言而成虎。今邯鄲去大梁也遠於市，而議臣者過於三人矣。願王察之矣。」王曰：「寡人自為知。」於是辭行，而讒言先至。後太子罷質，果不得見。

※注釋

①龐蔥：魏國大臣。

※譯文

龐蔥要陪太子到邯鄲去做質子，他對魏王說：「現在街市上如果有一個人說有老虎，您相信嗎？」魏王說：「不信。」龐蔥說：「如果街市上有兩個人說有老虎，大王相信嗎？」魏王說：「那寡人就感到疑惑了。」龐蔥又說：「如果街市上有三個人都說有老虎，大王相信嗎？」魏王說：「那寡人就相信了。」龐蔥說：「街市上根本不會有老虎，但是三個人都說有老虎，聽起來就像真的有老虎了。現在邯鄲距離大梁，比到街市的距離還要遠，而非議臣的人也不止三個。願大王能明察。」魏王說：「寡人知道該怎麼做。」於是龐蔥告辭離去，而非議他的話很快的傳到魏王那裡。後來太子回國後，龐蔥果然就不能再見魏王了。

※讀解

謊言重複千遍，就會被當成真理，要調查研究，防止上當受騙。街市是人群集中的地方，當然不會有老虎。說街市上有老虎，顯然是造謠、欺騙，但許多人這樣說，如果不從事物的真相上看問題，往往也會信以為真。這個故事後來被引申為「三人成虎」這句成語，用來比喻有時謠言可以掩蓋真相。判斷一件事情的真偽，必須經過細心考察和思考，不能道聽塗說。否則三人成虎，有時會誤把謠言當成是事實。

梁王魏嬰觴諸侯於范臺

※原文

梁王魏嬰觴[1]諸侯於范臺。酒酣，請魯君舉觴。魯君興，避席[2]擇言曰：「昔者帝女令儀狄作酒而美，進之禹，禹飲而甘之，遂疏儀狄，絕旨酒，曰：『後世必有以酒亡其國者。』齊桓公夜半不嗛，易牙乃煎敖燔炙，和調五味而進之，桓公食之而飽，至旦不覺，曰：『後必有以味亡其國者。』晉文公得南之威，三日不聽朝，遂推南之威而遠之，曰：『後世必有以色亡其國者。』楚王登強臺而望崩山，左江而右湖，以臨彷徨，其樂忘死，遂盟強臺而弗登，曰：『後世必有以高臺陂池亡其國者。』今主君之尊，儀狄之酒也；主君之味，易牙之調也；左白臺而右閭須，南威之美也；前夾林而後蘭臺，強臺之樂也。有一於此，足以亡其國。今主君兼此四者，可無戒與！」梁王稱善相屬。

※注釋

①觴：宴請。②避席：離開坐席。

※譯文

魏惠王魏嬰在范臺宴請各國的諸侯。喝到酣暢的時候，魏惠王向魯君敬酒。魯君站起來，離開自己的坐席，正色說：「過去舜帝的女兒儀狄釀的酒味道醇美。儀狄把酒獻給禹帝，禹帝喝了之後也覺得味道醇美。但因此就疏遠了儀狄，戒了美酒，並且說道：『後代一定有因為美酒而滅亡的國家。』有一天夜裡，齊桓公覺得肚子餓，想吃東西。易牙就煎熬燒烤，做出美味可口的菜餚送給他，齊桓公吃得很飽，睡到天亮了還不醒，醒了之後說：『後代一定有因貪食美味而滅亡的國家。』晉文公得到了美女南之威，三天都沒有上朝理政，於是就把南之威打發走，說：『後代一定有因為貪戀美色而滅亡的國家。』楚靈王登上強臺眺望崩山，左邊是長江，右邊是大湖，登上強臺蹉步，感到身臨山水之間的樂趣，而忘記人會死，於是在強臺上發誓，不再沉醉於山水，說：『後代一定有因為修高臺和美池而滅亡的國家。』現在您酒杯裡盛的如同儀狄釀的美酒；桌上放的如同易牙烹調出來的佳餚；您左邊的白臺，右邊的閭須，都如同是南之威一樣的美女；您的前面有夾林，後面有蘭臺，此刻所處的是強臺般的遊樂之地。只要有一樣在這裡，就能使國家滅亡，但現在這四樣您都有，能不警戒嗎？」魏惠王聽了，稱讚魯君的話說得非常好。

※讀解

魯君所說的話，是一個清醒的臣子會說的話。魏惠王宴請諸侯時，正是歡樂忘憂的時刻。取得了一定的成績，人們就容易志得意滿，此時最需要的就是如同魯君這樣的清醒之人，上前說一段清醒的話，使快意中人能夠樂不忘憂，安不忘危，這樣才能永保太平。

魯君提到了四個帝王的四個細節。禹帝、齊桓公、晉文公、楚靈王都是比較有作為的帝王，魯君舉他們作為例子，加以印證自己的觀點，較能讓魏王接受。雖然他們的細節不一定是真實的，但這種清醒的認知卻是真實的，是魏王切實能夠做到的。四個帝王分別對應四個方面：美酒、美食、美色、美景。這是人世間能夠享受到的四種樂事，魯君的意思是在勸說魏王，要注意這四個方面，不要沉溺於此，以免被四個帝王的四句話所言中，造成國亡身死的下場。魯君的忠誠之心，都在這些話語中說中了。

秦敗魏於華

※原文

秦敗魏於華，魏王且入朝於秦。周訢謂王曰：「宋人有學者，三年反而名其母①。其母曰：『子學三年，反而名我者何也？』其子曰：『吾所賢者，無過堯、舜，堯、舜名。吾所大者，無大天地，天地名。今母賢不過堯、舜，母大不過天地，是以名母也。』其母曰：『子之於學者，將盡行之乎？願子之有以易名母也。子之於學也，將有所不行乎？願子之且以名母為後也。』今王之事秦，尚有可以易入朝者乎？願王之有以易之，而以入朝為後。」

※注釋

①名其母：稱呼他母親的名字。

※譯文

秦軍在華地打敗了魏軍，魏王準備到秦國去朝貢。魏國大臣周訢對魏王說：「宋國有個外出求學的人，三年後回到家，卻直呼他母親的名字。他母親說：『你外出求學三年，回來後卻直呼我的名字，這是什麼緣故？』這個人說：『我覺得聖賢沒有能超過堯、舜的，可是對堯、舜都能直接稱呼他的名字；我覺得最大的事物沒有比天地大的，可是對天地也能直呼它的名字。如今母親的賢德沒有超過堯舜，也大不過天地，所以才直呼母親的名字。』他母親說：『你所學的知識，打算都拿來實行嗎？那我希望你換個名字稱呼我，不要直呼名字。你所學的知識，打算有所保留嗎？若有的知識不拿來實行的話，希望你以後再直呼我的名字。』現在大王要侍奉秦王，還有其他能代替朝貢秦王的辦法嗎？希望大王換一種方式，把朝貢秦王的事往後推一點。」

※原文

魏王曰：「子患寡人入而不出邪？許綰為我祝[①]曰：『入而不出，請殉寡人以頭。』」周訢對曰：「如臣之賤也，今人有謂臣曰，入不測之淵而必出，不出，請以一鼠首為女[②]殉者，臣必不為也。今秦不可知之國也，猶不測之淵也；而許綰之首，猶鼠首也。內王於不可知之秦，而殉王以鼠首，臣竊為王不取也。且無梁孰與無河內急？」王曰：「梁急。」「無梁孰與無身急？」王曰：「身急。」曰：「以三者，身，上也；河內，其下也。秦未索其下，而王效其上，可乎？」

王尚未聽也。支期曰：「王視楚王。楚王入秦，王以三乘先之；楚王不入，楚、魏為一，尚足以捍秦。」王乃止，王謂支期曰：「吾始已諾於應侯矣，今不行者欺之矣。」支期曰：「王勿憂也。臣使長信侯請無內王，王待臣也。」

※注釋

①祝：起誓，發誓。②女：同「汝」，你。

※譯文

魏王說：「你擔心寡人到秦國後就回不來了嗎？許綰曾經向寡人發誓，說：『如果去秦國不能返回，就請砍掉我的腦袋為您殉葬。』」周訢對魏王說：「像我這樣低賤的人，如果有人對我說：你跳入不可測量的深淵，一定能出來；如果出不來，我就用一隻老鼠的腦袋為你殉葬。我肯定不會跳。秦國是無法猜測的國家，就像不可測量的深淵；而許綰的腦袋就像老鼠的腦袋。讓大王進入不可猜測的秦國，卻用一隻老鼠的腦袋做擔保，我私下認為大王不能這樣做。而且大王認為，丟掉大梁和丟掉河內哪個更重要？」魏王說：「丟掉大梁重要。」周訢說：「丟掉大梁和丟掉性命哪個更重要？」魏王說：「性命更重要。」周訢說：「河內、大梁和性命這三者當中，性命是最重要的，河內是次要的。秦國還沒有索要次要的，而大王卻主動送上最重要的，這樣可行嗎？」

魏王沒有採納周訢的建議。支期勸說魏王說：「大王可以靜觀楚王，如果楚王到秦國去，大王就帶三輛戰車先到秦國去；如果楚王不去的話，楚、魏兩國的軍隊聯合在一起，還能抵抗秦國的軍隊。」於是魏王取消去秦國的計畫。魏王對支期說：「寡人當初已經答應秦國的應侯范睢了，現在不去的話就是欺騙應侯了。」支期說：「大王不用擔心，臣讓長信侯去應侯那裡，就能讓大王不用去秦國，請大王等待臣的消息。」

※原文

支期說於長信侯曰：「王命召相國。」長信侯曰：「王何以臣為？」支期曰：「臣不知也，王急召君。」長信侯曰：「吾內王於秦者，寧以為秦邪？吾以為魏也。」支期曰：「君無為魏計，君其自為計。且安死乎？安生乎？安窮乎？安貴乎？君其先自為計，後為魏計。」長信侯曰：「樓公[①]將入矣，臣今從。」支期曰：「王急召君，君不行，血濺君襟矣。」

長信侯行，支期隨其後。且見王，支期先入謂王曰：「偽病者乎而見之，臣已恐之矣。」長信侯入見王，王曰：「病甚奈何？吾始已諾於應侯矣，意雖道死，行乎？」長信侯曰：「王毋行矣！臣能得之於應侯，願王無憂。」

※注釋

①樓公：即樓緩，前後侍奉趙武靈王和秦昭襄王兩位著名的君王，活動時間跨度有四五十年，多次損害趙國。

※譯文

支期對長信侯說：「大王下令要召見您。」長信侯說：「你知道大王召見我是為了什麼事嗎？」支期說：「我不知道，只知道大王著急要召見您。」長信侯說：「我讓大王去秦國，難道是為了秦國嗎？我是為了魏國。」支期說：「您別替魏國打算了，您還是先為自己打算吧。您是樂意死呢，還是樂意活？您是樂意貧窮呢，樂意富貴？

您還是先為自己打算，然後再替魏國打算吧。」長信侯說：「樓緩將要來了，請讓我和他一起去見大王。」支期說：「大王緊急召見您，您不去的話，恐怕鮮血就要濺在您衣襟上了！」

長信侯這才動身去見魏王，支期跟在他身後。將要見到魏王的時候，支期先進去對魏王說：「您裝成有病的樣子來接見長信侯，臣已經嚇唬他了。」長信侯進來拜見魏王。魏王說：「寡人病得很重，怎麼辦呢？寡人當初已經許諾給應侯了，所以即使死在路上也要去秦國，還要去嗎？」長信侯說：「大王不要去了！臣能讓應侯免召您到秦國去，請大王不要擔憂。」

※讀解

還記得餓死在共地松柏間的齊王建嗎？齊王建不聽眾人的勸阻，執意要去秦國，結果落到如此悲慘的下場。本篇裡的魏王也受到邀請，執意要去秦國。但魏王還算能夠聽進不同意見的國君，所以他不會有悲慘的下場。

戰國時代的國際政治，充滿了爾虞我詐。國家和國家之間是沒有誠信可言的，如果輕信了虛假而動聽的政治話語，就只能作繭自縛，自食其果了。

周訢的勸諫是很有說服力的，他透過一個小故事來勸阻魏王，使魏王逐漸看清楚孰輕孰重，看清了事態的真相。但魏王此時腦袋還昏昏沉沉不清醒，根本無法接納不同的意見。後來在支期的積極參與下，用裝病的方法騙過了長信侯，才免除自己的災禍。

齊欲伐魏

※原文

齊欲伐魏，魏使人謂淳于髡[①]曰：「齊欲伐魏，能解魏患，唯先生也。敝邑有寶璧二雙，文馬二駟，請致之先生。」淳于髡曰：「諾。」入說齊王曰：「楚，齊之仇敵也；魏，齊之與國也。夫伐與國，使仇敵制其餘敝，名醜而實危，為王弗取也。」齊王曰：「善。」乃不伐魏。

客謂齊王曰：「淳于髡言不伐魏者，受魏之璧、馬也。」王以謂淳于髡曰：「聞先生受魏之璧、馬，有諸？」曰：「有之。」「然則先生之為寡人計之何如？」淳于髡曰：「伐魏之事不便，魏雖刺髡，於王何益？若誠不便，魏雖封髡，於王何損？且夫王無伐與國之誹，魏無見亡之危，百姓無被兵之患，髡有璧、馬之寶，於王何傷乎？」

※注釋

①淳于髡：（約西元前三八六年—前三〇〇年），齊國贅婿，齊國稷下學士，齊威王用為客卿，被賜列第為上大夫，不治政而議論，著書立說，成家成派，對戰國時的思想、文化有一定貢獻。

※譯文

齊國想要攻打魏國，魏國派人遊說齊國大臣淳于髡說：「齊國想要攻打魏國，能解除魏國禍患的，只有先生您一個人。敝國有寶璧兩雙，兩輛四馬拉的紋彩馬車，請讓我送給先生。」淳于髡說：「好吧。」於是淳于髡就進宮勸說齊威王，說：「楚國是齊國的仇敵，魏國是齊國的盟國。現在要攻打盟國，給仇敵機會來進攻我國作戰之後疲憊的軍隊，這樣做的話，不但名聲不好，還會招來危險，臣認為大王不應該這樣做。」齊威王說：「好。」於是齊王就取消攻打魏國的計畫。

有個說客對齊威王說：「淳于髡勸您不要攻打魏國，是因為他接受了魏國的璧玉和寶馬啊。」齊威王於是問淳于髡說：「聽說先生接受了魏國的璧玉和寶馬，有這樣的事情嗎？」淳于髡說：「有這回事。」齊威王說：「這樣的話，先生為寡人所出的主意是為了什麼呢？」淳于髡說：「如果攻打魏國有利於我國的話，魏國就是殺死臣，對大王又有什麼好處呢？如果知道攻打魏國確實對齊國沒有好處，魏國就是賞賜臣，對大王又有什麼損失呢？而且不攻打魏國，大王就沒有攻打盟國的壞名聲，而魏國也沒有被滅亡的危險，百姓也不會遭受戰亂憂患，臣接受了璧玉和寶馬，對大王來說又有什麼損傷呢？」

※讀解

齊國要攻打魏國，魏國賄賂淳于髡寶璧兩雙，兩輛四馬拉的紋彩馬車，請求他勸說齊威王取消攻打魏國的計畫。淳于髡接受了財物，為了魏國的利益去勸說齊威王取消戰爭。但他絕對沒有站在魏國的立場上說話，而是在齊國發動對魏國的戰爭這件事上，巧妙地為齊國說話，所以能夠有效地說服齊威王。

雖然事情的真相還是暴露了，但能言善辯的淳于髡以三個反問，將齊王的責問頂了回去，顯現出他機敏睿智的一面。

秦攻韓之管

※原文

秦攻韓之管，魏王發兵救之。昭忌曰：「夫秦強國也，而韓、魏壤梁。不出攻則已，若出攻，非於韓也必魏也。今幸而於韓，此魏之福也。王若救之，夫解攻者，必韓之管也；致攻者，必魏之梁也。」魏王不聽，曰：「若不因救韓，韓怨魏，西合於秦，秦、韓為一，則魏危。」遂救之。秦果釋管而攻魏。魏王大恐，謂昭忌曰：「不用子之計而禍至，為之奈何？」昭忌乃為之見秦王曰：「臣聞明主之聽也，不以挾私為政，是參行①也。願大王無攻魏，聽臣也。」秦王曰：「何也？」昭忌曰：「山東之從，時合時離，何也哉？」秦王曰：「不識也。」曰：「天下之合也，以王之不必也；其離也，以王之必也。今攻韓之管，國危矣，未卒而移兵於梁，合天下之從，無精於此者矣。以為秦之求索，必不可支也。故為王計者，不如齊趙，秦已制趙，則燕不敢不事秦，荊、齊不能獨從。天下爭敵於秦，則弱矣。」秦王乃止。

※注釋

①參行：「參」通「三」。這裡是共同決定再實行。

※譯文

秦國攻打韓國的管城，魏王派出軍隊援救韓國。昭忌對魏王說：「秦國是強國，而韓、魏兩國和秦國接壤。

秦國不去進攻也就算了，一旦派軍隊進攻，所進攻的不是韓國，就是魏國。現在幸虧攻打的是韓國，這是魏國的幸運。大王如果救援韓國，那麼解除包圍的，一定是韓國的管城；招來進攻的，一定是魏國的大梁。」魏王不聽信昭忌的建議，說：「如果不借這個機會去營救韓國的話，韓國就會怨恨魏國，它向西和秦國聯合起來，這樣一來，魏國不就危險了嗎？」於是就去援救韓國，秦國果然扔下管城來攻打魏國。魏王非常害怕，對昭忌說：「寡人沒有採用先生的計策，結果招來大禍，這怎麼辦呢？」昭忌就代表魏王去拜見秦王說：「臣聽說賢明的國君聽政的時候，是不會用一己的偏見來治理國家的，希望大王不要進攻魏國，聽一聽臣的意見吧。」秦王說：「你的意見是什麼？」昭忌回答說：「請問大王，崤山以東的六國，時而聯合，時而分離，是什麼原因呢？」秦王說：「不知道是什麼原因。」昭忌說：「天下各國的諸侯之所以聯合，是因為大王進攻的國家還沒有明確；它們之所以又分裂，是因為大王進攻的國家已經確定了。如今秦國攻打韓國的管城，韓國危險，可是還沒有個結果就轉而攻打魏國，這樣一來，各國的諸侯組織合縱聯盟的願望，沒有比這個時候更為強烈了。各國都認為秦國這樣攻打索取，肯定不會來支持您。所以臣為大王考慮，不如先去制伏趙國。如果制伏了趙國，那燕國也就不得不服從您，楚和齊就無法合縱。如果各國諸侯都爭著和秦國對抗的話，那麼秦國就要衰弱了。」秦王於是停止攻打魏國。

※讀解

有些人就是不願意聽取不同的意見，結果造成被動的局面。但實踐是檢驗真理的標準，等到事情的發展已經不是自己所認為的那樣，這時候就會慌了。事情沒有變得那麼糟還好，如果一下子就不可逆轉，這些不願意聽取不同意見的人就要自食其果了，只有事實才能夠使這些人警醒。

好在魏國還有像昭忌這樣的大臣，所以能夠暫時免遭戰爭的禍亂。昭忌勸說秦王，一語道破戰國時期，崤山以東六國間分分合合的原因。無論是合縱政策還是連橫政策，發揮作用的還是秦國的一舉一動。而六國說客的努力奔走，也對秦國的對外方針起了一定的作用。只是文中的趙國，如果遭到秦國的攻打，還不知道是昭忌為秦國出的主意呢！

魏王欲攻邯鄲

※原文

魏王欲攻邯鄲，季梁聞之，中道而反，衣焦[1]不申，頭塵不去，往見王曰：「今者臣來，見人於大行[2]。方北面而持其駕，告臣曰：『我欲之楚。』臣曰：『君之楚，將奚為北面？』曰：『吾馬良。』臣曰：『馬雖良，此非楚之路也。』曰：『吾用多。』臣曰：『用雖多，此非楚之路也。』曰：『吾御者善。』『此數者愈善，而離楚愈遠耳！』今王動欲成霸王，舉欲信於天下。恃王國之大，兵之精銳，而攻邯鄲，以廣地尊名，王之動愈數，而離王愈遠耳。猶至楚而北行也。」

※注釋

①焦：衣服起皺紋或捲曲。②大行：大路。

※譯文

魏王將要進攻邯鄲，季梁聽說了這件事，半路上就折返，顧不上舒展開衣服的褶皺，也顧不得洗掉頭上的塵土，就急忙去拜見魏王，說：「今天臣回來的時候，在路上碰見一個人。他正向北趕他的車，他告訴我說：『我想去楚國。』我說：『您既然要到楚國去，為什麼要往北邊走呢？』他說：『我的馬好。』我說：『馬即使再好，但是這不是去楚國的路。』他說：『我帶的盤纏多。』我說：『盤纏即使再多，但這不是去楚國的路。』他又說：『我的車夫擅長趕車。』『這幾個方面越好，反而會離楚國越遠！』現在大王每次行動都想要建立霸業，每次行動都想要在天下取得威信。然而，憑藉著魏國國力強大，軍隊精良，而去進攻邯鄲，來擴張國家的土地，得到尊貴的名聲，大王這樣的行動越多，就離大王所追求的霸業越遠。這和那個想到楚國去卻一直向北走的人一樣。」

※讀解

本篇記載了一個成語：南轅北轍。轅向南，轍向北，比喻行動與目的相反，結果離目標越來越遠。季梁所說的這個故事，最早形成的成語是「北轅適楚」，後來在流傳過程中，人們習慣稱之為「南轅北轍」，並引申出另一個成語「背道而馳」，意義是相同的。

季梁用南轅北轍的道理來勸說魏王想要「成霸王，舉欲信於天下」，就不應該「恃王國之大，兵之精銳，而攻邯鄲，以廣地尊名」，指出魏王這樣採用窮兵黷武的方法，就如同南轅北轍的那個人一樣，越是努力，反而離目標越遠。

季梁為了打動魏王，以自己的經歷，帶出南轅北轍的故事，說明魏王的行動與自己的目的背道而馳的道理。

其實這個故事並不一定就發生在季梁身上，他之所以與自己的親身經歷相聯繫，是為了讓故事顯得生動和真實，從而更具有說服力。我們在說服他人時不妨也用這種說法，將一些故事、案例融入自己的親身經歷，這樣就更容易打動人。

季梁勸說魏王，也是切實站在對方的立場上，設身處地為對方的利益考慮，而沒有透露出自己的真實目的，這是戰國時期那些謀臣策士為了反戰而經常採用的遊說策略。

信陵君殺晉鄙

※原文

信陵君①殺晉鄙②，救邯鄲，破秦人，存趙國，趙王③自郊迎。唐雎謂信陵君曰：「臣聞之曰，事有不可知者，有不可不知者；有不可忘者，有不可不忘者。」信陵君曰：「何謂也？」對曰：「人之憎我也，不可不知也；吾憎人也，不可得而知也。人之有德於我也，不可忘也；吾有德於人也，不可不忘也。今君殺晉鄙，救邯鄲，破秦人，存趙國，此大德也。今趙王自郊迎，卒然見趙王，臣願君之忘之也。」信陵君曰：「無忌謹受教。」

※注釋

①信陵君：名魏無忌，戰國時代魏國人，是魏昭王的兒子，魏安釐王同父異母的弟弟；著名的政治家、軍事家，魏安釐王時期官至魏國上將軍；和平原君趙勝、孟嘗君田文、春申君黃歇合稱為「戰國四公子」。②晉鄙：

秦國大將，率軍圍困邯鄲，信陵君竊來兵符假傳王命救趙，晉鄙不聽命被壯士朱亥錘殺。③趙王：趙孝成王。

※譯文

信陵君殺死了晉鄙，救了邯鄲，打敗秦國的軍隊，保全趙國，趙孝成王親自到郊外迎接他。唐雎對信陵君說：「聽說，事情有不能讓別人知道的，有不能不讓別人知道的；有不能忘記的，有不能不忘記的。」信陵君說：「先生所說的是什麼意思呢？」唐雎回答說：「別人憎恨自己，自己不能不知道；而自己憎恨別人，就不能讓人知道。別人對自己有恩德，自己不能忘記；自己對人家有恩德，就不可不忘記。現在您殺了晉鄙，救了邯鄲，打敗秦軍，保全趙國，這對趙王來說是很大的恩德，現在趙王親自到郊外迎接您，我們倉促拜見趙王，我希望您能忘掉曾經救下邯鄲、保全趙國這件事情。」信陵君說：「無忌謹遵先生的教誨。」

※讀解

信陵君竊符救趙，這對信陵君來說是一件大功勞，而對趙國來說是一個大恩德，所以趙王親自到郊外去迎接得勝而歸的信陵君。大功大恩都發生了，但如何自處，卻需要很高的智慧。老子說：「功成而弗居，是以不去。」在大的功勞面前，確實需要我們保持清醒的頭腦，用正確的方式來處理。

唐雎在關鍵時刻提醒信陵君：「事有不可知者，有不可不知者；有不可忘者，有不可不忘者。」他希望信陵君能夠忘掉自己為趙國所立下的汗馬功勞，保持清醒的頭腦，不要以為自己立下功勞就可以為所欲為。信陵君虛心接受了他的良言相勸。

唐雎所說的話，也是我們在現實生活中所需要踐行的。該知道的一定要知道，而不該知道的就不要想方設法去打聽，否則就會對自己不利；而該忘記的就要忘記，該記住的也一定要記住，否則也會對自己產生不利的影響。這其中有個標準的問題，什麼樣的事情該怎麼處理，這就需要我們靠智慧來加以分辨。

解了邯鄲之圍後，信陵君知道自己盜取魏安釐王的兵符，假傳君令擊殺晉鄙，魏安釐王一定會非常惱怒，所以信陵君讓將領們帶著魏軍返回魏國，而信陵君和他的門客留在趙國。趙孝成王感激信陵君竊符救趙的義舉，把湯沐邑封賞給信陵君；魏安釐王也原諒了信陵君的罪過，仍然讓信陵君享有信陵；而魏無忌一直留在趙國，十年沒有回去。

秦王使人謂安陵君

※原文

秦王[①]使人謂安陵君[②]曰：「寡人欲以五百里之地易安陵，安陵君其許寡人。」安陵君曰：「大王加惠，以大易小，甚善。雖然，受地於先王，願終守之，弗敢易。」秦王不說。安陵君因使唐雎使於秦。

秦王謂唐雎曰：「寡人以五百里之地易安陵，安陵君不聽寡人，何也？且秦滅韓亡魏，而君以五十里之地存者，以君為長者，故不錯意也。今吾以十倍之地請廣於君，而君逆寡人者，輕寡人與？」唐雎對曰：「否，非若是也。安陵君受地於先王而守之，雖千里不敢易也，豈直五百里哉？」

※注釋

①秦王：即秦始皇。②安陵君：魏國分封的小國的君主。安陵，在今河南省鄢陵縣西北。

※譯文

秦王派使者對安陵君說：「寡人想拿方圓五百里的土地來換安陵，安陵君一定要答應寡人。」安陵君說：「大王給予恩惠，用面積大的土地來換臣面積小的土地，這當然很好。即使如此，臣從先王那裡繼承了這塊土地，希望一直守護著它，不敢拿來和大王交換。」秦王很不高興。安陵君因此派唐雎出使秦國。

秦王對唐雎說：「寡人拿方圓五百里的土地來交換安陵，安陵君卻不答應寡人，這是什麼原因？而且秦國消滅了韓國和魏國，只有安陵君憑著方圓五十里的土地生存下來，那是因為我把安陵君看成忠厚的長者，所以不打他的主意。現在我拿出十倍的土地，希望和安陵君交換，但是他卻拒絕寡人，這不是看不起寡人嗎？」唐雎說：「不，不是這樣的。安陵君從先王手裡繼承封地並保有它，即使是方圓一千里的土地也不敢拿來交換，何況只是五百里？」

※原文

秦王怫然怒，謂唐雎曰：「公亦嘗聞天子之怒乎？」唐雎對曰：「臣未嘗聞也。」秦王曰：「天子之怒，伏屍百萬，流血千里。」唐雎曰：「大王嘗聞布衣之怒乎？」秦王曰：「布衣之怒，亦免冠徒跣①，以頭搶地爾。」唐雎曰：「此庸夫之怒也，非士之怒也。夫專諸之刺王僚也，彗星襲月；聶政之刺韓傀也，白虹貫日；要離之刺慶忌也，蒼鷹擊於殿上[②]。此三子者，皆布衣之士也，懷怒未發，休祲降於天，與臣而將四矣。若士必怒，伏屍二人，流血五步，天下縞素，今日是也。」挺劍而起。秦王色撓，長跪而謝之曰：「先生坐，何至於此！寡人諭矣。夫韓、魏滅亡，而安陵以五十里之地存者，徒以有先生也。」

※注釋

①徒跣：赤腳。②專諸：春秋時吳國堂邑（今江蘇六合西北）人。吳國公子光（即吳王闔閭）欲殺王僚自立，伍子胥把專諸推薦給公子光。西元前五一五年，公子光趁吳國內部空虛，與專諸密謀，以宴請吳王僚為名，藏匕首於魚腹之中進獻，當場刺殺吳王僚，專諸也被吳王僚的侍衛殺死。要離：吳王闔閭登上王位之後，吳王僚的兒子慶忌要為父親報仇。闔閭用苦肉計將要離斷臂，殺了他的家人。要離到衛國刺殺慶忌，後不受闔閭的賞賜，自刎於堂上。

※譯文

秦王勃然大怒，對唐雎說：「你曾聽過天子的憤怒嗎？」唐雎說：「臣沒有聽說過。」秦王說：「天子發怒，就要殺一百萬人，流血一千里。」唐雎說：「大王您曾經聽說過平民的憤怒嗎？」秦王說：「平民的憤怒，不過是摘下帽子，光著腳，拿腦袋撞地罷了。」唐雎說：「這是庸人的憤怒，並不是士人的憤怒。當初專諸刺殺王僚的時候，彗星撞向月亮；聶政刺殺韓傀的時候，白虹穿過太陽；要離刺殺慶忌的時候，蒼鷹撲擊到宮殿上。這三個人，都是平民中的士人，滿腔的憤怒還沒有發洩出來，天上就出現了徵兆，加上臣的，將是四個人了。所以士人一旦發怒，兩具屍體就要倒下，血流淌在五步之內，天下人都穿上白色的孝衣，今天就是這樣了。」說完，唐雎就拔出劍站起來。秦王臉色大變，挺著身跪在那裡，對唐雎道歉說：「先生請坐下說話，哪裡至於這樣呢？寡人明白了。韓、魏兩國滅亡，但是安陵君憑藉著方圓五十里的土地安然無恙，只是因為有先生在。」

※讀解

我們從這段文字中看到了一個忠誠於國家、敢於面對豪強的外交官。唐雎不辱使命，用自己的智慧和勇氣，捍衛國家的主權和尊嚴。

秦王要用交換土地的方式來吞併安陵君。面對秦王的無理要求，唐雎斷然回絕。在這種涉及主權和尊嚴的問題上，唐雎絲毫沒有讓步。秦王遭到拒絕之後，發現只用平常的手段是無法達到目的的，所以就用暴力來使面前的外交官屈服，用天子之怒來恐嚇唐雎。但唐雎不吃他那一套，還之以布衣之怒，使秦王知道自己是不會被暴力嚇到的。秦王看見唐雎不好惹就立刻讓步，不再向魏國要求交換土地。

唐雎之所以能夠使秦王讓步，除了他誓死捍衛國家主權的強硬態度之外，他用語言描繪刺客行刺的場面，也起了很大的作用。「夫專諸之刺王僚也，彗星襲月；聶政之刺韓傀也，白虹貫日；要離之刺慶忌也，蒼鷹擊於殿上」三個排比句式不僅將刺客刺殺國君的事情全盤托出，還將行刺的事件和與之伴隨的詭異現象相提並論，從而強化自己保衛國家主權的立場和決心，讓秦王的心理有很強的震懾力。

韓策

申子請仕其從兄官，昭侯不許也。申子有怨色。昭侯曰：「非所謂學於子者也。聽子之謁，而廢子之道乎？又亡其行子之術，而廢子之謁乎？子嘗教寡人循功勞，視次第。今有所求，此我將奚聽乎？」申子乃辟舍請罪，曰：「君真其人也！」

申子請仕其從兄官

※原文

申子[1]請仕其從兄官，昭侯不許也。申子有怨色。昭侯曰：「非所謂學於子者也。聽子之謁，而廢子之道乎？又亡其行子之術，而廢子之謁乎？子嘗教寡人循功勞，視次第。今有所求，此我將奚聽乎？」申子乃辟舍請罪，曰：「君真其人也！」

※注釋

①申子：申不害，戰國時期法家的代表人物。

※譯文

申不害請求為堂兄謀一個官職，韓昭侯不同意。申不害臉上流露出埋怨的神情。韓昭侯說：「這不就是從您那裡學來的嗎？您是讓我答應您的請求，而拋棄您的教導呢，還是推行您的主張，而拒絕您的請求呢？您曾經教導我要按照功勞的大小，決定官職的等級。今天您來請求，是讓我聽從哪一種教導呢？」於是申不害離開客舍前去請罪，對韓昭侯說：「您真的是論功授官的人啊！」

※讀解

申不害是戰國時期法家的著名代表人物。他主張按照功勞的大小來加官晉爵和賞賜財物，即使是有宗室關係，如果沒有功勞的話也不能授予官職。但是在當時人情大於法律，這樣的主張是很難實行的。就連一直主張這種人才選拔機制的人，也不免進行破壞。

有時候人會犯下自相矛盾的錯誤，或許一個時期主張這個理論，到了另一個時期，又會自己推翻自己所堅持的信念。

韓昭侯是韓國改革派代表人物之一，曾經學於申不害，接受和傳承的是法家學派的衣缽。申不害教導他要按照功勞的大小來決定官職的等級，不可隨意授予官職。本來是光明正大的主張，但到了另外一個時期就被自己推翻。

蘇秦為楚合從說韓王

※原文

蘇秦為楚合從，說韓王曰：「韓北有鞏、洛、成皋之固，西有宜陽、常阪之塞，東有宛、穰、洧水，南有陘山，地方千里，帶甲數十萬。天下之強弓勁弩，皆自韓出。溪子、少府、時力、距來，皆射六百步之外。韓卒超足而射，百發不暇止，遠者達胸，近者掩心。韓卒之劍戟，皆出於冥山、棠溪、墨陽、合伯、鄧師、宛馮、龍淵、大阿，皆陸斷馬牛，水擊鵠雁，當敵即斬堅。甲、盾、鞮、鍪、鐵幕、革抉、芮，無不畢具。以韓卒之勇，被堅甲，蹠[1]勁弩，帶利劍，一人當百，不足言也。夫以韓之勁，與大王之賢，乃欲西面事秦，稱東藩，築帝宮，受冠帶，祠春秋，交臂而服焉，夫羞社稷而為天下笑，無過此者矣。是故願大王之熟計之也。」

※注釋

①蹠：用腳踏。

※譯文

蘇秦為楚國推行合縱政策，遊說韓王說：「韓國北面有鞏地、洛邑、成皋等堅固的城池，西面有宜陽、常阪等險要的關塞，東面有宛地、穰地和洧水，南面有陘山，土地方圓千里，士兵有幾十萬。天下的強弓勁弩，都是產自韓國。溪子、少府、時力和距來等這些上等的弓箭，都能射到六百步以外。韓國士兵抬腳踏地射箭，可以連續發射很多次，遠處的能射中胸膛，近處的能射穿心臟。韓國的士兵所使用的劍和戟都出自冥山、棠溪、墨陽、合伯、鄧師、宛馮、龍淵、大阿等地，在陸地上能砍殺牛馬，在水裡能截擊天鵝和大雁，和敵人決戰能擊潰強敵。鎧甲、頭盔、臂衣、扳指、繫盾的絲帶等，韓國更是無所不備。憑藉著韓國士兵的勇敢，身穿堅固的鎧甲，腳踏強勁的弩弓，佩帶鋒利的寶劍，一個人抵擋上百人不在話下。憑藉著韓國的強大和大王的賢明，卻想要投向西方侍奉秦國，自稱是秦國東方的藩臣，要給秦王修築行宮，接受秦王的封賞，春秋兩季還要向秦國朝貢祭祀，拱手臣服於它，使整個國家蒙受恥辱來招致天下人的恥笑，沒有比這更嚴重的問題了。所以臣希望大王能夠慎重考慮這個問題。」

※原文

「大王事秦，秦必求宜陽、成皋[1]。今茲效之，明年又益求割地。與之，即無地以給之；不與，則棄前功而後更受其禍。且夫大王之地有盡，而秦之求無已。夫以有盡之地而逆無已之求，此所謂市怨而買禍者也，不戰而地已削矣。臣聞鄙語曰：『寧為雞口，無為牛後。』今大王西面交臂而臣事秦，何以異於牛後乎？夫以大王之賢，挾強韓之兵，而有牛後之名，臣竊為大王羞之。」韓王忿然作色，攘臂按劍，仰天太息曰：「寡人雖死，必不能事秦。今主君以楚王之教詔之，敬奉社稷以從。」

※注釋

①宜陽、成皋：韓國的城邑，都是軍事要地。

※譯文

「如果大王侍奉秦國，秦國必定索要宜陽、成皋這兩個地方。今年把土地割讓給它，明年它又會得寸進尺，索要更多的土地。如果給它，卻沒有那麼多的土地可以來割讓；如果不給，就前功盡棄，以後還要遭受秦國帶來的災禍。況且大王的土地是有窮盡的，而秦國卻貪得無厭。拿有限的土地來迎合無止境的貪欲，這就是所說的求取怨恨和災禍啊！用不著交戰，土地已經削減了。臣聽有句俗語說：『寧肯當雞嘴，也不要做牛尾。』如今大王投向西方，像藩臣一樣來侍奉秦國，這跟做牛尾又有什麼區別呢？憑藉著大王的賢能，又擁有這麼強大的軍隊，卻落到做牛尾的惡名，臣私底下真為您感到慚愧。」韓王頓時氣得變了臉色，胳膊一揚，按住寶劍，仰天嘆息說：

「寡人即使是死了，也一定不會去侍奉秦國。今天先生拿楚王的詔示來教誨寡人，請允許寡人讓全國上下來聽從。」

※讀解

蘇秦又來到韓國，為推行合縱聯盟、實現他的政治理想，開始對韓王進行一番勸說。他周遊六國，勸說各國的帝王，採用的遊說策略大致相同。首先為眼前的帝王分析國家所具有的強大實力和各方面的優勢，其中不乏誇張的虛美之詞，他的目的在於取得對方的好感，增強對方的信心，樹立一個國家的形象和尊嚴，而不去低三下四地侍奉秦國，不放棄國家的自主權，甘心做秦國的附屬國。然後就談到對方所實行的政策，指出其中的得失，很自然地引入合縱聯盟的問題，用富有感染力的語言為對方展望參加合縱聯盟的美好前景，以及不參加合縱聯盟而西面侍奉秦國的悲慘結局，在立論和駁論中強調自己所主張的合縱聯盟是對方最好的選擇，從而說服對方。

值得一提的是蘇秦在最後提出的「寧為雞口，無為牛後」的俗語，恰到好處地說明合縱聯盟在當時的意義。這句話也成為人們面對選擇時的一個依據原則。

張儀為秦連橫說韓王

※原文

張儀為秦連橫說韓王曰：「韓地險惡，山居，五穀所生，非麥而豆；民之所食，大抵豆飯藿羹[①]；一歲不收，民不饜糟糠；地方不滿九百里，無二歲之所食。料大王之卒，悉之不過三十萬，而廝徒負養在其中矣，為除守徼亭鄣塞，見卒不過二十萬而已矣。秦帶甲百餘萬，車千乘，騎萬匹，虎摯之士，跿跔科頭、貫頤奮戟者，至不可勝計也。秦馬之良，戎兵之眾，探前趹後，蹄間三尋者，不可稱數也。山東之卒，被甲冒胄以會戰，秦人捐甲徒裎以趨敵，左挈人頭，右挾生虜。夫秦卒之與山東之卒也，猶孟賁之與怯夫也；以重力相壓，猶烏獲之與嬰兒也。夫戰孟賁、烏獲之士，以攻不服之弱國，無以異於墮千鈞之重，集於鳥卵之上，必無幸矣。」

「諸侯不料兵之弱，食之寡，而聽從人之甘言好辭，比周以相飾也，皆言曰：『聽吾計則可以強霸天下。』夫不顧社稷之長利，而聽須臾之說，詿誤②人主者，無過於此者矣。大王不事秦，秦下甲據宜陽，斷絕韓之上地；東取成皋、宜陽，則鴻台之宮，桑林之苑，非王之有已。夫塞成皋，絕上地，則王之國分矣。先事秦則安矣，不事秦則危矣。」

「夫造禍而求福，計淺而怨深。逆秦而順楚，雖欲無亡，不可得也。故為大王計，莫如事秦。秦之所欲，莫如弱楚，而能弱楚者莫如韓。非以韓能強於楚也，其地勢然也。今王西面而事秦以攻楚，為敝邑，秦王必喜。夫攻楚而私其地，轉禍而說秦，計無便於此者也。是故秦王使使臣獻書大王御史，須以決事。」

韓王曰：「客幸而教之，請比郡縣，築帝宮，祠春秋，稱東藩，效宜陽。」

※注釋

①藿羹：藿，豆葉，嫩時可食用。羹：湯。②詿誤：貽誤。

※譯文

張儀為秦國推行連橫戰略遊說韓王說：「韓國地勢險惡，處於山區，出產的糧食不是麥子就是大豆；老百姓吃的，大部分是豆做的飯和豆葉做的湯；如果哪一年收成不好，百姓就連酒糟和穀皮都吃不上；土地縱橫不到九百里，糧食儲備也不夠吃兩年。估計大王的兵力總共不到三十萬，其中連雜役和苦力也算在內了，如果除去守衛邊境哨所的人，現有的士兵不過二十萬罷了。而秦國的軍隊有百餘萬，戰車千輛，戰馬萬匹。奔騰跳躍，高擎戰戟，甚至不帶鎧甲衝入敵陣的戰士不可勝數。秦國戰馬優良，士兵眾多。戰馬探起前蹄蹬起後腿，兩蹄之間一躍可達三尋，這樣的戰馬不在少數。崤山以東的諸侯軍隊，披盔戴甲來會戰，秦軍卻可以不穿鎧甲赤身露體地衝鋒陷陣，左手提著人頭，右手抓著俘虜凱旋。由此看來，秦國的士兵與崤山以東六國的士兵相比，猶如勇士和懦夫；用重兵壓服六國，就像大力士烏獲對付嬰兒一般容易。用孟賁和烏獲這樣的勇士去攻打不馴服的弱國，無異於把千鈞重量壓在鳥蛋上，鳥蛋肯定無一倖免。」

「各國諸侯根本不考慮自己兵力弱、糧食少的現狀，卻聽信鼓吹合縱者的花言巧語，合縱家們互相勾結，互相欺騙說：『聽從我的計謀就可以雄霸天下了。』他們並不顧及國家的長遠利益，只聽信一時的空話，貽誤君主，沒有比這更嚴重的了。大王如果不歸順秦國，秦國必定發兵占領宜陽，斷絕韓國上黨的交通；東進奪取成皋和宜陽，那大王將失去鴻台宮、桑林苑。秦軍封鎖成皋、截斷上黨，那大王的國土豈不是被分割了？先歸順秦國就能安全，否則就會招來禍患。」

「那種正在製造災禍卻又想得到好報，計謀淺陋而結怨太深，違背秦國去順從楚國的做法，哪能不滅亡呢？所以替大王您考慮，不如歸順秦國。秦國所希望的，不過是削弱楚國，而能使楚國削弱的，莫過於韓國了。不是因為韓國比楚國強大，而是韓國在地勢上占有優勢。如今大王可到西方歸順秦國，為敝國攻打楚國，秦王一定會很高興。這樣，攻打楚國而占有它的土地，不但轉禍為福，而且取悅了秦王，沒有比這更有利的計策了。因此秦王派使臣獻書信一封給大王的御史，但願大王能有明智的裁決。」

韓王說：「有幸承蒙先生的教誨，寡人願意讓韓國做秦國的一個郡縣，並修建秦王的行宮，用於春秋祭祀，做東方的藩臣，並將宜陽獻給秦國。」

※讀解

張儀也來到韓國對韓王進行連橫政策的遊說。他不像蘇秦那樣，透過語言來增強韓王的自信心，樹立起一個國家的尊嚴，而是對韓國進行國弱民貧的分析，著力削弱韓國的自尊心。他的遊說策略還是一如既往地威逼利誘，用咄咄逼人的氣勢來壓倒對方，使對方不得不屈服，不得不答應推行他的連橫政策，這就是張儀。

而對於韓國來說，為了國家的利益，也是在張儀所代表的強大秦國威脅之下，在答應蘇秦參加合縱聯盟之後，又改弦更張，倒向張儀這一方。綜觀戰國時期的各個國家，對合縱連橫取捨不定，頻繁更改國家的對外政策，這也許是它們都走向滅亡的一個原因。

五國約而攻秦

※原文

五國①約而攻秦，楚王為從長②，不能傷秦，兵罷而留于成皋。魏順謂市丘君曰：「五國罷，必攻市丘，以償兵費。君資臣，臣請為君止天下之攻市丘。」市丘君曰：「善。」因遣之。

魏順南見楚王曰：「王約五國而西伐秦，不能傷秦，天下且以是輕王而重秦，故王胡不卜交乎？」楚王曰：「奈何？」魏順曰：「天下罷，必攻市丘以償兵費。王令之勿攻市丘。五國重王，且聽王之言而不攻市丘；不重王，且反王之言而攻市丘。然則王之輕重必明矣。」故楚王卜交而市丘存。

※注釋

①五國：趙、楚、魏、燕、韓五國。②從長：合縱聯盟的頭領。

※譯文

趙、楚、魏、燕、韓五國聯合進攻秦國，楚考烈王做了五國合縱聯盟的頭領。但這次進攻沒有挫傷秦國，於是五國聯軍停止進攻，駐紮在成皋。魏順對市丘的長官說：「五國停止進攻後，必然會攻打市丘，彌補軍費。您如果資助我，請讓我為您阻止諸侯進攻市丘。」市丘長官說：「好吧。」於是派他出使。

魏順往南去拜見楚考烈王，說：「大王約集了五個國家的軍隊往西進攻秦國，但是無法挫傷秦國，天下人將因此輕視大王而尊重秦國，所以大王為什麼不考驗一下諸侯對您的態度呢？」楚考烈王說：「怎麼考驗呢？」魏順說：「這次進攻秦國的戰爭停止以後，五國軍隊必然會進攻市丘來彌補戰爭中的損失。大王何不命令他們不要進攻市丘。五國如果尊重您，就會聽從您的命令不攻打市丘；如果他們不尊重您，就會違抗您的命令而進攻市丘。這樣的話，大王是被輕視還是被重視肯定一目了然了。」楚考烈王按照魏順的方法來考驗五國的態度，而市丘也因此得以保全。

※讀解

魏順不僅是個富有憂患意識和前瞻眼光的大臣，也是個很聰明的謀臣。他毫不費力就解除了市丘的隱患。其實，世間的事情並不一定非要大動干戈不可。當然，保全市丘也可以採用戰爭的形式，但這一定是下下策。最好解決問題的方法是不需要親自去做，而是靠別人的力量來完成。

我們在做事情的時候，要多動腦筋，從成本和效益上來考量。花費最少的成本帶來最大的效益，是我們應該時刻遵循的一個原則。

秦韓戰於濁澤

※原文

秦、韓戰於濁澤[1]，韓氏急。公仲明謂韓王曰：「與國不可恃。今秦之心欲伐楚，王不如因張儀為和於秦，賂之以一名都，與之伐楚。此以一易二之計也。」韓王曰：「善。」乃儆公仲之行，將西講於秦。

楚王聞之大恐，召陳軫而告之。陳軫曰：「秦之欲伐我久矣，今又得韓之名都一而具甲，秦、韓並兵南鄉，此秦所以廟祠而求也。今已得之矣，楚國必伐矣。王聽臣，為之儆四境之內，選師，言救韓，令戰車滿道路；發信臣，多其車，重其幣，使信王之救己也。縱韓為不能聽我，韓必德王也，必不為雁行②以來。是秦、韓不和，兵雖至，楚國不大病矣。為能聽我絕和於秦，秦必大怒，以厚怨於韓。韓得楚救，必輕秦。輕秦，其應秦必不敬。是我困秦、韓之兵，而免楚國之患也。」楚王大說，乃儆四境之內，選師，言救韓，發信臣，多其車，重其幣。謂韓王曰：「敝邑雖小，已悉起之矣。願大國遂肆意於秦，敝邑將以楚殉韓。」

※注釋

①濁澤：位於韓國，在今河南省長葛西。②雁行：跟隨。

※譯文

秦、韓兩國在濁澤交戰，韓國告急。公仲明對韓王說：「盟國不能依靠。現在秦國的意圖是想要攻打楚國，大王不如透過張儀與秦國和解，割讓一座大城池給秦國，然後和秦國聯合攻打楚國。這是以一換二的計策。」韓王說：「好。」就緊急準備讓公仲明出使秦國，打算往西與秦國講和。

楚王聽到這個消息，大為恐慌，召來陳軫，把這件事告訴了他。陳軫說：「秦國圖謀攻打我國已經很久了，現在又得到韓國的一座大城池，它的財賦可以增加兵餉，秦、韓兩國聯合起來向南進攻，這是秦國很多年以前就夢想著要實現的。如今它的目的已經達到，楚國必然要遭到進攻了。請大王聽從臣的意見，在全國範圍內戒嚴，挑選軍隊，對外宣佈要援救韓國，將戰車佈滿道路；派遣使者，增加出使的車輛，加重出使的禮品，讓韓國相信大王將要去援救它。即使韓國沒有聽從我們，一定會感激大王，絕對不會和秦國聯合攻打我國。這樣一來，秦、韓兩國就會不和，秦軍即使來了，楚國也不會遭受很大的損失。韓國如果能夠聽從我們，和秦國決裂的話，秦國必然會大為惱怒，因此怨恨韓國。韓國得到了楚國的援救，必定會輕視秦國；輕視秦國，它和秦國交往必然不恭敬。這樣我們就困住秦、韓兩國的軍隊，從而解除楚國的憂患。」楚王聽了非常高興，就在全國範圍內戒嚴，挑選軍隊，宣佈要援救韓國，派遣使者，增加出使的車輛，加重出使的禮品。讓使者對韓王說：「敝國雖然很小，但是已經全部動員起來了，希望貴國從容對付秦國，敝國將願意為韓國付出一切來和貴國共存亡。」

※原文

韓王大說，乃止公仲。公仲曰：「不可，夫以實告我者，秦也；以虛名救我者，楚也。恃楚之虛名，輕絕強秦之敵，必為天下笑矣。且楚、韓非兄弟之國也，又非素約而謀伐秦矣。秦欲伐楚，楚因以起師言救韓，此必陳軫之謀也。且王以使人報於秦矣，今弗行，是欺秦也。夫輕強秦之禍，而信楚之謀臣，王必悔之矣。」韓王弗聽，遂絕和於秦。秦果大怒，興師與韓氏戰於岸門，楚救不至，韓氏大敗。韓氏之兵非削弱也，民非蒙愚也，兵為秦禽，智為楚笑，過聽於陳軫，失計於韓明也。

※譯文

韓王聽了大為高興，於是就不再讓公仲明出使秦國。公仲明說：「不行，用實際的軍事行動使我國陷入困境的是秦國，用虛偽的好話來援救我國的是楚國。憑藉楚國虛偽的好話，輕易停止和強秦講和，必定會被天下人恥笑。而且楚、韓兩國並不是兄弟盟國，也不是事先就約好共同謀劃攻打秦國。秦國想要攻打楚國，楚國這才派出軍隊揚言援救韓國，這一定是陳軫的陰謀。再說大王已經決定派人通知秦國了，如今又不讓使者動身，這是在欺騙秦國。輕視強秦將要帶來災禍，而聽信楚國的謀臣，大王必定會因此後悔。」韓王不聽，就停止與秦國講和。秦國果然大怒，派軍隊和韓國軍隊在岸門交戰。楚國的援兵也沒有來到，韓國軍隊大敗。韓國的軍隊並不弱小，百姓並不愚昧，但軍隊被秦軍俘虜，謀略為楚國所恥笑，是因為錯誤地聽信了陳軫，沒有採納公仲明的計策啊！

※讀解

在局勢錯綜複雜的戰國時期，各國之間時而聯合、時而對抗，而決定各國之間關係狀況的是各國利益和各國力量。當面對突如其來的困難，各國就會改變對外政策。沒有永遠的朋友，也沒有永遠的敵人，這句話可說是戰國時期，各國關係風雲變幻的真實寫照。

韓國與秦國間發生戰爭，兩國之間就是矛盾運動的最高形式。但這種形式隨時都會因為一方的讓步而發生根本性的變化。韓國做出讓步，牽涉到的不僅是當事雙方。當楚國發現韓、秦兩國關係的變化，對自己產生不利影響的時候，採取了積極的對策，立刻宣佈改變原來的對韓政策，轉而要支持韓國。陳軫的聰明在於透過假象爭取韓國，使之由利益相對的關係變成利益一致的關係，從而分化了敵對力量，扭轉了事態的發展。

而可悲的是，韓王沒有認清楚國的真實動向，又聽不進良言，結果只能成為三個國家之間矛盾鬥爭的受害方。

楚圍雍氏五月

※原文

楚圍雍氏[①]五月。韓令使者求救於秦，冠蓋[②]相望也，秦師不下殽。韓又令尚靳使秦，謂秦王曰：「韓之於秦也，居為隱蔽，出為雁行。今韓已病矣，秦師不下殽。臣聞之，脣揭者其齒寒，願大王之熟計之。」宣太后曰：「使者來者眾矣，獨尚子之言是。」召尚子入。宣太后謂尚子曰：「妾事先王也，先王以其髀加妾之身，妾困不支也；盡置其身妾之上，而妾弗重也，何也？以其少有利焉。今佐韓，兵不眾，糧不多，則不足以救韓。夫救韓之危，日費千金，獨不可使妾少有利焉。」

※注釋

①雍氏：韓國城邑。②冠蓋：車蓋，車上用來遮陽避雨的傘形篷子。這裡用來代指使車。

※譯文

楚軍包圍韓國雍氏城五個月。韓襄王派很多使者向秦國請求援救，使者的車輛來往不斷，在路上就能互相看見冠蓋，但秦國還是不派出軍隊來援救韓國。韓國又派尚靳出使秦國，對秦昭襄王說：「韓國對於秦國來說，在平時是屏障，發生戰事時就是先鋒。現在韓國已經面臨亡國，秦國卻不派軍隊援救。臣聽說過，如果嘴脣沒有了，那麼牙齒就會感到寒冷，希望大王您仔細考慮這個問題。」秦宣太后說：「韓國的使者來那麼多，只有尚先生的話說得有理。」於是就召尚靳進宮。秦宣太后對尚靳說：「妾身服侍惠王的時候，惠王把大腿壓在妾身的身上，妾身感到不舒服，無法支撐，他把整個身子都壓在身上時，妾身卻不感覺很重，這是為什麼呢？因為這樣的姿勢對妾身來說有些好處。如今秦國幫助韓國，如果兵力不足、糧食不多的話，那麼就不足以解救韓國。解救韓國的危難，每天要耗費千斤銀兩，難道就不能讓我秦國稍微得到一些好處嗎？」

※原文

尚靳歸書報韓王，韓王遣張翠。張翠稱病，日行一縣。張翠至，甘茂曰：「韓急矣，先生病而來。」張翠曰：「韓未急也，且急矣。」甘茂曰：「秦重國知王也，韓之急緩莫不知。今先生言不急，可乎？」張翠曰：「韓急則折而入與楚矣，臣安敢來？」甘茂曰：「先生毋復言也。」

甘茂入言秦王曰：「公仲柄[①]得秦師，故敢捍楚。今雍氏圍，而秦師不下殽，是無韓也。公仲且抑首而不朝，公叔且以國南合於楚。楚、韓為一，魏氏不敢不聽，是楚以三國謀秦也。如此，則伐秦之形成矣。不識坐而待伐，孰與伐人之利？」秦王曰：「善。」果下師於殽以救韓。

※注釋

①柄：持，執掌。

※譯文

尚靳回國後，將秦宣太后的要求書面報告給韓襄王，韓襄王又派張翠出使秦國。張翠稱自己有病，每天只能走一個縣。張翠到了秦國，甘茂說：「韓國已經很危急了，先生還抱病前來。」張翠說：「韓國還沒有到危急的時刻，只是將要危急了。」甘茂說：「秦國是一個大國，秦王也智慧賢明，韓國危急與否，秦國不是不知道。今天先生卻說韓國不危急，這樣說合適嗎？」張翠說：「韓國一旦危急就要依附楚國了，我哪裡還敢來秦國呢？」甘茂說：「先生不要再說了。」

甘茂進宮對秦昭襄王說：「公仲以為能夠得到秦軍的援救，所以才敢抵抗楚國。現在雍氏被圍攻，而秦軍不肯去援救，這就會失去韓國。公仲因為得不到秦國的援救而憂鬱不上朝，公叔就會趁機讓韓國向南去跟楚國講和。楚國和韓國聯合起來，魏國就不敢不聽從，這樣一來楚國就能夠憑藉這三個國家的力量來進攻秦國。這樣，它們共同進攻秦國的形勢就形成了。不知是坐著等待別國的軍隊前來進攻有利，還是主動進攻別國的軍隊有利？」秦昭襄王說：「知道了。」秦國果然派出軍隊從崤山出發，去解救韓國。

※讀解

本篇揭示了在我們遭遇困難的時候，如何尋求協助，從中我們可以得到一些有益的啟示。

求人辦事在這個以利益為取向的社會中是有條件的，如果不存在既得利益，很難有人願意無條件地伸出援助之手。

秦國在尚靳提出請求的時候，條件是想要從援助韓國的軍事行動中獲得一些利益，但張翠用高超的辯才使秦國的想法落空，無條件地為韓國出了一把力。張翠的求人方法值得我們加以研究，並從中引出有益的方法加以借鑑。

一般使者出使別的國家，都是一副謙卑的姿態。而張翠來到秦國的朝廷卻不卑不亢，巧妙地利用秦國、楚國和韓國之間的關係，用富有威懾力的辯論點到秦國的死穴，讓它不得不做一次好人，盡一點義務。這都要得力於張翠對國際關係的準確把握。

齊令周最使鄭

※原文

齊令周最[①]使鄭，立韓擾而廢公叔。周最患之，曰：「公叔之與周君交也，令我使鄭，立韓擾而廢公叔。語曰：『怒於室者色於市。』今公叔怨齊，無奈何也，必周君而深怨我矣。」史舍曰：「公行矣，請令公叔必重公。」

周最行至鄭，公叔大怒。史舍入見曰：「周最固不欲來使，臣竊強之。周最不欲來，以為公也；臣之強之也，亦以為公也。」公叔曰：「請聞其說。」對曰：「齊大夫諸子有犬，犬猛不可叱[②]，叱之必噬[③]人。客有請叱之者，疾視而徐叱之，犬不動；復叱之，犬遂無噬人之心。今周最固得事足下，而以不得已之故來使，彼將禮陳其辭而緩其言，鄭王必以齊王為不急，必不許也。今周最不來，他人必來。來使者無交於公，而欲德於韓擾，其使之必疾，言之必急，則鄭王必許之矣。」公叔曰：「善。」遂重周最。王果不許韓擾。

※注釋

①周最：東周公子，奔走於列國。②叱：呵斥。③噬：咬。

※譯文

齊國派周最出使韓國，脅迫韓國任韓擾做相國，還要罷免公叔。周最對這個任務感到苦惱，說：「公叔和周君的關係很好，卻派我出使韓國，讓韓國廢掉公叔而任用韓擾做相國。俗話說：『人在家裡生氣，在大庭廣眾之下一定會把生氣的樣子流露出來。』如果公叔怨恨齊國，公叔一定會和周君斷絕關係，並且會非常怨恨我。」史舍說：「您就去吧，我有辦法讓公叔尊重您。」

周最來到韓國，公叔大為惱怒。史舍見公叔說：「周最本來是不想出使韓國的，是我私底下強迫他來的。周最不想來，是因為您的緣故；我強迫他來，也是因為您的緣故。」公叔說：「請說說你的道理。」史舍回答說：「齊國的一個大夫養了一條狗，這條狗非常凶猛，因此不能呵斥牠，如果呵斥牠必然會咬人。有一位客人想嘗試呵斥牠，先小心地看著牠，小聲地呵斥，狗沒有反應；又大聲呵斥牠，狗竟然沒有咬人的意思了。現在周最有幸能夠侍奉您，這次是不得已才出使韓國的。他將會禮貌地慢慢陳述齊國的要求，韓王一定以為齊王並不急於這樣做，必定不會答應這個要求。如果周最不來的話，齊國也必定會派別人來出使的。派來的人和您沒有交情，又想要討好韓擾，出使肯定會很快，說話的口氣一定很急切，那麼韓王一定會答應他。」公叔說：「好。」於是就很敬重周最。韓王果然沒有讓韓擾代替公叔做相國。

※讀解

在人們的交往過程中很多場合都要把人情放在第一位。史舍深諳此道，用其出色的辯才來為周最說話，將公叔爭取過來，緩和他們之間的關係。其實，再不講人情的人，只要話說得妥當，他就會很愛聽，而人情就是在話語的交流中得以拉近，要辦事情就很容易了。

史舍用狗的習性來做比喻，恰如其分地說明了他們之間的關係，表明了周最對公叔的真實態度，得到了公叔的理解，因此周最就得到了敬重。

公叔且殺幾瑟

※原文

公叔且[1]殺幾瑟也，宋赫為謂公叔曰：「幾瑟之能為亂也，內得父兄，而外得秦、楚也。今公殺之，太子無患，必輕公。韓大夫知王之老而太子定，必陰事之。秦、楚若無韓，必陰事伯嬰。伯嬰亦幾瑟也。公不如勿殺。伯嬰恐，必保於公。韓大夫不能必其不入也，必不敢輔伯嬰以為亂。秦、楚挾幾瑟以塞伯嬰，伯嬰外無秦、楚之權，內無父兄之眾，必不能為亂矣。此便於公。」

※注釋

①且：將要，打算。

※譯文

公叔準備殺掉幾瑟，宋赫為幾瑟對公叔說：「幾瑟能發動叛亂，是因為他在國內得到了大王和公仲的支持，在國外得到了秦、楚兩國的支援。現在您要殺了他，太子沒有後患，必然會輕視您。韓國的大臣們看到韓王年事已高，如果太子定下來了，他們必定會暗中討好太子。秦、楚兩國如果不依靠幾瑟得到韓國，必定會暗中再去支持伯嬰來爭奪太子的位子。這樣一來，伯嬰和幾瑟就處在同樣的情況下。您不如不殺幾瑟。伯嬰感到恐懼，必定會請求您的保護。韓國的大臣們對幾瑟返回韓國不能肯定，因此也就不敢幫助伯嬰發動叛亂，秦、楚兩國就會幫助幾瑟來堵塞伯嬰爭權的道路。伯嬰既得不到秦、楚兩國的援助，又得不到韓國大臣們的支持，就一定無法發動叛亂。這樣做有利於您。」

※讀解

宋赫的觀點主要是勸公叔看清各方力量之間的制衡，用理性的措施來保持各個方面的均勢，這樣就能使局面處於自己的控制之下。公叔要殺掉幾瑟，在宋赫看來顯然是沒有經過理性思考的率性行為。一個人的存在，就代表著一種力量，必定對其他各方力量產生吸引或排斥的影響，其實，人際關係的變化和事態的發展，就是各種力量的消長增減。要把握其中的奧妙，要能看出各種力量的微妙制衡作用，再決定採取什麼樣的措施。

在世襲制的古代社會，兄弟關係最差的就是宮裡的那一家。雖然傳統的思想規定了「修身、齊家、治國、平天下」的修煉課程，但最不能將「齊家」做好的也恰好是稱孤道寡的這一家。究其原因，仍然是當事者對權力和利益的控制欲望在作祟。手足相殘、親子相殘的事情，屢屢從皇宮裡傳來，可見那些有機會得到權力和利益的人們，在機會面前是不會顧及仁義道德，因為他們的眼裡只有權力和利益。

史疾為韓使楚

※原文

史疾為韓使楚，楚王問曰：「客何方所循？」曰：「治列子圉寇[1]之言。」曰：「何貴？」曰：「貴正。」王曰：「正亦可為國乎？」曰：「可。」王曰：「楚國多盜，正可以圉盜乎？」曰：「可。」曰：「以正圉[2]盜，奈何？」頃間有鵲止於屋上者，曰：「請問楚人謂此鳥何？」王曰：「謂之鵲。」曰：「謂之烏，可乎？」曰：「不可。」曰：「今王之國有柱國、令尹、司馬、典令，其任官置吏，必曰廉潔勝任。今盜賊公行，而弗能禁也，此烏不為烏，鵲不為鵲也。」

※注釋

①列子圉寇：列子，名禦寇，戰國前期思想家，鄭國人。屬道家學派，有《列子》一書流傳。②圉：牢獄。

※譯文

史疾為韓國出使楚國，楚王問他說：「您在研究誰的學說？」史疾說：「我在研究列禦寇的學說。」楚王說：「列禦寇主張什麼學說？」史疾說：「他主張正名。」楚王說：「正名也可以用來治理國家嗎？」史疾說：「可以。」楚王說：「楚國有很多盜賊，用正名能夠防範盜賊嗎？」史疾回答說：「可以。」楚王說：「用正名來防範盜賊，該怎麼做？」這時，有一隻喜鵲飛過來，落在屋頂上，史疾說：「請問大王，楚國人把這種鳥稱做什麼？」楚王說：「叫牠喜鵲。」史疾說：「叫牠烏鴉，可以嗎？」楚王說：「不行。」史疾說：「現在大王的朝廷裡設有柱國、令尹、司馬、典令，您在任命這些官吏的時候，必定要求他們廉潔奉公，並且還要他們勝任所任的職位。現在盜賊公然在國內橫行，但是不能禁止，就因為各個官員不能勝任他們的官職，這就是：『烏鴉不成其為烏鴉，喜鵲不成其為喜鵲啊！』」

※讀解

概念是人們賦予事物的名稱，之所以形成各種各樣的概念，主要是因為在人們的認識中將這個世界確定下來，便於人們認識世界和改造世界。

概念的形成有它自身的規律和方法。但有個原則就是要使概念和它所指稱事物的本質相符合，也就是我們常說的名實相符。

戰國時期，以公孫龍為代表的名家也發出了自己的聲音，表達了他們這個派別對世界的見解。面對各個諸侯國之間的混戰，他們明確提出要為這個世界正名，否則就「名不正，言不順」。他們提出一個著名的觀點就是「白馬非馬」論。

由此推廣到人們的各個活動領域，都要面對名和實的問題。就拿設置政府機構的職位來說，職位的設置要符合社會發展的需要，職位的人選要符合該職位的要求。如果一個職位根本就不需要設置，那就是一個浪費國家資源的擺設，導致機構臃腫，政府效能低下。如果占據該職位的人員不符合職位的要求，就會產生混亂腐敗、效能低下、損害人民利益等一系列的問題。

韓傀相韓

※原文

韓傀相韓，嚴遂重於君，二人相害也。嚴遂政議直指，舉韓傀之過。韓傀以之叱之於朝。嚴遂拔劍趨之，以救解。於是嚴遂懼誅，亡去遊，求人可以報韓傀者。至齊，齊人或言：「軹深井裡聶政①，勇敢士也，避仇隱於屠者之間。」嚴遂陰交於聶政，以意厚之。聶政問曰：「子欲安用我乎？」嚴遂曰：「吾得為役之日淺，事今薄，奚敢有請？」於是嚴遂乃具酒，觴聶政母前。仲子奉黃金百鎰，前為聶政母壽。聶政驚，愈怪其厚，固謝嚴仲子。仲子固進，而聶政謝曰：「臣有老母，家貧，客遊以為狗屠，可旦夕得甘脆以養親。親供養備，義不敢當仲子之賜。」嚴仲子辟人，因為聶政語曰：「臣有仇，而行游諸侯眾矣。然至齊，聞足下義甚高，故直進百金者，特以為夫人粗糲之費，以交足下之歡，豈敢以有求邪？」聶政曰：「臣所以降志辱身，居市井者，徒幸而養老母。老母在，政身未敢以許人也。」嚴仲子固讓，聶政竟不肯受。然仲子卒備賓主之禮而去。

※注釋

①聶政：戰國時俠客，韓國軹（今河南濟源東南）人，以任俠著稱，為戰國時期四大刺客之一。

※譯文

韓傀任韓國的相國，嚴遂也受到韓哀侯的器重，因此兩人互不容忍、相互忌恨。嚴遂仗義執言，直言不諱地指責韓傀的過失。韓傀因此在韓廷上怒斥嚴遂，嚴遂氣得拔劍直刺韓傀，旁邊的人將他們解勸下來。從此以後，嚴遂擔心韓傀報復，就逃離韓國，遊歷各國，四處尋找可以向韓傀報仇的人。嚴遂來到齊國，有人對他說：「軹地深井裡的聶政，是個勇敢的俠士，因為躲避仇人才混跡在屠戶中間。」嚴遂就和聶政暗中交往，以深情厚誼相待。聶政問嚴遂：「您希望我做什麼呢？」嚴遂說：「我為您效勞的時間還不長，我們的交情還這樣薄，怎麼敢對您有所求呢？」於是，嚴遂就準備了一桌酒席向聶政的母親敬酒，又拿出百鎰黃金，為聶政的母親祝壽。聶政很吃驚，越發為他厚待自己感到奇怪，就堅決辭謝嚴遂的贈金，但嚴遂堅決要贈送。聶政推辭說：「我家有老母，生活貧寒，只得離鄉背井，做個殺狗的屠夫，現在我早晚能夠買些甜美香軟的食物來奉養母親，母親的供養已經足夠了，就不敢再接受您的賞賜。」嚴遂避開周圍的人，對聶政說：「我要報仇，我遊歷過很多諸侯國。然後來到齊國，聽說足下高義，所以特地送上百金，只是想作為老夫人粗茶淡飯的費用罷了，同時也讓您感到高興，哪裡敢有什麼請求呢？」聶政說：「我降低志向，辱沒身分，隱居在市井當中，只是為了奉養老母。只要老母還活著，我的生命就不敢輕易託付給別人。」嚴遂堅持讓聶政收下贈金，聶政始終不肯接受。然而嚴遂還是盡了賓主之禮才離開。

※原文

久之，聶政母死，既葬，除服。聶政曰：「嗟乎！政乃市井之人，鼓刀以屠，而嚴仲子乃諸侯之卿相也，不遠千里，枉車騎而交臣，臣之所以待之至淺鮮矣，未有大功可以稱者，而嚴仲子舉百金為親壽，我雖不受，然是深知政也。夫賢者以感忿睚眥之意，而親信窮僻之人，而政獨安可嘿然而止乎？且前日要政，政徒以老母。老母今以天年終，政將為知已者用。」

遂西至濮陽，見嚴仲子曰：「前所以不許仲子者，徒以親在。今親不幸，仲子所欲報仇者為誰？」嚴仲子具告曰：「臣之仇韓相傀。傀又韓君之季父也，宗族盛，兵衛設，臣使人刺之，終莫能就。今足下幸而不棄，請益具車騎壯士，以為羽翼。」政曰：「韓與衛，中間不遠，今殺人之相，相又國君之親，此其勢不可以多人。多人不能無生得失，生得失則語泄，語泄則韓舉國而與仲子為仇也，豈不殆哉！」遂謝車騎人徒，辭，獨行仗劍至韓。

韓適有東孟之會，韓王及相皆在焉，持兵戟而衛者甚眾。聶政直入，上階刺韓傀。韓傀走而抱哀侯，聶政刺之，兼中哀侯，左右大亂。聶政大呼，所殺者數十人。因自皮面抉眼，自屠出腸，遂以死。韓取聶政屍於市，縣購之千金。久之莫知誰子。

政姊聞之，曰：「弟至賢，不可愛妾之軀，滅吾弟之名，非弟意也。」乃之韓。視之曰：「勇哉！氣矜之隆。是其軼賁、育而高成荊矣。今死而無名，父母既歿矣，兄弟無有，此為我故也。夫愛身不揚弟之名，吾不忍也。」乃抱屍而哭之曰：「此吾弟軹深井裡聶政也。」亦自殺於屍下。

晉、楚、齊、衛聞之曰：「非獨政之能，乃其姊者，亦列女也。」聶政之所以名施於後世者，其姊不避菹醢之誅，以揚其名也。

※譯文

過了很久，聶政的母親去世了，聶政守孝期滿，脫去喪服，感嘆地說：「唉！我不過是市井平民，動刀殺狗的屠夫，而嚴遂卻是諸侯的卿相。他不遠千里，屈駕前來與我結交，我對他情誼很淡，沒有做出什麼可以和他待我相稱的事情來，而他卻拿百金為我母親祝壽，我雖然沒有接受，但這表明他很賞識我。賢德的人因為心中的激憤而來親近窮鄉僻壤的人，我怎麼能夠默然不動呢？再說以前他邀請我，我因老母親還健在而拒絕了他。如今母親已享盡天年，我應該為賞識我的人效力了！」

於是聶政往西到了濮陽，見到嚴遂說：「以前之所以沒有答應您，只是因為母親還在，如今家母已經去世。請問您想報仇的人是誰？」嚴遂將情況詳細告訴聶政：「我的仇人是韓國相國韓傀，他也是韓哀侯的叔父。他的家族很大，守衛設置嚴密，我曾派人刺殺他，始終沒能成功。如今有幸兄弟你沒有忘記我，讓我為你多準備些車馬和壯士作為你的助手。」聶政說：「韓國和衛國相隔不遠，如今去刺殺韓國的相國，而他又是韓哀侯的親人，這種情況下不能帶很多人去。人多了難免會出差錯，出了差錯就可能會洩露機密，洩露了機密就會使韓國上下都仇視您，那豈不是太危險了嗎？」於是聶政謝絕了車馬和隨從，隻身一人帶了劍到韓國去。

正好韓國在東孟舉行盛會，韓哀侯和相國都在，他們身邊有很多的侍衛。聶政直衝上臺階刺殺韓傀，韓傀一邊逃跑一邊抱住韓哀侯。聶政來刺韓傀，也刺中了韓哀侯，左右的人一片混亂。聶政大吼一聲衝上去，殺死了幾十人，隨後自己用劍劃破臉皮，挖出眼珠，又割腹挑腸，就此死去。韓國把聶政的屍體擺在街市上，以千金懸購他的姓名。過了很久也沒人知道他究竟是誰。

聶政的姐姐聽說這事後，說：「我弟弟非常賢能，我不能因為吝惜自己的性命，埋沒弟弟的名聲，埋沒名聲，這不是弟弟想要的。」於是她來到韓國，看著屍體說：「勇士啊！壯懷激烈！你的行為勝過孟賁、夏育，高過成荊！如今死了卻沒有留下姓名，父母已不在人世，又沒有其他兄弟，你這樣做都是為了不牽連我啊。因為吝惜我的生命而不顯揚你的名聲，我不忍心這樣做！」於是就抱住屍體痛哭道：「這是我弟弟軹邑深井裡的聶政。」說完便在聶政的屍體旁自殺而死。

晉、楚、齊、衛等國的人聽說這件事，都讚嘆說：「不單只有聶政勇敢，他的姐姐也是個剛烈的女子！」聶政之所以名垂後世，就是因為他的姐姐不怕被剁成肉醬，以顯揚他的名聲！

※讀解

與謀臣策士一起活躍在戰國社會政治舞臺上的還有另一種人，他們為了心中的正義和理想，敢於仗義拔劍，怒髮衝冠，做出壯懷激烈、驚天動地的事蹟來；他們將道義看作人生的最高意義，為了道義他們可以隨時隨地不惜放棄生命。他們就是俠士或者說是刺客。和那些謀臣策士不同的是，他們不是用語言的力量來改變社會，實現自己的政治理想，他們用勇猛強壯的血肉之軀所蘊含的力量參與社會政治，達到靠語言遊說所達不到的目標。

刺客和說客一樣，都是社會政治的積極參與者，都具有讓現代人無法比擬的人格力量。或許在現代人看來，這些刺客太過激進，輕視生命，但他們的人格精神是我們現代人已不具有的。

或謂韓公仲

※原文

或[①]謂韓公仲曰：「夫孿子[②]之相似者，唯其母知之而已；利害之相似者，唯智者知之而已。今公國，其利害之相似，正如孿子之相似也。得以其道為之，則主尊而身安；不得其道，則主卑而身危。今秦、魏之和成，而非公適束之，則韓必謀矣。若韓隨魏以善秦，是為魏從也，則韓輕矣，主卑矣。秦已善韓，必將欲置其所愛信者，令用事於韓以完之，是公危矣。今公與安成君為秦、魏之和，成固為福，不成亦為福。秦、魏之和成，而公適束之，是韓為秦、魏之門戶也，是韓重而主尊矣。安成君東重於魏，而西貴於秦，操右契而為公責德於秦、魏之主，裂地而為諸侯，公之事也。若夫安韓、魏而終身相，公之下服，此主尊而身安矣。秦、魏不終相聽者也。齊怒於不得魏，必欲善韓以塞魏；魏不聽秦，必務善韓以備秦，是公擇布而割也。秦、魏和，則兩國德公；不和，則兩國爭事公。所謂成為福，不成亦為福者也。願公之無疑也。」

※注釋

①或：有人。②孿子：孿生的孩子，即雙胞胎。

※譯文

有人對韓國的公仲說：「雙胞胎長得很相似，只有他們的母親才能分辨出來；利與害看起來也很相似，只有明智的人才能分辨出來。現在您的國家利、害相似，就如同雙胞胎長得相似。用正確的方法來治理國家，就能讓君主尊貴，自身安穩；不用正確的方法來治理國家，就會讓君主卑賤，身陷危難境地。如果秦、魏兩國聯合成功，卻不是您來促成的，那麼韓國一定會遭到秦、魏兩國的謀算。假如韓國跟隨魏國去討好秦國，韓國就成了魏國的附庸，一定會受到輕視，國君的地位就降低了。秦國和韓國交好，秦國一定會安置它親信的人，讓他在韓國執掌政權，來鞏固秦國的勢力。如果這樣的話，您就危險了。假使您和安成君幫助秦、魏兩國聯合起來，聯合成功固然是好事，不成功也是好事。秦、魏兩國聯合成功，而且是您促成的，這樣一來，韓國就成了秦、魏兩國交往的通道，韓國的地位一定會提高，國君也會更受尊重。安成君在東面受到魏國的重視，在西面得到秦國的尊崇，掌握這樣的優勢，可以為您向魏、秦兩國的國君索要好處，以後分封土地，成為諸侯，這是您最大的功績。如果韓、魏兩國能夠相安無事的話，您就能終身做相國，這是較次一等的功績。這都能使國君尊貴自身安穩。況且秦、魏兩國是不可能長期交好的，秦國怨恨得不到魏國，必定會親近韓國來遏制魏國，魏國也不會永遠聽從秦國的命令，必定設法與韓國改善關係來共同防範秦國，這樣您就可以如同選擇布匹，然後隨意剪裁一樣輕鬆地應對了。如果秦、魏兩國聯合，兩國就都會感激您；如果不能聯合，也會爭相討好您。這就是我所說的成功是好事，不成功也是好事的道理，希望您就不要再猶豫了。」

※讀解

韓國、魏國和秦國是三個相互接壤的國家，他們之間的關係矛盾最為突出。國家之間的關係決定國家在國際上的地位，進一步也決定了國家大臣的榮辱安危。國家是最危險的利器，它就像一把雙刃劍。如果掌握好，那麼上至國君、大臣，下至黎民百姓都會從中得到好處；但如果掌握不好，無論是誰都可能喪生於戰爭災禍之中。韓公仲作為韓國的相國，肩負重大的政治責任，每一個政策措施的制定和實行都舉足輕重，所以對於其中的利害關係，一定要求證，細細權衡。因為這不僅關係著國家和百姓的安危，也關係自己的安危。

這個說客為韓公仲提供四種可能實現的國際關係，這樣就把問題條分縷析，描述得非常清楚，韓公仲可以從中權衡利弊，做更好的抉擇。

或謂韓王曰

※原文

或謂韓王曰：「秦王欲出事於梁，而欲攻絳、安邑，韓計將安出矣？秦之欲伐韓，以東窺[①]周室，甚唯寐忘之。今韓不察，因欲與秦，必為山東大禍矣。秦之欲攻梁也，欲得梁以臨韓，恐梁之不聽也，故欲病之以固交也。王不察，因欲中立，梁必怒於韓之不與己，必折為秦用，韓必舉矣。願王熟慮之也。不如急發重使之趙、梁，約復為兄弟，使山東皆以銳師戍韓、梁之西邊，非為此也，山東無以救亡，此萬世之計也。秦之欲並天下而王之也，不與古同。事之雖[2]如子之事父，猶將亡之也。行雖如伯夷，猶將亡之也。行雖如桀、紂，猶將亡之也。雖善事之，無益也。不可以為存，適足以自令亟亡也。然則山東非能從親，合而相堅如一者，必皆亡矣。」

※注釋

①窺：留意偵探。②雖：即使。

※譯文

有人對韓王說：「秦王想要征討魏國，並且想攻打絳、安邑，韓國打算採取什麼樣的對策呢？秦國打算進攻韓國，是為了圖謀周王室，這是它夢寐以求的。現在韓國不明察真相，就貿然想要和秦國結為盟國，這一定會給崤山以東的各國諸侯帶來災禍。秦國進攻魏國，主要是為了從魏國經過，將大軍開進韓國境內，但恐怕魏國不聽命令，所以才決定痛擊魏國來確保秦、魏兩國之間的交往。但是大王沒有明察事實的真相，竟然想要保持中立，魏國必然為韓國不和自己聯合而惱怒，並屈服於秦國，為秦國所用，到那個時候，韓國必然會滅亡。希望大王慎重地考慮這件事。所以大王不如派人到趙國和魏國去，與趙、魏兩國結為盟國，使崤山以東的各國諸侯派精兵來鎮守韓、魏兩國的西邊；如果不採取這種緊急措施，那麼崤山以東的各國諸侯將無法救亡，這是涉及千秋萬代的大計。秦國想要吞併天下各國諸侯，來稱王天下，這已經不同於古時候了。侍奉秦國即使像兒子侍奉父親一樣，父親最後還是要把兒子消滅掉。行為即使像手足兄弟一樣的伯夷讓位給叔齊，但是最後兩兄弟卻都餓死在首陽山下。言行即使像夏桀王和殷紂王一樣，也仍然被商湯王和周武王滅亡。所以說，無論怎樣侍奉秦國都是沒有任何作用的，不但不能靠侍奉秦國來保持國家的命運，反而加速國家的滅亡。崤山以東的各國諸侯如果不結成合縱聯盟，團結一致，最終必然會走向滅亡。」

※讀解

這個說客從分析韓國的對外政策中發現玄機，從而看透秦國的真實意圖和崤山以東六國的命運。他也許不像蘇秦，是一個主張合縱聯盟的謀略家，但他具有和蘇秦一樣的眼光，對戰國時期的各國關係有十分準確把握。

即使韓王聽取這個說客的建議，但仍然無法改變命運。在秦國強大並且有吞併六國的野心下，六國只有聯合起來才能改變它們的命運。但由於它們各自打著如意算盤，合縱聯盟只是它們國家利益的暫時性選擇，無法長期堅定地堅持下去，所以遭遇滅亡的宿命是必然的。

秦大國

※原文

秦，大國也。韓，小國也。韓甚疏秦。然而見[1]親秦，計之，非金無以也，故賣美人。美人之賈貴，諸侯不能買，故秦買之三千金。韓因以其金事秦，秦反得其金與韓之美人。韓之美人因言於秦曰：「韓甚疏秦。」從是觀之，韓亡美人與金，其疏秦乃始益明。故客有說韓者曰：「不如止淫用，以是為金以事秦，是金必行，而韓之疏秦不明。美人知內行者也，故善為計者，不見內行②。」

※注釋

①見：表面上表現出。②見：顯現，露出。內行：內在的作為的意圖。

※譯文

秦國是大國，韓國是小國。韓國對秦國非常疏遠。但是在表面上，又不得不表現出對秦國很親近，仔細考慮，不用金錢是不行的，所以就出售美女。美女的價錢昂貴，諸侯都買不起，後來秦王花了三千金把美女買回去。韓國於是用這三千金來侍奉秦國，秦國反而又收回那三千金，還得到韓國的美人。韓國的美人因此對秦王說：「韓國對秦國很疏遠。」由此來看，韓國不僅失去美女和金錢，實際上還使它疏遠秦國的態度更加明顯。所以有人遊說韓國說：「不如停止奢侈的生活，積累錢財來侍奉秦國，只要有金錢就必定會起作用，而韓國疏遠秦國的意圖也不會暴露出來。美女是了解國家的實際意圖。因此善於謀劃的人，不能讓國家的實際意圖洩露出去。」

※讀解

戰國時期，弱小的國家在夾縫中生存，為了不被大國滅掉，它們只能透過各種方式來討好和侍奉大國，以求得一時的苟且偷安。

韓國透過販售美女的方式來討好秦國，本來以為能讓秦國既得到美女又得到錢財，是很好的討好方式。其實，韓國是賠了夫人又折兵，人財兩空。不僅如此，還將自己的真實意圖暴露無遺。究其原因，是因為韓國沒有周全的計劃，討好秦國的策略失當。

段干越人謂新城君

※原文

段干越人①謂新城君②曰：「王良之弟子駕，雲取千里馬，遇造父之弟子。造父之弟子曰：『馬不千里。』王良弟子曰：『馬，千里之馬也；服，千里之服也。而不能取千里，何也？』曰：『子牽③長。故牽於事，萬分之一也，而難千里之行。』今臣雖不肖，於秦亦萬分之一也，而相國見臣不釋塞者，是牽長也。」

※注釋

①段干越人：姓段干，名越人。魏國人。②新城君：秦相。③牽：馬的韁繩。

※譯文

段干越人對新城君說：「王良的弟子駕車，說能超過千里馬，他遇見了造父的弟子。造父的弟子說：『您的馬一天跑不了一千里。』王良的弟子說：『我的邊馬是千里馬，轅馬也是千里馬，你卻說我的馬一天跑不了一千里，為什麼呢？』造父的弟子說：『您的韁繩拉得太長了。韁繩的長短對於駕車來說，其作用不過萬分之一，但是它妨礙千里之行。』現在我即使不賢能，但對秦國的作用多少也有那麼萬分之一吧，您見到我卻不高興，這也正是轡繩拉得太長的緣故吧。」

※讀解

這是一個比較高超的毛遂自薦與自我推銷的方法。段干越人透過千里馬駕車和轡繩長短的關係，向新城君委婉地表達自己的心境：如果不重用自己，秦國就很難有好的發展。他運用了類比方法，生動形象地說明了自己的想法。如果新城君知曉他的心思，兩人心照不宣，新城君重用段干越人，而段干越人施展才能是此次自我推銷很好的結果。

燕策

蘇秦將為從，北說燕文侯曰：「燕東有朝鮮、遼東，北有林胡、樓煩，西有雲中、九原，南有呼沱、易水。地方二千餘里，帶甲數十萬，車七百乘，騎六千匹，粟支十年。南有碣石、雁門之饒，北有棗粟之利，民雖不由田作，棗粟之實，足食於民矣。此所謂天府也。夫安樂無事，不見覆軍殺將之憂，無過燕矣。大王知其所以然乎？」

蘇秦將為從北說燕文侯

※原文

蘇秦將為從，北說燕文侯曰：「燕東有朝鮮、遼東，北有林胡、樓煩，西有雲中、九原，南有呼沱、易水。地方二千餘里，帶甲數十萬，車七百乘，騎六千匹，粟支[①]十年。南有碣石、雁門之饒，北有棗粟之利，民雖不由田作，棗粟之實，足食於民矣。此所謂天府也。夫安樂無事，不見覆軍殺將之憂，無過燕矣。大王知其所以然乎？」

※注釋

①支：支撐，維持。

※譯文

蘇秦打算推行合縱策略，到北方去遊說燕文侯說：「燕國東有朝鮮和遼東，北有林胡和樓煩，西有雲中和九原，南有呼沱河和易水。土地方圓兩千多里，士兵有幾十萬，戰車有七百輛，戰馬有六千匹，糧食能吃十年。南邊有碣石和雁門的豐饒物產，北邊有棗和粟的有利收成，老百姓即使不從事田間耕作，只靠棗和粟也夠吃了。這就是所謂的天府之國。百姓安居樂業，沒有戰事，沒有軍隊破敗、將軍被殺的憂傷，這種情況沒有哪個國家比燕國更好的。大王知道為什麼會這樣嗎？」

※原文

「夫燕之所以不犯寇被兵者，以趙之為蔽於南也。秦、趙五戰，秦再勝而趙三勝。秦、趙相弊，而王以全燕制其後，此燕之所以不犯難也。且夫秦之攻燕也，踰雲中、九原，過代、上谷，彌地踵道數千里，雖得燕城，秦計固不能守也。秦之不能害燕亦明矣。今趙之攻燕也，發興號令，不至十日，而數十萬之眾軍於東垣矣。度呼沱，涉易水，不至四五日，距國都矣。故曰，秦之攻燕也，戰於千里之外；趙之攻燕也，戰於百里之內。夫不憂百里之患，而重千里之外，計無過於此者。是故願大王與趙從親，天下為一，則國必無患矣。」

燕王曰：「寡人國小，西迫①強秦，南近齊、趙。齊、趙，強國也，今主君幸教詔之，合從以安燕，敬以國從。」於是齎②蘇秦車馬金帛以至趙。

※注釋

①迫：接近。②齎：（把東西）送給（人）。

※譯文

「燕國之所以不遭受戰禍，是因為有趙國在南面做屏障。秦國和趙國之間打了五次仗，秦國勝利兩次而趙國勝利三次。秦趙互相削弱，而大王卻保全燕國，控制後方，這就是燕國不受侵犯的原因所在。而且秦國攻打燕國，要越過雲中和九原，經過代郡和上谷，長途跋涉幾千里，即使能夠攻下燕國的城池，也知道根本無法守護它。秦國很顯然的無法侵犯燕國。如果趙國進攻燕國，它只要一聲令下，過不了十天，幾十萬大軍就能進駐到東垣一帶了。再渡過呼沱河和易水，不用四五天就能到達燕國的都城了。因此說秦國攻打燕國，必須在千里之外交戰；而趙國攻打燕國，是在百里之內交戰。不擔心百里之內的禍患而看重千里以外的戰禍，沒有比這個策略更壞了。所以，希望大王和趙國結成合縱盟國，天下各國諸侯聯合為一，那麼燕國就一定沒有憂患了。」

燕文侯說：「寡人的國家弱小，西面接近趙國，南面靠近齊國。齊、趙兩國都是強大的國家，今日有幸聽到先生的教導，參加合縱聯盟，來使燕國安寧，寡人願意敬奉國家聽從先生的安排。」於是資助蘇秦車馬和金銀布帛，讓他到趙國去聯合合縱。

※讀解

蘇秦遊說燕文侯，首先為燕文侯分析了燕國的基本情況，指出燕國優越的地理位置。趙國位於燕國和秦國之間，為燕國豎立一個天然的屏障，確保燕國很難被秦國侵犯。蘇秦指出燕國這一特點是符合實際情況的，也是燕國在地理位置上優於韓國、魏國和趙國的地方。所以蘇秦的遊說緊抓住這點不放，進而指出燕國參加合縱聯盟的重大意義，並為燕文侯描述參加合縱聯盟之後的美好前景。他的論說有理有據，客觀真實，讓人不得不接受他的觀點。

燕文公時

※原文

燕文公時，秦惠文王以其女為燕太子婦。文公卒，易王立。齊宣王因燕喪攻之，取十城。武安君蘇秦為燕說齊王，再拜而賀，因仰而弔[①]。齊王案戈而卻曰：「此一何慶弔相隨之速也？」對曰：「人之饑所以不食烏喙者，以為雖偷充腹，而與死同患也。今燕雖弱小，強秦之少婿也。王利其十城，而深與強秦為仇。今使弱燕為雁行，而強秦制其後，以招天下之精兵，此食烏喙之類也。」齊王曰：「然則奈何？」

※注釋

①弔：念悼詞憑弔。

※譯文

燕文公在位的時候，秦惠文王把女兒嫁給燕國太子為妻。燕文公死後，易王繼位。齊宣王於是趁燕國舉行葬禮的時進攻燕國，攻取燕國十座城池。武安君蘇秦代表燕國去遊說齊宣王。蘇秦見到齊宣王，先拜了兩拜表示祝賀，然後就仰起頭來念悼詞。齊宣王手按鐵戈向後退了幾步，說：「你為什麼慶賀之後就馬上念起悼詞？」蘇秦回答說：「人餓的時候，之所以不吃烏喙這種毒藥，是知道吃了它即使能暫時填飽肚子，但是馬上就會死去。如今燕國雖然弱小，但和強大的秦國也是翁婿關係。大王貪圖這十個城邑，卻和強大的秦國結下了仇恨。假如讓弱小的燕國做先鋒，而強大的秦國跟隨在它的後面，來聯合天下各國的精兵進攻齊國，這和吃烏喙這種毒藥來充饑是同樣的道理。」齊宣王說：「既然已經這樣了，該怎麼辦呢？」

※原文

對曰：「聖人之制事①也，轉禍而為福，因敗而為功。故桓公負婦人而名益尊，韓獻開罪而交愈固，此皆轉禍而為福，因敗而為功者也。王能聽臣，莫如歸燕之十城，卑辭以謝秦。秦知王以己之故歸燕城也，秦必德王。燕無故而得十城，燕亦德王。是棄強仇而立厚交也。且夫燕、秦之俱事齊，則大王號令天下皆從。是王以虛辭附秦，而以十城取天下也。此霸王之業矣。所謂轉禍為福，因敗成功者也。」齊王大說，乃歸燕城。以金千斤謝其後，頓首塗中，願為兄弟而請罪於秦。

※注釋

①制事：做事情。

※譯文

蘇秦回答說：「聖人做事情，能夠將災禍轉化為幸運，將失敗轉化為成功。所以說齊桓公即使受女色的牽連，卻使自己的名聲更加尊貴，韓獻子即使因為殺了人而使自己被判罪，卻使自己的地位更加穩固，這些都是將災禍轉化為幸運，將失敗轉化為成功的例子。大王如果能聽從臣的意見，不如歸還燕國的十座城池，並用謙卑的言辭來向秦國道歉。秦王知道大王是因為他的緣故才歸還燕國的十座城池，必定會感激大王。燕國無緣無故收回它的十座城池，也會感激大王。這樣一來，大王就避開了強敵，並和兩個國家的交往更深了。而且燕、秦兩國都會侍奉齊國，那麼大王發號施令，天下諸侯都會聽從。大王只用言辭來附和親近秦國，又用十座城池來取得天下諸侯的支持，這可是霸主的事業，也是所說的將災禍轉化為幸運、將失敗轉化為成功的好辦法。」齊宣王聽後大為高興，於是就歸還了燕國的十座城池。隨後，齊宣王又送千金道歉，並在一路上叩頭，希望結為兄弟之邦，懇請秦國恕罪。

※讀解

用威嚇和利誘的手段，蘇秦輕而易舉地就為燕國收回了被齊國奪取的十座城池。他首先在齊國的王宮裡念悼詞，先聲奪人，使齊宣王陷入恐懼的情緒裡。然後又指出齊宣王就要面臨秦燕聯軍的攻打，這就從根本上否定了齊宣王奪取十座城池的意義，到此時，這十座城池可能已經不是齊宣王的。但這還不足以說服齊宣王，也不足以將城池要回。接下來，蘇秦援引歷史上的例子，為齊宣王指出一條光明大道。這就採取利誘的方法，使齊宣王樂意將十座城池交出來。視三寸不爛之舌強於百萬雄兵。從策略上來說，採取文伐要比使用武力攻奪划算得多。

人有惡蘇秦於燕王者

※原文

人有惡[1]蘇秦於燕王者，曰：「武安君，天下不信人也。王以萬乘下之，尊之於廷，示天下與小人群也！」武安君從齊來，而燕王不館也。謂燕王曰：「臣東周之鄙人也，見足下身無咫尺之功，而足下迎臣於郊，顯臣於廷。今臣為足下使，利得十城，功存危燕，足下不聽臣者，人必有言臣不信，傷臣於王者。臣之不信，是足下之福也。使臣信如尾生，廉如伯夷[2]，孝如曾參，三者天下之高行，而以事足下，不可乎？」燕王曰：「可。」曰：「有此，臣亦不事足下矣。」

※注釋

①惡：說某人的壞話，詆毀中傷。②伯夷：商臣，西周攻陷朝歌後，不食周粟，後來餓死在首陽山。尾生：古代傳說中堅守信約的男子。他和一女子相約在橋下見，但她沒有來，後來河水暴漲，他一直抱著橋柱不放被淹死。

※譯文

有人向燕王誹謗蘇秦說：「蘇秦是天下最不講信用的人。大王憑著萬乘之尊謙恭地對待他，在朝廷上推崇他，這是向天下人表明您和小人為伍啊！」蘇秦從齊國歸來，燕王竟然不給他住的地方。蘇秦對燕王說：「臣本是東周的一個平庸之輩，見到大王的時候沒有一丁點兒功勞，但大王親自到郊外去迎接，使臣在朝廷上地位顯赫。如今臣為您出使齊國，取得收復十座城池的利益，立下了挽救燕國危亡的功勞，可是您卻不再信任臣，一定是有人說臣不守信用，在大王面前中傷臣。臣不守信用，這是大王的福氣。假使臣像尾生那樣講信用，像伯夷那樣廉潔，像曾參那樣孝順，有這三種天下人所公認的高尚品德，來侍奉大王，難道不可以嗎？」燕王說：「可以。」蘇秦說：「如果臣真的具備了這三種品德的話，臣就不會來侍奉大王了。」

※原文

蘇秦曰：「且夫孝如曾參，義[1]不離親一夕宿於外，足下安得使之之齊？廉如伯夷，不取素餐，汙武王之義而不臣焉，辭孤竹之君，餓而死於首陽之山。廉如此者，何肯步行數千里，而事弱燕之危主乎？信如尾生，期而不來，抱梁[2]柱而死。信至如此，何肯揚燕、秦之威於齊而取大功乎哉？且夫信行者，所以自為也，非所以為人也。皆自覆之術，非進取之道也。且夫三王代興，五霸迭盛，皆不自覆[3]也。君以自覆為可乎？則齊不益於營丘，足下不踰楚境，不窺於邊城之外。且臣有老母於周，離老母而事足下，去自覆之術，而謀進取之道，臣之趣固不與足下合者。足下皆自覆之君也，僕者進取之臣也，所謂以忠信得罪於君者也。」燕王曰：「夫忠信，又何罪之有也？」

※注釋

①義：按照道義來說。②梁：橋。③自覆：自我固執，故步自封。

※譯文

蘇秦道：「臣如果像曾參那樣孝順，按照孝道來說，就不能離開父母在外面住宿一夜，您又怎麼能讓臣出使齊國呢？臣如果像伯夷那樣廉潔，不吃白食，認為周武王不義，不做他的臣子，又拒絕做孤竹國的國君，餓死在首陽山上。廉潔到這種程度，臣又怎麼願意步行幾千里，而侍奉弱小燕國的危難國君呢？如果臣像尾生那樣講信用，和女子相約在橋下見面，那女子沒來，就抱著橋梁柱子被水淹死也不離開。講信用到這種地步，臣怎麼願意到齊國去宣揚燕、秦兩國的威力，並立下這麼大功勞呢？況且講信義道德的人，都是用來自我完善，而不是用來幫助他人的。所以那都是安於現狀的做法，不是進取的做法。何況，三王之所以交替興盛，五霸之所以相繼稱雄，都是因為他們不滿現狀。如果對現狀滿意的話，齊國就不會進兵到營丘，您也不會越過楚國邊境，也不可能窺探邊城之外了。況且臣在周地還有老母，離開老母來侍奉大王，拋開安於現狀的念頭，來謀求進取的做法，臣的目標本來就和大王不同。大王是安於現狀的國君，而臣是謀求進取的臣子，這就是臣因為忠信而得罪大王的原因。」燕王說：「忠信又有什麼可責怪的呢？」

※原文

對曰：「足下不知也。臣鄰家有遠為吏者，其妻私人。其夫且歸，其私之者憂之。其妻曰：『公勿憂也，吾已為藥酒以待之矣。』後二日，夫至。妻使妾奉卮酒進之。妾[1]知其藥酒也，進之則殺主父，言之則逐主母。乃陽僵[2]棄酒。主父大怒而笞之。故妾一僵而棄酒，上以活主父，下以存主母也。忠至如此，然不免於笞，此以忠信得罪者也。臣之事，適不幸而有類妾之棄酒也。且臣之事足下，亢義益國，今乃得罪，臣恐天下後事足下者，莫敢自必也。且臣之說齊，曾不欺之也。使之說齊者，莫如臣之言也，雖堯、舜之智，不敢取也。」

※注釋

①妾：女僕。②僵：仰面倒下。

※譯文

蘇秦回答說：「大王不知道，臣的鄰居中有位在遙遠地方做官的人，他的妻子跟別人私通。眼看她的丈夫就快要回來了，和她私通的人很憂慮。他妻子對情夫說：『你不用擔心，我已經準備好毒酒等著他了。』過了兩天，丈夫回到家，妻子讓女僕捧著毒酒送給她的丈夫。女僕知道那是毒酒，如果送上去就要毒死男主人，如果說出實情女主人就要被趕走。於是她假裝跌倒，潑掉毒酒。男主人很生氣，就用竹板打她。那女僕這一跌倒，一方面救了男主人，另一方面保住了女主人。忠心到這種地步，但仍避免不了挨打，這就是因為忠信反而受到責罰的人。現在臣的處境，與那個女僕潑掉毒酒反而挨打的處境一樣。而且臣侍奉大王，儘量高揚信義，有利於國家，今日卻受到責罰，臣擔心以後天下來侍奉大王的人，沒有哪個人能夠做到這樣。更何況臣勸說齊王，並沒有使用欺詐的手段，只不過遊說齊國的其他使者，沒有誰如同臣所說的那樣。即使他們有堯、舜一樣的智慧，齊國也不會相信的。」

※讀解

蘇秦為了合縱連橫的政策奔波於六國之間，但在國內卻遭到別有用心之人的誣陷。那些誣陷的人顯現出人性的醜陋，人最大的悲哀莫過於此。面對不公平遭遇，蘇秦一定心寒，但自己的清白只有靠自己來辯白。他向燕王列舉尾生、伯夷、曾參的事蹟，駁斥那些假道學對他的指責，表明自己好心沒有好報的處境。假道學實際上不懂政治科學，而一味地按照道德的表面準則對蘇秦進行橫加指責。政治科學和道德應該是分離的，蘇秦指出政治行為不能用普通的仁義道德來評價。如果政治行為接受仁義道德的制約，那麼政治上將無所作為。國家和個人是不一樣的，國家之間只有利益和力量的區別，而沒有仁義道德可言，所以在外交場合必須用實力、策略來爭取利益。權謀如果用在個人的私利爭奪上，那是需要用道德標準來加以評價的，如果用在國家利益的爭奪和維護上，那就是值得肯定的。

張儀為秦破從連橫

※原文

張儀為秦破從連橫，謂燕王曰：「大王之所親，莫如趙，昔趙王以其姊為代王妻，欲並代，約與代王遇於句注之塞。乃令工人作為金斗，長其尾，令之可以擊人。與代王飲，而陰①告廚人曰：『即酒酣樂，進熱歠，即因反斗擊之。』於是酒酣樂進取熱歠。廚人進斟羹，因反斗而擊之，代王腦塗地。其姊聞之，摩笄②以自刺也。故至今有摩笄之山，天下莫不聞。」

※注釋

①陰：暗中。②笄：古代男女盤頭髮用的簪子。

※譯文

張儀為秦國破壞合縱策略推行連橫政策，對燕王說：「大王最親近的，莫過於趙國了。過去趙襄子把他的姐姐嫁給代君做妻子，想要吞併代國，就和代君約好在句注的關塞見面。他讓工匠製作一個鐵斗，把鐵斗的柄做得很長，使它可以用來打人。趙襄子在和代君喝酒之前，暗中告訴廚夫說：『等到酒喝到酣暢的時候，就送上熱湯，然後找機會用鐵斗打死代君。』當時酒喝得正暢快，趙襄子要熱湯，廚夫進來盛湯，趁機用鐵斗打在代君的頭上，代君的腦漿流了一地。趙襄子的姐姐聽說這件事後，就用磨尖的金簪自殺了。所以說現在還有摩笄山，天下人沒有不知道的。」

※原文

「夫趙王之狼戾[①]無親，大王之所明見知也。且以趙王為可親邪？趙興兵而攻燕，再圍燕都而劫大王，大王割十城乃卻以謝。今趙王已入朝澠池，效河間以事秦。大王不事秦，秦下甲雲中、九原，驅趙而攻燕，則易水、長城非王之有也。且今時趙之於秦，猶郡縣也，不敢妄興師以征伐。今大王事秦，秦王必喜，而趙不敢妄動矣。是西有強秦之援，而南無齊、趙之患，是故願大王之熟計之也。」燕王曰：「寡人蠻夷辟處，雖大男子，裁[②]如嬰兒，言不足以求正，謀不足以決事。今大客幸而教之，請奉社稷西面而事秦，獻常山之尾五城。」

※注釋

①狼戾：凶殘暴戾。②裁：決斷，主事。

※譯文

「趙王凶狠暴戾，六親不認，這是大王很清楚的。難道您認為趙王可以親近嗎？趙國曾經派軍隊攻打燕國，圍困燕都，要脅大王，大王割讓十座城池向他道歉，趙國才退兵。現在趙王已經到澠池朝見秦王，獻出河間來侍奉秦國。如果大王不侍奉秦國的話，秦國派軍隊到雲中、九原，驅使趙國的軍隊進攻燕國，那麼易水和長城就不會為大王所有。而且現在趙國對於秦國來說，就如同是秦國的郡縣，不敢妄自發動軍隊來攻打別的國家。如果大王侍奉秦國，秦王一定會很高興，趙國也就不敢輕舉妄動了。這樣燕國西面有強大的秦國援助，南邊沒有齊、趙兩國的侵擾，所以希望大王能慎重考慮這件事。」燕王說：「寡人身居野蠻荒僻的地方，這裡的人即使是成年男子，智慧也只有小孩那樣，他們所說的話沒有正確的看法，他們的智慧不足以判斷事情。今日有幸得到貴客的教誨，寡人願意獻上燕國，來向西投靠、侍奉秦國，並獻出恒山西面的五座城池。」

※讀解

張儀的遊說依然是以血腥的事例來恐嚇燕王。他列舉代君被趙襄子打到腦漿迸裂的事例來勸告燕王，不要和趙國聯合起來抗擊秦國，並搬出趙國曾經要脅燕國的歷史事件來加以佐證。歸根到底，還是要燕王依附於秦國，以求得國家的安全。事實勝於雄辯。張儀所列舉的事例起了作用，使燕王乖乖地獻出了五座城池，並答應投靠並侍奉秦國。說到底，張儀之所以能嚇著燕王，是因為他背後的秦國力量強大，所以他才能挺直了腰杆說話，恩威並施，大力推行秦國的霸權主義和強權政治。這無疑增加了他得勝的籌碼，所以張儀所到之處，遊說各國的國君，往往能夠起立竿見影的效果，為秦國取得實際的利益。

燕昭王收破燕後即位

※原文

燕昭王收破燕[①]後即位，卑身厚幣，以招賢者，欲將以報仇。故往見郭隗[②]先生曰：「齊因孤國之亂，而襲破燕。孤極知燕小力少，不足以報。然得賢士與共國，以雪先王之恥，孤之願也。敢問以國報仇者奈何？」郭隗先生對曰：「帝者與師處，王者與友處，霸者與臣處，亡國與役處。詘指[③]而事之，北面而受學，則百己者至。先趨而後息，先問而後嘿，則什己者至。人趨己趨，則若己者至。馮幾據杖，眄視指使，則廝役之人至。若恣睢奮擊，呴籍叱咄，則徒隸之人至矣。此古服道致士之法也。王誠博選國中之賢者，而朝其門下，天卜聞王朝其賢臣，天下之士必趨於燕矣。」

※注釋

①收破燕：燕國被齊國所破，燕昭王西元前三年回國收復燕國，準備報仇。②郭隗：燕國的賢能之士。③詘指：屈己下人。

※譯文

燕昭王整頓了殘破的燕國之後登上王位，他透過禮賢下士、厚待賢才的舉措來招納賢能的人，想要依靠他們來報齊國攻破燕國殺害父王的國仇家恨。因此去見郭隗先生，說：「齊國乘我國混亂的機會，攻破燕國，我深知燕國勢單力薄，不足以報仇。然而如果能得到賢士與我共同謀劃，來雪洗先王的恥辱，這是我的願望。請問先生要報國家的大仇應該怎麼辦？」郭隗先生回答說：「成就帝業的國君拜賢者為師，成就王業的國君把賢者當作朋友，成就霸業的國君任用賢能的人做臣子，即將亡國的國君將賢能的人當作僕役來使用。如果能夠謙卑地侍奉賢能的人，屈居下位來接受教誨，那麼才能高過自己百倍的人就會到來。早些學習晚些休息，先去求教別人然後再默思，那麼才能高過自己十倍的人就會到來。別人怎麼做，自己也跟著做，才能與自己相當的人就會到來。如果身體靠著几案，手裡拿著手杖，蔑視著指使別人，那麼供人驅使跑腿當差的人就會到來。如果放縱驕橫，行為暴戾，呵罵訓斥，那麼奴隸和犯人就要來了。這就是古往今來實行王道而招徠人才的方法。大王如果真想廣泛選用國內的賢者，就應該親自登門拜訪，天下的賢人聽說大王禮讓天下賢能的人，那麼天下賢能的人就必然要爭著到燕國來了。」

※原文

昭王曰：「寡人將誰朝而可？」郭隗先生曰：「臣聞古之君人，有以千金求千里馬者，三年不能得。涓人[1]言於君曰：『請求之。』君遣之。三月得千里馬，馬已死，買其首五百金，反以報君。君大怒曰：『所求者生馬，安事死馬而捐[2]五百金？』涓人對曰：『死馬且買之五百金，況生馬乎？天下必以王為能市馬，馬今至矣。』於是不能期年，千里之馬至者三。今王誠欲致士，先從隗始；隗且見事，況賢於隗者乎？豈遠千里哉？」於是昭王為隗築宮而師之。樂毅自魏往，鄒衍自齊往，劇辛自趙往，士爭湊燕。燕王弔死問生，與百姓同甘共苦。二十八年，燕國殷富，士卒樂佚輕戰。於是遂以樂毅為上將軍，與秦、楚、三晉合謀以伐齊，齊兵敗，閔王出走於外。燕兵獨追北，入至臨淄，盡取齊寶，燒其宮室宗廟。齊城之不下者，唯獨莒、即墨[3]。

※注釋

①涓人：在國君身邊提供服務的侍從。②捐：丟棄。③莒、即墨：齊國城邑。

※譯文

燕昭王說：「寡人應該拜訪誰呢？」郭隗先生說：「臣聽說古代有一位想用千金買千里馬的國君，但是三年也沒有買到。宮中有個近臣對他說：『請您讓我去買吧！』國君就派他去了。三個月後他終於找到千里馬，可惜馬已經死了，但是他仍用五百金買了那匹馬的腦袋，回來向國君復命。國君大怒說：『我要的是活馬，死馬有什麼用，還白白扔掉了五百金？』近臣回答說：『買死馬尚且願意花五百金，更何況是活馬呢？天下人一定都以為大王您擅長買馬，千里馬很快就會有人送來了。』於是不到一年，就買到了三匹千里馬。如果現在大王真的想要招徠人才，就請先從臣開始吧；臣尚且能夠被重用，何況那些勝過臣的人呢？他們難道還會嫌千里的路程太遙遠嗎？」

於是燕昭王為郭隗專門修建宮室，並拜他為師。此後，樂毅從魏國趕來，鄒衍從齊國趕來，劇辛從趙國趕來，賢能的士人爭先恐後聚集到燕國。燕昭王又祭奠了死者，慰問倖存的生者，和百姓同甘共苦。燕昭王二十八年的時候，燕國殷實富足，國力強盛，士兵們心情舒暢不怕犧牲。於是燕昭王任用樂毅當上將軍，和秦、楚、韓、趙、魏五國聯合謀劃來攻打齊國，齊國大敗，齊閔王逃到國外。燕軍又單獨追擊齊國逃亡的軍隊，攻打到齊國的都城臨淄，搶掠了齊國的全部寶物，焚燒齊國的宮殿和宗廟。沒有被攻取的齊國城邑，只剩下莒和即墨。

※讀解

燕昭王為了報復齊國，千方百計招徠人才，他的策略是正確的。要成就一番大事業，最重要的是人才，因為凡事都是由人做成的。所以要以人為本，只要有了人才，其他所有問題都會迎刃而解。

當燕昭王詢問想報仇雪恨該怎麼做的時候，郭隗向他強調人才的重要性。隨後，郭隗列舉了人才的幾種類型。「帝者與師處，王者與友處，霸者與臣處，亡國與役處」，這樣的道理反復地為後代的歷史證明。「詘指而事之，北面而受學，則百己者至。先趨而後息，先問而後嘿，則什己者至。人趨己趨，則若己者至。馮幾據杖，眄視指使，則厮役之人至。若恣睢奮擊，呴籍叱咄，則徒隸之人至矣」，這些睿智之語為我們做一番大事業提供了一面人才任用的鏡子。

接下來，郭隗為燕昭王講述了一個買千里馬的故事，情節未免有些牽強，但強調想要招徠人才，必須讓人們知道你是愛惜人才和善待人才的人，這個小故事值得正在招納賢才、準備成就一番大事業的人深思和借鑑。

蘇代為燕說齊

※原文

蘇代為燕說齊，未見齊王，先說淳于髡曰：「人有賣駿馬者，比三旦立市，人莫之知。往見伯樂曰：『臣有駿馬，欲賣之，比三旦立於市，人莫與言，願子還而視之，去而顧之，臣請獻一朝之賈。』伯樂乃還而視之，去而顧之，一旦而馬價十倍。今臣欲以駿馬見於王，莫為臣先後者，足下有意為臣伯樂乎？臣請獻白璧一雙，黃金千鎰，以為馬食。」淳于髡曰：「謹聞命矣。」入言之王而見之，齊王大說蘇子。

※譯文

蘇代代表燕國去遊說齊國，沒有見齊威王之前，先對淳于髡說：「有一個賣駿馬的人，一連三個早晨都站在集市裡，但也沒有人知道他的馬是匹駿馬。賣馬的人很著急，於是就去見伯樂說：『我有一匹駿馬，想要賣掉牠，可是連續三個早晨，都沒有人來詢問，希望先生您能繞著我的馬看一圈，離開的時候再回頭看一眼，這樣我願意給您一天的費用。』於是伯樂就照著賣馬人所說，繞著那匹馬看一圈，離開的時候又回頭看了一眼，結果馬的身價一早上漲了十倍。現在我想把駿馬送給齊威王看，可是沒有替我前後周旋的人，先生有意做我的伯樂嗎？我願送給您白璧一雙、黃金千鎰，來作為給您的費用。」淳于髡說：「願意聽從您的吩咐。」於是淳于髡進宮向齊威王引薦蘇代，齊威王接見了蘇代，而且非常喜歡他。

※讀解

這是一篇蘇秦的弟弟蘇代向齊國推薦自己的文章。蘇秦死後，他的弟弟繼承了他的事業，但初出茅廬的他需要一個平臺來實現他的哥哥沒有實現的合縱聯盟理想。於是他來到齊國，巧妙地向淳于髡推薦自己，得到淳于髡的認可，並經過淳于髡的引薦，得到齊威王的重用。

在競爭日益激烈的今天，我們都要樹立自我推銷的意識，來獲得更多實現抱負的機會。要推銷自己，必須講究方式和方法。蘇代僅僅是為淳于髡講述一個小故事，就得到認可，可見他對淳于髡有一定的了解，並自信地將自己比作千里馬，給人精明能幹的印象。另一方面，他還巧妙地將淳于髡抬舉為伯樂，無形中拍了對方一個馬屁，使對方願意幫助他引薦。

燕饑趙將伐之

※原文

燕饑[1]，趙將伐之。楚使將軍之燕，過魏，見趙恢。趙恢曰：「使除患無至，易於救患。伍子胥、宮之奇不用，燭之武、張孟談受大賞。是故謀者皆從事於除患之道，而先使除患無至者。今予以百金送公也，不如以言。公聽吾言而說趙王曰：『昔者吳伐齊，為其饑也，伐齊未必勝也，而弱越乘其弊以霸。今王之伐燕也，亦為其饑也，伐之未必勝，而強秦將以兵承[2]王之西，是使弱趙居強吳之處，而使強秦處弱越之所以霸也。願王之熟計之也。』」使者乃以說趙王，趙王大悅，乃止。燕昭王聞之，乃封之以地。

※注釋

①饑：遭到饑荒。②承：通「乘」。趁著，利用。

※譯文

燕國發生饑荒，趙國打算趁這個時機攻打它。楚國派遣一名將軍作為使者去燕國，從魏國境內經過，遇見了趙恢。趙恢對這個楚國使者說：「預防災禍不讓它發生，比災禍發生後再去解救還容易。伍子胥和宮之奇的勸諫都不被國君採納，燭之武和張孟談的謀略得到國君的賞識。所以謀臣們都在想方設法防患未然，消除災禍。今日，我與其送您百金，還不如送您幾句話。您如果能聽從我所說的話，去勸說趙王：『過去吳國討伐齊國，是因為齊國國內發生饑荒，可是沒有等到伐齊取得成功，弱小的越國就趁著吳國疲憊的機會打敗吳國而稱霸一方。現在大王要攻打燕國，也是因為它們國內發生饑荒，我看攻打燕國未必就能獲勝，而且強大的秦國可能藉機從西邊派出軍隊進攻趙國。這是讓弱趙處在當年強吳的不利地位，而讓現在的強秦處在當年弱越的有利地位啊！希望大王能夠慎重考慮這件事。』」於是楚國使者就用趙恢的話去遊說趙王，趙王聽後非常高興，取消攻打燕國的行動。燕昭王聽說這件事後，就將土地封賞給這個楚國的使者。

※讀解

趙恢透過楚國的使者，說服趙王停止趁火打劫的軍事行動，挽救燕國即將遭遇的戰禍。趙恢列舉春秋時期，吳國趁著齊國國內發生饑荒的機會討伐齊國，而越國趁機進攻軍備空虛的吳國，使吳國得不償失、一敗塗地的史實，有效地說服趙王。可見用歷史事實說話具有無可辯駁的說服力量，所以最能打動人的內心，具有最有效的說服效果。

「螳螂捕蟬，黃雀在後」，趁火打劫的行為是不符合道義的，往往遭到意想不到的打擊，這樣的道理也反覆被歷史證明。

昌國君樂毅

※原文

昌國君樂毅[1]為燕昭王合五國之兵而攻齊，下七十餘城，盡郡縣之以屬燕。三城未下，而燕昭王死。惠王即位，用齊人反間，疑樂毅，而使騎劫代之將。樂毅奔趙，趙封以為望諸君。齊田單欺詐騎劫，卒敗燕軍，復收七十城以復齊。燕王悔，懼趙用樂毅乘燕之弊以伐燕。燕王乃使人讓[2]樂毅，且謝之曰：「先王舉國而委將軍，將軍為燕破齊，報先王之仇，天下莫不振動，寡人豈敢一日而忘將軍之功哉！會先王棄群臣，寡人新即位，左右誤寡人。寡人之使騎劫代將軍者，為將軍久暴露於外，故召將軍且休計事。將軍過聽，以與寡人有郤，遂捐燕而歸趙。將軍自為計則可矣，而亦何以報先王之所以遇將軍之意乎？」

※注釋

①樂毅：中山國靈壽（今河北平山東北）人，趙國滅掉中山國，成為趙國人，後來逃到燕國，成為燕國名將。

②讓：責問，責備。

※譯文

昌國君樂毅為燕昭王聯合五國的軍隊進攻齊國，攻下七十多座城邑，並把這些地方全部作為燕國的郡縣。還有三座城池沒有攻下，燕昭王就死了。燕惠王繼承王位，齊人使用反間計，使樂毅受到懷疑，燕惠王派騎劫代替樂毅的將軍職務。樂毅逃亡到趙國，趙王封他為望諸君。後來，齊國大將田單設計欺騙騎劫，最終打敗燕國，收復了被燕國掠取的七十多座城池，恢復齊國。燕惠王後來深感後悔，又害怕趙國趁燕國疲憊的時候，任用樂毅攻打燕國。於是燕惠王派人責備樂毅，並向樂毅表示歉意說：「先王把整個燕國託付給將軍，將軍不負重託，為燕國打敗齊國，替先王報了仇，天下人無不為之震動，寡人怎麼敢忘記將軍的功勞呢！現在，先王不幸離開人世，寡人又剛剛即位，結果被左右侍臣蒙蔽。寡人之所以讓騎劫代替將軍，是因為將軍長期在外奔波辛勞，於是召請將軍回來暫且休整一下，以便共議國家大事。然而，將軍誤解寡人，認為和寡人有隔閡，就丟下燕國歸附趙國。如果將軍為自己這樣打算還可以，可是您又拿什麼來報答先王對將軍您的知遇之恩呢？」

※原文

望諸君乃使人獻書報燕王曰：「臣不佞①，不能奉承先王之教，以順左右之心，恐抵斧質之罪，以傷先王之明，而又害於足下之義，故遁逃奔趙。自負以不肖之罪，故不敢為辭說。今王使使者數之罪，臣恐侍御者之不察先王之所以畜幸臣之理，而又不白於臣之所以事先王之心，故敢以書對。」

「臣聞賢聖之君，不以祿私其親，功多者授之；不以官隨其愛，能當之者處之。故察能而授官者，成功之君也；論行而結交者，立名之士也。臣以所學者觀之，先王之舉錯，有高世之心，故假節於魏王，而以身得察於燕。先王過舉，擢之乎賓客之中，而立之乎群臣之上，不謀於父兄，而使臣為亞卿。臣自以為奉令承教，可以幸無罪矣，故受命而不辭。」

「先王命之曰：『我有積怨深怒於齊，不量輕弱，而欲以齊為事。』臣對曰：『夫齊霸國之餘教也，而驟勝之遺事也，閑於兵甲，習於戰攻。王若欲攻之，則必舉天下而圖之。舉天下而圖之，莫徑於結趙矣。且又淮北、宋地，楚、魏之所同願也。趙若許，約楚、魏、宋盡力，四國攻之，齊可大破也。』先王曰：『善。』臣乃口受令，具符節，南使臣於趙。顧反命，起兵隨而攻齊。以天之道，先王之靈，河北之地，隨先王舉而有之於濟上。濟上之軍，奉令擊齊，大勝之。輕卒銳兵，長驅至國。齊王逃遁走莒，僅以身免。珠玉財寶，車甲珍器，盡收入燕，大呂陳於元英，故鼎反於曆室，齊器設於寧台。薊丘之植，植於汶皇。自五伯以來，功未有及先王者也。先王以為慊其志，以臣為不頓命，故裂地而封之，使之得比乎小國諸侯。臣不佞，自以為奉命承教，可以幸無罪矣，故受命而弗辭。」

※注釋

①不佞：不才，不敏。自謙的說法。

※譯文

於是樂毅派人送去書信回答燕惠王說：「臣庸碌無能，不能遵行先王的教誨來順從左右人的心思，又唯恐遭殺身之禍，這樣既損傷先王用人的英明，又使大王蒙受不義的名聲，所以臣才逃到趙國。臣背著不忠的罪名，也不敢為此辯解。大王派使者來列舉臣的罪過，臣擔心大王不能明察先王任用臣的理由，也不明白臣侍奉先王的心情，所以才斗膽寫封信來回答您。」

「臣聽說賢慧聖明的君主，不會輕易將爵祿送給自己親近的人，而是賜給功勞大的人；不把官職隨便授給自己喜愛的人，而是授予稱職的人。所以，先考察才能再授予相應的官職，這才是能夠建功立業的君主；能夠衡量一個人的德行再結交朋友，這才是能顯身揚名的人。臣用所學來看，先王選拔人才，有超越當代君主的胸襟，所以臣藉著為魏王出使的機會，才能親自到燕國接受考察。先王特別地抬舉臣，在賓客中把臣選拔出來，安排的官職在群臣之上，不與宗室大臣商量，就任命臣為亞卿。臣自以為接受命令秉承教導，可以有幸不受處罰，所以就接受了任命而沒有推辭。」

「先王曾對臣說：『我和齊國有深仇大恨，顧不得國力弱小，也要向齊國報仇。』臣回答說：『齊國有先代稱霸的遺教，並且留下來幾次大勝的功業。精於用兵，熟習攻守。大王若想攻打齊國，就一定要聯合天下的諸侯共同對付它。要聯合天下諸侯來對付齊國，最便捷的就是先和趙國結交。再說，齊國占有的淮北和宋國故地，是楚國和魏國都想要得到的。趙國如果答應，再聯合楚魏和被齊占領的宋國共同出動兵力，四國聯合攻齊，就一定可以大敗齊國。』先王說：『好。』於是親口授命，準備好符節，讓臣出使到南邊的趙國。待臣回國復命以後，各國隨即出兵攻齊。靠著上天的保佑和先王的精明，河北之地全部被先王占有。我們駐守在濟水邊上的軍隊，奉命進擊齊軍，獲得全勝。我們以輕便精銳的部隊長驅直入齊都，齊閔王倉皇逃到莒地，才得以免於一死。齊國的珠玉財寶、車馬鎧甲、珍貴器物，全部被收入燕國的府庫，齊國制定樂律的大鐘被陳放在元英殿，燕國的大鼎又回到了曆室宮，齊國的各種寶器擺設在寧臺裡，燕都薊丘的植物移種在汶水的竹田裡。從春秋五霸以來，沒有一個人的功業能趕得上先王。先王認為滿足了心願，也認為臣沒有辜負使命，因此劃分一塊土地封賞臣，使臣的地位能夠比得上小國的諸侯。臣沒才能，但自認為奉守命令秉承教誨，就可以萬幸無罪了，所以接受了封賞而毫不推辭。」

※原文

「臣聞賢明之君，功立而不廢，故著於春秋；蚤知[①]之士，名成而不毀，故稱於後世。若先王之報怨雪恥，夷萬乘之強國，收八百歲之畜積，及至棄群臣之日，餘令詔後嗣之遺義，執政任事之臣，所以能循法令，順庶孽者，施及於萌隸，皆可以教於後世。臣聞善作者，不必善成；善始者，不必善終。昔者伍子胥說聽乎闔閭，故吳王遠跡至於郢。夫差弗是也，賜之鴟夷而浮之江。故吳王夫差不悟先論之可以立功，故沉子胥而不悔。子胥不蚤見主之不同量，故入江而不改。夫免身全功，以明先王之跡者，臣之上計也。離[②]毀辱之非，墮先王之名者，臣之所大恐也。臨不測之罪，以幸為利者，義之所不敢出也。臣聞古之君子，交絕不出惡聲；忠臣之去也，不潔其名。臣雖不佞，數奉教於君子矣。恐侍御者之親左右之說，而不察疏遠之行也。故敢以書報，唯君之留意焉。」

※注釋

①蚤知：蚤，通「早」。能夠預先知道事情的發展結果的人，也就是有先見之明的人。②離：經歷。

※譯文

「臣聽說賢明的君王，功業建立後就不能半途而廢，因而才能名垂青史；有先見之明的人，獲得名譽後就不可毀棄，因而才能被後人所稱頌。像先王那樣報仇雪恨，征服擁有萬輛車的強國，收取它們八百年的積蓄。等到離開人世，先王仍不忘發布旨令，向後代宣示遺囑。執政管事的大臣，憑著先王的旨義並按照法令，謹慎對待王族子孫，施恩於平民百姓，這些都可以成為後世的典範。臣聽說，善於開創的不一定善於完成，有好的開端未必有好的結局。從前，伍子胥的計謀被吳王闔閭採用，所以吳王的足跡能遠踏楚國郢都。相反的，吳王夫差對伍子胥的意見不以為然，賜死伍子胥，裝在皮袋裡，投入江中。可見吳王夫差始終不明白賢人的主張對吳國建立功業的重要性，所以把伍子胥沉入江中也不後悔。伍子胥不能及早預見君主與自己度量不同，所以即使被投入大江裡也不會改變誠摯的初衷。能免遭殺戮，保全功名，以此彰顯先王的業績，這是臣的上策。自身遭受詆毀侮辱，因而毀壞先王的名聲，這是臣最害怕的事情。面對不可估量的大罪，還企圖和趙國圖謀燕國以求取私利，從道義上講，這是臣所不能做的。臣聽說，古代的君子在交情斷絕時也不說對方的壞話；忠臣離開本國時，也不為自己的名節辯白。臣雖不才，也曾多次接受有德之人的教誨，臣擔心大王聽信左右的話，而不體察臣這個被疏遠的人之行為。所以才斗膽以書信作答，只請大王您三思。」

※讀解

歷史上最讓人寒心的，莫過於忠臣遭到殺戮，而這樣的冤案，幾乎歷朝歷代都以不同程度存在。無論是共同創業後的帝王卸磨殺驢式的屠殺，還是繼承者因對老臣的不理解而進行的屠殺，都是人間最大的冤獄。

樂毅是一代名將，取得了連奪齊國七十多座城池的絕世戰功。但由於王權交替，新繼任的燕惠王聽信讒言，中了齊國的離間計，臨陣更換將帥，因此樂毅蒙受了空前的生命危險，逃亡到趙國。

燕惠王害怕樂毅會幫助趙國攻打燕國，所以就寫信責備樂毅，說他背叛了先王對他的知遇之恩。樂毅在回信中委婉地對燕惠王聽信讒言、用人不當提出批評。他有很高尚的人格修養，所以在信中並沒有對燕惠王表示自己的怨恨。最後他強調指出「古之君子，交絕不出惡聲；忠臣之去也，不潔其名」還表明自己終生不會謀取燕國。他的書信表達了一個被冤枉的忠臣之心，讀來讓人動容。

趙且伐燕

※原文

趙且伐燕，蘇代為燕謂惠王①曰：「今者臣來，過易水，蚌方出曝，而鷸②啄其肉，蚌合而拑其喙。鷸曰：『今日不雨，明日不雨，即有死蚌。』蚌亦謂鷸曰：『今日不出，明日不出，即有死鷸。』兩者不肯相舍，漁者得而並禽之。今趙且伐燕，燕、趙久相支，以弊大眾，臣恐強秦之為漁父也。故願王之熟計之也。」惠王曰：「善。」乃止。

※注釋

①惠王：趙惠文王。②鷸：一種鳥的名稱。

※譯文

趙國準備討伐燕國，蘇代代表燕國對趙惠文王說：「臣這次來，經過易水，看見一隻河蚌正從水裡出來晒太陽，一隻鷸飛來啄牠的肉，河蚌立即合攏了，夾住了鷸的嘴。鷸說：『今天不下雨，明天不下雨，你肯定要死了。』河蚌對鷸說：『今天不放你，明天不放你，你就成了死鷸。』牠們都不肯放開對方，一個漁夫走過來，把牠們一起抓走了。現在趙國將要攻打燕國，燕、趙兩國如果長期相持不下，就會使百姓疲憊不堪，臣擔心強大的秦國就要成為那不勞而獲的漁翁了。所以希望大王能夠慎重考慮攻打燕國的事。」趙惠文王說：「好。」於是就停止派軍隊攻打燕國。

※讀解

本篇講述了一個著名的寓言故事：鷸蚌相爭，漁人得利。

蘇代僅借用一個寓言故事就為燕國消除了一場戰爭，不能不嘆服語言當中所蘊含的巨大力量。蘇代之所以能夠以一個寓言故事就使趙王取消一場對外戰爭，從根本上來說還是他摸透了趙王趨利避害的心理。

我們在競爭中要善於當那個漁翁，善於發現有利的時機，實行疲勞戰術，使對手陷入疲勞和危險的不利境地，從而輕而易舉地打敗對手。另一方面，我們還要慎重提防，以免成為鷸和蚌中的任何一方，防止自己處於被別人不勞而獲，這樣的下場是最可悲的。

燕太子丹質於秦亡歸

※原文

燕太子[1]丹質於秦[2]，亡歸。見秦且滅六國，兵以臨易水，恐其禍至，太子丹患之。謂其太傅鞫武曰：「燕、秦不兩立，願太傅幸而圖之。」武對曰：「秦地遍天下，威脅韓、魏、趙氏，則易水以北，未有所定也。奈何以見陵之怨，欲排其逆鱗哉？」太子曰：「然則何由？」太傅曰：「請入，圖之。」

居之有間，樊將軍亡秦之燕，太子容之。太傅鞫武諫曰：「不可。夫秦王之暴，而積怨於燕，足為寒心，又況聞樊將軍之在乎！是以委肉當餓虎之蹊，禍必不振[3]矣！雖有管、晏，不能為謀。願太子急遣樊將軍入匈奴以滅口。請西約三晉，南連齊、楚，北講於單于，然後乃可圖也。」太子丹曰：「太傅之計，曠日彌久，心惛然恐不能須臾。且非獨於此也。夫樊將軍困窮於天下，歸身於丹，丹終不迫於強秦，而棄所哀憐之交置之匈奴，是丹命固卒之時也。願太傅更慮之。」鞫武曰：「燕有田光先生者，其智深，其勇沉，可與之謀也。」太子曰：「願因太傅交於田先生，可乎？」鞫武曰：「敬諾。」出見田光，道太子曰：「願圖國事於先生。」田光曰：「敬奉教。」乃造焉。

※注釋

①燕太子丹：戰國末燕王喜太子。秦滅韓前夕，燕國送其入秦為質，以結好於秦。因不受禮遇，他怒而逃歸。後來秦軍大舉攻燕，克燕都薊城。燕太子丹和燕王喜逃至遼東。秦將李信率大軍隨後追擊。燕王喜聽從代王嘉計策，殺太子丹，將頭獻秦軍以求和。②質於秦：到秦國做質子。③振：拯救，挽救。

※譯文

在秦國做人質的燕太子丹逃回燕國。他看到秦國將要吞併六國，如今秦軍已逼近易水，唯恐災禍來臨，心裡十分憂慮，於是對他的太傅鞫武說：「燕、秦兩國勢不兩立，希望太傅幫忙想想辦法才好。」鞫武回答說：「秦國的勢力遍佈天下，地盤廣大，如果它們再用武力脅迫韓、趙、魏三國，那麼易水以北的燕國局勢就不穩定了。何必因在秦遭受凌辱的怨恨，就去觸犯秦國呢？」太子說：「那可怎麼辦才好？」太傅說：「請讓我好好考慮考慮。」

過了一段時間，樊將軍從秦國逃到燕國，太子收留了他。太傅進諫勸告太子說：「不能這樣做啊。秦王殘暴，又對燕國一直懷恨在心，如此就足以讓人膽戰心驚了，更何況讓他知道樊將軍在這裡！這就好比把肉丟在餓虎經過的路上，災禍難以避免。我想，即使管仲和晏嬰在世，也無力回天。太子您還是趕緊打發樊將軍到匈奴去，以防洩露風聲。請讓我到西邊去聯合魏、趙、韓三國，到南邊去聯合齊、楚兩國，到北邊去和匈奴講和，然後就可以對付秦國了。」太子丹說：「太傅的計畫曠日持久，我心裡昏亂憂慮，恐怕一刻也不能等了。況且問題還不僅僅在這裡，樊將軍窮途末路，才來投奔我，我怎麼能因為秦國的威脅，就拋棄朋友，把他打發到匈奴去呢？

該是我拼命的時候了，太傅您得另想辦法才行。」鞠武說：「燕國有一位田光先生，此人深謀遠慮勇敢沉著，您不妨跟他商量商量。」太子丹說：「希望太傅您代為介紹，好嗎？」鞠武說：「好吧。」於是鞠武去見田光，說：「太子希望和先生一起商議國家大事。」田光說：「遵命。」於是就去拜見太子。

※原文

太子跪而逢迎，卻行為道，跪而拂席①。田先生坐定，左右無人，太子避席而請曰：「燕、秦不兩立，願先生留意也。」田光曰：「臣聞騏驥盛壯之時，一日而馳千里。至其衰也，駑馬先之。今太子聞光壯盛之時，不知吾精已消亡矣。雖然，光不敢以乏②國事也。所善荊軻，可使也。」太子曰：「願因先生得交於荊軻，可乎？」田光曰：「敬諾。」即起，趨出。太子送之至門，曰：「丹所報，先生所言者，國大事也，願先生勿泄也。」田光俛而笑曰：「諾。」

僂行見荊軻，曰：「光與子相善，燕國莫不知。今太子聞光壯盛之時，不知吾形已不逮也，幸而教之曰：『燕、秦不兩立，願先生留意也。』光竊不自外，言足下於太子，願足下過太子於宮。」荊軻曰：「謹奉教。」田光曰：「光聞長者之行，不使人疑之，今太子約光曰：『所言者，國之大事也，願先生勿泄也。』是太子疑光也。夫為行使人疑之，非節俠士也。」欲自殺以激荊軻，曰：「願足下急過太子，言光已死，明不言也。」遂自剄而死。

※注釋

①拂席：擦拭坐席。②乏：廢，荒廢。

※譯文

太子跪著迎接田光，倒退著走為他引路，又跪下來替田光拂拭坐席。等田光坐好，左右人都退下後，太子就離席，向田光請教道：「燕、秦兩國勢不兩立，希望先生能儘量想個辦法來解決這件事。」田光說：「臣聽說好馬在年輕力壯的時候，一天可以飛奔千里。可是到牠衰老力竭的時候，連劣馬也能跑在牠的前面。太子現在聽說的是臣壯年的情況，卻不知道如今臣的精力已經衰竭了。雖然這麼說，臣不敢因此耽誤國事。臣的好朋友荊軻可以擔當這個使命。」太子說：「希望能透過先生與荊軻結識，可以嗎？」田光說：「好的。」說完起身就走了出去。太子送他到門口，告誡他說：「我告訴您的和先生剛才說的，都是國家大事，希望先生不要洩露出去。」田光低頭一笑，說：「好。」

田光彎腰曲背地去見荊軻，對他說：「我和您交情很深，燕國沒有人不知道。現在太子只聽說我壯年時的情況，卻不知道我的身體已大不如當年了。有幸得到他的教導說：『燕、秦兩國勢不兩立，希望先生盡力想想辦法。』我從來就沒把您當外人，於是把您舉薦給太子，希望您能到太子的住處走一趟。」荊軻說：「遵命。」田光又說：「我聽說，忠厚老實之人的所作所為，不使人產生懷疑，如今太子卻告誡我說：『我們所講的，都是國家大事，希望先生不要洩露出去。』這是太子他懷疑我啊！為人做事讓人懷疑，就不是有氣節的俠客。」田光這番話的意思是想用自殺來激勵荊軻，接著又說道：「希望您馬上去拜見太子，說我已經死了，以此表明我沒有把國家大事洩露出去。」說完就自刎而死。

※原文

軻見太子，言田光已死，明不言也。太子再拜而跪，膝下行流涕，有頃而後言曰：「丹所請田先生無言者，欲以成大事之謀，今田先生以死明不泄言，豈丹之心哉？」荊軻坐定，太子避席頓首曰：「田先生不知丹不肖，使得至前，願有所道，此天所以哀燕不棄其孤也。今秦有貪饕[1]之心，而欲不可足也，非盡天下之地，臣海內之王者，其意不饜。今秦已虜韓王，盡納其地，又舉兵南伐楚，北臨趙。王翦將數十萬之眾臨漳、鄴，而李信出太原、雲中。趙不能支秦，必入臣。入臣，則禍至燕。燕小弱，數困於兵，今計舉國不足以當秦。諸侯服秦，莫敢合從。丹之私計，愚以為誠得天下之勇士，使於秦，窺以重利，秦王貪其贄，必得所願矣。誠得劫秦王，使悉反諸侯之侵地，若曹沫之與齊桓公，則大善矣；則不可，因而刺殺之。彼大將擅兵於外，而內有大亂，則君臣相疑。以其間諸侯，諸侯得合從，其償破秦必矣。此丹之上願，而不知所以委命，惟荊卿留意焉。」久之，荊軻曰：「此國之大事，臣駑下，恐不足任使。」太子前頓首，固請無讓。然後許諾。於是尊荊軻為上卿，舍上舍，太子日日造問，供太牢異物，間進車騎美女，恣荊軻所欲，以順適其意。

※注釋

①貪饕：貪婪，饕即貪。《漢書·禮樂志》：貪饕險。顏師古注：「貪甚曰饕。」特指貪食。常饕餮連用，饕餮是傳說中貪食的惡獸。古代鐘鼎彝器上多刻其頭部形狀作為裝飾。

※譯文

荊軻見到太子，告訴他田光已經死了，並轉達田光的臨終之言。太子拜了兩拜，雙腿跪行，淚流滿面，過了好一會兒才說道：「我之所以告誡田光先生不要洩密，是想實現重大的計畫罷了。現在田先生用死來表明他沒有洩密，這哪裡是我的本意呢？」荊軻坐定後，太子離席，給荊軻叩頭，說：「田先生不知我是個無能的人，讓您來到我面前，願您有所指教。這真是上天可憐燕國，不拋棄他的後代。如今秦國貪得無厭，野心十足，如果不把天下的土地全部占為己有，不使各諸侯全部成為自己的臣下，它是不會滿足的。現在秦國已經俘虜韓王，占領韓地，又發兵向南攻打楚國，向北進逼趙國。王翦的大軍已逼近漳水、鄴城，而李信又出兵太原、雲中。趙國哪裡能抵抗秦國的攻勢，一定會投降。趙國向秦稱臣，大禍就落到燕國頭上了，燕國國小力弱，多次遭受兵禍，現在就算徵發全國力量也不可能抵擋秦軍。各諸侯國都屈服於秦國，沒有誰敢和燕國聯合。我私下考慮，讓能得到天下且最勇敢的人出使秦國，用重利引誘秦王，秦王貪圖這些厚禮，我們就一定能如願以償了。如果能劫持秦王，讓他將侵占的全部諸侯土地歸還，就像當年曹沫劫持齊桓公那樣，那就更好了；如果秦王不答應，那就殺死他。秦國的大將在國外征戰，國內又大亂，君臣間必定會相互猜疑。各諸侯國可以趁這個機會聯合起來，勢必擊破秦國。這是我最大的願望。但不知道把這個使命託付給誰，希望先生您想個辦法。」過了一會兒，荊軻才說：「這是國家大事，我才能低下，恐怕不能勝任。」太子上前叩頭，堅決請求荊軻不要推辭。荊軻這才答應。於是，太子尊荊軻為上卿，讓他住在上等的賓館，太子每天前去問候，供給他豐盛的宴席，備辦奇珍異寶，不斷地進獻車馬和美女，儘量滿足荊軻的欲望，以便讓他稱心如意。

※原文

久之，荊軻未有行意。秦將王翦[1]破趙，虜趙王，盡收其地，進兵北略地，至燕南界。太子丹恐懼，乃請荊卿曰：「秦兵旦暮渡易水，則雖欲長侍足下，豈可得哉？」荊卿曰：「微太子言，臣願得謁之。今行而無信，則秦未可親也。夫今樊將軍，秦王購之金千斤，邑萬家。誠能得樊將軍首，與燕督亢之地圖獻秦王，秦王必說見臣，臣乃得有以報太子。」

太子曰：「樊將軍以窮困來歸丹，丹不忍以己之私，而傷長者之意，願足下更慮之。」荊軻知太子不忍，乃遂私見樊於期曰：「秦之遇將軍，可謂深矣。父母宗族，皆為戮沒。今聞購將軍之首，金千斤，邑萬家，將奈何？」樊將軍仰天太息流涕曰：「吾每念，常痛於骨髓，顧計不知所出耳。」

軻曰：「今有一言，可以解燕國之患，而報將軍之仇者，何如？」樊於期乃前曰：「為之奈何？」荊軻曰：「願得將軍之首以獻秦，秦王必喜而善見臣，臣左手把其袖，而右手揕抗其胸，然則將軍之仇報，而燕國見陵之恥除矣。將軍豈有意乎？」樊於期偏袒扼腕而進曰：「此臣日夜切齒拊心也，乃今得聞教。」遂自刎。太子聞之，馳往，伏屍而哭，極哀。既已，無可奈何，乃遂收盛樊於期之首，函封之。

※注釋

①王翦：頻陽東鄉（今陝西省富平縣東北）人，秦國傑出的軍事家，是繼白起之後秦國的又一位名將。與其子王賁在輔助秦始皇統一六國的戰爭中立有大功，除韓之外，其餘五國均為王翦父子所滅。

※譯文

過了很久，荊軻還沒有動身的意思。這時，秦將王翦攻破趙國，俘虜了趙王，占領趙地。又揮軍北進，掠奪土地，一直打到燕國南部邊境。太子丹非常恐懼，就向荊軻請求說：「秦國軍隊早晚要渡過易水，我雖然願意長久地侍奉您，但是怎麼可能呢？」荊軻說：「即使太子不說，我也想向您請求行動。現在去如果沒有信物，就無法接近秦王。如今秦王正用千兩黃金和萬戶封邑來懸賞緝拿樊將軍。如果能得到樊將軍的首級和燕國督亢的地圖獻給秦王，秦王一定樂於接見我，這樣我才有報效太子的機會。」

太子丹說：「樊將軍因為走投無路來投奔我，我又怎麼忍心為了自己的私事而傷害忠厚老實人的心，還望您另想個辦法。」荊軻知道太子不忍心，於是就私底下去見樊於期說：「秦王對您實在太狠毒了，父母和同家族的人都被殺害了。現在又聽說秦王懸賞千兩黃金和萬戶封邑來求您的頭顱，您打算怎麼辦呢？」樊將軍仰天長嘆，淚流滿面地說：「我每次想到這些，就恨入骨髓，考慮再三，只是不知道怎樣才能報仇罷了。」

荊軻說：「我現在有一個建議，不但可以解除燕國的禍患，而且還可以為您報仇，您看怎麼樣？」樊於期走上前說：「您究竟想怎麼辦？但說無妨。」荊軻說：「希望能得到將軍的首級，進獻秦王，秦王必定很高興，就會接見我。到那時，我左手抓住他的衣袖，右手用匕首刺進他的胸膛。這樣您的大仇可報，燕國遭受的恥辱也可以洗刷了。將軍可有這番心意呢？」

樊於期袒露出一條臂膀，握住手腕，走近一步說：「這是我日夜咬牙切齒、痛徹心扉的事情，居然在今天能聽到您的指引。」說完就自殺了。太子聽說後，趕緊駕車奔去，趴在樊於期的屍體上痛哭起來，極其悲傷。事情既然無可挽回，只好收斂樊於期的頭顱，用匣子封存起來。

※原文

於是，太子預求天下之利匕首，得趙人徐夫人之匕首，取之百金，使工以藥淬之，以試人，血濡縷，人無不立死者。乃為裝遣荊坷。燕國有勇士秦武陽，年十二，殺人，人不敢與忤視。乃令秦武陽為副。荊軻有所待，欲與俱，其人居遠未來，而為留待。頃之未發。太子遲之，疑其有改悔，乃復請之曰：「日以盡矣，荊卿豈無意哉？丹請先遣秦武陽。」荊軻怒，叱太子曰：「今日往而不反者，豎子也！今提一匕首入不測之強秦，僕所以留者，待吾客與俱。今太子遲之，請辭決矣。」遂發。

太子及賓客知其事者，皆白衣冠以送之。至易水上，既祖，取道。高漸離擊筑，荊軻和而歌，為變徵之聲，士皆垂淚涕泣。又前而為歌曰：「風蕭蕭兮易水①寒，壯士一去兮不復還。」復為慨羽聲，士皆瞋目，發盡上指冠。於是荊軻遂就車而去，終已不顧。

既至秦，持千金之資幣物，厚遺秦王寵臣中庶子蒙嘉。嘉為先言於秦王曰：「燕王誠振畏慕大王之威，不敢興兵以拒大王，願舉國為內臣，比諸侯之列，給貢職如郡縣，而得奉守先王之宗廟。恐懼不敢自陳，謹斬樊於期頭，及獻燕之督亢之地圖，函封，燕王拜送於庭，使使以聞大王。唯大王命之。」

※注釋

①易水：位於河北省易縣境內，分南易水、中易水、北易水。

※譯文

這時候，太子已經預先找到天下最鋒利的匕首，那是從趙國徐夫人手裡用一百金才買到的匕首。太子讓工匠用毒藥水淬染匕首，在人的身上試驗，只要流出一點血，那人就會立刻死去。於是準備行裝，送荊軻動身。燕國有個勇士叫秦武陽，十二歲時就殺過人，別人都不敢正眼看他。於是太子就派秦武陽做荊軻的助手。荊軻等著另一個人，想跟他一起去，那人住得遠，還沒有趕到，荊軻為此滯留等他。過了好幾天還沒有出發。太子嫌他行動緩慢，懷疑他要反悔，於是又去請求他說：「時間已經不多了，您難道不打算去了嗎？請讓我先派秦武陽去吧。」荊軻生氣了，呵斥太子說：「我今天去了如果不能回來，可能是秦武陽這小子害的！如今我拿著一把匕首到吉凶難測的秦國去，之所以還不動身，是要等我的朋友一起去。現在您既然嫌我行動遲緩，那就訣別吧！」於是就出發了。

太子以及知道這件事的賓客，都身穿白衣，頭戴白帽來為荊軻送行。到了易水岸邊，祭祀完路神，就要上路。這時，高漸離擊起筑樂，荊軻和著曲調唱起歌來，歌聲淒厲悲愴，人們聽了都流下眼淚，暗暗地抽泣。荊軻又踱上前唱道：「風蕭蕭啊易水寒，壯士一去啊不復還！」接著樂音又變作慷慨激昂的羽聲，人們聽得虎目圓瞪，怒髮衝冠。於是荊軻登上馬車飛馳而去，始終沒有回頭看一眼。

一行人到秦國以後，荊軻帶上價值千金的玉帛等禮物，去見秦王的寵臣中庶子蒙嘉。蒙嘉替他事先在秦王面前美言道：「燕王確實畏懼大王的威勢，不敢發兵和大王對抗，情願讓國人做秦國的臣民，和各方諸侯同列，像秦國郡縣一樣進奉貢品，只求能夠奉守先王的宗廟。燕王非常害怕，不敢親自來向大王陳述，特地斬了樊於期，並獻上燕國督亢的地圖，都封裝在匣子裡，燕王又親自在朝廷送行，派使者向大王稟告。請大王指示。」

※原文

秦王聞之，大喜。乃朝服，設九賓，見燕使者咸陽宮。荊軻奉樊於期頭函，而秦武陽奉地圖匣，以次進。至陛下。秦武陽色變振恐，群臣怪之，荊軻顧[1]笑武陽，前為謝曰：「北蠻夷之鄙人，未嘗見天子，故振慴[2]，願大王少假借之，使畢使於前。」秦王謂軻曰：「起，取武陽所持圖。」軻既取圖奉之，發圖，圖窮而匕首見。因左手把秦王之袖，而右手持匕首揕抗之。未至身，秦王驚，自引而起，絕袖。拔劍，劍長，摻其室。時怨急，劍堅，故不可立拔。荊軻逐秦王，秦王還柱而走。群臣驚愕，卒起不意，盡失其度。而秦法，群臣侍殿上者，不得持尺兵。諸郎中執兵，皆陳殿下，非有詔，不得上。方急時，不及召下兵，以故荊軻逐秦王，而卒惶急無以擊軻，而乃以手共搏之。是時侍醫夏無且，以其所奉藥囊提[3]軻。秦王之方還柱走，卒惶急不知所為，左右乃曰：「王負劍！王負劍！」遂拔以擊荊軻，斷其左股。荊軻廢，乃引其匕首提秦王，不中，中柱。秦王復擊軻，被八創。軻自知事不就，倚柱而笑，箕踞以罵曰：「事所以不成者，乃欲以生劫之，必得約契以報太子也。」左右既前斬荊軻，秦王目眩良久。而論功賞群臣及當坐者，各有差。而賜夏無且黃金二百鎰，曰：「無且愛我，乃以藥囊提軻也。」

於是，秦大怒燕，益發兵詣趙，詔王翦軍以伐燕。十月而拔燕薊城。燕王喜、太子丹等，皆率其精兵東保於遼東。秦將李信追擊燕王，王急，用代王嘉計，殺太子丹，欲獻之秦。秦復進兵攻之。五歲而卒滅燕國，而虜燕王喜，秦兼天下。其後荊軻客高漸離以擊築見秦皇帝，而以築擊秦皇帝，為燕報仇，不中而死。

※注釋

①顧：回頭看。②振慴：恐懼。③提：投擲。

※譯文

秦王聽了這番話後十分高興。於是穿上朝服，設置九賓之禮，在咸陽宮接見燕國使者。荊軻捧著封藏樊於期頭顱的匣子，秦武陽捧著裝地圖的匣子，按順序走上前去。走到宮殿前的臺階下，秦武陽臉色陡變，渾身發抖，秦國大臣們感到奇怪，荊軻回頭朝秦武陽笑了笑，走上前去向秦王謝罪說：「他是北方荒野之地的粗人，沒有見過世面，今日得見天子，所以害怕，希望大王稍加寬容，讓他能在大王面前完成使命。」

秦王對荊軻說：「起來，把地圖拿過來。」荊軻就取過地圖奉獻上去，打開卷軸地圖，地圖完全展開時露出匕首，說時遲那時快，荊軻左手拉住秦王的衣袖，右手抓過匕首就刺向秦王，可惜沒能刺中。秦王大吃一驚，抽身而起，掙斷衣袖。秦王趕忙伸手拔劍，劍身太長，卡在劍鞘裡了。當時情況緊急，劍又豎著卡得太緊，所以不能立刻拔出來。荊軻追趕秦王，秦王只好繞著柱子逃跑。群臣都驚慌失措，由於突然發生出人意料的事，一個個都失去了常態。而且按照秦國的法律，大臣在殿上侍奉君王時，不得攜帶任何兵器，守衛宮禁的侍衛雖然帶著武器，但都站在殿外，沒有秦王的命令不能進入殿內。正在危急的時候，秦王來不及召殿下衛兵，因此荊軻追趕秦王的時候，大臣們在倉促之間驚慌失措，沒有什麼東西拿來還擊荊軻，只好一起用手抓他。這時御醫夏無且用他身上帶著的藥袋向荊軻投去。秦王正繞著柱子跑，不知怎麼辦好，趁這個機會大臣們才對他大喊：「大王把劍背過去！快推到背後！」秦王這才拔出劍來砍荊軻，一下子砍斷了他的左腿。荊軻重傷跌倒在地，於是舉起匕首向秦王投去，沒有擊中，刺在柱子上。秦王又砍荊軻，荊軻八處受傷。荊軻自知事情失敗，就靠著柱子大笑起來，叉開兩腿大罵道：「事情之所以沒有成功，無非是想活捉你，得到歸還侵占土地的憑證去回報太子。」兩旁的人趕過來把荊軻殺了，秦王頭昏目眩了好久，才回過神來。後來秦王對群臣論功行賞，處罰也根據情況，分別對待。秦王賞賜夏無且黃金二百鎰，說：「無且愛護我，才用藥袋投擊荊軻啊！」

於是秦對燕十分憤恨，增派軍隊趕往趙國舊地，命令王翦的部隊去攻打燕國，十月攻陷燕都薊城。燕王喜、太子丹等率領精銳部隊退守遼東。秦將李信追擊燕王，燕王急了，只好採用代王趙嘉的主意，殺了太子丹，打算獻給秦王。但秦軍仍舊繼續進攻，五年之後終於滅掉燕國，俘虜了燕王喜，秦國統一天下。後來，荊軻的好友高漸離利用擊筑的機會見到秦始皇，他用筑投擊秦始皇，想為燕國報仇，結果也沒有擊中，反而被殺死。

※讀解

戰國末期，經過長期的諸侯割據戰爭，諸侯各國盛衰格局發生了很大變化，而變化最大的莫過於秦國。自西元前三五九年，秦孝公任用商鞅施行變法，為秦國的富強打下良好基礎，並逐步向東擴展。而在秦惠文王、秦昭襄王時期，秦國繼續擴張，並持續推行軍功爵制，按軍功頒賜爵位，以爵位賞賜土地和隸農，使秦人「怯於私鬥而勇於公戰」，軍事實力大增。同時，秦國物產豐富，地理條件優越。經過由秦孝公至秦莊襄王六世百餘年的苦心經營，秦國的經濟和軍事力量都遠勝於其他六國。

西元前二四七年，秦莊襄王死去，其年僅十三歲的兒子嬴政繼位為秦王，但當時的國政大權為相國呂不韋所把持。西元前二三八年，秦王嬴政剷除丞相呂不韋和長信侯嫪毐集團，開始親政，同時也開始周密部署統一六國的戰爭。秦王嬴政十七年（西元前二三〇年），秦軍攻占韓國都城陽翟（今河南禹州市），俘虜韓王安，在韓地設置潁川郡，韓國滅亡。接著便攻打趙國。西元前二二九年，秦大舉攻趙，名將王翦率軍由上黨出井陘，端和由河內進攻趙都邯鄲。於西元前二二八年秦軍攻占了邯鄲，俘虜趙王遷，趙國滅亡。之後，秦軍臨易水，威脅燕國。

燕國在七國當中，是比較弱小的一個，但也有其輝煌的時期。西元前二八四年，燕昭王任命名將樂毅為上將軍，統率燕、秦、楚、韓、趙、魏六國軍隊攻齊，在濟水之西大敗齊軍，攻克臨淄。之後燕軍僅在六個月的時間內，就攻取了齊國七十餘城，只剩下莒和即墨兩城，使齊國幾乎亡國。燕昭王死後，對樂毅不滿的燕惠王繼位，齊臣田單乘機使反間計，使燕惠王撤換了樂毅，派騎劫代替樂毅。田單用火牛陣一仗擊潰燕軍主力，並一舉將燕軍逐出國境，收復淪陷的七十餘城，使齊國復國。自此，燕國便一蹶不振，國勢日衰。至燕王喜時期，國力更加衰落，由他的兒子太子丹主持朝政。

燕太子丹曾在秦國為人質，秦王待太子丹並不友善。後太子丹逃歸燕國。大臣們勸他跟齊、楚、魏三國再組合縱對抗聯盟，太子丹認為那已不切實際，而且緩不濟急。他決心採取左道旁門的手段，派遣刺客去脅迫嬴政，命他承諾退還侵略的土地，並保證不再繼續侵略。如果他拒絕，就把他刺死，以此來阻擋秦國的兼併之勢。燕太子丹首先找到田光，再經過田光先生的引見而結識了著名的俠士荊軻。

荊軻，衛國人。衛亡，他曾經遊歷趙國的榆次、邯鄲等地，最後來到燕國，整日在市井放歌縱酒，酒醉之後常與好友高漸離等相對而泣，旁若無人。荊軻「好讀書擊劍」，「雖游於酒人乎，然其為人沉深好書」，也就是說，荊軻更是一個有學問的沉穩之士，而非一介山野莽夫。太子丹向荊軻袒露腹心，「誠得劫秦王，使悉反諸侯之侵地，若曹沫之與齊桓公，則大善矣；則不可，因而刺殺之」。荊軻開始婉拒太子丹讓他刺秦的要求，但太子丹將他尊為上卿，給予他極為優厚的禮遇，從而荊軻答應了他的請求。

「風蕭蕭兮易水寒，壯士一去兮不復返。」荊軻的刺秦之行似乎應了這句話，他到了秦國，見到秦王，但刺秦行動並不順利。最後荊軻悲壯地死在秦王宮殿裡，成了千百年來的悲劇故事。

宋衛策

公輸般為楚設機，將以攻宋。墨子聞之，百舍重繭，往見公輸般。謂之曰：「吾自宋聞子。吾欲藉子殺王。」公輸般曰：「吾義固不殺王。」墨子曰：「聞公為雲梯，將以攻宋。宋何罪之有？義不殺王而攻國，是不殺少而殺眾。敢問攻宋何義也？」公輸般服焉，請見之王。

公輸般為楚設機

※原文

公輸般[1]為楚設機，將以攻宋。墨子[2]聞之，百舍重繭，往見公輸般。謂之曰：「吾自宋聞子。吾欲藉子殺王。」公輸般曰：「吾義固不殺王。」墨子曰：「聞公為雲梯，將以攻宋。宋何罪之有？義不殺王而攻國，是不殺少而殺眾。敢問攻宋何義也？」公輸般服焉，請見之王。

※注釋

①公輸般：名般，字若，春秋末期魯國（今曲阜）人。因為是魯國人，而且般與班同音通假，人稱魯班。他出身於木匠世家，年輕時就成了魯國著名的能工巧匠。②墨子：姓墨名翟，戰國時期墨家學派的創始人。主張「兼愛」「非攻」。《史記．孟子荀卿列傳》的末尾提道：「蓋墨翟宋之大夫，善守禦，為節用。或曰並孔子時，或曰在其後。」

※譯文

公輸般為楚國製造攻城的雲梯，準備用來攻打宋國。墨子聽到這件事，就步行萬里，腳底磨出了厚厚的繭，到楚國去見公輸般。到了楚國，見到公輸般，墨子對他說：「我在宋國就聽說過先生。我想請您去殺人。」公輸般說：「我是講道義的，絕不會去殺人。」墨子說：「我聽說您在製造用來攻打宋國的雲梯，宋國有什麼罪？

您剛才說，您是講道義的人，按照道義不會去殺人，但如今您要攻打宋國，這分明是不殺少數人，而殺多數人啊！請問您攻打宋國是什麼道義呢？」公輸般被說服，墨子請他為自己引見楚王。

※原文

墨子見楚王曰：「今有人於此，舍其文軒，鄰有弊輿[①]而欲竊之；舍其錦繡，鄰有短褐而欲竊之；舍其粱肉，鄰有糟糠而欲竊之。此為何若人也？」王曰：「必為有竊疾矣。」

墨子曰：「荊之地方五千里，宋方五百里，此猶文軒之與弊輿也。荊有雲夢，犀兕麋鹿盈之，江、漢，魚、鱉、黿鼉，為天下饒，宋所謂無雉、兔、鮒魚者也，此猶粱肉之與糟糠也。荊有長松、文梓、楩、柟、豫樟，宋無長木，此猶錦繡之與短褐也。惡以王吏之攻宋，為與此同類也。」王曰：「善哉！請無攻宋。」

※注釋

①輿：車。

※譯文

墨子見到楚王，說道：「假如有一個人，放著自己華美的彩車不坐，卻想去偷鄰居家的一輛破車；放著自己錦繡衣服不穿，卻想去偷鄰居的粗布短衫；放著自己家裡的美味不吃，卻去偷鄰居的糟糠粗飯。這是個什麼樣的人呢？」楚王說：「這個人必定有偷竊的癖好。」

墨子說：「楚國的土地方圓五千里，而宋國土地方圓不過五百里，這就如同用華美的彩車和破車相比。楚國有雲夢澤，有豐富的犀牛和麋鹿出產，長江和漢水的魚鱉、大鼉和鱷魚，是天下最豐饒的，而宋國卻是連野雞、兔子、鯽魚都不產的地方，這就如同用美味和糟糠粗飯相比。楚國有高大的松樹，帶花紋的梓樹、楩樹、柟樹、豫樟等名貴樹種，而在宋國連大樹都沒有，這就如同用錦繡衣服和粗布短衫相比。因此我認為大王去攻打宋國，和那個有偷竊癖好的人是一樣的。」楚王說：「說得好啊！寡人不再攻打宋國了。」

※讀解

公輸般就是魯班，被木工尊稱為木工事業的鼻祖。然而這樣受人尊敬的木工鼻祖，其精湛的木工技術卻被用於製作「殺人」的工具。

墨子是墨家的代表人物，墨家主張「兼愛」、「非攻」，這種主張在攻伐不息的戰國時期，是勞動人民最為渴望的。墨家還曾主張清苦節約的生活，來磨練自己的意志。所以當墨子聽說公輸般要為楚國製造攻城的雲梯時，他就不遠千里，步行來到楚國，制止公輸般助紂為虐的行為。

墨子勸說公輸般，首先明確指出公輸般的行為是在殺人。他引誘公輸般，要讓他去殺人，但公輸般說自己是講道義的人，不會去殺人。於是墨子直接指出公輸般講道義和製作殺人工具的矛盾，進而駁倒公輸般的荒謬與無知。但下令製造雲梯的是楚王，想要制止一場戰爭的爆發，必須說服楚王，讓他放棄攻打宋國的念頭。

墨子要求公輸般引薦自己拜見楚王。他打了一個比方給楚王聽，用家有華美彩車的人來類比擁有廣闊土地和豐富物產的楚王，擁有華美彩車的人卻想去偷鄰居家的破車，就如同擁有大國的楚王還要去攻打貧窮弱小的宋國。一個比方讓楚王意識到自己的荒謬，因此也讓楚王取消攻打宋國的念頭。

智伯欲伐衛

※原文

智伯欲伐衛，遺衛君野馬四百，白璧一。衛君大悅。群臣皆賀，南文子[①]有憂色。衛君曰：「大國大歡，而子有憂色何？」文子曰：「無功之賞，無力之禮，不可不察也。野馬四，白璧一，此小國之禮也，而大國致之。君其圖之。」衛君以其言告邊境。智伯果起兵而襲衛，至境而反曰：「衛有賢人，先知吾謀也。」智伯欲襲衛，乃佯亡其太子，使奔衛。南文子曰：「太子顏為君子也，甚愛而有寵，非有大罪而亡，必有故。」使人迎之於境，曰：「車過五乘，慎勿納也。」智伯聞之，乃止。

※注釋

①南文子：衛國大臣。

※譯文

智伯想要攻打衛國，就送給衛國國君四百匹野馬和一塊白璧。衛君大為高興。群臣都來慶賀，南文子卻滿面愁容。衛王說：「全國上下都在歡慶，而你卻愁眉苦臉，這是為什麼呢？」南文子說：「沒有功勞就受到賞賜，沒費力氣就得到禮物，不能不慎重審察。四百匹野馬和一個白璧，這是小國應該送給大國的禮物，但是現在大國卻將這樣禮物送給我們這樣一個小國，您最好還是慎重考慮。」衛王把南文子的話告訴邊防人員，讓他們加以戒備。果然不出南文子所料，智伯出兵偷襲衛國，到了邊境又返回了。智伯說：「衛國有賢能的人，預先知道了我的計謀。」智伯想要襲擊衛國，於是假裝逐出他的太子，讓他逃奔到衛國。南文子說：「太子顏是個好人，智伯又很寵愛他，他沒有犯什麼大罪卻逃亡出來，這其中必定有什麼陰謀。」南文子讓人到邊境迎接他，並對前去迎接的人說：「如果太子的兵車超過五輛，就要慎重，不讓他入境。」智伯聽說這個情況之後，只好打消攻打衛國的念頭。

※讀解

天下沒有白吃的午餐，突然無緣無故地接受別人饋贈的時候，就要多加小心了。令人垂涎的誘餌下面，往往是個大陷阱。

在競爭激烈的市場經濟大環境中更是如此。所以，作為競爭的主體，要時刻保持憂患意識和警惕心，在無緣無故得到利益的時候，要三思而後行，這利益的後面必定有文章。

在這個方面，南文子為我們樹立了一個很好的榜樣。正當國君和那些頭腦簡單的大臣們歡呼雀躍時，南文子從中看到的卻是危機的降臨。所以他勸諫國君加強邊疆的戒備。果不其然，智伯要攻打衛國，但早有防備的衛國，輕而易舉地就粉碎了智伯的陰謀。

智伯一計不成又生一計，造出太子逃亡到衛國的假像來迷惑衛國，從而尋機攻打衛國。但衛國有高人，所以智伯的陰謀再次泡湯。

衛嗣君時胥靡逃之魏

※原文

衛嗣君時，胥靡①逃之魏，衛贖之百金，不與。乃請以左氏。群臣諫曰：「以百金之地，贖一胥靡，無乃不可乎？」君曰：「治無小，亂無大。教化喻於民，三百之城，足以為治；民無廉恥，雖有十左氏，將何以用之？」

※注釋

①胥靡：戰國時代對一種家內男性奴隸的稱謂，因被用繩索連著強制勞動，故名。

※譯文

衛嗣君在位的時候，有個奴隸犯罪逃到魏國，衛國想用百金把他贖回來判罪，魏國不同意。於是衛王想用左氏城邑換回胥靡。群臣都勸告說：「用這樣貴重的土地，交換一個小小的罪犯，恐怕不太合適吧？」衛君說：「國家被治理得很好，就無所謂小國；國家如果混亂，就無所謂大國。用教化來引導百姓，即使是只有三百戶人家的城邑也能治理好；如果百姓沒有廉恥的規範，即使有十座左氏城池，那又有什麼用呢？」

※讀解

衛嗣君可以說是崇尚法治的國君。在他的治國理念中，法治精神是至高無上的。他的理想就是要將百姓的法治觀念也樹立起來，並做到有法必依、執法必嚴。在戰國時代就有這樣的當政者，真是難能可貴。而他所說的「治無小，亂無大。教化喻於民，三百之城，足以為治；民無廉恥，雖有十左氏，將何以用之」，一語道破了法律、道德、治國之間的關係。寥寥數語，就足以看到衛嗣君的理想和境界。

中山策

陰姬與江姬爭為后。司馬憙謂陰姬公曰：「事成，則有土子民；不成，則恐無身。欲成之，何不見臣乎？」陰姬公稽首曰：「誠如君言，事何可豫道者。」司馬憙即奏書中山王曰：「臣聞弱趙強中山。」中山王悅而見之，曰：「願聞弱趙強中山之說。」司馬憙曰：「臣願之趙，觀其地形險阻，人民貧富，君臣賢不肖，商敵為資，未可豫陳也。」中山王遣之。

陰姬與江姬爭為后

※原文

陰姬與江姬①爭為后。司馬憙謂陰姬公曰：「事成，則有土子民；不成，則恐無身。欲成之，何不見臣乎？」陰姬公稽首曰：「誠如君言，事何可豫道者。」司馬憙即奏書中山王曰：「臣聞弱趙強中山。」中山王悅而見之，曰：「願聞弱趙強中山之說。」司馬憙曰：「臣願之趙，觀其地形險阻，人民貧富，君臣賢不肖，商敵為資，未可豫陳也。」中山王遣之。

※注釋

①陰姬與江姬：中山王的兩個妃子。

※譯文

陰姬和江姬爭著要做中山王的王后。司馬憙對陰姬的父親說：「爭當王后的事如果能成功，那麼您就可以得到封地，管理萬民；如果不能成功，恐怕您連性命也保不住呀！想要辦成這件事，為什麼不讓陰姬來見我呢？」陰姬的父親對司馬憙叩頭，說：「事情如果真像您說的那樣，我要好好地報答您。」司馬憙於是向中山王上書說：「臣已得知削弱趙國、強大中山國的辦法。」中山王高興地接見了他，說：「我想聽聽你所說的削弱趙國、強大中山國的辦法。」司馬憙說：「臣希望先到趙國去，觀察那裡的地理形勢，關塞的險要，百姓的貧富，君臣的賢能和不肖，敵我力量的對比，考察之後作為憑據，現在還不能說出。」於是，中山王就派他到趙國去。

※原文

見趙王曰：「臣聞趙，天下善為音，佳麗人之所出也。今者臣來至境，入都邑，觀人民謠俗，容貌顏色，殊無佳麗好美者。以臣所行多矣，周流無所不通，未嘗見人如中山陰姬者也。不知者，特以為神，力言不能及也。其容貌顏色，固已過絕人矣。若乃其眉目准①權衡，犀角偃月，彼乃帝王之后，非諸侯之姬也。」趙王意移，大悅曰：「吾願請之，何如？」司馬憙曰：「臣竊見其佳麗，口不能無道爾。即欲請之，是非臣所敢議，願王無泄也。」

※注釋

①准：鼻子。

※譯文

司馬憙見到趙王，說：「臣聽說，趙國是擅長音樂、美女眾多的國家。今天臣來到貴國，走城過邑，觀賞民間的歌謠風俗，也看見了形形色色的人，卻根本沒有見到天姿國色的美女。臣曾經周遊各地，沒有不曾到過的地方，但從沒有見過像中山國的陰姬那樣漂亮的女子。不知道的人，還以為是仙女下凡，她的美貌根本無法用言語來形容。她的容貌姿色實在超出一般的美女，至於說她的眉眼、鼻子、臉蛋、額角，那頭形與天庭，真是帝王之后，而不是諸侯的嬪妃。」趙王被說得心動了，高興地說：「我希望能得到她，怎麼樣？」司馬憙說：「臣私底下見她那麼美麗，嘴裡就不知不覺地說出來了。您如果想要得到她，這可不是臣敢隨便說的，希望大王不要洩露出去。」

※原文

司馬憙辭去，歸報中山王曰：「趙王非賢王也，不好道德，而好聲色①；不好仁義，而好勇力。臣聞其乃欲請所謂陰姬者。」中山王作色不悅。司馬憙曰：「趙強國也，其請之必矣。王如不與，即社稷危矣；與之，即為諸侯笑。」中山王曰：「為將奈何？」司馬憙曰：「王立為后，以絕趙王之意。世無請后者。雖欲得請之，鄰國不與也。」中山王遂立以為后，趙王亦無請言也。

※注釋

①聲色：美樂和美色。

※譯文

司馬憙告辭離去，回來向中山王報告說：「趙王不是個賢明的君主。他不喜歡修養道德，卻追求淫聲美色；不喜歡仁義，卻追求勇武暴力。臣聽說他竟然還想得到陰姬。」中山王聽後變了臉色，非常不高興。司馬憙說：「趙國是個強國，他要得到陰姬的心思是肯定的了。大王如果不答應，那麼國家就危險了；如果把陰姬給了他，就要被諸侯恥笑。」中山王說：「該怎麼辦呢？」司馬憙說：「大王將陰姬立為王后，斷了趙王的念頭。世上還沒有要別國王后的事情。即使他想來要，鄰國也不會答應。」中山王於是立陰姬為王后，趙王就再也沒提要陰姬的事了。

※讀解

陰姬想當王后，但江姬和自己競爭，成為通往王后之位的絆腳石。如何才能當上王后？陰姬得到了司馬憙的幫助，於是展開了一場迂回曲折的王后競爭。

在這場為了王后之位的競爭中，司馬憙是總導演。有了他的策劃，陰姬已經處於絕對的優勢。司馬憙知道想要讓陰姬當上王后，就必須設法打動中山王，因為冊立王后的權力在中山王的手中。

為了打動中山王，他採取迂回曲折的策略。他沒有只在國內或王宮裡活動，更沒有直接建議中山王冊立陰姬為王后，因為陰姬和江姬雙方的力量大致是相當的，這樣做的話只會將事情搞砸。他將努力的方向轉向國外，利用外來的力量加快中山王冊立陰姬做王后的步伐。

他假託出使趙國，用富有感染力的誇張語言為趙王描述了陰姬的魅力，撓得趙王心裡癢癢，並在司馬憙的攛掇之下說出要娶陰姬的想法，於是就造成了相對強大的趙國對中山國的威脅。

司馬憙計策的第一步完成了，就回到國內將趙王的想法向中山王做了彙報，並假裝為中山王出謀劃策，逐步將中山王引入套中，促使他馬上就冊立陰姬為王后，達到原來的目的。趙王空歡喜一場，結果也沒有得到自認為非常美麗的陰姬。

司馬憙的計謀走了迂回曲折的路線，巧妙地利用外來的力量。由此可見，我們在做事情的時候，要善於找出事物之間的內在聯繫，就是沒有聯繫，也可以透過我們努力建立聯繫，達到我們的目的。

中山君饗都士

※原文

中山君饗①都士，大夫司馬子期在焉。羊羹②不遍，司馬子期怒而走於楚，說楚王伐中山，中山君亡。有二人挈戈而隨其後者，中山君顧謂二人：「子奚為者也？」二人對曰：「臣有父，嘗餓且死，君下壺餐餌之。臣父且死，曰：『中山有事，汝必死之。』故來死君也。」中山君喟然而仰嘆曰：「與不期眾少，其於當厄；怨不期深淺，其於傷心。吾以一杯羊羹亡國，以一壺餐得士二人。」

※注釋

①饗：鄉人在一起飲酒。引申為用酒食款待，宴享。②羊羹：羊肉湯。

※譯文

中山王宴請國都裡的士人，大夫司馬子期也在被宴請之列。由於羊羹沒有分給自己，司馬子期一氣之下就跑到楚國，還勸說楚王攻打中山國。楚國攻打中山國，中山王逃亡，有兩個人提著武器跟在他身後。中山君回頭對這兩個人說：「你們是幹什麼的？」兩人回答說：「我們的父親有一次餓得快要死了，您賞賜一壺熟食給他吃。他臨死時說：『中山王有危難，你們一定要為他而死。』所以我們來保護您。」中山王仰天長嘆，說：「施與不在多少，而在於人家適逢困難的時候；仇怨不在深淺，而在於是否傷了別人的心。我因為一杯羊羹亡了國，卻因為一壺熟食得到了兩個勇士。」

※讀解

一杯羊羹滅亡一個國家。這真是呼應孔子所說的那句話：「不患寡而患不均。」僅僅因為一杯羊羹，卻使中山王國家覆滅，自己被迫逃亡，真令人不禁扼腕長嘆。但更加令人慨嘆的是，一壺同樣微不足道的熟食，卻能讓人拿著武器捨命保護自己，兩相比較，世態炎涼，人心叵測，怎能不讓人喟嘆呢！

一杯羊羹不僅反映「寡」與「不均」所導致截然不同的結果，也反映出人性的暗淡和悲哀。而一壺熟食所反映出的卻是人性的光明和希望。世態如此，人性也如此！

這件事情讓人很容易聯想到「二桃殺三士」的故事。這些故事給我們的啟發是，作為一個組織的領導者，在分發財物或給予精神獎勵給成員時，千萬要注意謹慎和兼顧。實際上，不僅僅是幾件簡單的財物、幾句獎勵或一張獎狀，哪怕一個簡單表示贊許的眼神和動作，領導者在分發或給予的時候都要慎之又慎。

物質和精神的獎勵是為了激勵成員更好地發揮自己的作用，為組織創造更好的價值和業績。這種物質和精神獎勵如果全員有份，那就等於沒有獎勵，無法達到所期望的激勵作用，但如果有所區別，就要十分地謹慎，否則就會適得其反。

從這些故事可以更進一步得知，領導者要了解人性的微妙和複雜，了解組織的成員，了解他們不同的個性，是所謂的「運用之妙，全在一心」。

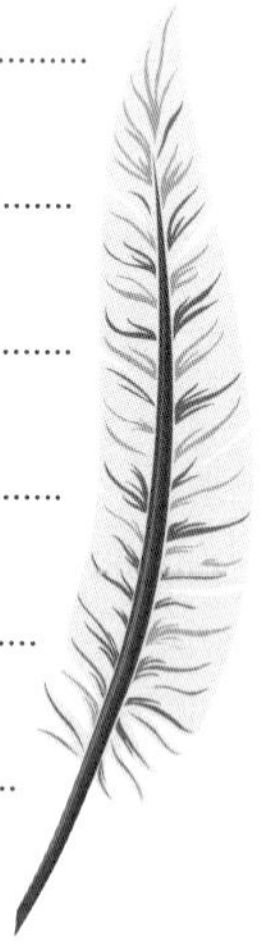

MEMO

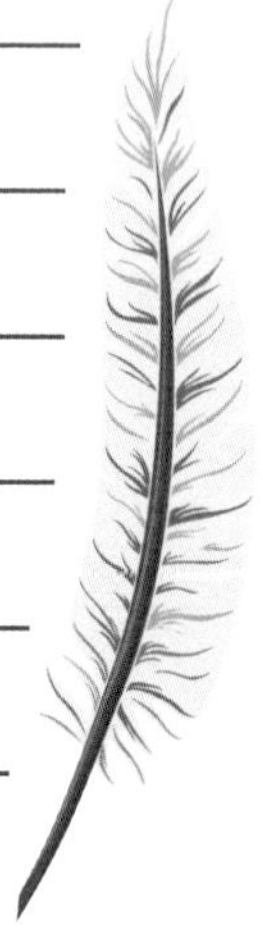

MEMO

國家圖書館出版品預行編目（CIP）資料

戰國策 / (西漢)劉向著 ; 王學典編譯. -- 初版.
-- 新北市 : 華威國際事業有限公司, 2025.01
面； 公分
ISBN 978-957-9075-66-4(平裝)
621.804 113019047

戰國策

原著	【西漢】劉向
編譯	王學典
主編	徐梓軒
責任編輯	吳詩婷
校對	劉沛萱
封面設計	申晏如
內文排版	黃莉庭
法律顧問	建業法律事務所 張少騰　律師 地址：110台北市信義區信義路五段7號62樓（台北101大樓） 電話：886-2-8101-1973
法律顧問	徐立信　律師
監製	漢湘文化事業股份有限公司
出版者	華威國際事業有限公司 地址：235新北市中和區建一路176號12樓之1 電話：886-2-2226-3070　傳真：886-2-2226-0198
總經銷	創智文化有限公司 地址：236新北市土城區忠承路89號6樓 電話：886-2-2268-3489　傳真：886-2-2269-6560 歡迎優秀出版社加入總經銷行列
本版發行	2025年01月
定價	依封面定價為主
香港總經銷	和平圖書有限公司 地址：香港柴灣嘉業街12 號百樂門大廈17 樓 電話：852-2804-6687　傳真：852-2804-6409

以上著作原簡體版書名《戰國策》，現中文繁體版本由鳳凰含章文化傳媒（天津）有限公司授權華威國際事業有限公司獨家出版發行，未經許可，不得以任何方式複製或抄襲本書的任何部分，違者必究。

【版權所有，侵害必究】

168閱讀網
www.168books.com.tw